RUND UM DAS FRISCHE HAFF
Seiten 218–227

OLIVA
Seiten 114–121

ALTSTADT
Seiten 90–99

Kaliningrad

W0073132

Oliva

Braniewo

DANZIG

RUND UM DAS
FRISCHE HAFF

Elbląg

Zentrum

ørk

NÖRDLICHE RECHTSTADT
Seiten 76–89

Iława

SÜDLICHE RECHTSTADT
Seiten 60–75

ALTE VORSTADT MIT INSELN
Seiten 100–113

VIS à VIS

DANZIG
& OSTPOMMERN

VIS à VIS

DANZIG
& OSTPOMMERN

MAŁGORZATA OMILANOWSKA
JERZY S. MAJEWSKI

DORLING KINDERSLEY

EIN DORLING KINDERSLEY BUCH

TEXTE
Małgorzata Omilanowska, Jerzy S. Majewski, Maciej Nowak,
Rafał Redelbach

KONSULTATION
Kazimierz Małkowski

ILLUSTRATIONEN
Piotr Zubrzycki

GRAFIKER
Paweł Pasternak

FOTOGRAFIE
Dorota und Mariusz Jarymowiczowie,
Ryszard Petrajtis, Wiesław Stępień (Luftbilden), Leszek J. Pękalski

KARTOGRAFIE
Maria Wojciechowska, Dariusz Osuch
(D. Osuch i spółka)

ÜBERSETZUNG
Brigitte Nenzel für Bangard Sprachendienst, Marburg

REDAKTION
Dr. Marion Pausch, Hannover, für CLP · Carlo Lauer & Partner,
Aschheim

SATZ UND PRODUKTION
Wydawnictwo Wiedza i Życie S.A., Warschau

DRUCK
Mondadori Printing, Verona, Italien

ISBN 3-928044-80-X

Für Hinweise, Verbesserungsvorschläge und Korrekturen
ist der Verlag dankbar. Bitte richten Sie Ihr Schreiben an:

Dorling Kindersley Verlag GmbH
Gautinger Straße 6
82319 Starnberg

INHALT

Skulptur am Portal eines Danziger
Bürgerhauses

Portal der Erlöserkirche
in Zoppot

Stickerei und Flechtwerk aus dem Kociewie

Landschaft in den Weichselmarschen

Buddelschiff von der Ostsee

Die Danziger Marienkirche

WIE BENUTZE ICH DIESES BUCH?

DIESER Reiseführer soll Ihnen helfen, Ihren Besuch in Ostpommern optimal zu gestalten. Er bietet Ihnen sachkundige Beschreibungen und ausführliche Grundinformationen. Im Kapitel *Ostpommern stellt sich vor* finden Sie Erläuterungen zur Geographie, Geschichte und Kultur der Region. Im *Führer durch die Stadtteile* und *Führer* *durch Ostpommern* sind die interessantesten Sehenswürdigkeiten beschrieben und durch Karten, Fotografien und Zeichnungen veranschaulicht. Auskünfte über Hotels, Restaurants und Vergnügungslokale entnehmen Sie dem Abschnitt *Zu Gast in Ostpommern*. Die *Grundinformationen* liefern Ihnen praktische Hilfestellungen.

FÜHRER DURCH DIE STADTTEILE

Die Städte Danzig, Zoppot und Gdingen bilden einen städtischen Komplex, der als Dreistadt bezeichnet wird. Dieser Führer stellt jede der drei Städte vor, wobei der Schwerpunkt auf Danzig liegt. Danzig gliedert sich in vier Stadtteil-Kapitel innerhalb des Stadtzentrums und ein fünftes außerhalb, das Oliva gewidmet ist. Jeder Abschnitt beginnt mit einem Überblick über die wichtigsten Sehenswürdigkeiten. Ihre Nummer ist mit jener auf der Stadtteilkarte sowie in den nachfolgenden Detailbeschreibungen identisch.

Die Seiten über Danzig sind rot markiert.

Sehenswürdigkeiten auf einen Blick listet die Sehenswürdigkeiten geordnet nach Kirchen, Museen, Galerien und historischen Gebäuden, Straßen und Plätzen auf.

Orientierungskarten zeigen, wo das Viertel in der Stadt liegt.

1 Die Stadtteilkarte
Die Sehenswürdigkeiten sind nummeriert und dadurch im Kartenteil auf den Seiten 163-169 leicht wieder zu finden.

2 Detailkarte *Sie zeigt den interessantesten Ausschnitt eines Stadtteils aus der Vogelperspektive.*

Sterne markieren Sehenswürdigkeiten, die man auf keinen Fall versäumen sollte.

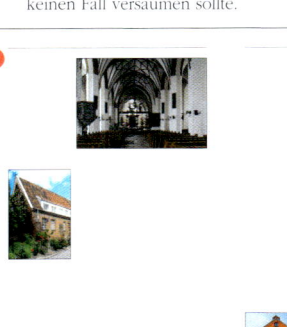

Die Routenempfehlung führt durch die attraktivsten Straßen des Stadtteils.

3 Detaillierte Informationen
beschreiben jede Sehenswürdigkeit des jeweiligen Stadtteils. Die Kopfzeile nennt Adresse, Telefonnummer, Öffnungszeiten und Eintrittspreise und informiert über Einrichtungen für Behinderte.

1 Die Einführung *informiert über Landschaft und Geschichte, nennt typische Merkmale einer Region und weist auf attraktive Reiseziele hin.*

FÜHRER DURCH OSTPOMMERN

Ostpommern ist in diesem Führer in vier Regionen aufgeteilt. Jeder einzelnen Region ist ein Abschnitt gewidmet. Die interessantesten Orte sind auf der Karte mit Nummern versehen.

Jede Region ist durch die Farbmarkierungen leicht zu finden.

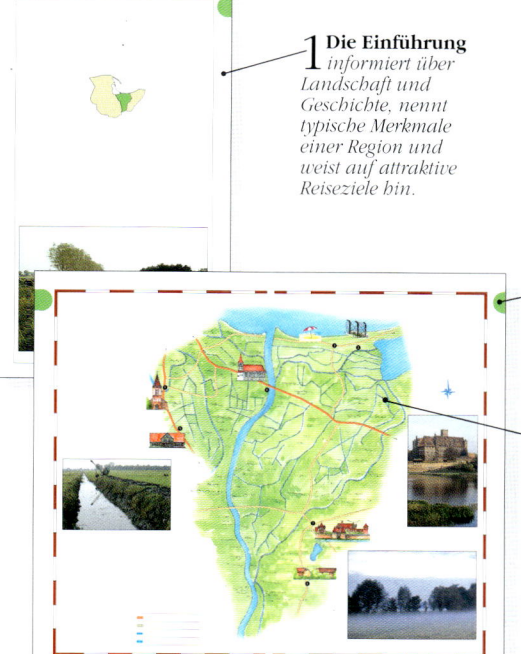

2 Die Regionalkarte *zeigt das Straßennetz und die Lage der attraktivsten Reiseziele, die mit Nummern versehen sind. Sie wird ergänzt durch nützliche Verkehrshinweise zu Auto-, Bus- und Bahnfahrten.*

3 Detaillierte Informationen *beschreiben im Einzelnen die wichtigsten Städte und Orte, die man besichtigen sollte. Die Reihenfolge entspricht der Nummerierung auf der Karte. Unter jedem Ort gibt es detaillierte Informationen zu allem Sehenswerten.*

Sterne kennzeichnen Kunstwerke und interessante architektonische Details.

Die Infobox enthält nützliche Informationen für die Planung Ihres Besuches.

4 Hauptsehenswürdigkeiten *Ihnen werden zwei oder mehr Seiten gewidmet. Die Schnittzeichnungen historischer Bauten geben Einblick in ihr Inneres. Farbige Hervorhebungen auf den Plänen der Museen erleichtern das Auffinden der Exponate.*

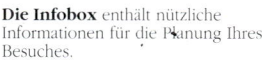

OSTPOMMERN STELLT SICH VOR

Danzig und Ostpommern auf der Karte

OSTPOMMERN (Pomorze Wschodnie) liegt in Nordpolen und umfasst die historische Landschaft Pommerellens (Pomorze Gdańskie), die angrenzenden Gebiete Ermlands (Warmia) sowie die Gegenden um Bütow (Bytów), Lauenburg (Lębork) und Elbing (Elbląg). Ostpommern grenzt im Süden an die Eylauer Seenplatte (Pojezierze Iławskie) und das Kulmer Land (ziemia chełmińska), im Westen an Westpommern (Pomorze Zachodnie). Malerische Hügel, umgeben von Moränenseen, und steile Kliffküsten an der Ostsee (Morze Bałtyckie) sowie flache Marschwiesen im Werder (Żuławy) kennzeichnen die abwechslungsreiche Landschaft. Der internationale Flughafen befindet sich in Danzig (Gdańsk).

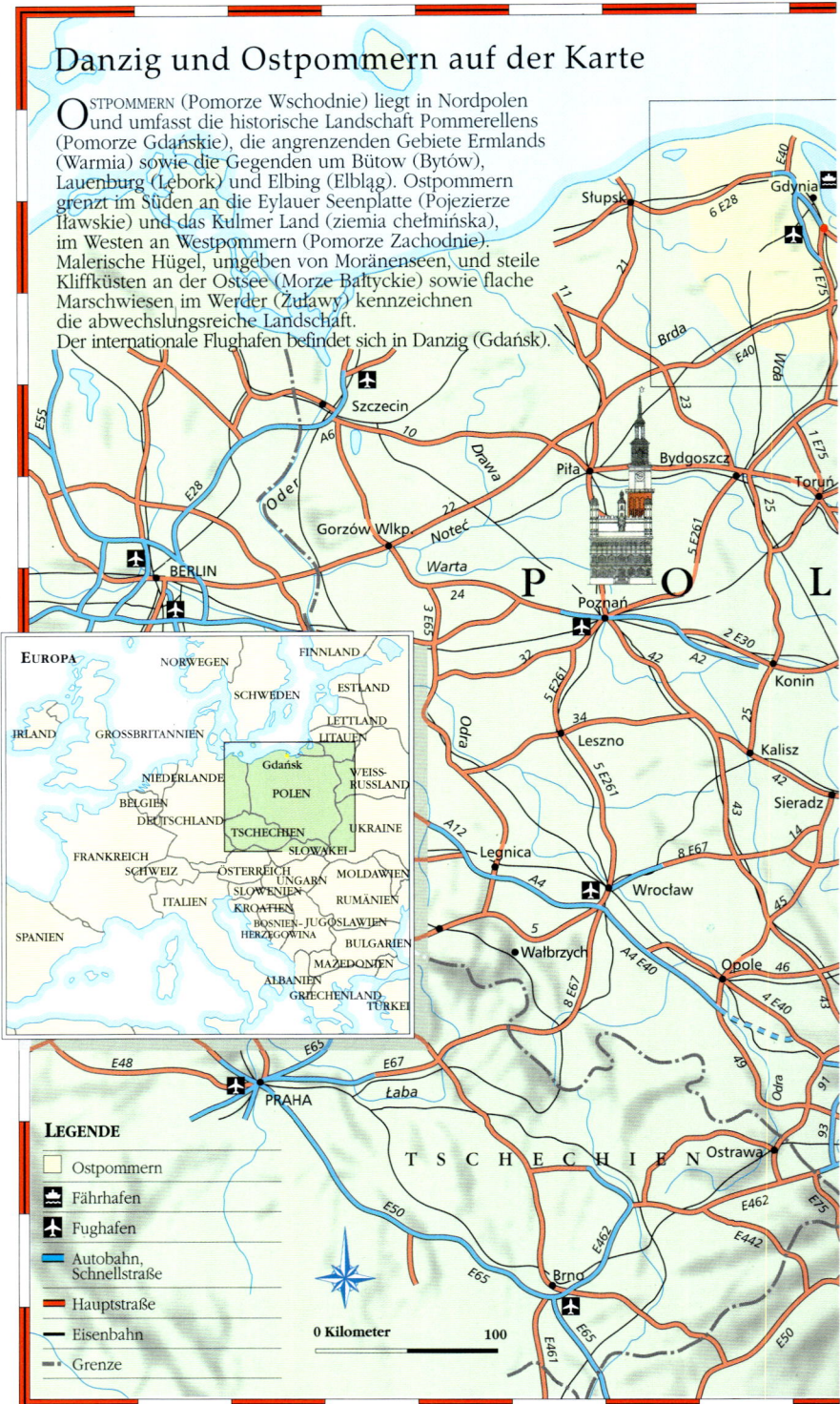

LEGENDE

- ☐ Ostpommern
- ⛴ Fährhafen
- ✈ Fughafen
- ── Autobahn, Schnellstraße
- ── Hauptstraße
- ── Eisenbahn
- ─ ─ Grenze

0 Kilometer   100

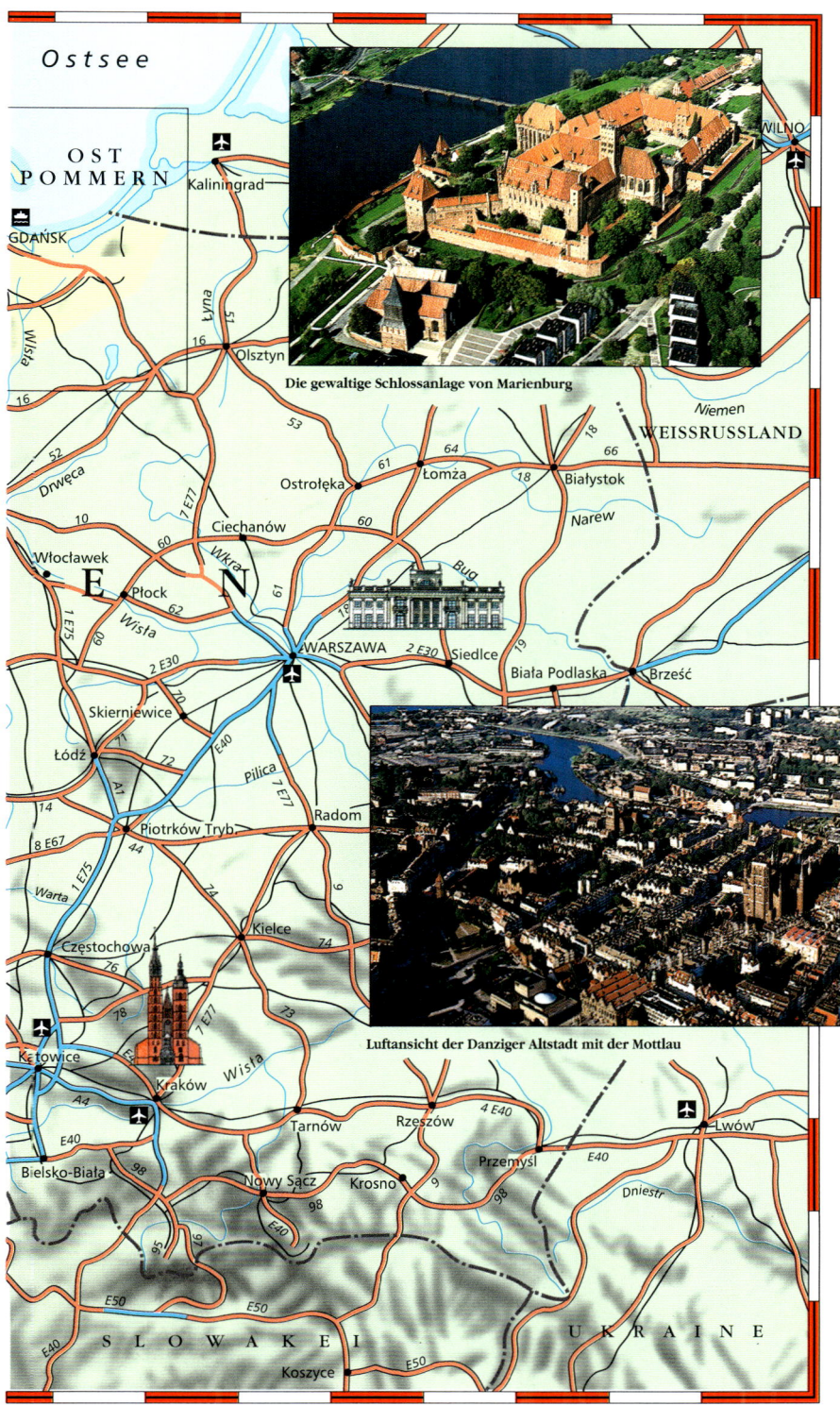

Die gewaltige Schlossanlage von Marienburg

Luftansicht der Danziger Altstadt mit der Mottlau

Danzig und Umgebung

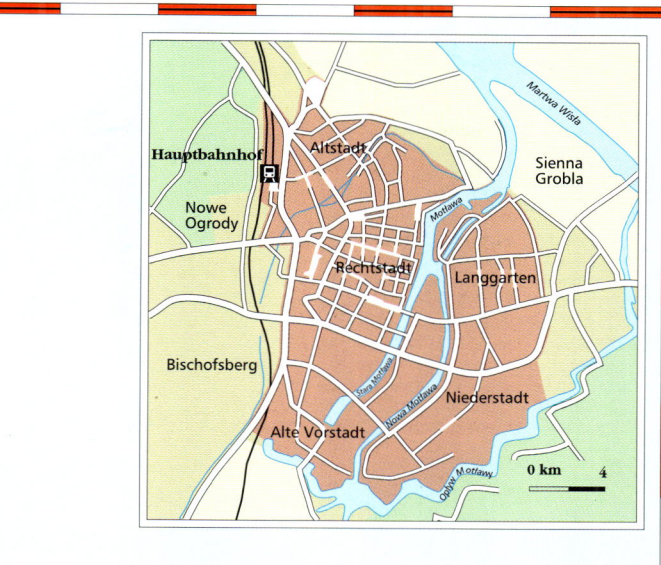

Hauptbahnhof

Altstadt

Nowe
Ogrody

Sienna
Grobla

Martwa Wisła

Motława

Rechtstadt

Langgarten

Bischofsberg

Stara Motława

Nowa Motława

Niederstadt

Alte Vorstadt

Opływ Motławy

0 km   4

*Danziger
Bucht*

LEGENDE

Stadtteile

Zusammenhängende Bebauung

Vorstädte

Internationaler Flughafen

Fähranlegestelle

Bahnhof

Schnellstraße

Hauptstraße

Landstraße

Eisenbahn

0 Kilometer   4

Port Północny

DANZIG

Stogi

Górki
Zach.

Śmiała Wisła

Górki
Wsch.

Błonia

Płonia

Sobieszewo

Martwa Wisła

501

Swibno

Przekop Wisły

WIŚLINKA

Wyspa Sobieszewska

**Krynica
Morska**

PRZEJAZDOWO

BOGATKA

Przegalina

KRĘPIEC

Pruszcz Gd.

7 E77

BYSTRA

TRZCINOWO

223

Elbląg

WIŚLINA

Das Zentrum von Danzig

V OM FLUGZEUG aus kann man die eindrucksvolle Lage der Stadt besonders gut erkennen. Auch sieht man aus der Vogelperspektive, wie groß der Anteil des historischen Zentrums am gesamten Stadtgebiet ist. Es umfasst Altstadt (Stare Miasto), Rechtstadt (Główne Miasto), Stadtinseln und Vorstädte. Die wichtigsten Sehenswürdigkeiten liegen in der Rechtstadt.

Für eine bessere Orientierung ist die Rechtstadt in diesem Führer in zwei Teile gegliedert: die südliche Rechtstadt mit dem Langen Markt (Długi Targ) und dem Rathaus (Ratusz Głównego Miasta) sowie die nördliche Rechtstadt mit der Frauengasse (Mariacka) und der Marienkirche (Kościół Mariacki).

Außerhalb des historischen Zentrums liegt Oliva (Oliwa) mit dem sehenswerten Zisterzienserkloster.

**Altstadt: Große Mühle
am Radaunekanal**

Südliche Rechtstadt: Die Jopengasse

LEGENDE

🟪	Sehenswürdigkeit
🚂	Bahhof
🅿	Parken
ℹ	Information
✚	Krankenhaus
🚓	Polizei
✝	Kirche
✉	Post

0 Meter   200

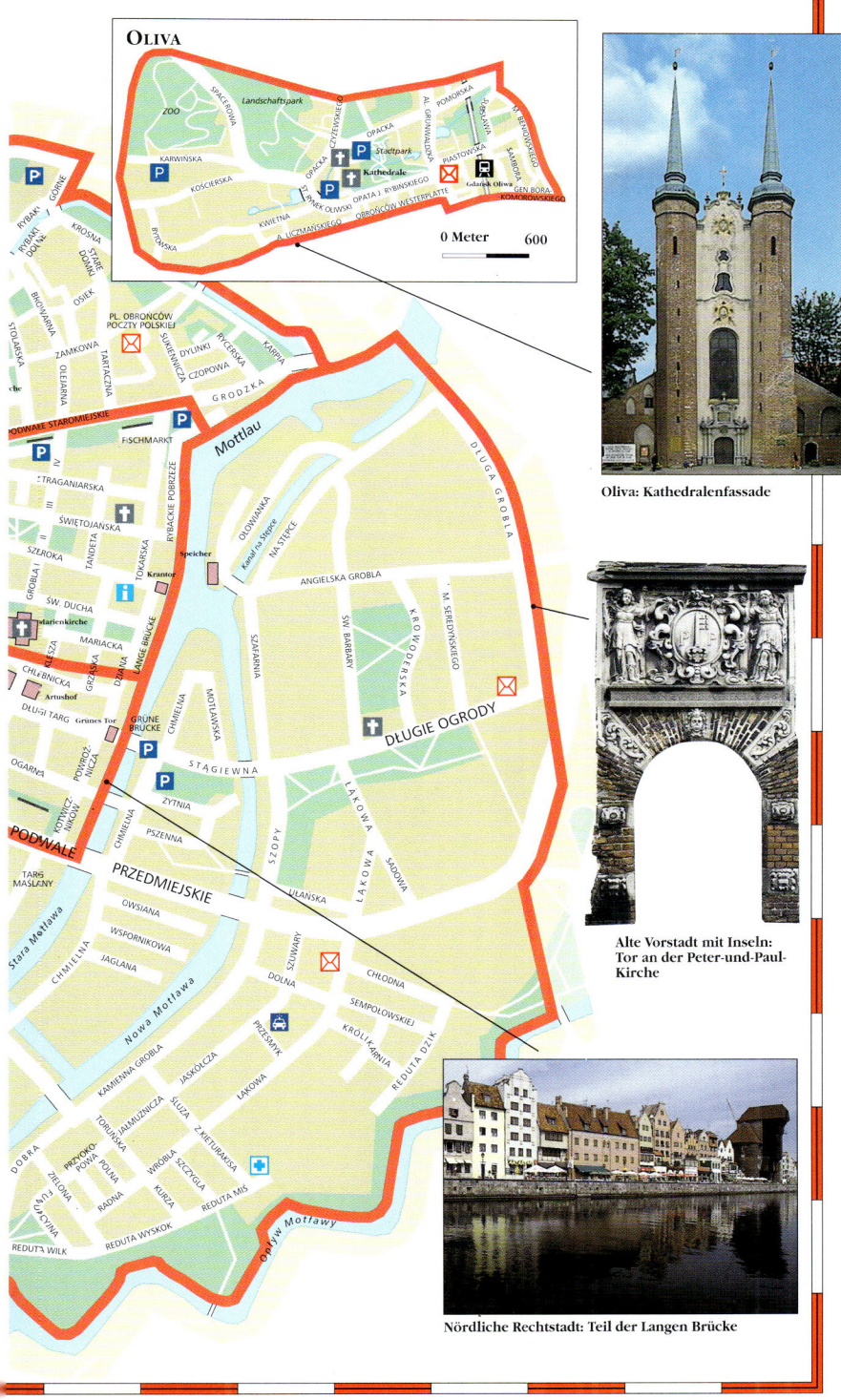

OLIVA

ZOO

Landschaftspark

SPACEROWA

POMORKA

AL. GRUNWALDZKA

KARWIŃSKA

KOŚCIERSKA

OPACKA

Stadtpark

OPACKA

PIASTOWSKA

KWIETNA

Kathedrale

OPATA J. RYBIŃSKIEGO

Gdańsk Oliva

GEN. BORA KOMOROWSKIEGO

ŁUŻYCKA

AL. BENDOWSKIEGO

RYNEK OLIWSKI

OBROŃCÓW WESTERPLATTE

BYTOWSKA

A. LICZMAŃSKIEGO

0 Meter   600

RYBAKI GÓRNE

KROSNA

STARE DOMKI

RYBAKI DOLNE

BROWARNA

STOLARSKA

OSIEK

ZAMKOWA

OLEJARNA

TARTACZNA

PL. OBROŃCÓW POCZTY POLSKIEJ

SUKIENNICZA

DYLINKI

PIECERSKA

KARPIA

CZOPOWA

G R O D Z K A

FISCHMARKT

NOWALE STAROMIEJSKIE

Mottlau

RYBACKIE POBRZEŻE

D Ł U G A   G R O B L A

TRAGANIARSKA

ŚWIĘTOJAŃSKA

TANDETA

SZEROKA

TOKARSKA

SZAFARNIA

OŁOWIANKA

Kanał na Stępce

NA STĘPCE

ANGIELSKA GROBLA

Speicher

GROBLA I

ŚW. DUCHA

Krantor

Marienkirche

MARIACKA

CHLEBNICKA

DZIANA

GRZASKA

LANGE BRÜCKE

Artushof

ŚW. BARBARY

M. SEREDYŃSKIEGO

K R O W O D E R S K A

Grünes Tor

DŁUGI TARG

Grüne BRÜCKE

MOTŁAWSKA

STĄGIEWNA

OGARNA

POWROŹ-NICZA

Grüne BRÜCKE

DŁUGIE OGRODY

KOTWICZ-NIKÓW

CHMIELNA

ZYTNIA

SZOPY

Ł Ą K O W A

PODWALE

PSZENNA

S A D O W A

TARG MAŚLANY

PRZEDMIEJSKIE

OWSIANA

ULAŃSKA

WSPORNIKOWA

Stara Motława

CHMIELNA

JAGLANA

SZUWARY

DOLNA

CHŁODNA

SEMPOŁOWSKIEJ

KRÓLIKARNIA

Nowa Motława

PRZESMYK

REDUTA DZIK

KAMIENNA GROBLA

JASKÓLCZA

ŁAKOWA

DOBRA

PRZYKO-POWA

TORUŃSKA

JAŁMUŻNICZA

ŚLUZA

Z. KIETURAKISA

WRÓBLA

SZCZYGŁA

ZIELONA

POLNA

KURZA

REDUTA MIŚ

ŁACZYNA

RADNA

REDUTA WYSOK

Opływ Motławy

REDUTA WILK

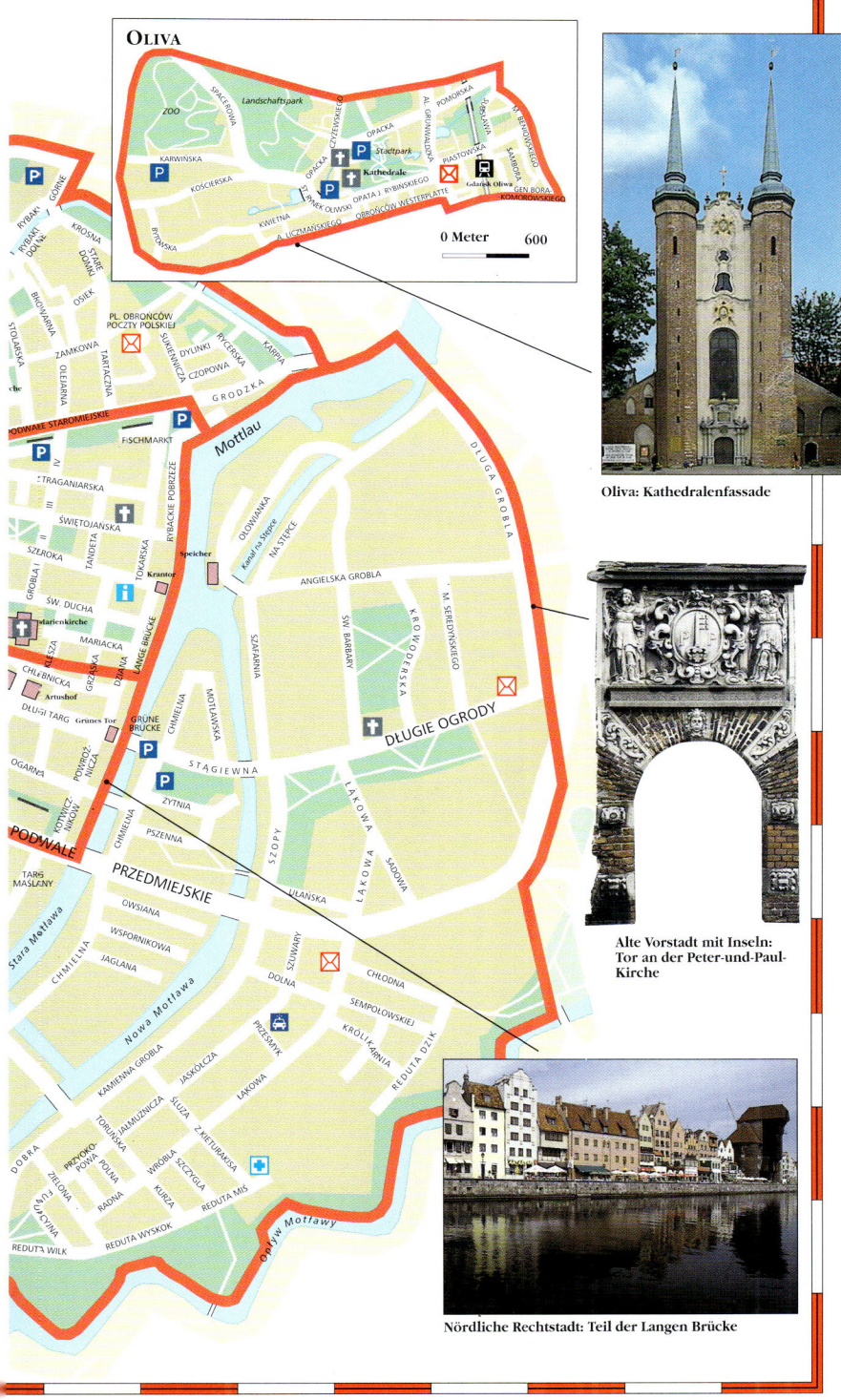

Oliva: Kathedralenfassade

Alte Vorstadt mit Inseln: Tor an der Peter-und-Paul-Kirche

Nördliche Rechtstadt: Teil der Langen Brücke

Ein Porträt Ostpommerns

Ostpommern ist berühmt *für seine Landschaften und Sehenswürdigkeiten und die bewegte Geschichte, die das Schicksal der Menschen für immer geprägt hat. Perle der Region, in der auch Volkskultur und Wirtschaft unterschiedliche Prägungen erfahren haben, ist das tausendjährige Danzig.*

Über Jahrhunderte hinweg musste Ostpommern immer wieder Grenzverschiebungen hinnehmen. Zahlreiche Kriege und wahre Völkerwanderungen fanden auf seinem Gebiet statt. Hier lebten Preußen, Deutsche, Polen, hier fanden Siedler aus den Niederlanden, aus Schottland und anderen europäischen Ländern Zuflucht vor religiösen Verfolgungen.

Der Astronom Johannes Hevelius

In dem Vielvölkerstaat konnten sich die Bürger der Städte ungehindert zu ihrem protestantischen Glauben bekennen. Dagegen waren die kaschubischen Dörfer sowie der polnische und der kaschubische Landadel (Schlachta) katholisch. Vielerorts in Preußen lebten Mennoniten, Calvinisten und Angehörige anderer Religionsgemeinschaften.

Die Geschichte Danzigs war bestimmt durch wechselnde Zugehörigkeiten, zunächst zum Deutschen Orden, dann zu Preußen, zu Deutschland und zu Polen. Die Patrizier von Danzig, Elbing und Thorn waren als Mitglieder des Preußischen Rates dem polnischen Landadel gleichgestellt und dadurch zur Teilnahme an den Sitzungen des polnischen Reichstags (Sejm) berechtigt. Im Kampf um ihre Privilegien standen die Hafenstädte Danzig und Elbing im Wettstreit miteinander. 1652 schrieb der päpstliche Nuntius Giacomo Fantuzzi: »Die Danziger erweisen den Ausländern mehr Höflichkeit als den Polen, die sie bis auf den Tod hassen, sie sind jedoch sehr geschäftstüchtig«, und ihr ansehnlicher Reichtum »stammt aus dem Handel mit Getreide und Futtermitteln, die sie bei den Polen kaufen und nach Holland ausführen«. Dennoch stellte die Stadt Danzig ihre loyale Haltung gegenüber dem polnischen König und dem polnischen Freistaat bei mehreren Gelegenheiten unter Beweis.

Die Freiheit haben die Danziger stets geliebt. Ihr verdanken sie ihren Wohlstand, für sie kämpften sie gegen die Kreuzritter und hüteten sie während ihrer Zeit als Freistaat. Zwischen den Weltkriegen war Danzig sogar Freie Stadt, bis die Wehrmacht sie 1939 besetzte.

Fischerscharmützel am Strand

◁ Paar in der historischen Tracht der Danziger Bürger

Die Kaschubische Schweiz bei Chmielno

Zweifellos hat die Lage der Stadt entscheidend dazu beigetragen, dass Danzig im Laufe der Jahrhunderte allen Wechselfällen der Geschichte zum Trotz seine Identität bewahren konnte. Nicht von ungefähr entstand in der Hafen- und Hansestadt die Gewerkschaft Solidarität *(Solidarność)*, die zum demokratischen Wandel in Polen und in ganz Osteuropa beigetragen hat.

Danzig und Elbing waren angesehene Häfen. Als Mitglieder der Hanse verfügten sie über eigene Schiffe, mit denen sie ihre Flotten bestückten. Heute ist Elbing ein wichtiges Industriezentrum.

Fruchtbares Ackerland im Werder

Der Hafen hat allerdings seine Bedeutung einbüßen müssen. Die größten Hafenstädte der Region sind Danzig und Gdingen. Letztere wurde zwischen den beiden Weltkriegen von Polen gegründet und hat sich zu einem Zentrum der polnischen Werftindustrie entwickelt. Außerdem verfügt die Stadt über einen modernen Containerhafen.

In Danzig dagegen stehen die Wahrzeichen der so genannten »zweiten pol-

Strand und Grand Hotel in Zoppot

nischen Aufbauphase«, die von Edward Gierek Anfang der Siebzigerjahre eingeleitet wurde: der Nordhafen (Port Północny), die Erdölraffinerie (Rafineria Nafty Gdańsk) und der Schwefelumschlaghafen Siarkopol. Die letztgenannte Investition trug wesentlich zur starken Umweltverschmutzung in der Region bei und brachte mehr Schaden als Nutzen. Der Bau eines Kernkraftwerkes in Żarnowiec erwies sich ebenfalls als Fehlinvestition.

Gdingen ist die zweitgrößte Stadt Ostpommerns. Mit Danzig und Zoppot bildet sie ein Ballungsgebiet, das als Dreistadt (Trójmiasto) bezeichnet wird. Die drei Städte unterscheiden sich deutlich voneinander. Die nach dem Krieg wieder aufgebaute Stadt Danzig begeistert die Besucher vor allem wegen ihres historischen Zentrums. Der Reichtum an gotischen und manieristischen Bauten ist hier überwältigend. Das kleine Zoppot ist als Kur- und Ostseebadeort bekannt. Hübsche Villen und Gästehäuser prägen das Stadtbild. Gdingen dagegen ist ein leistungsfähiges Handels- und Industriezentrum. Hier findet man die teuersten und mondänsten Läden in ganz Pommern. Die meisten von ihnen säumen die beiden Hauptstraßen der Stadt, die ul. Świętojańska und die ul. 10 Lutego. In Gdingen ist auch die polnischen Kriegsmarine stationiert. Liebhaber moderner Architektur der Zwischenkriegszeit kommen in

Gdingen in jedem Fall auf ihre Kosten. Die ältere Geschichte Pommerns wird unter anderem in mittelalterlichen Burgen wie in Marienburg (Malbork) *(siehe S. 214ff)* lebendig. Daneben gibt es kleinere Ordensburgen in Bütow (Bytów) *(siehe S. 196f)* und Mewe (Gniew) *(siehe S. 204f)*. Freunde der Volkskunst sollten unbedingt die Kaschubei oder das Kociewie bereisen. Zahlreiche Regionalmuseen bieten hier eine bunte Mischung an volkstümlichen Objekten und Dokumenten. Vielerorts werden alte Sitten und Gebräuche immer noch gepflegt. Die interessantesten Feste finden im Kaschubischen Freilichtmuseum (Kaszubski Park Etnograficzny) in Sanddorf (Wdzydze Kiszewskie) statt.

Der ländliche Werder lohnt ebenfalls einen Besuch. Stellenweise liegt dieses Gebiet unterhalb des Meeresspiegels. Die schönsten Ausblicke kann man zweifelsohne in der Kaschubischen Schweiz (Szwajcaria Kaszubska) genießen. Die seen- und waldreiche Moränenlandschaft fasziniert zu jeder Jahreszeit, präsentiert sich jedoch im Herbst von ihrer schönsten Seite.

Die Ostseeküste von der Frischen Nehrung (Mierzeja Wiślana) über die Halbinsel Hela (Półwysep Helski) bis nach Leba (Łeba) ist für jeden Urlauber ein Sommerparadies. In der wärmsten Jahreszeit, die allerdings nur kurz dau-

Touristen in der Danziger Frauengasse

ert, zieht es zahlreiche Touristen hierher. Ab September sind dann die Strände wie leer gefegt.

BERNSTEIN

Der größte Schatz Pommerns ist seit jeher der Bernstein. Gewöhnlich kennt man ihn in verschiedenen Gelb- und Brauntönen, aber auch weiße, grüne und rote Bernsteine kommen vor.

Bernstein ist ein fossiles Harz von Nadelbäumen aus der Zeit des Tertiärs. Bis ins 17. Jahrhundert glaubte man noch, Bernstein sei eine Art »Gummi«, das in der Sonne geschmolzen, von schwedischen Kiefern in die Ostsee geflossen und mit der Strömung an die südliche Ostseeküste gelangt sei. Seit Jahrhunderten hütete man diesen pommerschen Schatz wie einen Augapfel und belegte das Sammeln mit einer Steuer. Bereits seit dem Neolithikum wurde ein blühender Bernsteinhandel betrieben. Die berühmte Bernsteinstraße verlief in der römischen Zeit von der Adria bis nach Ostpommern. Die prachtvollsten Exponate und andere sehenswerte Bernsteinerzeugnisse sind heute im Burgmuseum (Muzeum Zamkowe) in Marienburg zu bewundern.

Ein Bernsteinladen

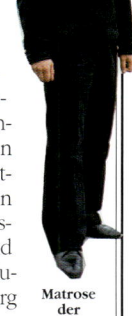

Matrose der Kriegsmarine

Backsteinlandschaft

Vorkragende Ziegel als Dekor

Typisch für die Architektur Ostpommerns ist der intensiv rötliche Ziegelstein. Vom Mittelalter bis ins 20. Jahrhundert hinein war er der wichtigste Baustoff der Region, denn hier kommen Tonarten vor, die sich besonders gut brennen lassen. Die Gewinnung anderer Baustoffe in den weit entfernten Steinbrüchen war dagegen beschwerlich und kostspielig. Den Backstein setzte man bei Errichtung fast aller bedeutenden Bauten der Region ein. Stadtmauern, Gotteshäuser, Rathäuser und Wohnhäuser sowie Speicher und Mühlen wurden daraus konstruiert. Außerdem benutzte man Formsteine, um kunstvolle Rippengewölbe, Arkaden, Portale und imposante Giebel zu errichten.

Häuser
Kleinere Häuser in Städten und Dörfern bestehen aus einem Holzskelett mit Ziegelfüllung.

Basteien
Bereits ab dem 14. Jahrhundert errichtete man in den Städten Ostpommerns Stadtmauern, Tore und Bastionen aus Backstein.

Massive Stadtmauern aus Ziegelstein boten Schutz gegen feindliche Angreifer.

Straßen
In der zweiten Hälfte des 19. Jahrhunderts begann man sich wieder für Backsteinarchitektur zu begeistern und verarbeitete den einheimischen Stein an den Fassaden neogotischer und neomanieristischer Bauten.

EINE FIKTIVE STADT
So könnte eine alte Stadt in Ostpommern ausgesehen haben.

Die Gewölbe
Gewölberippen wurden aus so genannten Formsteinen gebaut.

Gebäudeverzierungen
Die mit zahlreichen Fialen verzierten gotischen Kirchengiebel in Ostpommern schmückte man mit verputzten spitzbogigen Nischen und kleineren Elementen aus geformten Ziegelsteinen.

Die Pfarrkirchen aus Backstein waren mit Giebeln und Glockentürmen verziert.

Das Rathaus
Die Rathäuser in Pommern baute man in aller Regel aus Ziegelsteinen, dem typischen Baustoff der Region.

Dekor
In der Architektur des niederländischen Manierismus zierten Schmuckelemente aus Stein oder Stuck die Backsteinfassade.

Die Architektur Ostpommerns

Trotz starker Kriegsschäden blieben in Ostpommern großartige Beispiele der Baukunst verschiedener Epochen erhalten, einige sogar unversehrt. Andere, wie die alten Stadtteile Danzigs und die imposante Ordensburg in Marienburg (Malbork), baute man originalgetreu wieder auf. Fassadendekor, Bogen-, Tür- und Fensterformen geben Aufschluss darüber, wann ein Gebäude entstanden ist und nach welchen Stilgesetzen es errichtet wurde.

Gotischer Fries in der St.-Anna-Kapelle

GOTIK (Mitte 13. bis Mitte 14. Jh.)

Der gotische Stil findet bereits zur Zeit des Herzogtums Pommern Eingang in die Architektur Ostpommerns. Allerdings fällt die Blütezeit der Gotik mit dem Wirken des Deutschen Ordens zusammen. In dieser Zeit entstehen in der ganzen Region zahlreiche Burganlagen, unter anderem die Ordensburgen in Marienburg (Malbork) *(siehe S. 214ff)*, Mewe (Gniew) *(siehe S. 204f)* und Bütow (Bytów) *(siehe S. 196f)*. In den Städten werden Dutzende von Gotteshäusern gebaut, etwa die monumentale Marienkirche in Danzig *(siehe S. 82f)*. Die Glanzzeit der Spätgotik setzt mit der Gründung von Königlich-Preußen im Jahre 1466 ein.

Giebel zieren Fialen und Blendmaßwerke, also flache Nischen in Form von Fenstern oder Arkaden.

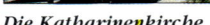

Die Katharinenkirche *in Danzig (siehe S. 96) weist in der Ostfassade prächtige Backsteingiebel aus der zweiten Hälfte des 15. Jahrhunderts auf.*

Spitzbogige Archivolten mit Flachreliefdekor.

Gotisches Hauptportal der Kathedrale in Frauenburg

Polygonale Fialen, die an kleine Türmchen erinnern, zieren die Giebel.

DER MANIERISMUS (Ende 16. bis Mitte 17. Jh.)

Die Architektur Ostpommerns orientierte sich kaum an der italienischen Renaissance. Vielmehr ersetzte der niederländische Manierismus die gotischen Formen.

Die manieristischen Giebel zeichnen sich oft durch eine gleichmäßige Gliederung aus.

Die Rustikafassade im Erdgeschoss erinnert an die ehemalige Wehrfunktion des Gebäudes.

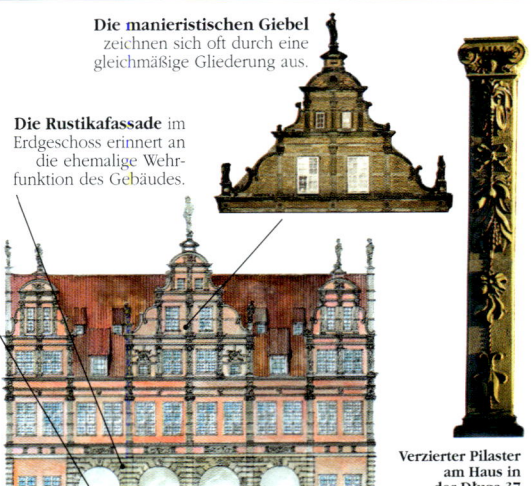

Doppelte Torgänge sind typisch für die Architektur des Manierismus.

Das Grüne Tor *(siehe S. 74) wurde zwischen 1564 und 1568 erbaut und ist ein Paradebeispiel für den niederländischen Manierismus.*

Verzierter Pilaster am Haus in der Długa 37

BAROCK
(Mitte 17. bis Ende 18. Jh.)

Der Barock kam in der Architektur Ostpommerns relativ spät auf und hinterließ dadurch nur wenige Spuren. Allerdings gehören die Barockbauten heute zu den echten Perlen der Architektur. Besonders erwähnenswert sind die Königliche Kapelle in Danzig *(siehe S. 81)* und der Neue Palast der Äbte in Oliva *(siehe S. 118)*.

Die Beischläge vieler Bürgerhäuser sind mit herrlichen Balustraden verziert.

Rokokoornamente

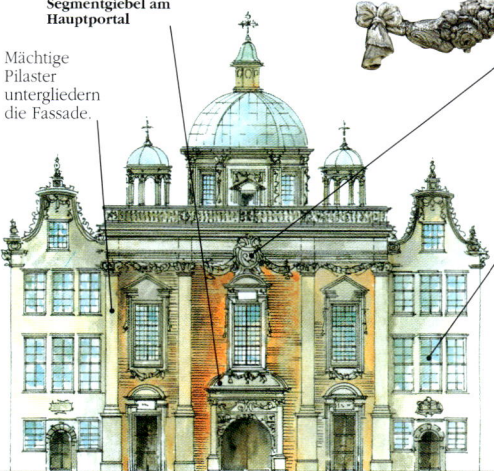

Segmentgiebel am Hauptportal

Mächtige Pilaster untergliedern die Fassade.

Diese Kartusche mit dem polnischen Wappen schmückt das mittlere Fenster der königlichen Kapelle in Danzig.

Die Seitenteile der Kapelle wirken wie zwei eigenständige Bürgerhäuser.

Die Königliche Kapelle (siehe S. 81) *Die Kapelle mit der prunkvollen Fassade wurde vom polnischen König Johann III. Sobieski angeregt und 1678–1683 errichtet.*

Der Manierismus trat in Ostpommern in zwei Varianten auf: Bei der gegliederten Form sind die Fassaden durch Säulen unterteilt (bestes Beispiel dafür ist das Goldene Tor in Danzig, *siehe S. 64f)*, bei der ungegliederten Form akzentuieren helle Steinornamente die Backsteinfassade. Ein Vertreter dieser Variante ist das Große Zeughaus *(siehe S. 26f)*.

Haus in der Brotbänkengasse (Chlebnicka) *Das Hausportal aus Sandstein ist mit Reliefs verziert.*

Das Rollwerk ist eine typische Zierform des Manierismus. Sie ahmt Metallbeschläge nach und täuscht dabei häufig Nagelköpfe oder eingerollte Blechränder vor.

Die Kunst Ostpommerns

OSTPOMMERN mit Danzig, dem künstlerischen Zentrum der Region, erlebte mehrfach glanzvolle Zeiten. Die größte Bedeutung für die europäische Kultur hatte das so genannte goldene Zeitalter, das etwa von 1550 bis 1650 dauerte. Zu jener Zeit war Danzig nicht nur eine Hochburg berühmter Maler und Bildhauer, sondern auch Zentrum des Möbelhandwerks und der Goldschmiedekunst.

DIE KUNST DES MITTELALTERS

Im Mittelalter war die Malerei häufig die Bibel der Armen. Den schreib- und leseunkundigen Gläubigen vermittelte sie wichtige religiöse Inhalte, die bildhaft und damit für alle verständlich dargestellt wurden.

Ein Engel oder Teufel erscheint in jeder Szene. Spruch- bänder in Althochdeutsch ergänzen die Bilder.

Die Figuren tragen mittelalterliche Gewänder.

Die Zehn-Gebote-Tafel (um 1480–1490). Dieses riesige Tafelgemälde in der Danziger Marienkirche ist den zehn Geboten gewidmet. Zwei Szenen mit jeweils einem positiven und einem negativen Beispiel illustrieren jedes Gebot.

Die Alabasterflachreliefs mit christlichen Szenen und Mariendarstellungen stammen aus England.

Die Altarflügel aus Danzig zeigen das Leben der heiligen Dorothea.

Der Altarsockel zeigt Ver- kündigungs- szenen.

Der Altar der heiligen Dorothea (um 1420–1435) in der Danziger Marienkirche ist ein Beispiel für die in der Gotik häufige Verbindung von Plastiken und Malerei.

GROSSE KÜNSTLER IN OSTPOMMERN

1527–1604 Hans Vredemann de Vries	**Mitte 16. Jh. bis 1628** Willem van den Blocke	**1563–1611** Anton Möller **1574–1628** Herman Hahn **1577** stirbt Johann Kramer **nach 1597–1652** Wilhelm Hondius	**1635–1697** Andreas Stech **1660–1714** Andreas Schlüter		**1680** stirbt Hans Caspar Gockheller
1500	**1550**	**1600**	**1650**		**1700**
		1572–1628 Abraham van den Blocke	**1615–1683** Daniel Schultz **1591–1647** Bartholomäus Strobel **1590–1605** Simon Herle **1589–1626** Isaak van den Blocke		**1726–1801** Daniel Mikołaj Chodowiecki
		1543–1611 Antonis van Obbergen			

☐ Manieristen		☐ Barockkünstler

MANIERISMUS

Der Manierismus bildete den Übergang zwischen Renaissance und Barock. Komplizierte Kompositionen, jähe Farbwechsel, Figuren mit lang gestreckten Körpern und in künstlichen Posen kennzeichnen die Malerei dieser Stilrichtung. Die Gemälde sind mit Symbolen und heute schwer verständlichen Allegorien überladen. Viele dieser Merkmale prägen auch die manieristische Bildhauerei. Die interessanteste Kunstform dieser Epoche, in der Malerei und Bildhauerei sowie Architekturelemente häufig zu einem Kunstwerk verschmelzen, sind die Epitaphe, die man in vielen Kirchen findet.

Ungewöhnliche Posen der Figuren sind typisch für diesen Stil.

Bizarre Architektur vervollständigt die verwirrende Komposition.

Ornamente des Manierismus ergänzen die Gesamtkomposition.

Frömmigkeit (1594–1596)
Dieses Bild gehört zu einem Zyklus für den Roten Saal des Rechtstädtischen Rathauses in Danzig, den Hans Vredeman de Vries den Tugenden widmete.

Das Epitaph des Eduard Blömke (1591) schuf Willem van den Blocke. Er versah es mit einem Flachrelief, das die Auferstehung nach der Vision Hesekiels darstellt.

BAROCK

Dieser Baustil ist von der Bewegung der Gegenreformation herzuleiten. Kennzeichnend für das Barock sind Formenreichtum, Dynamik der Kompositionen, Prunk und der Hang zum Monumentalen. In der Skulptur wendete man häufig Kontrasteffekte an, die durch Farbgebung und Lichtreflexe erzeugt wurden. Der wichtigste Vertreter des Barock in Danzig war Andreas Schlüter. Seine Werke kannte man in Warschau und Berlin. Außer ihm waren auch andere hervorragende Bildhauer wie Hans Caspar Gockheller tätig.

Ein Vorhang zieht den Blick auf die Himmelsansicht.

Die rotierende Wolke auf dem symbolischen Stuckhimmel wird durch natürliches Licht aus dem runden Fenster in der Mitte kunstvoll beleuchtet.

Die halbrunde Kolonnade symbolisiert die Welt.

Stadtwappen von Danzig

Danziger Barockmöbel
zeichnen sich durch schwere Formen, Reichtum an geschnitzten Ornamenten und dunkle Farben aus.

Der Hochaltar der Kathedrale in Oliva
(1688–1693) ist eine beeindruckende Komposition mit architektonischen und plastischen Elementen nach italienischem Vorbild. Deutliche Farbkontraste verstärken die illusionäre Wirkung des Altars.

Danziger Manierismus

Berstende Kanonenkugel als Giebeldekor

D IE PRÄCHTIGSTEN Architekturdenkmäler Danzigs entstanden im Stil des Manierismus. Dieser Stil war von der niederländischen Baukunst beeinflusst, die sich durch Musterbücher und wandernde niederländische Künstler in Pommern ausbreiten konnte. Der Manierismus verwendete Ornamente und kombinierte Ziegelstein mit Verzierungen aus Naturstein. Typisch war auch die spezifische Fassadengestaltung, die auf Symmetrie beruhte und dabei dennoch die Mittelachse nicht betonte. Zu den weiteren Merkmalen gehörten eine gleichmäßige Gliederung, seitliche Schwerpunktverlagerung der Baukomposition, freie Platzierung der Maueröffnungen in den einzelnen Geschossen sowie eine Vielfalt an architektonischen und dekorativen Elementen.

Die Westfassade
besitzt zwei Portale rechts und links von der Mittelachse.

Bei den Fenstern zeigt sich die Abkehr von der Symmetrie deutlich.

Berstende Kanonenkugeln erinnern an die ehemalige Wehrfunktion des Bauwerkes.

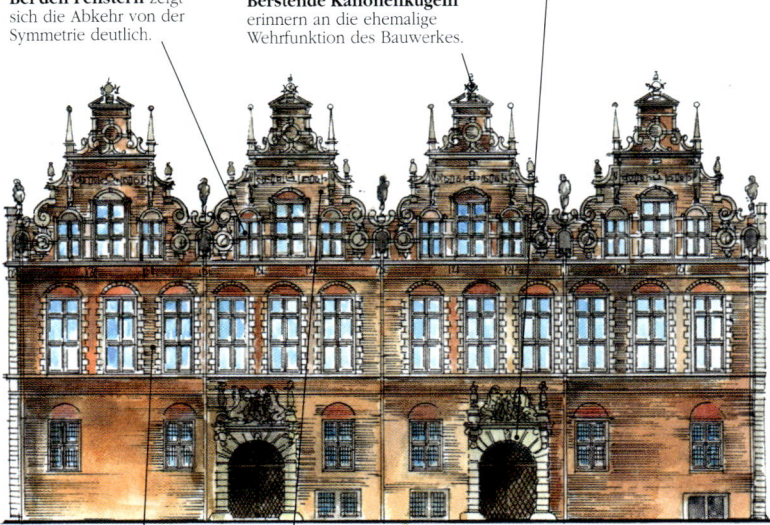

Die Farbigkeit der Fassade wird durch die Verbindung verschiedener Baustoffe erreicht.

DAS GROSSE ZEUGHAUS
Das charakteristischste Bauwerk des Danziger Manierismus besitzt zwei gleichrangige Fassaden auf der Vorder- und der Rückseite.

Giebel
Zahlreiche Ornamente schmücken die manieristischen Giebel. Außer Beschlagwerken gibt es Hermen, Obelisken und Bauplastiken.

Athene
Die Statue steht in einer Nische der Ostfassade. Sie bildet die Mittelachse des Bauwerks, ist aber kein dominantes Element.

Halbgiebel
Die beiden äußeren Giebel erwecken beim Betrachter den Eindruck, als sei die Fassade an ihren Seiten nicht »vollendet«.

Turmportale
Die gedrungenen Formen stehen nicht recht im Verhältnis zu den beiden mittleren Portalen.

Die Türme sind an den Seiten vorgesetzt, schließen die Fassade jedoch nicht ab.

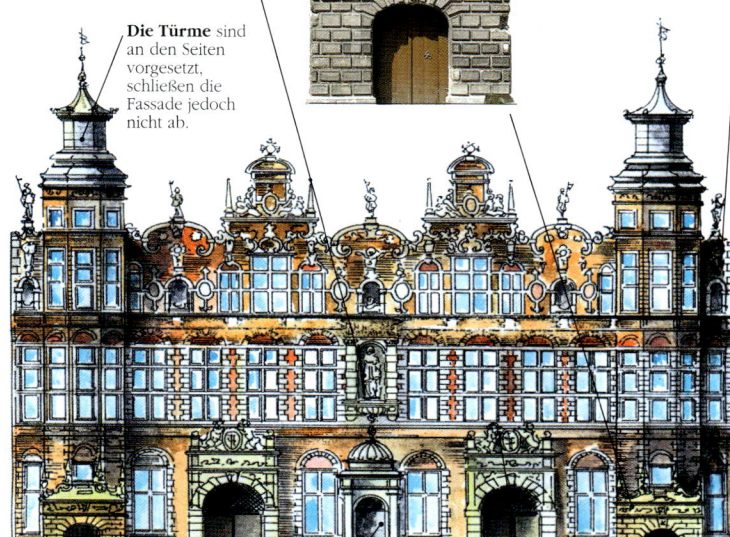

Der Brunnen
Entworfen in Form eines antiken Tempels mit aufgesetzter Kuppel, diente er zum Befördern der Kanonenkugeln aus den Kellern des Großen Zeughauses.

Das Danziger Wappen
Das Wappen prangt über dem Portal und wird von zwei asymmetrisch angeordneten Löwen flankiert. Sie schauen auf den Langen Markt, über den einst der Königsweg verlief.

Berühmte Persönlichkeiten

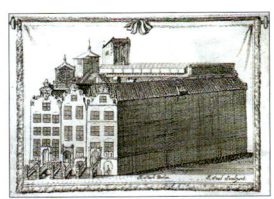

Die multinationale und mulitkulturelle Bevölkerung Ostpommerns hat die Geschichte der Region wesentlich mitgeprägt. Eine Vielzahl bekannter und bedeutender Persönlichkeiten stammt aus Ostpommern, darunter berühmte Männer wie Nikolaus Kopernikus, Daniel Fahrenheit, Johannes Hevelius, Arthur Schopenhauer oder Lech Wałęsa, die wichtige Beiträge zur Geschichte und zur Kulturentwicklung in der Welt geleistet haben.

Johannes Hevelius *(1611–1687)*
Der berühmte Astronom zeichnete die ersten genauen Mondkarten. Seine Sternwarte befand sich in der Danziger Pfefferstadt (Korzenna).

Daniel Chodowiecki
(1726–1801)
Der Maler, Grafiker und Zeichner kam in Danzig in der Heiliggeistgasse (Św. Ducha) zur Welt. In späteren Jahren lebte er in Berlin, wo er Direktor der Akademie war.

Gabriel Daniel Fahrenheit
(1686–1736)
Der Physiker ist heute besonders den Amerikanern als Erfinder der Temperaturskala (Fahrenheit-Skala) bekannt. Er kam in der Hundegasse 94 (Ogarna) zur Welt.

Günter Grass
(geb. 1927)
Die Handlung der Romane Die Blechtrommel *und* Katz und Maus *spielt in seiner Heimatstadt, in der der Nobelpreisträger bis 1945 lebte.*

Johannes Dantiscus (Flachsbinder)
(1485–1548)
Der Humanist und spätere Ermländer Bischof war mit Erasmus von Rotterdam, Martin Luther und Thomas Morus befreundet. Der Sekretär des Königs Sigismund I. stammte aus einer Danziger Patrizier-familie. Er gilt als einer der ersten Vertreter moderner Laienlyrik in polnischer und lateinischer Sprache.

ALTSTADT

RECHT-STADT

ALTE VORSTADT MIT INSELN

0 Kilometer   4,5

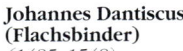

Stefan Żeromski
(1864–1926)
*Der bekannte polnische
Schriftsteller stammt
zwar nicht aus Pommern,
verbrachte jedoch die
Zwischenkriegsjahre im
Leuchtturm von Rixhöft
(Rozewie) und in
Adlershorst bei Gdingen
(Gdynia-Orłowo).*

Arthur Schopenhauer
(1788–1860)
*Der deutsche Philosoph
stammte aus einer Danziger
Patrizierfamilie. Er kam in
der Heiliggeistgasse 114
(Św. Ducha) zur Welt. Sein
Geburtshaus steht heute nicht
mehr. Im Alter von fünf
Jahren verließ er Danzig.*

Lech Wałęsa
*(geb. 1943)
Der ehemalige
Elektriker,
Vorsitzende der
Gewerkschaft*
Solidarność,
*polnische Präsident
und Friedens-
nobelpreisträger ist Symbolfigur des demokratischen
Wandels in Osteuropa. Er lebt in Gdańsk-Oliwa
in der Polanki-Straße.*

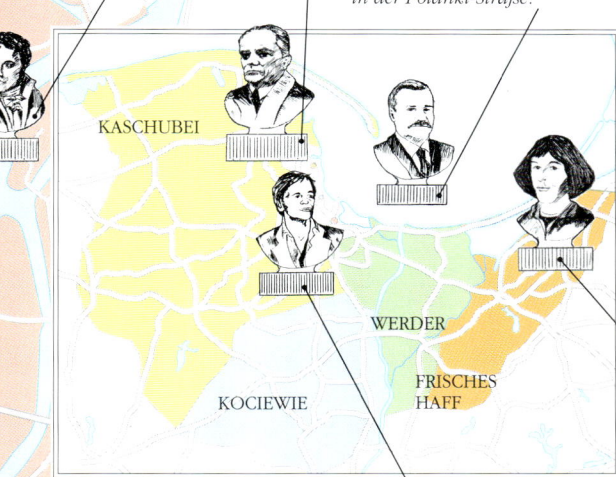

KASCHUBEI

WERDER

FRISCHES
HAFF

KOCIEWIE

**Nikolaus
Kopernikus**
*(1473–1543)
Der berühmte
Humanist war
Kirchenadmi-
nistrator in
Frauenburg.
Sein helio-
zentrisches
Weltbild
revolutionierte
die Astronomie.*

Hl. Adalbert *(um 956–997)
Der Prager Bischof war der erste Heilige
Polens. Er wurde von Heiden erschlagen.
Er besuchte Danzig, bevor er auszog,
um Preußen zu missionieren.*

Klaus Kinski (Klaus Nakszynski) *(1926–1991)
Der international bekannte Schauspieler
kam in Zoppot (Sopot) zur Welt. Er spielte in
zahlreichen Filmen von Werner Herzog,
häufig in Rollen Geistesgestörter oder als
gespenstische Existenz.*

Andenken aus Ostpommern

Handbemalte Weihnachtskugel

I N POMMERN, insbesondere in Danzig, kann man wunderschöne Bernsteinerzeugnisse einkaufen. Die Auswahl und die Preisspannen sind groß. Von billigen Anhängern aus rohen Bernsteinen, die an stürmischen Tagen ans Meeresufer gespült werden, bis hin zu erlesenen, in Silber eingefassten Schmuckstücken und raffinierten Haushaltsgegenständen findet der Bernsteinliebhaber alles. Auch lohnt sich ein Besuch in einem Laden, der typische regionale Volkskunst wie etwa Stickereien aus der Kaschubei und dem Kociewie anbietet.

Kunstvoll bestickte Decken aus Kaschubei und Kociewie

Bernsteinwaren

Danzig ist für die Herstellung erlesener Schmuckstücke aus Bernstein berühmt. Der aus Baumharz entstandene Rohstoff ist leicht, weich und einfach zu verarbeiten. Er lässt viele Formen zu. Die Legende besagt, dass Bernstein vom Baum der Erkenntnis stammt; deswegen heißt er auch »Paradiesharz«.

Bernsteinlampen spenden warmes goldenes Licht.

Kunstvolle Schmuckstücke in einzigartigen Formen

Segelschiffe aus Bernstein erinnern an den Ostseeurlaub

Andenken von der Ostsee

In Danzig und in jedem kleinen Küstenort findet man die unterschiedlichsten maritimen Souvenirs, zum Beispiel Muscheln oder getrocknetes Meeresgetier. Denken Sie aber daran, dass viele mit der Ostsee nichts zu tun haben! Meeresliebhaber sollten eher in Antiquariaten und Trödelläden stöbern. Dort findet man alte Ausrüstungsgegenstände von Segelschiffen oder filigran gefertigte Buddelschiffe.

Kunstvolles Buddelschiff

Muschelschildkröten

Mit Muscheln verziertes Holzkästchen

Kunsthandwerk

In Ostpommern können Besucher Originalarbeiten regionaler Künstler aus der Kaschubei und dem Kociewie erwerben. Sie haben sich auf bunte Stickereierzeugnisse und einfache bunte Keramikgegenstände spezialisiert.

Kaschubische Keramik
aus Kartuzy

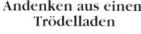

Andenken aus einem
Trödelladen

Stickerei aus der Kaschubei

Danziger
Goldwasser

Wodka in einer Geschenkflasche
mit hübschem Etikett

Danziger Spezialitäten

Ein schönes Andenken aus Pommern könnte eine Flasche Hochprozentiges sein. Hier bietet sich das Danziger Goldwasser an, ein nach Kräutern riechender Likör, der allein durch die kleinen echten Goldflöckchen in der dicklichen Flüssigkeit das Auge erfreut.

In Danzig braut man hervorragendes
Bier wie EB-Bier oder Hevelius,
benannt nach dem berühmten
Astronomen und Brauereibesitzer

Delikatessen aus Pommern

Märkte und Markthallen bieten alles an einfachen und ausgefallenen Gaumenfreuden. Besonders lecker schmecken Waldfruchtmarmelade, Honig in verschiedenen Geschmacksvarianten und geräucherter Aal.

Kaschubische Heringe

Erdbeermarmelade

Kaschubischer Honig

Getrocknete Pilze

Flora und Fauna

OSTPOMMERN zeichnet sich durch eine abwechslungsreiche Landschaft aus. Entlang der Ostsee erstrecken sich herrliche Sandstrände, bewaldete Dünen und steile Klippen. Zu den Überresten der Eiszeit gehören sanfte Moränenhügel und malerische Seen, die mehrere Seenplatten bilden. Diese bilden die einzelnen Seenplatten der Region. Daneben gibt es Küstenseen, die durch sandige Haffs von der Ostsee abgetrennt sind. In der Kaschubei und im Kociewie gibt es große Kiefernwälder, früher herrschten in der nördlichen und mittleren Kaschubei Mischwälder mit Buchen und Eichen vor. Einen ganz anderen landschaftlichen Charakter hat der waldlose Werder im Bereich des Weichseldeltas, das überwiegend landwirtschaftlich genutzt wird. Kanäle und Ackerland prägen diesen Landstrich.

Halbinsel Hela
Typisch für die südliche Ostseeküste sind schmale, lang gezogene Haffs – Sandwälle, die sich durch küstennahe Strömungen und Wellen immer weiter ausdehnen und oftmals eine Bucht vom Meer trennen.

Wanderdünen
Die etwa 20 Kilometer lange Dünen-landschaft in der Gegend von Leba erinnert an eine Wüste.

Ostsee

Der Werder
mit seinen Kanälen und Flüssen liegt an manchen Stellen unter dem Meeresspiegel.

KÜSTENSCHLUCHT
Die Kliffküste wird an mehreren Stellen durch Schluchten durchbro-chen, die bis zur Ostsee abfallen.

Kaschubische Wälder
Vielerorts in Pommern wachsen noch alte Buchenwälder.

Heckenrosen
*Die blühenden Büsche
sind typische Pflanzen
der Küstengegend.*

DIE NATUR OSTPOMMERNS

Am schönsten präsentiert sich Ostpommern in der Zeit von
Mai bis Juli, wenn die meisten Blumen blühen. Im Sommer
wiegen sich die Getreidefelder im Wind. Im September und
Oktober beschert der Goldene Herbst eine faszinierende
Farbenpracht. Zu dieser Zeit bereiten sich viele Vogelarten auf
ihren Zug in den Süden vor. Im Winter ruht die Landschaft
unter einer dicken Schneedecke und bei starkem Frost
bedeckt eine Eisschicht die Seen und die Danziger Bucht.

Vögel

Möwen *sind treue Begleiter
der Fischer- und
Passagierboote.*

Störche *bauen ihre Nester am
liebsten in Pommern und
Masuren.*

Pflanzen

Roter Klatschmohn *schmückt
gemeinsam mit den blauen
Kornblumen die Felder.*

Malven *ranken sich um
zahlreiche Hauseingänge.*

Haargras, *ein scharfkantiges
Gewächs, sprießt auf den
Dünen. Seine Wurzelwerk
festigt den sandigen
Untergrund und gibt
den Dünen so Halt.*

Die Silberdistel, *eine
Dornpflanze, steht unter
Naturschutz. Ihre Blätter bilden
eine Rosette um die trockene
silberweiße Blüte in der Mitte.*

Insekten

Die Libelle *wärmt sich
in der Sonne, bevor
sie zum nächsten Flug
aufbricht.*

Schmetterlinge *sind noch
häufig zu sehen; sie sind
beliebte Anschauungsobjekte
für Fotografen und Touristen.*

Rapsanbau
*Im Frühling blühen an
vielen Stellen in
Ostpommern die
Rapsfelder.*

DAS JAHR IN OSTPOMMERN

Osterpalme

P OMMERN bietet zur jeder Jahreszeit zahlreiche Attraktionen, die meisten jedoch im Sommer, von Anfang Juni bis Ende August. Dann suchen viele Touristen die Dreistadt, die Ostseeküste und die Kaschubischen Seen auf. Nach Danzig sollte man unbedingt Anfang August kommen, wenn der Dominikanermarkt einlädt. Nach Zoppot reist man am besten zum Internationalen Liederfestival. Im Herbst findet in Gdingen unter anderem das Festival des Polnischen Films statt.

Der Winter steht im Zeichen des Weihnachtsfestes. Informationen zu Musikveranstaltungen, Kultur und Sport bieten die Lokalpresse *(siehe S. 266)* und die Fremdenverkehrsbüros *(siehe S. 264)*.

WINTER

D ER WINTER ist in Danzig und in der Küstenregion milder als in Südpommern und besonders in der Kaschubischen Schweiz. Gleichwohl gibt es auch direkt am Meer starken Schneefall und Frost. Hin und wieder verwandeln sich die Putziger Wiek (Zatoka Pucka) und das Frische Haff (Zalew Wiślany) in eine Eisfläche, die ein wahres Paradies für die Eissegler ist. Die verschneiten Anhöhen laden zu Ski- und Schlittenfahrten ein. In den Städten ist der schmelzende Schnee meist kein Vergnügen. Die frostigen Abende und Morgenstunden können hier trotzdem sehr schön sein.

Im Dezember beginnen die Vorbereitungen für das Weihnachtsfest. Nach dem Festessen an Heiligabend besuchen viele Polen die Christmette. Dann erklingen fast überall die schönsten Weihnachtslieder. Am stimmungsvollsten wird Weihnachten in der Kaschubei

Danziger Winterlandschaft

und im Kociewie begangen. Silvester leitet die Ballsaison mit zahlreichen größeren und kleineren Tanzveranstaltungen ein.

DEZEMBER

Heiligabend *(24. Dez.)*. Weihnachten beginnt mit dem Festessen an Heiligabend.
Weihnachten *(25.–26. Dez.)*. Feiertage. In allen Kirchen finden Gottesdienste statt.
Silvester *(31. Dez.)*. Auf Bällen, privaten Veranstaltungen und auf vielen Straßen feiert man ins neue Jahr. In Danzig versammeln sich viele Menschen auf dem Langen Markt und begrüßen gemeinsam das Neue Jahr. Um Mitternacht wünschen sie sich alles Gute und lassen sich vom Feuerwerk verzaubern.

JANUAR

Neujahrstag *(1. Jan)*. Am ersten Tag des Jahres erholen sich viele von den Feiern,

die bis in die frühen Morgenstunden dauerten. Am Strand von Glettkau (Gdańsk-Jelitkowo) kann man den Mitgliedern des Klub Morsa zuschauen, die in der eisigen See baden.

FEBRUAR

Fastnacht *(letzter Dienstag im Karneval)*, Tag der größten Bälle in Ostpommern.

Eissegeln in der Danziger Bucht

Weihnachtliche Straßendekoration

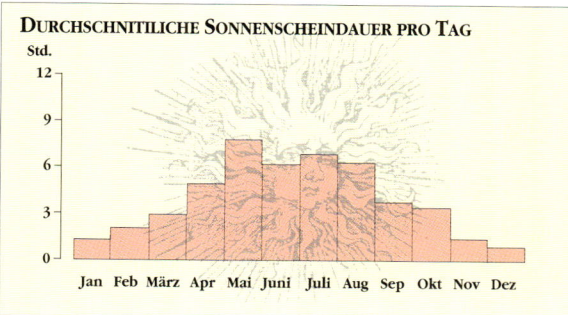

DURCHSCHNITTLICHE SONNENSCHEINDAUER PRO TAG

Std.

12

9

6

3

0

Jan Feb März Apr Mai Juni Juli Aug Sep Okt Nov Dez

Sonnenstunden
In Pommern liegen die längsten Tage des Jahres zwischen Mai und August. Im April, September und in der ersten Oktoberhälfte zeigt sich die Sonne oft noch für mehrere Stunden am Tag.

FRÜHLING

DER FRÜHLING kommt in Pommern relativ spät, erst Mitte Mai. Kinder und Jugendliche begehen den Frühlingsanfang viel früher. Am 21. März schwänzen sie die Schule und veranstalten eine prächtige Maskerade. In vielen Städten finden Konzerte und Kulturveranstaltungen statt. Ende Mai fängt die Urlaubssaison an. Die Museen haben dann längere Öffnungszeiten und der Botanische Garten in Oliva öffnet seine Tore.

MÄRZ

Palmsonntag *(beweglicher Feiertag):*
Er wird besonders feierlich in der Kaschubei und im Kociewie begangen. Die Pommern besuchen an diesem Tag den

Weidenkätzchen – Vorboten des Frühlings

Gottesdienst und lassen nach alter Tradition lange bunte Palmzweige weihen.
Karsamstag:
An diesem Tag werden in den Kirchen die Viktualienkörbe geweiht und die dort ausgestellten Christusgräber besichtigt. Es sind zumeist herrliche plastische Arrangements, die häufig eine gesellschaftliche oder politische Botschaft vermitteln. Am bekanntesten sind Grabkompositionen in der Danziger Brigittenkirche.
Ostersonntag:
Das höchste katholische Fest wird sehr feierlich begangen.
Ostermontag:
Dieser Tag heißt *śmigus-dyngus* nach dem verbreiteten Brauch, sich gegenseitig mit Wasser zu begießen. Ursprünglich pflegte man diese Tradition nur auf dem Lande. Heute hat sie auch die Stadt erreicht.
Gefängniskunstausstellung *(März).*
In Stuhm (Sztum) bei Marienburg stellen Gefängnisinsassen ihre Arbeiten (Plastiken, Plakate, Kunsthandwerk und sogar Literatur) aus.

APRIL

Internationales Gitarrenfestival, Gdańsk *(8.–22. Apr).*
Das Festival wird gewöhnlich von Film- und Theatervorführungen sowie Ausstellungen begleitet.
Polnisches Festival der Unterhaltungsmusik, Elbląg *(9.–12. Apr).*

Ostereier

Jedes Jahr treffen sich hier Solisten und Bands, die unterschiedlichen Stilrichtungen der Unterhaltungsmusik vertreten. Workshops für Bands sowie Malerei- und Skulpturenausstellungen bilden das Rahmenprogramm.
Polnisches Festival der Seemannslieder, Wejherowo *(wechselnde Termine).*
Dieses Festival mit Chorwettbewerb und Dirigentenseminar findet jedes Jahr statt.

MAI

Volksfest, Elbląg.
Anfang Mai findet auf dem König-Sigismund-August-Boulevard in Elbing (Elbląg) ein Volksfest statt. Hauptattraktionen sind der Markt der Kaufleute aus dem Werder und Aufführungen folkloristischer Hochzeitskapellen.

Frühling im Botanischen Garten von Oliva

DURCHSCHNITTLICHE MONATLICHE NIEDERSCHLÄGE

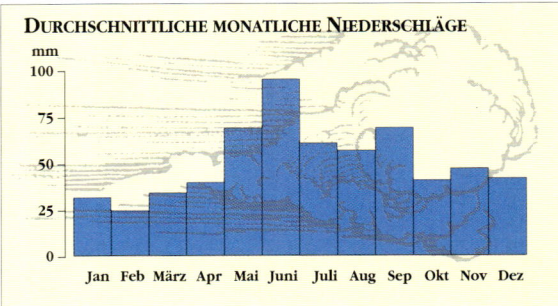

Niederschläge
Das Wetter in Pommern kann sehr launisch sein. Sommer mit sehr starken Niederschlägen wechseln ab mit solchen, in denen kaum ein Regentropfen fällt. Im Süden Pommerns regnet es öfter als an der Küste.

SOMMER

DER SOMMER ist in Pommern kühler als im polnischen Hinterland. Die Urlaubssaison dauert hier nicht sehr lange. Und dennoch kommen jedes Jahr Scharen von Touristen aus ganz Polen an die Küste. Fast jeder kleine Ort bietet in dieser Zeit Unterhaltungs- und Kulturveranstaltungen an. Die Musik steht meistens an erster Stelle, so auch bei dem Internationalen Liederfestival in Zoppot (Sopot). Rockkonzerte in Großendorf (Władysławowo) sind fester Programmpunkt der gesamten Ferienzeit. Das größte Ereignis in Danzig ist der seit Jahrhunderten stattfindende Dominikanermarkt. In Orten mit einer mittelalterlichen Burg ist die Teilnahme an den Burg- und Ritterspielen ein Muss. Höhepunkt der Burgfestspiele in Marienburg (Malbork) ist der Schwert-kampf um die Hand der im Turm gefangenen Prinzessin. Festlich begeht man die Tage des Meeres, die Prozessionen zu Fronleichnam, die See-pilgerfahrten in Putzig (Puck), die kaschubischen Volksfeste in Chmelno (Chmielno) oder den Jahrmarkt in Sanddorf (Wdzydze).

Segelregatta zum Tag des Meeres

JUNI

Seepilgerfahrt der Fischer, Puck *(29. Juni).*
Geschmückte Fischkutter fahren über die Bucht nach Putzig.
Tage des Dirschauer Landes, Tczew *(16.–18. Juni).*
Städteturnier und Johannisfeuer.
Gniewniki – Burgfest in Mewe (Gniew).
Internationales Festival der Orgel-, Chor- und Kammermusik Musica Sacra, Gdańsk und Gdynia *(Juni–Juli).*

Auf dem Programm stehen Orgel-, Chor- und Kammermusik-konzerte mit Interpreten aus ganz Polen und dem Ausland.
Jahrmarkt in Wejherowo *(23.–25. Juni).*
Er wird begleitet von Kabarettaufführungen und Auftritten volkstümlicher Gesangs- und Tanzgruppen sowie Schlagerinterpreten.
Internationales Festival der Orgelmusik, Gdańsk, Kathedrale in Oliwa *(Juni–Sep.).*
Eines der größten Orgelfestivals der Welt.

DOMINIKANERMARKT

Dieser Markt ist die traditionsreichste Veranstaltung in Danzig. Sie reicht bis ins Jahr 1260 zurück. Damals erteilte Papst Alexander IV. dem Dominikanerorden in Danzig am Tag des heiligen Dominikus (5. August) das Ablassprivileg. In den Anfängen des Dominikanermarktes liefen rund 400 Schiffe mit Handelswaren aus ganz Europa den Hafen an.

In den Achtzigerjahren bestand die Hauptattraktion des Jahrmarktes aus Ständen, an denen man Käse und Schokolade kaufen konnte, Raritäten, die damals in den staatlichen Läden Mangelware waren. Heute locken eher Bernsteine, Muscheln und Kunsthandwerk die Touristen an. Zwei Wochen lang finden hier Volks- und Sportfeste sowie Konzerte und Theateraufführungen statt.

Dominikanermarkt in Danzig

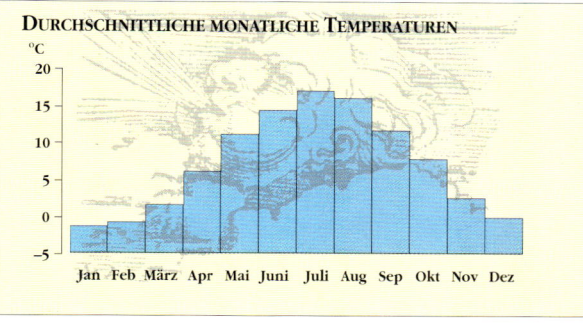

DURCHSCHNITTLICHE MONATLICHE TEMPERATUREN

Jan Feb März Apr Mai Juni Juli Aug Sep Okt Nov Dez

Temperaturen
Die Grafik bezieht sich auf die Durchschnittstemperaturen der letzten 30 Jahre. Die Sommer sind meistens sehr warm; in der ersten Hälfte der Neunzigerjahre waren sie besonders heiß. Die Winter sind im Vergleich mit dem polnischen Hinterland etwas wärmer.

Theaterbegegnungen, Sopot *(26. Juni – 31. Aug.)*.

JULI

Internationales Oldtimertreffen, Sztum *(erster Sa und So im Juli)*.
Internationales Ritterturnier um das Schwert des Königs Johann III. Sobieski in Mewe (Gniew). Ein paar Tage zuvor wird in Gniew das
Festival der Ritterkultur *(26.–27. Aug)* veranstaltetet.
Erdbeerernte in Złota Góra *(6. Juli)*.
Kultur- und Handelsfest. Karneval auf Hela *(12.–17. Juli)*.
Jahrmarkt in Wdzydze *(Ende Juli)*.
Festival der Volkstanzgruppen der Ostseestaaten, Bytów *(29. Juli)*.
Ritterfestmahl, Gniew.
Wettbewerb der Sagenerzähler aus Kaschubei und Kociewie, Wiele *(29.–30. Juli)*.

AUGUST

Dieser Monat beginnt mit dem Dominikanermarkt in Danzig.
Danziger Shakespearetage *(5.–12. Aug)*.
Internationales Festival der Folklore der Nordvölker in Danzig und Hela *(14.–18. Aug)*.
Burgfestspiele in Malbork *(29. Aug)*.
Ritterspiele und Turnier nach dem Muster des Films *Jaberwocky*. Nächtliche Begegnungen in historischen Kostümen mit Volkstänzen und der Volksmusik Pommerns.
Festival des Modernen Tanzes *(21.–27. Aug)*.

Programm der 20. Polnischen Filmfestspiele in Gdingen

HERBST

IN POMMERN kehrt der Herbst später als in den übrigen polnischen Regionen ein. Er ist in der Regel lang und warm. Angenehme Tage gibt es hier oft bis Ende Oktober. Am schönsten ist es zu dieser Jahreszeit in der Kaschubischen Schweiz, deren bewaldete Anhöhen in voller Farbenpracht leuchten. Im November ist es trüb und kühl. Anfang September leeren sich die Ostseebäder

Herbst in der Kaschubei

an der Küste. Mit dem Abzug der Urlauber schließen viele Läden, Bars und Fischstände. In der Dreistadt beginnt die Messezeit. Die Bernsteinmesse, wohl die interessanteste für die Touristen, öffnet ihre Tore.

SEPTEMBER

Polnische Kleinkunsttage WIDOWISKO 2000, Gdańsk – Teatr Miniatura *(7.–9. Sep)*.
Polnische Segelmeisterschaften, Gdingen.

OKTOBER

Polnische Filmfestspiele, Gdynia *(14.–20. Okt)*.

NOVEMBER

Allerheiligen *(1. Nov)*. Feiertag, an dem die Toten geehrt werden. Alle besuchen die Gräber ihrer Angehörigen.
Unabhängigkeitstag *(11. Nov)*.
An diesem Tag feiern die Polen ihre im Jahre 1918 wiedererlangte Unabhängigkeit.

FEIERTAGE

Neujahr (1. Jan)
Ostern (bewegliche Feiertage)
Tag der Arbeit (1. Mai)
Tag der Verfassungsgebung von 1791 (3. Mai)
Fronleichnam (Donnerstag, beweglicher Feiertag)
Mariä Himmelfahrt (15. Aug)
Allerheiligen (1. Nov)
Unabhängigkeitstag (11. Nov)
Weihnachten (25.–26. Dez)

GESCHICHTE DANZIGS UND OSTPOMMERNS

OSTPOMMERN hat eine außerordentlich bewegte Geschichte. Die ersten Siedlungen bildeten sich unter den pommerellischen Herzögen. Die meisten Städte entstanden jedoch zur Zeit des Deutschen Ordens. 1454 wurde der Ordensstaat in den polnischen Staat eingegliedert. Zu jener Zeit genossen die Städte Danzig (Gdańsk) und Elbing (Elbląg) noch besondere Freiheiten. 1466 musste der Deutsche Orden Danzig, Pomerellen und weitere Gebiete an den polnischen König abtreten. Nach der ersten Teilung Polens 1772 wurde Pommern Preußen angeschlossen. Mit der zweiten Teilung 1793 ereilte das gleiche Schicksal die Stadt Danzig. Erst mit der Unabhängigkeit im Jahre 1918 fielen Gebiete der Kaschubei und des Kociewie an Polen zurück. Danzig erhielt durch den Versailler Vertrag den Status einer Freien Stadt.

Der Zweite Weltkrieg veränderte die gesellschaftliche und nationale Struktur Pommerns völlig. Am 1. September 1939 feuerte der Schlachtkreuzer Schleswig-Holstein auf das Danziger Munitionsdepot Westerplatte und leitete damit den Zweiten Weltkrieg ein. Bald schon begann die Wehrmacht, die polnische Bevölkerung zu verfolgen.

Das erste Konzentrationslager entstand in Stutthof im Danziger Werder. Viele Sehenswürdigkeiten Ostpommerns wurden im Januar und Februar 1945 zerstört. Bis dahin hatte die deutsche Bevölkerung die schmerzhaften Auswirkungen des Krieges nicht sehr gespürt. Erst mit den Angriffen der Roten Armee fielen zahlreiche Städte in Schutt und Asche. Der Potsdamer Vertrag sprach die Gebiete östlich von Oder und Neiße Polen zu; die deutsche Bevölkerung wurde vertrieben. An ihrer Stelle kamen Vertriebene aus den polnischen Ostgebieten und fingen sofort mit dem Wiederaufbau an. Danzig wurde zur Wiege der im Jahre 1980 gegründeten Gewerkschaft *Solidarność* und damit des demokratischen Wandels, der Osteuropa nach 1989 erfasste.

Neptunfigur (1612)

Die Festung Weichselmünde, Stich von Aegidius Dickmann (1613)

◁ Isaak van den Blockes *Allegorie auf den Handel Danzigs*, Deckengemälde im Roten Saal des Rechtstädtischen Rathauses (1608)

Pommern vom 10. bis 15. Jahrhundert

Hochmeister Herman von Salza (um 1170–1239)

OSTPOMMERN wird vom Weichseldelta in zwei Gebiete unterteilt: den seit dem 10. Jahrhundert von Slawen besiedelten Westen und den von preußischen Stämmen bewohnten Osten. Der Westen gehörte ursprünglich zu Polen, später war er ein eigenständiges Herzogtum (Pommerellen). Die erste größere städtische Siedlung war Danzig. Sie soll durch den polnischen Herzog Mieszko I. gegründet worden sein. Erstmals wurde die Stadt im Zusammenhang mit dem Besuch des heiligen Adalbert im Jahre 997 erwähnt. Mit der Zeit dehnte sich die Siedlung aus und wurde Sitz der pommerellischen Herzöge. Mitte des 13. Jahrhunderts verlieh Herzog Swantopolk I. der am Fuße einer Burg angelegten Siedlung das Stadtrecht. Nach 1234 wurden die östlichen Gebiete Pommerns mehrfach vom Deutschen Orden erobert, der 1308 schließlich Danzig und Pommern einnahm. Bis 1466 war Ostpommern nun Teil des Ordensstaates. Der Deutsche Orden errichtete hier zahlreiche Steinburgen und gründete einige Städte, die sich rasch entwickelten. Sie wurden durch Siedler aus Deutschland bevölkert.

Der Seehandel
Im 13. und 14. Jahrhundert beherrschte die Hanse, ein Bund nördlicher Handelsstädte, den Ostseehandel.

Hochmeister und Ritter des Deutschen Ordens
Auf dieser Lithographie von 1849 schmückt das Kreuz des Deutschen Ordens die Rüstung des Hochmeisters.

Siegel der Stadt Danzig aus dem Jahre 1380
Das Geheimsiegel der Danziger Rechtstadt zeigt eine Kogge, das bekannteste mittelalterliche Handelsschiff.

Päpstlicher Legat

Der polnische König Kasimir Jagiello

ZEITSKALA

997 Erste urkundliche Erwähnung Danzigs

Mestwin II. – Herzog von Pommern

1186 Fürst Sambor holt den Zisterzienserorden nach Oliva

950	1000	1050	1100	1150	12

1116 König Boleslaw Krzywousty herrscht über Pommern

Ende 12. Jh. Bau der Nikolaikirche in Danzig

Heidnische Götzenfigur (10. Jh.)

Zinn-Ohrschmuck (11. Jh.)

Pruzzentaufe
Die Pruzzen, ein baltischer Volksstamm, bewohnten die Gebiete zwischen der unteren Weichsel und der Memel. 997 starb der hl. Adalbert beim Versuch, die Pruzzen zu missionieren.

Danziger Goldschmiedekunst
Die Abbildungen zeigen spätgotische Kelche und Ziborien.

Hochmeister Ludwig von Erlichshausen

Großkomtur Heinrich Reuss von Plauen

WEGWEISER ZUR ORDENSZEIT
Bis heute blieben zahlreiche gotische Burgen, Kirchen und historische Stadtbauten erhalten. Die Burgen in Marienburg (siehe S. 214 ff), Mewe (siehe S. 205) und Bütow (siehe S. 196 f) sind riesig. Man kann sie ausführlich besichtigen. Von anderen blieben nur Ruinen übrig.

Die Große Mühle, deren Bau 1350 vollendet wurde, spielte eine wichtige Rolle im wirtschaftlichen Leben Danzigs zur Ordenszeit (siehe S. 95).

Das Bürgerhaus in der Danziger Frauengasse 1 (Mariacka) besitzt noch die gotische Fassade aus der Ordenszeit (siehe S. 81).

THORNER FRIEDEN (1466)
1454 brach ein Aufstand gegen die Ordensherrschaft aus. Die Rebellen besetzten einen Teil des Landes und stellten sich unter die Herrschaft von König Kasimir Jagiello, der die Inkorporationsurkunde unterschrieb. Das ehemalige Ordensland wurde der Krone Polens zugesprochen. Damit begann der Dreizehnjährige Krieg, der erst mit dem Thorner Frieden endete.

Altar mit Beweinung Christi (1410), Muzeum Narodowe Gdańsk

1294 Tod Mestwins II., des letzten Herzogs von Danzig

1308 Deutscher Orden erobert Danzig

1343 Verleihung der Handfeste der Danziger Rechtstadt

1250 | **1300** | **1350** | **1400** | **1450**

1237 Stadtgründung von Elbing

1309 Verlegung des Ordenssitzes von Venedig nach Marienburg

1440 Gründung des Preußischen Städtebundes

um 1230 pommersche Herzöge erlangen Unabhängigkeit zurück

1454 Polen wird Preußen einverleibt

Pommern im 15. und 16. Jahrhundert

**Maskaron am Portal
des Altstädtischen
Rathauses in Danzig**

NACH DEM THORNER FRIEDEN entwickelten sich die königlich-preußischen Städte sehr rasch. Ihren Wohlstand verdankten sie dem Handel zwischen Polen und Westeuropa. Einige Jahre nach dem ersten Auftritt Luthers fielen seine Ideen in den pommerschen Städten auf fruchtbaren Boden. Die meisten Gemeinden traten zum protestantischen Glauben über. Im Jahre 1557 schenkte König Sigismund II. August den Polen Glaubensfreiheit. Die Religionskriege in Europa sorgten für den Zustrom reicher Immigranten aus Deutschland, den Niederlanden, aus Schottland und anderen Gebieten. In Danzig und Elbing entwarfen die Ankömmlinge zahlreiche Prachtbauten der Spätgotik und des Manierismus. Handwerk und Kunst blühten.

Die Georgshalle
*wurde zwischen 1487
und 1494 erbaut. Sie
war Sitz der heiligen
Georgsbruderschaft
aus Danzig.*

Triumphzug
*Das Gemälde von Lucas Evert aus dem Jahre 1585
zeigt den Einzug von König Kasimir Jagiello in die
ehemalige Ordenshauptstadt Marienburg.*

Gewaltige Stadtmauern umgaben die
Stadt Danzig zu Beginn der Neuzeit.
Mehrfach konnte die Stadt deshalb
Belagerungen standhalten.

**Manieristisches
Epitaph**
*Das Epitaph
des Jakob
Schadius
(um 1588) ist
eines von
mehreren in der
Marienkirche.*

**Turm des
Rechtstädtischen Rathauses**
*Der Turm entstand 1486–1488, nachdem
die Stadt sich von der Ordensherrschaft
befreit hatte, als Symbol der neuen
Unabhängigkeit. Im Jahre 1561 erhielt
er einen wunderbaren Helm.*

Schiffe fuhren
von Danzig durch
die Putziger Wiek.

**Danziger
Bürger**

ZEITSKALA

*Ofenkachel
im Danziger
Artushof*

1477–1481 Artushof wieder aufgebaut

1487–1494 Bau
der Georgshalle

1519 Letzter Krieg
Polens gegen
Deutschen Orden

| 1450 | 1470 | | 1490 | | 1510 |

1466 Thorner
Friede

1473 Danziger Kapern
erbeuten Hans Memlings
Jüngstes Gericht

*Danziger
Dienstmagd
(16. Jh.)*

Der Danziger Artushof
An diesem traditionellen Versammlungsort der Danziger Kaufmannschaft machte man bei gutem Bier wichtige Geschäfte.

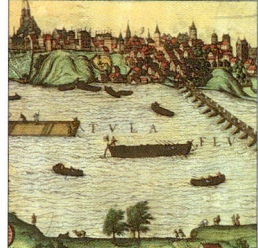

Getreideausfuhr
Die meisten Waren aus dem polnischen Hinterland wurden auf Holzflößen entlang der Weichsel befördert und über baltische Häfen – besonders Danzig – abgewickelt.

Der gotische Kirchenturm
der Marienkirche beherrscht das Danziger Stadtpanorama.

Turm des Rechtstädtischen Rathauses

WEGWEISER ZUR SPÄTGOTIK

Aus der Spätgotik stammen monumentale Gotteshäuser, schlanke Türme und repräsentative Rathäuser im Danzig und Ostpommern. Die im 16. Jahrhundert vollendete Marienkirche in Danzig ist das größte gotische Gotteshaus des Baltikums *(siehe S. 82 f)*. Die spätgotische Innenausstattung des Artushofes zeugt von der damaligen Machtposition der Stadt.

***Das spätgotische** Bürgerhaus in der Brotbänkengasse 14 (Chlebnicka) mit üppiger Steinfassade.*

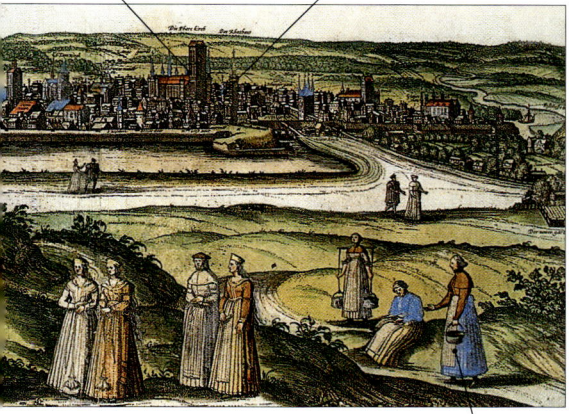

DANZIGER STADTANSICHT (1573)
Der Kupferstich von Hans Hogenberg zeigt das Stadtpanorama mit den vielen gotischen Kirchtürmen. Damals befand sich die neuzeitliche Befestigungsanlage im Bau.

Danziger Dienstleute

Die Pfarrkirche in Putzig
wurde Ende des 14. Jahrhunderts erbaut und im 15. Jahrhundert vollendet.

1526 Sigismund I. erlässt neues Grundgesetz für Danzig

1529 Erster protestantischer Gottesdienst in der Marienkirche

1557 Sigismund August II. erteilt Religionsfreiheit

1565 Erstes Jesuitenseminar in Braunsberg (Braniewo)

1577 Danzig im Krieg gegen König Stefan Bathory

1530	1550	1570	1590

1525 Krakauer Friede beendet den Krieg Polens gegen den Deutschen Orden, Ordensstaat als Herzogtum Preußen säkularisiert

1558 Gründung des Akademischen Gymnasiums in Danzig

1572 Protestanten übernehmen Marienkirche

1588 Bau des Hohen Tores in Danzig

Danziger Kaufmann (16. Jh.)

Das 17. Jahrhundert

Danziger Patrizierinnen, Anton Möller, 1601

IM JAHRE 1601 kam es zwischen der polnischen Adelsrepublik und Schweden zu einem Krieg. Es ging um die Vorherrschaft an der Ostsee. Anfangs betraf der Krieg nur das Gebiet Livlands und beeinflusste die Entwicklung Ostpommerns wenig. Im Gegenteil erlebte das Herzogtum Preußen zu jener Zeit eine wirtschaftliche und kulturelle Blüte, der Danzig seine schönsten Bauten und Kunstwerke verdankt. Erst als Schweden 1626 Ostpommern angriff, änderte sich die Lage. Der Friede von Stuhmsdorf (Sztumska Wieś) *(siehe S. 213)* besiegelte den wirtschaftliche Verfall der Region. Der schwedische Einfall im Jahre 1655 beendete endgültig die Glanzzeit. Der Frieden von Oliva im Jahre 1660 beendete den schwedisch-polnischen Krieg. Erst in den letzten Jahrzehnten des 17. Jahrhunderts ging es mit der Wirtschaft Pommerns allmählich bergauf.

Bierkrug des Johann Polmann (2. Hälfte 17. Jh.)
Die Danziger Goldschmie-dekunst des 17. Jahrhundert erreichte ein hohes Niveau und konnte mit den bekanntesten europäischen Zentren konkurrieren.

Langer Markt

Das Hans-Connert-Haus gehört zu den schönsten manieristischen Bürgerhäusern am Langen Markt.

Vorstadtvilla
Jeder Danziger Patrizier, der auf sich hielt, besaß eine Villa. Auf seinem Gemälde Danziger Panorama *aus dem Jahre 1615 zeigt Hans Krieg ein Patrizierhaus.*

DER ZINSGROSCHEN
Das Motiv des Bildes stammt aus dem Neuen Testament. Das Gemälde mit dem Langen Markt im Hintergrund gehört zu den berühmtesten Danziger Gemälden. Anton Möller malte es im Jahre 1601.

Brand am Langen Markt
Das Gemälde von Bartholomäus Milwitz aus dem Jahre 1656 stellt das tragische Ereignis dar.

ZEITSKALA

1590	1600	1610	1620	1630	16

1601 Beginn des schwedisch-polnischen Krieges

1609 Großes Zeughaus in Danzig vollendet

1611 Johannes Hevelius geboren

Danziger Kleinadel *(Bild von Wilhelm Stroynowski)*

Kanone aus dem Wrack der Solena (17. Jh.)

1608 Isaak van den Blocke malt *Allegorie auf den Handel Danzigs* für das Rechtstädtische Rathaus

1627 Belagerung Danzigs, Schlacht bei Oliva

12. Sept 1635 Waffenstillstand zwischen Polen und Schweden in Stuhmsdorf

Die Selenographia des Hevelius
enthielt Beschreibungen
und Karten der Mondoberfläche,
die der Astronom studiert hatte.

Holztreppe
Die Treppe gehört zum
Rechtstädtischen
Rathaus in Danzig.
Ähnlich prachtvolle
Konstruktionen
schmückten viele Danziger
Bürgerhäuser.

WEGWEISER ZUM GOLDENEN ZEITALTER

Danzigs goldenes Zeitalter begann Mitte des 16. Jahrhunderts und endete mit der schwedischen Belagerung im Jahre 1626 und dem nachfolgenden schwedischen Überfall. Das goldene Zeitalter brachte beachtliche Werke im Bereich der Architektur, der Bildhauerei und der Malerei hervor, die Danzigs Rang als Kunstzentrum unterstrichen.

Das Goldene Tor, das Abraham van den Blocke 1612–1614 errichtete, ersetzte das gotische Langgassentor.

Der Barockgiebel eines Bürgerhauses am Langen Markt 20 aus dem Jahre 1680 wird dem bekannten Bildhauer Andreas Schlüter zugeschrieben.

Rathaus

Artushof

Christusfigur

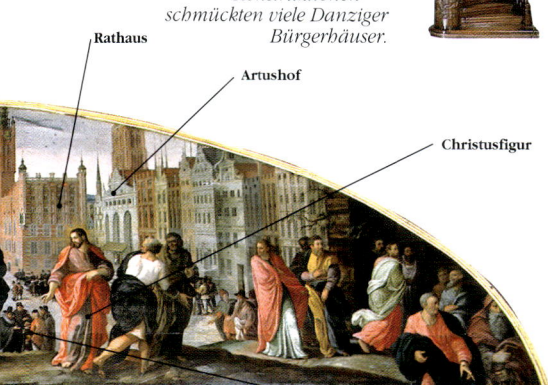

Danziger
Bürger

Matrosen des schwedischen Orlogschiffs Solen
In der Schlacht bei Oliva am 28. November 1627 besiegte die polnische Flotte die starken schwedischen Truppen, die seit Monaten den Hafen von Danzig blockierten (siehe S. 119).

1655 Beginn des schwedischen Hegemonialkrieges

1674–1678 Kodifizierung der Danziger Verfassung durch König Johann III. Sobieski

1658/1659 Reform der Danziger Verwaltung

1650	1660	1670	1680	1690

Monstranz aus der Kathedrale in Pelplin (1646)

3. Mai 1660 Friede von Oliva beendet schwedisch-polnischen Krieg

1678 Baubeginn der Königlichen Kapelle in Danzig

Münze von 1683

Das 18. Jahrhundert

DAS 18. JAHRHUNDERT war für Ostpommern keine glückliche Zeit. Der Zweite Nordische Krieg, der Polnische Erbfolgekrieg und die Entwicklung anderer Ostseehäfen schwächten die Wirtschaft Danzigs ganz erheblich. Trotzdem blieb die Stadt weiterhin ein wichtiges Kultur- und Handelszentrum. Im Zuge der Ersten Polnischen Teilung im Jahre 1772 annektierte Preußen das Ermland, das Kulmer Land und Westpreußen, jedoch ohne Danzig. In den darauf folgenden Jahren wirkte sich die wirtschaftliche Blockade der Stadt auf deren Einkünfte aus. Für eine kurze Zeit stärkte diese Maßnahme die Bedeutung des Hafens in Elbing. Bei der Zweiten Teilung (1793) verleibte sich Preußen auch Danzig ein.

Haus Zum Mohren
Der Besitzer des 1727–1728 erbauten Hauses, der Bildhauer Krzysztof Strzycki, ließ über dem Portal eine Kartusche mit einem Mohrenkopf anbringen.

Sekretär
Der Sekretär wurde Ende des 18. Jahrhunderts in einer Danziger Kunsttischlerwerkstatt angefertigt.

Fockmast

Gallionsadler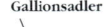

Schiffsruder

Stadtansicht von Elbing aus dem Jahre 1741
Eine mit Bastionen verstärkte Befestigungsanlage umgab das neuzeitliche Elbing. Hinter ihr lagen die Stadtmauern und Wehrtürme des Mittelalters.

SEGELSCHIFF AUGUSTS II. DES STARKEN

Das Modell gehört zur Sammlung des Meeresmuseums *(siehe S. 112 f)*. An ihm kann der Betrachter die Konstruktion eines Segel- und Ruderschiffs aus dem 18. Jahrhundert genau studieren.

ZEITSKALA

1700 Beginn des 2. Nordischen Krieges

1709–1710 Pestepidemie

1716–1717 Zar Peter I. besucht Danzig

1721 Friede von Nystad beendet den Großen Nordischen Krieg

Danziger Lederstuhl

1739 Gründung der ersten Tageszeitung *Nützlicher Danziger Erfahrungen*

1700	1710	1720	1730	1740	17

Barockgitter vor der Erlöserkapelle in der Frauenburger Kathedrale

1720 Gründung der Danziger Literaturgesellschaft

1743 Gründung der Naturforschenden Gesellschaft

1734 Belagerung Danzigs durch die Russen

Schloss Mniszch

Die Sommerresidenz wurde in den Jahren 1751–1760 für den polnischen Magnaten Jerzy Wandalin Mniszch gebaut. Das Schloss existiert heute nicht mehr.

Silberpokal der Danziger Handelsgilde aus dem Jahre 1727

Der Pokal besitzt einen kunstvoll ausgearbeiteten Fuß mit Najaden und der Figur des Flussgottes Kefiskos.

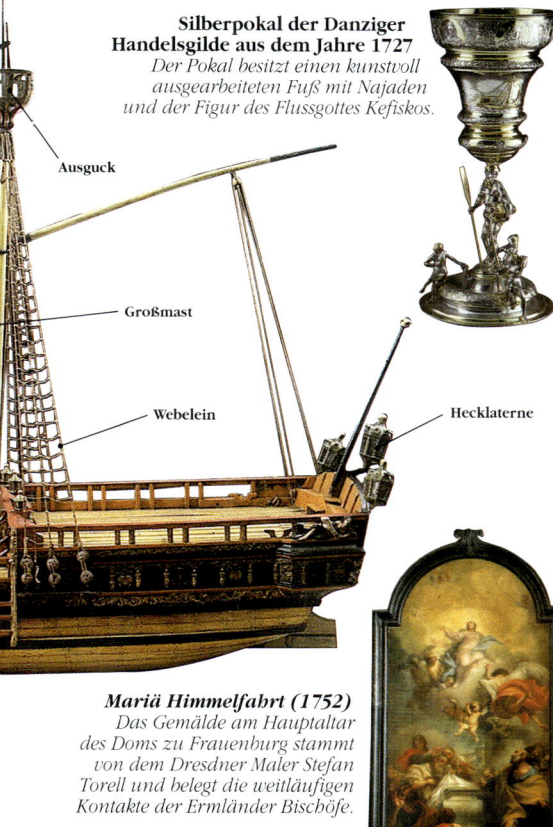

Ausguck

Großmast

Webelein

Hecklaterne

WEGWEISER ZUM 18. JAHRHUNDERT

Das 18. Jahrhundert hinterließ in Ostpommern und Danzig nur sehr wenige barocke Bauwerke. Erwähnenswert sind der Abtspalast in Oliva (siehe S. 118 f) und die im Stil des Spätbarock umgebaute Karthäuserkirche in Kartuzy (Karthaus, siehe S. 194).

Das Portal am Uphagenhaus (siehe S. 65) ist ein exzellentes Beispiel des Rokoko in der Danziger Architektur.

Häuser im Werder aus dem 18. Jahrhundert zeichnen sich durch Fachwerkbauweise aus. Sie waren sehr groß und besaßen oft vorgebaute Holzlauben an der Frontseite.

Mariä Himmelfahrt (1752)

Das Gemälde am Hauptaltar des Doms zu Frauenburg stammt von dem Dresdner Maler Stefan Torell und belegt die weitläufigen Kontakte der Ermländer Bischöfe.

1752 Ende der seit 1748 dauernden Auseinandersetzungen zwischen Kaufleuten und Stadtrat

1763–1793 Orgelbau für die Kathedrale in Oliva

1772 Westpreußen und Ermland fallen an Preußen

1788 Arthur Schopenhauer geboren

1793 Preußen annektiert Danzig

1760	1770	1780	1790	1800

1760 Gründung der ersten Freimaurerloge in Danzig

1754–1760 Bau des Neuen Abtspalastes in Oliva

Porträt der Frau von Rottenburg von Daniel Chodowiecki (1773)

Holzmarkt in Danzig

Preußen und Kaiserreich

Z U BEGINN der preußischen Ära musste Danzig beträchtliche Einschränkungen seiner Selbstverwaltung hinnehmen, gleichzeitig verbesserte sich die wirtschaftliche Lage. Mit dem Einzug französischer Truppen hoffte Danzig, seine Unabhängigkeit wiederzuerlangen. 1807 verlieh Napoleon Danzig den Status einer Freistadt. Diesen konnte sie nur kurz beibehalten, denn nach dem Wiener Kongress wurde sie 1815 erneut Preußen angeschlossen. Die folgenden Jahre waren für die Stadt und das gesamte Ostpommern wirtschaftlich schwierig. Erst Mitte des Jahrhunderts verzeichnete man wieder einen gewissen Aufschwung. Danzig und Elbing nahmen dabei den ersten Rang ein. In Elbing gründete Ferdinand Schichau eine große Maschinenfabrik. Danzig bekam eine moderne Schiffswerft und eine Technische Hochschule.

Titelblatt des Reiseführers Zoppot
Im 19. Jahrhundert entwickelte sich Zoppot zum beliebtesten Ostseebad.

Technische Hochschule zu Danzig
Das 1904 gegründete Institut war die erste Hochschule Ostpommerns.

Napoleonische Truppen belagern die Stadt
Nach kurzer Belagerung im Frühjahr 1807 nahm die Armee Napoleons unter F. J. Lefebvre Danzig ein. Der Marschall wurde Herzog von Danzig.

Die Befestigungsanlage wurde ab Ende des 19. Jahrhunderts schrittweise geschleift.

Hohes Tor

STADTPANORAMA VON DANZIG (1829)
Die Gouache von Friedrich Eduard Mayerheim zeigt die Stadt von Südwesten. Damals existierten noch die Bastionen, die Hans Kramer und Antonis van Obbergen in der zweiten Hälfte des 16. Jahrhunderts errichtet hatten.

ZEITSKALA

1801 Eröffnung des Danziger Stadttheaters	**1807** Napoleons Truppen besetzen Danzig	**1824** Vereinigung West- und Ostpreußens	**1831** Preußen lösen das Zisterzienserkloster in Oliva auf	
	1815 Danzig verliert den Status der Freistadt		**1852** Erste Eisenbahnverbindung Danzig–Dirschau	

1800	**1810**	**1820**	**1830**	**1840**	**1850**

1803 Gründung der Navigationsschule in Danzig	**1813** Russen belagern ein Jahr lang die Stadt	**1823** Bau der ersten modernen Badeanstalt in Zoppot	**1827** Erstes Dampfschiff im Danziger Hafen	**1840** Schaffung eines neuen natürlichen Mündungsarms der Weichsel

Holzmarkt
Der Markt war lange das Handelszentrum Danzigs.

Kaiser Friedrich
Im 19. Jahrhundert wurden in den Danziger Werften Luxusdampfer gebaut (hier der Speisesaal eines Ozeanriesen).

Danziger Artushof
Anfang des 19. Jahrhunderts diente das Gebäude als Warenbörse. Heute gehört es wegen seiner historischen Ausstattung zu den Attraktionen der Stadt.

Marienkirche

WEGWEISER ZUR PREUSSISCHEN ÄRA
Im 19. Jahrhundert entstanden im Raum Danzig viele beachtliche Architekturanlagen. Zu den interessantesten in Danzig gehören die Technische Hochschule *(siehe S. 124)* und der Hauptbahnhof *(siehe S. 99)* sowie die Villenanlage von Langfuhr *(siehe S. 148 f)*. Aus dieser Zeit stammen auch die Gästehäuser in Zoppot *(siehe S. 134)*.

Malerische Villa in Langfuhr *(Wrzeszcz) in der ulica Pawłowskiego.*

Katharinenkirche

Turm des
Rechtstädtischen
Rathauses

Trinitatiskirche

Fachwerkhäuser
waren typisch für die Bebauung der ehemaligen Danziger Vorstädte und anderer Städte Ostpommerns.

Der Hauptbahnhof *in Danzig wurde zwischen 1894 und 1900 erbaut.*

Aktenfutteral des Bürgermeisters J.H. Weichkman (1832)

1889–1895 Neues Weichselbett bei Schiewenhorst (Świbno)

1904 Gründung der Technischen Hochschule

1908 Gründung der Zeitschrift *Gryf*

1860	1870	1880	1890	1900	1910

1878 Gründung der Provinz Westpreußen mit der Hauptstadt Danzig

1890 Baubeginn der Schichauwerft in Danzig

Emblem der Danziger Eisenbahn

Zwischenkriegsjahre und Zweiter Weltkrieg

ALS POLEN DURCH DEN Versailler Vertrag als Staat wieder erstand, betraf die neue Grenzziehung Ostpommern besonders stark. Ermland und die Stadt Elbing lagen innerhalb der deutschen Grenzen. Danzig erhielt gemeinsam mit Zoppot den Status einer Freistadt und stand unter dem Schutz des Völkerbundes. Die restlichen pommerschen Gebiete wurden der Zweiten Polnischen Republik angeschlossen. Damit bekam Polen einen freien Zugang zum Meer, verfügte aber über keinen Hafen. Unter großem Kräfteaufwand ließ Polen eine neue Hafenstadt entstehen – die Stadt Gdingen. Mit Hitlers Machtergreifung im Jahre 1933 breitete sich in Danzig, der Stadt, in der die Polen der Minderheit angehörten, eine antipolnische Stimmung aus. Der politische Konflikt zwischen Polen und Deutschen betraf vor allem das Gebiet des so genannten »Korridors«. Hierbei ging es um die Schaffung einer exterritorialen Verbindung zwischen dem Reichsgebiet und Ostpreußen. Mit dem Beschuss der Westerplatte begann am 1. September 1939 der Zweite Weltkrieg. Heldenhaft verteidigten die Polen das dortige Munitionsdepot.

Die Jungkaschuben
Die Bewegung zur Bewahrung der kaschubischen Kultur und Sprache entstand Anfang des 20. Jahrhunderts, konnte sich jedoch erst im unabhängigen Polen voll entwickeln.

Panzerkreuzer Schleswig-Holstein
Von diesem Schiff aus wurde am 1. September 1939 um 4.45 Uhr die Westerplatte beschossen. Damit begann der Zweite Weltkrieg.

Breitgasse

Heiliggeistgasse

Leuchtturm in Rozewie (Rixhöft)
In den Zwanzigerjahren lebte und wirkte hier der Schriftsteller Stanisław Żeromski. Er setzte sich stark für die Probleme der Kaschubei, der polnischen Küste und für die Stadt Gdingen ein.

ZENTRUM VON DANZIG (1945)
Während der Kämpfe um Danzig im Februar und März 1945 wurde der Großteil der Stadt mit der historischen Altstadt und der Rechtstadt zerstört. Danzig lag in Schutt und Asche.

ZEITSKALA

1918 Polen wird wieder ein Staat

1921 Gründung des Polnischen Schulvereins in Danzig

1922 Beschluss des Gdingener Hafenbaus

1926 Gdingen erhält die Stadtrechte

1929 Gründung des Seehandelsinstituts in Gdingen

1918	1922	1926	1930

1919 Danzig erhält den Status einer Freistadt

Briefmarke der Freistadt Danzig

1927 Günter Grass geboren

1926 Gründung der Danziger Diözese mit der Kathedrale in Oliva

Major Henryk Sucharski
Der Kommandant des polnischen Postens auf der Westerplatte verteidigte im September 1939 heldenhaft das Munitionsdepot.

Speicher auf der Insel Bleihof

NSDAP-Kundgebung
Die NSDAP wurde 1933 nicht nur bei den Parlamentswahlen in Deutschland, sondern auch bei den Stadtratswahlen in Danzig mehrheitlich gewählt. Szene aus dem Film Die Blechtrommel.

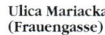

Ulica Mariacka (Frauengasse)

Matrosen der polnischen Kriegsmarine
Mit einem Dekret vom 28. November 1918 gründete die Regierung Polens direkt nach der Staatsbildung die Kriegsmarine, obwohl es noch keinen Zugang zur Ostsee gab.

WEGWEISER ZUR ZWISCHENKRIEGSZEIT

Die interessantesten Bauwerke dieser Zeit befinden sich in Gdingen, der den Zwischenkriegsjahren neu entstandenen Hafenstadt *(siehe S. 136 ff)*. Innerhalb weniger Jahre errichtete man hier zahlreiche hervorragende öffentliche Gebäude und Villensiedlungen im Stil des Modernismus und der nationalen Romantik.

Die Marinehochschule
in Gdingen ist ein Beispiel des Modernismus mit klassizistischen Elementen.

Villa in Langfuhr
Das Haus wurde im Heimatstil, dem Stil der nationalen Romantik, errichtet.

Danziger Reiseführer aus der Vorkriegszeit

Oktober 1944 Beginn der Massenflucht der ostpommerschen Zivilbevölkerung

1. September 1939 Ausbruch des Zweiten Weltkrieges

1945 Offensive der Roten Armee in Pommern, Zerstörung vieler Städte

1934	1938	1942	1946

1933 Hitlers Sieg und Machtergreifung der NSDAP in Danzig

August 1939 Konzert des großen Opernsängers Jan Kiepura auf dem Plac Grunwaldzki in Gdingen

19. September 1939 Kapitulation von Oksywie (Oxhöft)

Deutsche Propagandabriefmarke

Die Zeit nach 1945

Durch die Neuaufteilung Europas nach dem Zweiten Weltkrieg lagen Danzig und das gesamte Pommern sowie das Ermland innerhalb der polnischen Grenzen. Die Deutschen wurden vertrieben oder zwangsumgesiedelt. Ihren Platz nahmen jene Polen ein, die im nun sowjetischen Osten Polens ihre Häuser hatten verlassen müssen. Mit dem Wiederaufbau der zerstörten Städte wurde sofort begonnen. Ab 1949 widmete man sich der Wiederherstellung des historischen Danzig.

Danzig (Gdańsk) und Gdingen (Gdynia) spielten in der weiteren Entwicklung Polens eine wichtige politische Rolle. Der Arbeiterstreik im Dezember 1970 und die Unruhen im August 1980 führten zur Zulassung der Gewerkschaft *Solidarität*, ein Meilenstein auf dem Weg zur Demokratie in Polen, Mittel- und Osteuropa.

Stapellauf
Die Danziger Werft, die Wiege der Solidarność, meldete 1997 Konkurs an.

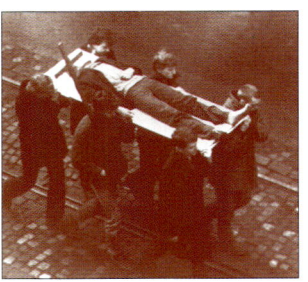

Mieczysław Jagielski,
unterschrieb als Vertreter der Regierung die Danziger Vereinbarung.

Janek Wiśniewski
Der polnische Arbeiter gehörte zu den Opfern, die bei den Arbeiterunruhen am 17. Dezember 1970 in Gdingen erschossen wurden. Bürger hüllten den Leichnam in eine weiß-rote Staatsflagge und trugen ihn durch die gesamte Stadt.

DANZIGER VEREINBARUNG
Die Unterzeichnung der Vereinbarung am 31. August 1980 beendete die schweren Arbeiterstreiks an der Küste und führte zur Zulassung der ersten unabhängigen autonomen Gewerkschaft von Polen – der *Solidarność*.

Internationales Liederfestival in Zoppot
Das Festival spielte im Kulturleben des sozialistischen Polen eine wichtige Rolle. Zwar hat es an Bedeutung verloren, zieht aber auch heute noch Scharen von Zuschauern an.

ZEITSKALA

28. März 1945 Russische und polnische Truppen nehmen Danzig ein

Relief am Denkmal der gefallenen Werftarbeiter

14. Dezember 1970 Streikbeginn auf der Danziger Werft

1970 Gründung der Danziger Universität

1945	1950	1955	1960	1965	1970

1948 Stapellauf des ersten Schiffes *Sołdek* in der Danziger Werft

1958 Gründung des Archäologischen Museums

1958 Gründung des Meeresmuseums

1974 Inbetriebnahme des Nordhafens

**Hauptaltar der
Brigittenkirche**
*Er hat die Form einer
Kornähre.*

Der Kugelschreiber von
Lech Wałęsa ist heute im
Museum auf dem Hellen
Berg in Częstochowa
zu sehen.

Lech Wałęsa
Der Anführer der
Streikenden wurde
zum ersten
Vorsitzenden der
Gewerkschaft *NSZZ
Solidarność* gewählt.

Farbgraffiti
*Diese typische
Ausdrucksform des
20. Jahrhunderts schmückt
zahlreiche Fabrikzäune
und Viaduktwände im
gesamten Gebiet der
Dreistadt.*

**Tadeusz Fiszbach,
Erster Sekretär des
Bezirkskomitees der
Arbeiterpartei PVAP
in Danzig**

**Denkmal der Gefallenen
Werftarbeiter**
*Es wurde am 16. Dezember
1980, dem zehnten Jahrestag
der tragischen Ereignisse in
Danzig, eingeweiht und ist mit
Symbolen überladen. Es steht
unmittelbar neben der Stelle, an
der die ersten drei Arbeiter ums
Leben kamen.*

WEGWEISER ZUR GEGENWART

Die Jahre 1945–1989 waren
für die polnische Architektur
insgesamt keine glückliche
Zeit. Die interessantesten
Projekte dieser Ära sind das
Musiktheater in Gdingen *(siehe
S. 140 f)* und das kontrovers
aufgenommene Gebäude der
Danziger Philharmonie. Erst in
den 1990er Jahren brach ein
wahrer Bauboom aus. Moderne
Bürohäuser, Handelszentren
und Hotels, wie das Baltic
Business Centre in Gdingen
und das pseudopalladianistische
Hotel Murat in Reda *(siehe
S. 239)* gehören zu den
Bauwerken dieser Ära.

Musiktheater in Gdingen
*Das von D. Olędzki und
J. Chmiel entworfene Gebäude
ist ein gutes Beispiel für die
Architektur der Siebzigerjahre.*

**Das Baltic Business Centre
in Gdynia** *ist ein moderner
multifunktionaler
Gebäudekomplex mit
Büro- und Finanzzentrum
sowie Cafés, Läden und
Parkplätzen.*

*Gedenktafel für den
Schauspieler
Zbyszek Cybulski
in Zoppot*

14. August 1980
Streikbeginn auf der
Danziger Werft

1995 Eröffnung des
Danziger Goethe-Institutes

Juli 1997 1. Treffen
der Neuen Hanse

1998 Übernahme der
Danziger Werft durch
Werft AG Gdingen

| 1975 | 1980 | 1985 | 1990 | 1995 | 2000 |

31. August 1980
Danziger Vereinbarung

1979 Eröffnung des neuen
Musiktheaters in Gdingen

*Windkraftwerk
in der Kaschubei*

1997 Konkurs
der Danziger Werft

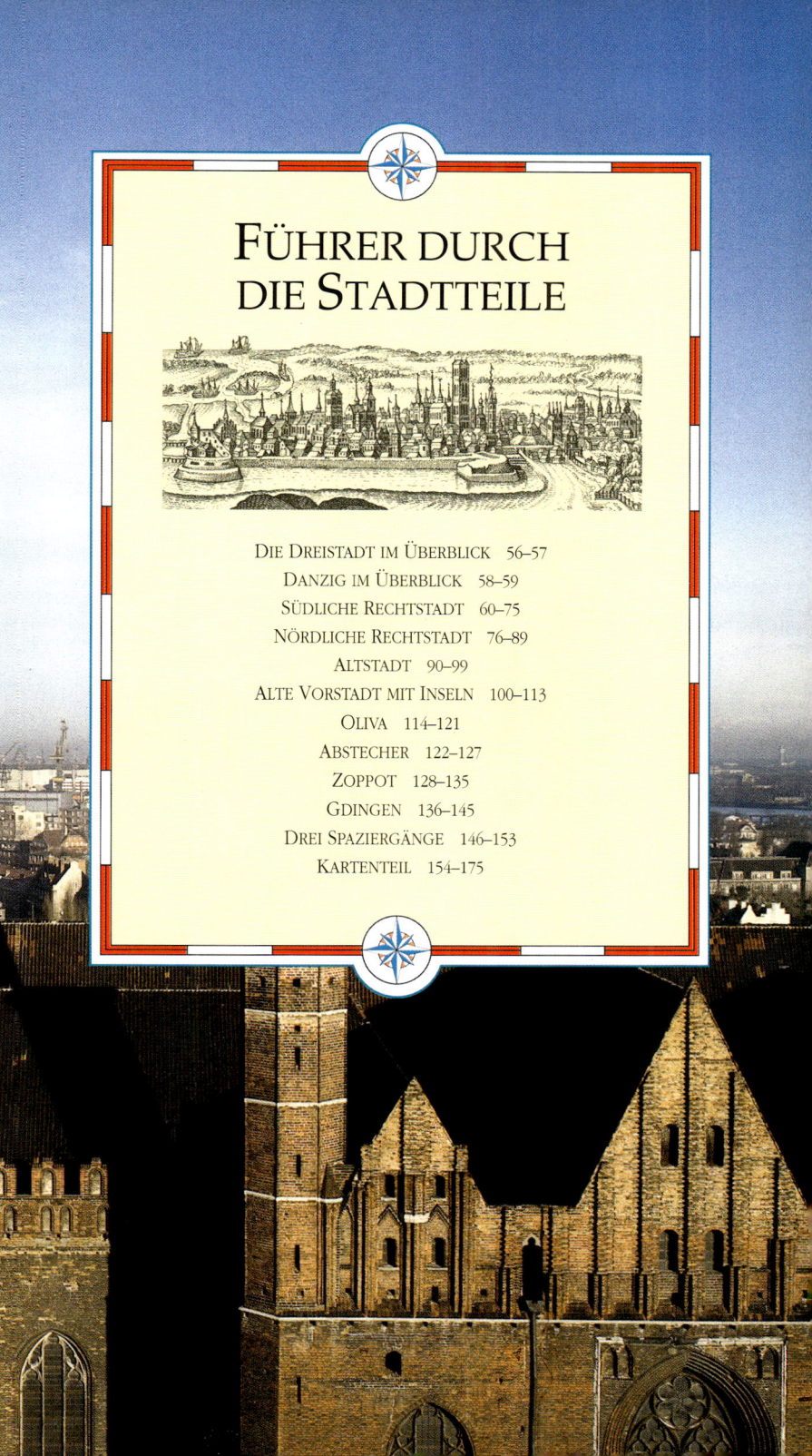

FÜHRER DURCH DIE STADTTEILE

Die Dreistadt im Überblick

DANZIG, ZOPPOT UND GDINGEN bilden einen Ballungs-
raum, der als Dreistadt bezeichnet wird. Alle drei
Städte sind selbst bei einem kurzen Aufenthalt dank
der leistungsfähigen Stadtbahn und des gut ausgebauten
Straßenbahnnetzes leicht und schnell zu erreichen. Am
interessantesten ist zweifelsfrei Danzig. Im Stadtzentrum
lohnt die Altstadt den Besuch und im Stadtteil Oliva steht
die großartige Kathedrale mit der Klosteranlage. Von hier
aus ist es nach Zoppot, dem bekannten Ostseebad, nicht
mehr weit. Am nördlichen Zipfel der Dreistadt liegt
Gdingen, eine moderne Hafenstadt.

SEITEN 128–135
*Kartenregister,
Karten 5, 6*

GDINGEN

ZOPPOT

OLIVA

SEITEN 136–145
*Kartenregister,
Karten 1, 2, 3, 4*

0 Kilometer   4,5

SEITEN 114–121
*Kartenregister,
Karten 7, 8*

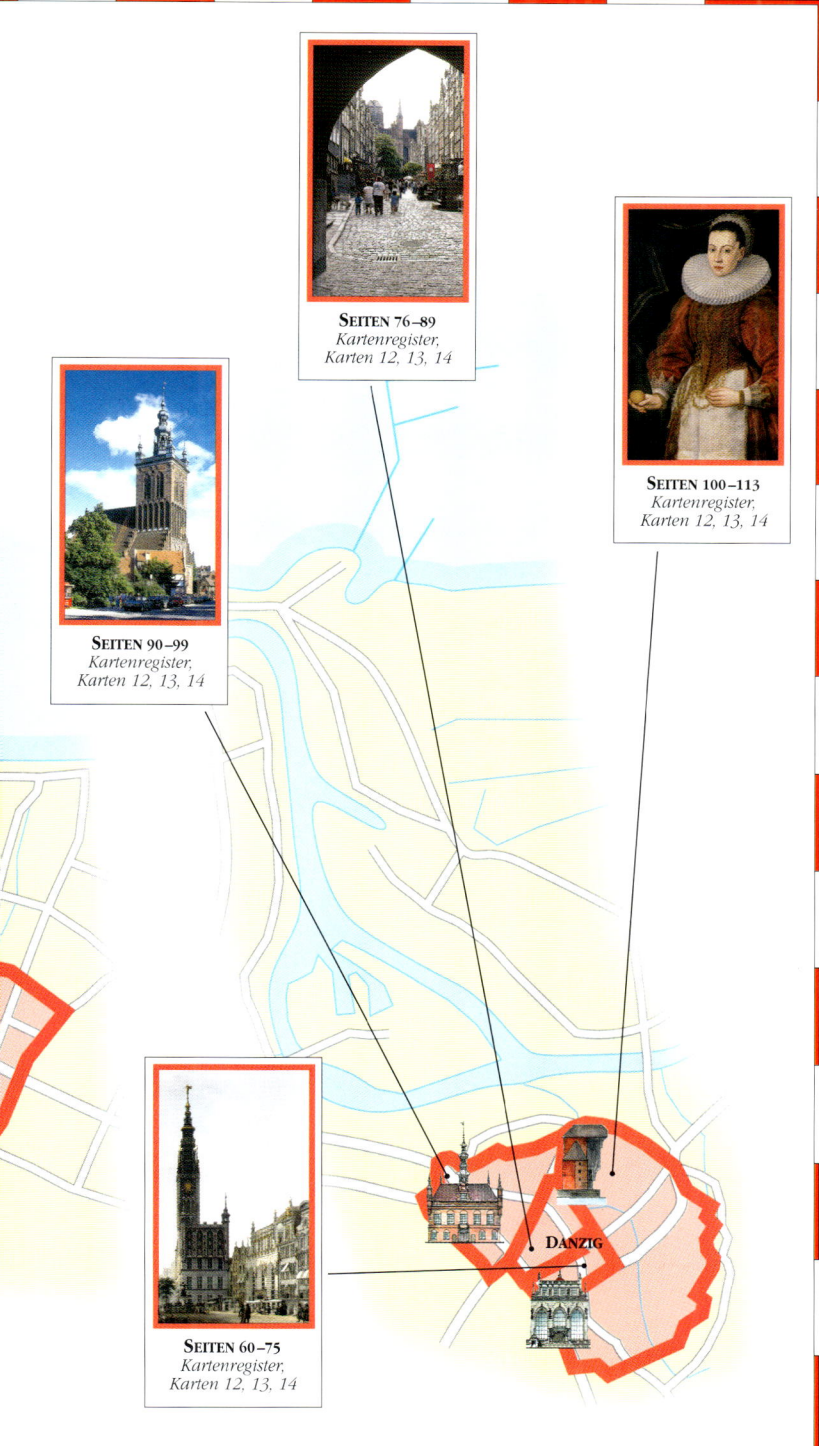

SEITEN 76–89
Kartenregister,
Karten 12, 13, 14

SEITEN 100–113
Kartenregister,
Karten 12, 13, 14

SEITEN 90–99
Kartenregister,
Karten 12, 13, 14

DANZIG

SEITEN 60–75
Kartenregister,
Karten 12, 13, 14

Danzig im Überblick

Die Katharinenkirche
Hier sind die sterblichen Überreste von Johannes Hevelius aufgebahrt (siehe S. 96 f).

DIE WICHTIGSTEN SEHENSWÜRDIGKEITEN Danzigs befinden sich im Zentrum der Stadt, daher sind viele von ihnen leicht zu Fuß zu erreichen. Zu anderen gelangt man mit städtischen Bussen und Straßenbahnen. Das historische Zentrum wurde in vier Stadtteile aufgeteilt. Der Führer widmet jedem Stadtteil einen eigenen Abschnitt. In Oliva, dem am weitesten vom Zentrum entfernten Stadtteil, kann man außer der Kathedrale auch den ehemaligen Abtspalast und den Zoologischen Garten bewundern. Der Abschnitt *Abstecher* nennt sehenswerte Plätze in weiteren Stadtteilen Danzigs. Um dort hinzukommen, kann man die Straßenbahn, den Bus oder die städtische Schnellbahn benutzen. Der interessanteste Stadtteil Danzigs ist ohne Zweifel die Rechtstadt mit der Marienkirche und dem Artushof. In der Altstadt sollte man die Große Mühle besichtigen. Die Vorstadt bietet zwei ausgezeichnete Museen, das Nationalmuseum und das Meeresmuseum.

Das Rathaus
Im alten Sitz des Stadtrates befindet sich ein Museum (siehe S. 68 f).

Das Nationalmuseum
Es präsentiert den Besuchern viele alte Danziger Kunstwerke (siehe S. 106 ff).

0 Meter   400

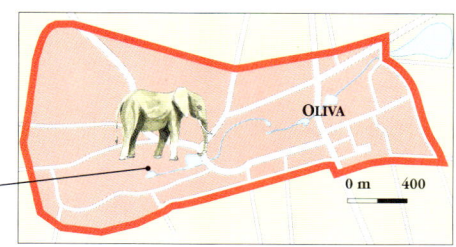

Der Zoo
Er gehört zu den schönsten in
Polen. Bei gutem Wetter kann
man Tiere im Landschaftspark
beobachten (siehe S. 116 ff).

Das Meeresmuseum
Die umfangreiche Sammlung
dokumentiert die Beziehung
Polens und Danzigs zum Meer
(siehe S. 112 f).

Die Marienkirche
Seit vielen
Jahrhunderten ist sie
der Stolz aller
Danziger und zieht
Touristen wie Pilger
gleichermaßen an
(siehe S. 82 ff).

Der Artushof
Er gehört zu den
schönsten
Bauwerken der
nordeuropäischen
Spätgotik
(siehe S. 72 f).

Das Niedertor
verdankt seinen
Namen der Niederung,
die sich südöstlich
der Stadt erstreckt.

SÜDLICHE RECHTSTADT

DIE RECHTSTADT ist zwar nicht der älteste Stadtteil Danzigs, liegt aber im Herzen der Stadt. Hier befinden sich die prachtvollsten Sehenswürdigkeiten. 1346 verlieh der Deutsche Orden der Rechtstadt (Główne Miasto) die Stadtrechte. Ihr damaliges Territorium umfasste stolze 42 Hektar. 1945 wurde die Rechtstadt fast vollständig zerstört. Die von weither zugezogenen neuen Einwohner schritten zielstrebig zum Wiederaufbau und bewahrten dadurch das Kultur- und Kunsterbe der Stadt vor dem Vergessen. Die in diesem Führer vorgenommene Aufteilung der Rechtstadt ist nicht historisch begründet. Sie soll lediglich eine Hilfe bei der Besichtigung sein. In der südlichen Rechtstadt befinden sich die Langgasse (Długa) und der Lange Markt (Długi Targ) *(siehe S. 62f)*. Heute gibt es hier viele Geschäfte, Antiquariate sowie Silber- und Bernsteinwerkstätten. In der Mitte des Langen Marktes steht der Neptunbrunnen. In seiner Nachbarschaft erhebt sich das stattliche Rathausgebäude mit dem Roten Saal, dessen Ausstattung vor der Zerstörung im Krieg gerettet werden konnte. Der Rote Saal zählt zu den großartigsten Innenräumen des nordeuropäischen Manierismus. Auch sollte man den ehemaligen Artushof, das Uphagenhaus aus der Zeit des Rokoko, die Fassade des Goldenen Hauses sowie den »Wolkenkratzer« in der Brotbänkengasse (Chlebnicka) besichtigen.

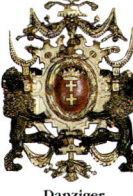

Danziger Wappen (1596) an der Rathaustür

SEHENSWÜRDIGKEITEN AUF EINEN BLICK

Brunnen
Neptunbrunnen 11

Historische Gebäude
Artushof (S. 72 f) 12
Georgshalle 4
Peinkammer 2
Rechtstädtisches Rathaus (S. 68 f) 9

Historische Bürgerhäuser
Englisches Haus 15
Fahrenheithaus 18
Ferberhaus 7
Haus in der Brotbänkengasse 16
Uphagenhaus 6
Freimaurerloge 19
Löwenschloss 8
Goldenes Haus 13

Historische Straßen und Plätze
Langgasse 5
Langer Markt 10
Dominikswall 17

Tore
Hohes Tor 1
Grünes Tor 14
Goldenes Tor 3

0 Meter 400

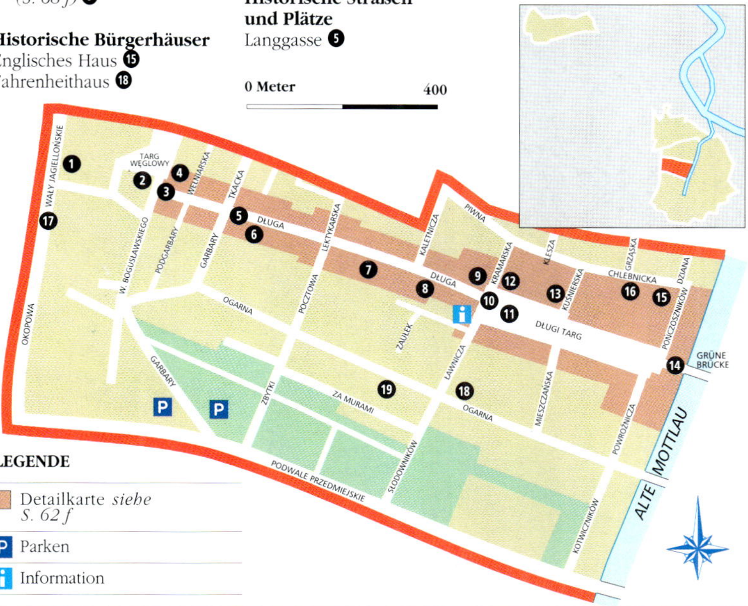

LEGENDE
Detailkarte *siehe S. 62 f*
Parken
Information

◁ ***Langer Markt in Danzig*, Michael Carl Gregorovius (1832), Muzeum Narodowe in Gdańsk**

Im Detail: Langgasse und Langer Markt

D IE LANGGASSE (Ulica Długa) und der Lange Markt (Długi Targ) liegen zwischen dem Goldenen und dem Grünen Tor und verlaufen parallel zur Mottlau (Motława). Die bunten Fassaden der nach dem Krieg wiederhergestellten Bürgerhäuser verzaubern jeden Passanten. Am Langen Markt stehen die wichtigsten Profanbauten der Rechtstadt, das Rathaus und der Artushof. Beide Straßen waren Zeugen großer Ereignisse im Leben der Stadt. Hier zogen feierliche Paraden vorüber, hier fanden prunkvolle Festakte und öffentliche Hinrichtungen statt. Ab 1457 gehörten beide Straßen zum Krönungsweg. Heute befindet sich hier eine weitläufige Fußgängerzone.

Das Goldene Tor
»Steinkarotten« in der Vorderfront des Tores gehören zu den aparten Motiven des nordischen Manierismus. ❸

Die Peinkammer
Früher befand sich hier ein Gefängnis. Heute beherbergt das Gebäude ein Museum mit Folterinstrumenten und der Mumie eines Vampirs. ❷

Das Hohe Tor
Der Toraufbau besteht in der Mitte aus dem Wappen Polens und an den Seiten aus dem Stadtwappen und dem königlich-preußischen Wappenschild. ❶

0 Meter   150

Uphagenhaus, Langasse 12 (Długa)
Die jüngst wiederhergestellten Innenräume des Hauses sind mit Holztäfelungen im Rokokostil ausgestattet. ❻

LEGENDE

– – –   Routenempfehlung

★ Das Rechtstädtische Rathaus

Im Großen Ratssaal, dem Roten Saal, hängen sieben Gemälde, die Hans Vredemann de Vries zwischen 1594 und 1595 malte. Eines davon trägt den Titel Allegorie auf die Gerechtigkeit. **❾**

NÖRDLICHE RECHTSTADT

SÜDLICHE RECHTSTADT

ALTE VORSTADT MIT INSELN

ZUR ORIENTIERUNG
Siehe Kartenregister, Karten 12, 13, 14

★ Der Artushof

Zwei Medaillons mit den Porträts der polnischen Könige Sigismund III. Wasa und Wladislaw IV. schmücken das spätmanieristische Hauptportal. **⓬**

In der Diele des Hauses am Langen Markt [Długi Targ 43] waren vor dem Krieg Danziger Kunstwerke ausgestellt. Heute können Besucher die typischen Einrichtungsgegenstände ehemaliger Danziger Bürgerwohnungen bewundern.

★ Goldenes Haus

Die ausgefallene Fassade ist fast vollständig mit vergoldeten Bauplastiken geschmückt. **⓭**

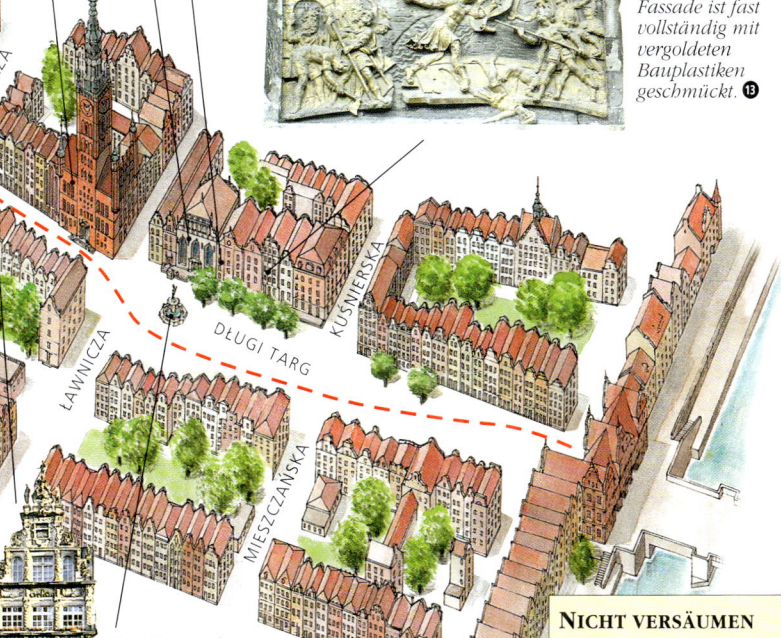

Der Neptunbrunnen
Er ist das älteste weltliche Denkmal Danzigs. **⓫**

Das Giebelhaus in der Langgasse 37 (Długa)
hat eine reich geschmückte Fassade mit Figurenreliefs, die Musik, Arithmetik, Medizin und Geographie darstellen.

NICHT VERSÄUMEN

★ **Rechtstädtisches Rathaus**

★ **Artushof**

★ **Goldenes Haus**

Das Hohe Tor

Hohes Tor ❶
Brama Wyżynna

Wały Jagiellońskie. **Karte** 13 B3.

A M HOHEN TOR begann der
Königsweg, der die Lang-
gasse und den Langen Markt bis
zum Grünen Tor einbezog.
Hans Kramer aus Sachsen baute
ihn als Teil der neuzeitlichen
Stadtbefestigung, die in den Jahren 1571–1576 entlang der westlichen Stadtgrenze errichtet
wurde. Ursprünglich war es ein
Backsteintor. Das heutige Ge-
sicht verdankt es dem Flamen
Willem van den Blocke, der
1588 den Umbau des Tores
durchführte. Im Zuge dieser
Neugestaltung wurde es vom
Westen mit einer Rustika aus
Stein verkleidet, die an behau-
ene Quader erinnert. Das zweite
Geschoss schmücken Wappen
umschließende Kartuschen. In
der Mitte des Toraufbaus stützen
zwei Engel das Wappen Polens.
Der polnische Adler trägt auf
seiner Brust einen Ochsen, das
Wappen von König Stanislaus
August. Links davon halten zwei
Einhörner das königlich-
preußische Wappen und rechts
zwei Löwen das Danziger Wappen. Seit 1884 zieren Steindeko-
rationen die Ostseite des Tores.
Ende des 19. Jahrhunderts wurde die Befestigungsanlage geschleift. Damit verlor das Tor
seine Funktion als repräsentative Einfahrt in die Stadt. Die seitlichen Tordurchgänge wurden
zugemauert, die dadurch geschaffenen Räume dienten als
Büros. In einem von ihnen befindet sich heute die Danziger
Niederlassung des polnischen
Touristikverbandes PTTK.

Peinkammer und Stockturm ❷
Katownia i Wieża Więzienna

Długa-Przedbramie. **Karte** 13 B3.
📞 301 49 45. Nebenstelle des
Geschichtsmuseums Danzig.
Besichtigung nach Voranmeldung.
📷

D IE HEUTIGE FORM der
beeindruckenden
Architekturanlage ist das
Ergebnis zahlreicher Umbauten.
Die Anlage entstand in der
zweiten Hälfte des 14. Jahrhunderts und war Teil
der mittelalterlichen
Befestigungen der Rechtstadt.
Früher war sie das »Vortor« des
heute nicht mehr bestehenden
Langgassentores. Im 15. und
16. Jahrhundert wurde
der Turm mehrfach aufgestockt
und das benachbarte Gebäude
umgestaltet. Nach dem Bau
der neuzeitlichen
Befestigungsanlage
wurde die Funktion
des gesamten
Komplexes geändert,
der nun als
Folterkammer,
Gerichtssaal und
Gefängnis diente.
Um der neuen
Verwendung
gerecht zu

Peinkammer und Stockturm

werden, baute man die Anlage
bis 1604 nach Entwürfen von
Anthony van Obberghen um.
Die Peinkammer weist
Merkmale des nordischen
Manierismus auf und ist mit
Dekorationen von Willem van
den Meer versehen. In ihrem
Gebäude fanden viele
schauererregende
Vernehmungen statt. An der
östlichen Wand des
Stockturmes stellte man einen
Pranger auf. An dieser Stelle
wurden viele Hinrichtungen
vollzogen. Um die Wende des
19. zum 20. Jahrhundert
richtete man im Hof ein
Lapidarium ein.

Nach dem Krieg und dem
Wiederaufbau der Peinkammer
und des Stockturmes wurde
auf die Tradition des Ortes
zurückgegriffen. Man richtete
hier den Lehrstuhl für
Kriminalistik der Danziger
Universität ein. Die ehemalige
Folterkammer dient heute als
Museum, in den Zellen spuken
angeblich noch immer die
Seelen der Verstorbenen.

Das Goldene Tor

Goldenes Tor ❸
Złota Brama

Długa. **Karte** 13 B3.

A BRAHAM VAN DEN BLOCKE
errichtete das Tor zwischen
1612 und 1614 dort, wo im
Mittelalter das Langgassentor
gestanden hatte. Es war das
letzte der drei Bauwerke, die
den triumphalen Einzug in die
Stadt über den Königsweg
markierten. Die Form mit der
klassischen Säulengliederung
erinnert an Triumphbögen der

Antike, sie wird ergänzt durch manieristische Elemente. Säulen in korinthischer (unten) und ionischer (oben) Ordnung strukturieren die zwei Geschosse des Bauwerks. Im Jahre 1648 bekrönte man das Tor mit Figuren des Bildhauers Peter Ringering; sie verkörpern von der Einfahrtseite Frieden, Freiheit, Reichtum und Ruhm. Auf der Stadtseite stehen die Allegorien für Weisheit, Frömmigkeit, Gerechtigkeit und Eintracht. Deutsche und lateinische Inschriften, die auf bürgerliche Tugenden anspielen, ergänzen den plastischen Dekor. Die horizontale Gliederung in der Mitte des zweiten Geschosses, ungewöhnliche Dekorationselemente und eigentümliche kuppelförmige Verzierungen belegen die Zugehörigkeit des Bauwerks zum Manierismus. Der Name des Tores leitet sich von den ehemals reich vergoldeten plastischen Zierelementen her.

Georgshalle ❹
Dwór Bractwa św. Jerzego

Targ Węglowy 27. **Karte** 13 B3. *Kein Publikumsverkehr.*

DIE GEORGSBRUDER-SCHAFT war die älteste Einrichtung dieser Art im mittelalterlichen Danzig. Ursprünglich versammelte sie sich im Artushof. Den eigenen Sitz bezog sie in dem von Hans Glotan in den Jahren 1487–1494 im Geiste der flämischen Architektur des 15. Jahrhunderts erbauten Gebäude. Im ersten Stockwerk des Hauses richtete man Räume für die Schützenausrüstung und den Schießstand der Bogenschützen ein. Der Große Saal im ersten Geschoss diente als Versammlungsort der Bruderschaft. Hier fanden Sitzungen, zahlreiche Feierlichkeiten und Theateraufführungen statt. 1566 bekrönte man das Gebäude mit der Figur des heiligen Georg, der einen Drachen tötet.

Georgsfigur in der Georgshalle

Die Statue ist heute im Nationalmuseum zu besichtigen. Im 19. Jahrhundert war die Georgshalle Sitz der Kunstschule, jetzt befindet sich dort die Danziger Außenstelle des Polnischen Architektenverbandes.

Die Langgasse

Langgasse ❺
Ulica Długa

Karte 13 B3, B4, C4.

DIE LANGGASSE war und ist die wichtigste Straße der Rechtstadt. Hier wohnten die wohlhabenden Danziger Patrizier. Nahezu jedes Haus hat seine eigene Geschichte. Die ältesten Häuser entstanden bereits im Mittelalter, der Großteil von ihnen ist neueren Datums.

Die Häuser in der Langgasse besitzen die für Danziger Bürgerhäuser typischen schmalen Fassaden mit kunstvollen Giebeln oder Attiken. Sie wurden mit Schmuckelementen unterschiedlicher Art reich dekoriert. Von Wappen und symbolischen Darstellungen über Tiermotive bis zu allegorischen Figuren und antiken Heldengestalten ist hier alles vertreten. Während der Modernisierung der Straße in der Mitte des 19. Jahrhunderts wurden leider alle Beischläge vor den Hauseingängen entfernt. Zum Ende des Krieges lag fast die ganze Straße in Schutt und Asche. Viele Häuser wurden wieder aufgebaut, nur wenige allerdings originalgetreu. Bei einem Spaziergang durch die Straße empfiehlt es sich, auf die Vielfalt der malerischen Fassadenverzierungen zu achten.

Eine Verschnaufpause bieten die zahlreichen Gartencafés an.

Uphagenhaus ❻
Dom Uphagenów

Długa 12. **Karte** 13 4B. 📞 301 23 71. 🕐 Di–Sa 10–15.30 Uhr, So 11–15.30 Uhr. 📷 (außer So).

DAS ANWESEN in der Langgasse 12 (Długa) ging erst 1775 in den Besitz des Ratsherren Johann Uphagen über. Der neue Besitzer befahl den Abriss des damals bestehenden Hauses und den Bau eines neuen Bürgerhauses, der von Johann Benjamin Dreyer geleitet wurde. Bis 1787 arbeitete man an der Inneneinrichtung des Hauses. Es entstand ein beeindruckendes Bauwerk, das Elemente des Spätbarock mit denen des Rokoko und des frühen Klassizismus vereint.

Die Fassade mit den großen rechteckigen Fenstern ist sehr schlicht. Die einzige Dekoration ist das Rokokoportal mit dem Initial der Gattin des Besitzers, Abigail. Dafür waren die Innenräume des Hauses prunkvoll im Stil des Rokoko und Klassizismus ausgestattet.

Von 1910 bis zum Ausbruch des Krieges befand sich im Haus ein Museum. Während des Krieges blieb ein Teil der ausgelagerten Einrichtungsgegenstände unversehrt. Heute, nach der Wiederherstellung, kann man den glanzvollen Großen Speisesaal und die übrigen Räume bestaunen und sich den Alltag reicher Danziger Bürger im 18. Jahrhundert ausmalen.

Musikzimmer im Uphagenhaus

Das Ferberhaus

Ferberhaus ❼
Dom Ferberów

Długa 28. **Karte** 12 D4 (13 C4).
Kein Publikumsverkehr.

DIESES BÜRGERHAUS gehörte von Anfang des 16. bis Ende des 18. Jahrhunderts der Familie Ferber. Es wurde 1560 für Konstantin Ferber im Stil des frühen niederländischen Manierismus errichtet. Eine Attika mit dem polnischen, dem königlich-preußischen und dem Danziger Wappen schmückt die Fassade. Wegen eines Flachreliefs mit der Darstellung der Vertreibung aus dem Paradies, das bis ins 19. Jahrhundert die Tür des Hauptportals zierte, wird das Haus auch Adam-und-Eva-Haus genannt.

Die Entstehung des Reliefs erklärt eine Legende, die sich um das Haus gebildet hat. Angeblich wollte einer der Besitzer im fortgeschrittenen Alter die viel jüngere Tochter eines zahlungs-unfähigen Kaufmanns heiraten. Der eifersüchtige Gatte vergiftete bald darauf seine junge Frau, wollte später jedoch ihre Seele um Vergebung zu bitten. Er ließ einen Scharlatan zu sich kommen, der die Seele der Frau beschwören sollte. Dieser aber führte dem bedrückten Sünder nicht nur die Verstorbene vor, sondern einen ganzen Geisterzug, zu dem auch Adam und Eva gehörten. Nach dem Tod des Besitzers stand das Haus, in dem es angeblich spukte, über hundert Jahre leer.

Beachtenswert sind auch zwei Bürgerhäuser, die in der unmittelbaren Nachbarschaft des Ferberhauses unter den Nummern 29 und 30 stehen. Ähnlich wie das Ferberhaus wurden sie nach dem Krieg nicht detailgetreu wiederhergestellt, besitzen jedoch manieristische Fassaden, die vermutlich Abraham van den Blocke entwarf.

Löwenschloss ❽
Lwi Zamek

Długa 35. **Karte** 12 D4 (13 C4).
Kein Publikumsverkehr.

DAS BÜRGERHAUS entstand im Jahre 1569 vermutlich nach Plänen von Johann Kramer. Die Fassade stellt ein hervorragendes Beispiel des Danziger Manierismus dar. Sie ist durch Pilaster gegliedert und mit einem imposanten Giebel bekrönt, in dessen Dreieck sich ein ovales Fenster befindet. Den Namen verdankt das Haus den zwei Löwenskulpturen am Hauptportal, die früher sicherlich die heute nicht mehr vorhandenen Beischläge

schmückten. Im 17. Jahrhundert gehörte das Haus der Familie Schwartzwald, bei der berühmte Persönlichkeiten aus der gesamten Polnischen Republik zu Gast waren. 1636 stattete König Wladislaw IV. der Familie einen Besuch ab. Im Parterre des Hauses befand sich früher eine herrliche Diele, die Johann Carl Schultz auf einem seiner Stiche aus dem 19. Jahrhundert verewigte. Wie die anderen Räumen des Löwenschlosses wurde sie im Krieg zerstört. Beim Wiederaufbau zwischen 1950 und 1953 stellte man lediglich die Architektur des Hauses wieder her.

Rechtstädtisches Rathaus ❾
Ratusz Głównego Miasta

Siehe S. 68 ff.

Langer Markt

Langer Markt ❿
Długi Targ

Karte 12 D4 (13 C4).

DER LANGE MARKT bildet die Verlängerung der Langgasse. Den Status eines eigenständigen Platzes genoss er erst seit dem 17. Jahrhundert. Er war Teil des Königswegs, diente ansonsten aber als Marktplatz und Hinrichtungsort für hochgeborene Todeskandidaten. Wie in der Langgasse bewohnten wohlhabende Danziger Patrizier die Bürgerhäuser am Langen Markt. Im Krieg wurden die Häuser zerstört. Detailgetreu wieder aufgebaut, ziehen sie heute Scharen von Touristen an. Alljährlich zum Dominikanermarkt verwandelt sich der Lange Markt in einen lauten Handelsplatz, auf dem auch viele Straßentheater gastieren.

Löwen am Portal des Löwenschlosses

Neptunbrunnen ⓫
Fontanna Neptuna

Długi Targ. **Karte** 12 D4 (13 C4).

DER BRUNNEN steht seit 1633 vor dem Artushof und ist das Wahrzeichen der Stadt Danzig. Er entstand auf Initiative des ehemaligen Danziger Bürgermeisters Bartolomeo Schachmann. Die schöne Neptunfigur nach Entwürfen der Bildhauer Peter Husen und Johann Rogge spielt auf die Verbindungen Danzigs zum Meer an. Gegossen wurde sie 1615 in Augsburg. Der Brunnen wurde von Abraham van den Blocke entworfen. Das großartige eiserne Gitterwerk stammt aus dem Jahre 1634. 1757–1761 gestaltete Johann Karl Stender den Brunnentrog und den Brunnensockel im Stil des Rokoko um. Die Gesamtkomposition ergänzte er um eine Vielzahl seltsamer Meereskreaturen. Eine Danziger Legende besagt, dass Neptun das berühmte Danziger Goldwasser aus dem Brunnen fließen ließ.

Neptunbrunnen

Artushof ⓬
Dwór Artusa

Siehe S. 72 f.

Goldenes Haus ⓭
Złota Kamienica

Długi Targ 41. **Karte** 13 C4. *Kein Publikumsverkehr.*

DAS GOLDENE HAUS gehört zu den schönsten Bauwerken der Stadt Danzig. In der Vergangenheit nannte man es nach früheren Besitzern auch das Speymann- bzw. Steffenshaus. Errichtet wurde das Haus für den Bürgermeister Johann Speymann, einen reichen Kaufmann und gebildeten Förderer der Künste, und seine Frau Judith. Es entstand vor 1609 nach dem Entwurf von Abraham van den Blocke, der auch für die plastische Gestaltung zuständig war. Seinen Ruhm verdankt das Haus der reich verzierten, von Pilastern und Gesimsen gegliederten Fassade. Angeblich, so eine Danziger Legende, wurden die vergoldeten Skulpturen in Italien bestellt und auf dem Seeweg nach Danzig befördert. Leider ging jedoch ein Schiff mit der kostbaren Fracht unter und den Hafen erreichten nur für die Rückfront vorgesehene Skulpturen. Aus diesem Grund musste Speymann sich mit einer bescheidenen Verzierung des Hauses abfinden. Im Krieg wurde das Goldene Haus fast vollständig zerstört. Einem Glücksfall ist es zu verdanken, dass die Fassade den Kriegsbrand überstand. Verschollen sind nur Figuren der Balustrade, die auf die Haupttugenden anspielten. Nach dem Krieg wurden sie durch die Figuren von Kleopatra, Ödipus, Achilleus und Antigone ersetzt.

Heute befindet sich in diesem Haus der Sitz des Meeresinstitutes. Die Institutsmitarbeiter sollen mitunter im Flur des Hauses der strahlenden Person der schönen Judith Speymann begegnen, die ihnen dann – so heißt es – zuflüstert: »Tue Recht und fürchte dich vor niemandem«.

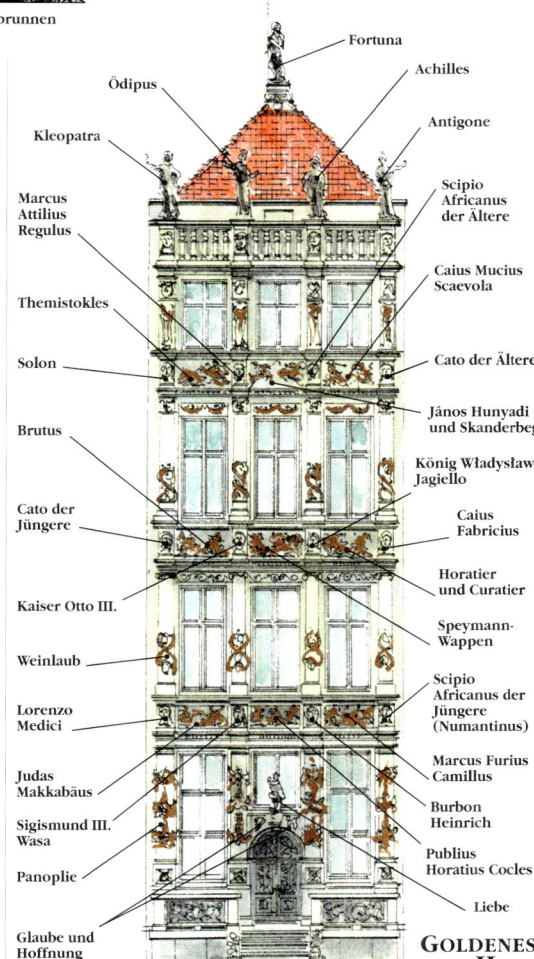

Fortuna
Achilles
Ödipus
Antigone
Kleopatra
Scipio Africanus der Ältere
Marcus Attilius Regulus
Caius Mucius Scaevola
Themistokles
Solon
Cato der Ältere
János Hunyadi und Skanderbeg
Brutus
König Władysław Jagiello
Cato der Jüngere
Caius Fabricius
Horatier und Curatier
Kaiser Otto III.
Speymann-Wappen
Weinlaub
Scipio Africanus der Jüngere (Numantinus)
Lorenzo Medici
Marcus Furius Camillus
Judas Makkabäus
Burbon Heinrich
Sigismund III. Wasa
Publius Horatius Cocles
Panoplie
Liebe
Glaube und Hoffnung

GOLDENES HAUS

Im Detail: Das Rechtstädtische Rathaus ❸

Das erste kleine Rathaus entstand auf Initiative des Herzogs von Pommerellen, Swantopolk II., nach 1298 und hatte damals die Funktion eines hanseatischen Kontors. Mit dem Bau des jetzigen Gebäudes wurde 1327 begonnen. Bereits zwanzig Jahre später, nach dem Übergang der Stadt vom Lübischen zum Kulmischen Stadtrecht, wurde die Erweiterung des Rathauses durchgeführt, später wurde es mehrfach umgebaut. 1486–1488 errichtete Heinrich Hetzel einen schlanken Turm. Nach dem Brand von 1556 wurden die gotischen Formen mit Elementen des Manierismus überlagert. Die damals entstandenen Innenräume der Neuzeit gehörten zu den prachtvollsten im nordeuropäischen Raum. An der Ausstattung der Innenräume beteiligten sich viele hervorragende Künstler. Im März 1945 wurde das Rathaus stark beschädigt, die Uhrzeiger der Turmuhr sind um 5.10 Uhr stehen geblieben. Viele Ausstattungsgegenstände überstanden den Krieg. Heute befindet sich hier das Historische Museum.

Die Winterratsstube
Hier hängen moderne Gemälde. Das einzige ältere Bild heißt Strafe und Belohnung.

Die vergoldete Statue von König Sigismund August ziert den 1561 von Dirk Daniels errichteten Turmhelm.

★ **Der Kamin**
Ein Kamin aus dem Jahre 1593 schmückt den Roten Saal. Er wird den Niederländern Willem van der Meer und Hans Vredemann de Vries zugesprochen.

Die Turmuhr
Das Carillon mit 14 Glocken wurde zwischen 1559 und 1562 von Johann Moor in Hertogenbosh gegossen.

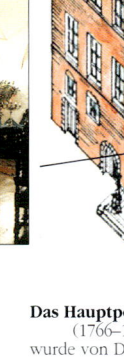

Restaurant »Palowa«
Die Pfahlkammer (1327–1336) ist der älteste erhaltene Teil des Rathauses. Hier wurde früher die Hafengebühr, das so genannte Pfahlgeld, erhoben. Heute befindet sich in den Räumen ein vornehmes Restaurant.

Das Hauptportal
(1766–1768) wurde von Daniel Eggert errichtet.

★ Der Turmbau zu Babel
Isaak van den Blocke malte das manieristische Bild um 1615.

INFOBOX

Długa 47. **Karte** 12 D4 (13 C4). 📞 *301 48 71.* ⏰ *Di–Do 10 –15.30 Uhr, So 11–15.30 Uhr.* 📷 *(außer So).*
♿ 🚻

Anrichte
Das reich mit flämischen Schnitzereien geschmücktes Möbelstück (16. Jh.) gehört zu den Juwelen der Rathaussammlung, die auch einige im Krieg gerettete Arbeiten aus Patrizier-häusern umfasst.

Spätbarockes Portal
Der Eingang zum Roten Saal aus dem Jahre 1685 gehört zu den wenigen geretteten Teilen der Hauptdiele. Mit dem Adelswappen der Familie Sobieski erwies man Johann III. die Ehre.

Der Große Wettsaal
Hier fanden einst Audienzen des Königs statt, weshalb man den Saal mit lebensgroßen Porträts der polnischen Könige ausstattete. 1841–1842 wurde er im neogotischen Stil eingerichtet. Diese Einrichtung wurde 1945 zerstört.

LEGENDE

🟨	Restaurant Palowa
🟦	Ausstellungsräume 1. Stock
🟥	Roter Saal
🟩	Ausstellungsräume 2. Stock

NICHT VERSÄUMEN

★ **Kamin**

★ **Der Turmbau zu Babel**

Der Rote Saal

Detail im Roten Saal

DER PRÄCHTIGSTE Innenraum des Rathauses ist der Große Ratssaal, auch Roter Saal genannt. Wegen seines üppigen Dekors gehört er zu den bedeutendsten Innenräumen neuzeitlicher Rathäuser im nordeuropäischen Raum. Die Auswahl der einzelnen Kunstgegenstände wurde sehr sorgfältig bedacht und bildet eine faszinierende Gesamtkomposition. Den Saal aus den Jahren 1593–1608 richtete man mit Werken erlesener Künstler wie Hans Vredemann de Vries, Isaak van der Blocke und Simon Herle ein. Den Namen verdankt der Saal den purpurroten Wandbespannungen. Die im Krieg ausgelagerten Ausstattungsgegenstände des Saals haben glücklicherweise das Schlimmste überstanden und wurden bereits vor 1970 von den Denkmalpflegern erneut zusammengestellt und lassen den Raum wieder in altem Glanz erstrahlen.

★ Die Decke
Insgesamt 25 Gemälde von Isaak van den Blocke füllen die Deckenfächer. Allegorische Gemälde begleiten jede einzelne der neun Szenen.

Das Danziger Wappen
wird von Löwen gestützt und schmückt den mittleren Teil des Kamins.

Perseus
Die Gestalt des Perseus stützt den Kamin. Sie symbolisiert die Macht als elementare Voraussetzung des unabhängigen Lebens in Danzig.

Der Gemäldezyklus von Hans Vredemann de Vries besteht aus sieben Gemälden, die der Maler gemeinsam mit seinem Sohn Paul in den Jahren 1594–1595 schuf. Die einzelnen Bilder stellen Tugenden und Laster dar. Die Botschaft der Gemälde richtete sich an die Ratsherren, die zwischen Gut und Böse zu entscheiden hatten.

Die Holzfriese
Sie unterteilen die Wände in drei Geschosse in toskanischer, dorischer und ionischer Ordnung.

★ Allegorie auf den Handel Danzigs

Das zentrale Deckengemälde mit komplexem Inhalt entstand in den Jahren 1606–1608. Danzig wird als eine Handelsstadt dargestellt, die ihren Wohlstand der Lage an der Weichselmündung verdankt. Die Hand Gottes, die den Rathausturm hält, symbolisiert den Schutz des Schöpfers für Danzig. Unterhalb des Triumphbogens sind Danziger Bürger, Patrizier, Kaufleute aus fremden Ländern, polnische Adelsmänner und Flößer zu sehen.

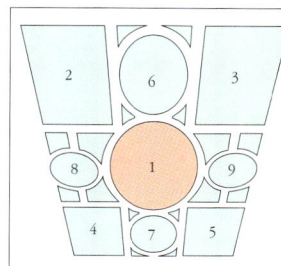

Allegorie auf den Handel Danzigs

Weitere Gemälde

ERKLÄRUNG ZU DEN DECKENGEMÄLDEN

1 Allegorie auf den Handel Danzigs
2 Helvidius Priscus und Kaiser Vespasian
3 Servilius und Appius
4 Attilius Regulus
5 Alexander der Große und Hephaistos
6 Der Fall von Jericho
7 Ceres, Neptun und Merkur
8 König Josaphat bestimmt die Richter
9 Das Gebet König Salomos

Ceres, Neptun und Merkur

Die drei antiken Götter symbolisieren die Abhängigkeit Danzigs von der Verbindung zwischen Land und See.

Mars

Das Werk von Simon Herle aus dem Jahre 1596 schmückt die Portalrahmen und personifiziert den Rechtshüter.

Allegorie auf die Gerechtigkeit

Mit der Darstellung von Gerechtigkeit und Ungerechtigkeit soll das Gemälde die Obrigkeit vor Verfehlungen warnen, mit denen sie die Stadt ins Verderben stürzen könnte.

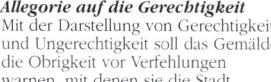

Durchbrochenes Hängewerk

Eines der Hängewerke an der Decke des Roten Saals wurde mit Gartenfrüchten und Symbolen des Reichtums verziert.

NICHT VERSÄUMEN

★ Allegorie auf den Handel Danzigs

★ Decke

Artushof ⓬

Kachel mit Bildnis Ferdinands I. von Böhmen und Ungarn

AᴿᵀᵁˢᴴÖFE existierten im Mittelalter überall in Europa. Hier versammelten sich reiche Bürger und Anhänger der legendären Tafelrunde von König Artus. Besonders in den Städten der Hanse waren diese Höfe eine Modeerscheinung. Bei einem Krug Bier traf man hier wichtige Absprachen und schloss Verträge. Der Danziger Artushof (Dwór Artusa) wurde bereits im 14. Jahrhundert gegründet, brannte jedoch im Jahre 1477 ab. Das heutige Gebäude wurde im Stil der Spätgotik neu erbaut und öffnete 1481 seine Tore. Die gotische Rückfront blieb bis zum heutigen Tag erhalten. Die Fassade wurde in der Neuzeit zweimal geändert, zunächst 1552, dann zwischen 1616 und 1617. Die zweite Umgestaltung fand unter der Leitung von Abraham van den Blocke statt. Auch die Innenräume wurden mehrfach ergänzt, überwiegend aus Sachspenden der jeweiligen Bruderschaften, die im Artushof ihre Banken unterhielten. Obwohl der Artushof im Krieg stark gelitten hat, kann man sein Interieur heute dank der sorgfältigen Rekonstruktion wieder bestaunen.

Christophorus
1542 schuf Meister Paul diese Holzfigur für die Christopherbank der Bruderschaft.

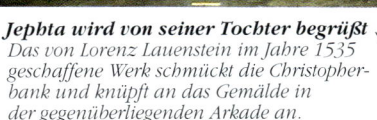

Jephta wird von seiner Tochter begrüßt
Das von Lorenz Lauenstein im Jahre 1535 geschaffene Werk schmückt die Christopher-bank und knüpft an das Gemälde in der gegenüberliegenden Arkade an.

EULENSPIEGEL

Die Figur findet sich auf einer nachträglich in die Ofenfront eingebauten Kachel. Möglicherweise bezieht sich das Bild nicht auf Eulenspiegel selbst, sondern auf einen anderen Schelm. Er hält in seiner Hand einen Spiegel und betrachtet darin sein nacktes Hinterteil. Gäste des Artushofes mußten den Umfang des Ofens mit ihren Armen schätzen und berührten dann unweigerlich das vorgestreckte Hinterteil des Narren mit der Nase oder dem Mund.

Das Wappenschild mit dem polnischen Adler und dem Adelswappen der Familie Sobieski wurde 1690 in Danzig hergestellt.

Schanktisch mit Zinnbeschlag

Tod des Holofernes
Zwei der vier Gemälde, die
Martin Schoninck zwischen 1536
und 1540 malte, blieben erhalten
und schmücken die Wand
der Marienburger Bank.

Die Sterngewölbe
werden von
vier schlanken
Granitpfeilern
gestützt.

Segelschiff Mars (1697)
Vom Gewölbe des Artushofes
hängen Schiffsmodelle
herab, die an die
Hansetradition der Stadt
Danzig erinnern.

★ Renaissance-Kachelofen
Das zwölf Meter hohe
Meisterwerk des Töpfers
Georg Stelzener (Mitte
16. Jh.) schmücken
Kacheln, die Meister Jost
mit Brustbildern berühmter
europäischer Herrscher,
Wappen sowie Sinnbildern
von Tugenden und
Planeten versah.

Eulenspiegel

★ Georg und der Drache
Hans Brandt schuf
das polychrome Hochrelief
des hl. Georg um 1485.

Das Grüne Tor

Grünes Tor ⓮
Brama Zielona

Długi Targ 24. **Karte** 12 E4 (13 C4).
305 55 53.

B EVOR DIESES repräsentative Bauwerk entstand, befand sich an seiner Stelle das älteste Danziger Stadttor (14. Jh.), das so genannte Koggentor. Es wurde zwischen 1564 und 1568 abgerissen, um Platz für das bis heute erhaltene Bauwerk *(siehe S. 22)* zu schaffen. Den Entwurf für das neue Tor im Stil des Manierismus lieferte Johann Kramer aus Dresden; die Bauarbeiten leitete Stadtbaumeister Regnier aus Amsterdam.

Mit seinen stattlichen Giebelfronten und dem formvollendeten Dekor erinnert das Bauwerk keinesfalls an ein schlichtes Stadttor, sondern eher an ein Schloss. In der Tat hatte die Stadtverwaltung es als Residenz für hochgeborene Besucher Danzigs vorgesehen. Aus den Fenstern des Tores bot sich ein wunderbarer Blick auf den prächtigen Langen Markt mit dem Rathaus, die Mottlau (Motława) und die Speicherinsel. In Wirklichkeit konnte sich das Grüne Tor nur ein einziges Mal als fürstliches Absteigequartier bewähren, und zwar im Jahre 1646, als Marie Louise Gonzaga von Frankreich aus zu ihrer Hochzeit mit König Wladislaw IV. reiste.

Bei Besuchen anderer hochgeborener Gäste war das Grüne Tor lediglich Zeuge der Festlichkeiten am Langen Markt. 1651 etwa weilte König Johann Kasimir in der Stadt, ihm zu Ehren seilte sich ein Mann vom Rathausturm zum Grünen Tor ab. In liegender Position, mit dem Kopf voran, ließ er sich

herunter, ahmte so den Vogelflug nach, und stürzte schließlich in einen dicken Haufen Federbetten hinein.

Englisches Haus ⓯
Dom Anielski

Chlebnicka 13. **Karte** 12 D4 (13 C4).
305 28 16.

D AS RIESIGE BAUWERK muss mit seinen insgesamt acht Stockwerken und einer schlanken Giebelfigur im 16. Jahrhundert wie ein «Wolkenkratzer» gewirkt haben. Gleichwohl lebte hier nur eine einzige Familie. Die wichtigsten Räume lagen im unteren Geschoss. 1560 hatte der westfälische Kaufmann Dirck Lylge und Ehemann der reichen Danziger Patriziertochter Elisabeth Rosenberg Johann Kramer mit dem Bau des Hauses beauftragt. Von Anfang an zog das Haus viele Blicke auf sich, nicht nur wegen seiner Größe, sondern auch wegen der mit zahlreichen Skulpturen verzierten Renaissance-Fassade und der blau-schwarzen Farbe, deren Wirkung durch Sgraffiti und Vergoldungen verstärkt wurde. Seinen polnischen Namen, der übersetzt Engelshaus bedeutet, verdankt das Haus der Engelsfigur am Giebel.

Viele Legenden ranken sich um die prunkvolle Innenausstattung des Hauses. Selbst der traditionelle Dielenraum im Parterre des Hauses soll statt mit einer Holzbalkendecke mit einem Gewölbe abgeschlossen gewe-

Das Englische Haus

sen sein. In den oberen Stockwerken lagen die Repräsentationssäle, die Gästezimmer und kleinere Apartments. Vor dem Krieg war hier das Hotel Englisches Haus mit einem Direktausgang zum Langen Markt untergebracht. Im Jahre 1945 wurde es stark beschädigt und erst nach vielen Jahren als Studentenwohnheim wiederhergeste

Fassade des Hauses in der Chlebnicka 14

Haus in der Brotbänkengasse ⓰
Dom przy Chlebnickiej

Chlebnicka 14. **Karte** 12 D4 (13 C4).
Zugang durch das Englische Haus.

D IE SPÄTGOTISCHE Fassade des Bürgerhauses ist jünger als man meinen könnte. Sie wurde erst vor wenigen Jahren als getreue Kopie eines Hauses auf der Pfaueninsel in Potsdam errichtet, das früher in der Brotbänkengasse (Chlebnicka) stand. 1822 besichtigte der preußische Thronfolger Wilhelm III. Danzig und zeigte sich so entzückt von dem Haus, dass er den Kauf des Bauwerkes und dessen Versetzung in seine Residenz vor den Toren Berlins veranlasste. Daraufhin wurde es unter der Leitung von Karl Friedrich Schinkel zerlegt und die Fassade am neuen Standort zusammengesetzt. Im Giebel des Hauses befindet sich das Wappen der Familie Schlieff, der ursprünglichen Besitzer im 17. Jahrhundert.

Dominikswall ⑰
Wały Jagiellońskie

Karte 12 D3, 4 (13 B3). 🚌 *115, 142, 161, 167, 174, 175, 183, 195, 242.* 🚋 *2, 6, 8, 13.*

ENDE DES 19. JAHRHUNDERTS wurden entlang der im Westen geschleiften Stadtmauer Wälle aufgeschüttet. Sie bildeten die neue Verkehrsader der Stadt, die wie eine Miniatur des Wiener Rings wirkte. Die einzelnen Wallabschnitte trugen die Namen der abgebauten Bastionen: Elisabethwall, Dominikswall, Wiebenwall. Entlang der neu geschaffenen Straßenzüge entstanden repräsentative Stadt- und Staatsgebäude, mehrstöckige Wohnhäuser, Kaufhäuser und Hotels. Vor 1945 befanden sich in der Nachbarschaft des Hauptbahnhofs die größten Kinos der Stadt, der UFA-Palast und das UT. Große Hotels wie das Eden, das Continental, der Reichshof und der Deutsche Hof standen direkt neben zahlreichen Bankhäusern. Zwischen den beiden Weltkriegen war das Continental das einzige polnische Hotel; es gehörte der Baltischen Grundstücksgesellschaft. Dort, wo einst der Elisabethwall mit dem Dominikswall und der Silberhütte zusammentraf, erhob sich das Hotelgebäude des Deutschen Hauses mit Restaurant und Bierstube. Die Fassade des 1898–1899 erbauten Hotels wurde mit Steinskulpturen verziert. Das nächste Hotel, der Danziger Hof, stand nicht weit vom Hohen Tor entfernt. Im Parterre unterhielt eine englische Bank ihre Geschäftsräume. Im Giebelbereich des benachbarten Wohnhauses befindet sich ein Gemälde mit der Darstellung des hl. Georg im Kampf mit dem Drachen. Die Bebauung der Zwischenkriegszeit ist nur partiell erhalten geblieben.

Wenn man am Dominikswall und seinen Verlängerungen, dem Stadtgraben (Podwale Grodzkie) im Norden und dem

Der Dominikswall vor dem Zweiten Weltkrieg

Karrenwall (Okopowa) im Süden, entlangspaziert, lohnt sich ein Blick auf das Gebäude der ehemaligen Danziger Generalkommandantur (1898–1901). Nach 1920 residierte hier der Völkerbundkommissar. Heute beherbergt das Gebäude den Studentenklub *Żak.* In den Fünfzigerjahren fanden Aufführungen des kleinen Theaters Bim-Bom statt, mit dem die Namen der denkwürdigen Schauspieler Bogumił Kobiela und Zbyszek Cybulski verbunden sind. Hinter der Fassade verbirgt sich ein imposantes Treppenhaus. Ein kleiner Hügel neben dem Gebäude verdeckt die Überreste der früheren St.-Elisabeth-Bastion.

Fahrenheithaus ⑱
Dom Fahrenheitów

Ogarna 94. **Karte** 12 D4 (13 C4). *Kein Publikumsverkehr.*

AUCH WENN DAS HAUS in der Hundegasse (Ogarna) kein architektonisches Schmuckstück ist, lohnt es sich, es aufzusuchen, denn hier wurde der berühmte Physiker Gabriel Daniel Fahrenheit *(siehe S. 28)* geboren. Nach dem mysteriösen Tod seiner Eltern, die 1700 in der Laube ihrer Vorstadt-Villa tot aufgefunden wurden, schickte man ihn zu einer kaufmännischen Ausbildung nach Amsterdam, wo er sich der Physik zuwandte. In der Hundegasse erfand er das erste Quecksilberthermometer.

Gedenktafel am Fahrenheithaus

Freimaurerloge ⑲
Loża masońska

Ogarna 27/28. **Karte** 12 D4 (13 C4). *Kein Publikumsverkehr.*

IN DER HUNDEGASSE (Ogarna) sind noch einige Häuser mit Fassaden aus dem 19. und frühen 20. Jahrhundert erhalten geblieben. In einem dieser Häuser, das im Jahre 1907 errichtet wurde, befand sich der Sitz der Danziger Freimaurer. Die Danziger Logen wurden im 18. Jahrhundert gegründet. Eine von ihnen errichtete 1760 die Berliner Großloge, eine andere 1763 die Königsberger Provinzloge. Das Haus in der Hundegasse wurde Ende des 19. Jahrhunderts für die »Gedania Loge Nr. 3« gebaut. Sie gehörte dem »Freien Orden der Seltsamen Brüder«. Neben dem im Parterre eingerichteten Freimaurertempel gab es einen Saal der verlorenen Schritte und eine Kontemplationsstube.

Die Freimaurerloge in der Hundegasse

NÖRDLICHE RECHTSTADT

**Epitaph der Eheleute Johann
und Dorothea Brandes (1586)
in der Marienkirche**

DIE NÖRDLICHE RECHT-
STADT wird von der
grandiosen Ma-
rienkirche (kościół Ma-
riacki) überragt, einem
touristischen Hauptziel
der Stadt. Neben den
mächtigen dunkelroten
Ziegelwänden der Kirche wirken die
benachbarten Bürgerhäuser wie zierli-
che Häuschen. Ein weiteres Gotteshaus
in diesem Stadtteil ist die 1945 stark
zerstörte Johanniskirche (kościół św.
Jana). Über viele Jahre hinweg stand
sie leer und wurde erst vor kurzem
wieder aufgebaut. In ihrem restaurierten Inneren sind noch viele zersprun-
gene Altäre und Epitaphe zu sehen,
die dem Besucher die schweren Zer-

ingen der Stadt nachhaltig
or Augen führen. Im Zuge
des Wiederaufbaus rekon-
struierte man die Fassa-
den zahlreicher Bürger-
häuser. Die Innenräume
wurden jedoch häufig den
heutigen Bedürfnissen an-
gepasst. Auch die Hinterhäuser wurden in das Wiederaufbauprogramm
nicht einbezogen. Auf den Rückseiten
blieben dadurch große Höfe mit schat-
tigen Bäumen bestehen.

Zu den Meisterstücken des Manierismus modernen Innenräumen gehört
das Große Zeughaus (Wielka Zbrojownia). Die für die Touristen interessantesten Läden befinden sich in der Frauengasse (Mariacka).

SEHENSWÜRDIGKEITEN AUF EINEN BLICK

Kirchen
Königliche Kapelle ❹
Johanniskirche ⓬
Marienkirche (S. 82ff) ❸
Nikolaikirche ⓭

Tore und Türme
Kieck en de Kök ⓮
Wassertor ❼
Krantor ❿

Denkmäler
König Johann III. Sobieski ⓯

**Historische Straßen
und Plätze**
Lange Brücke ❽
Frauengasse ❺
Fischmarkt ⓰

Häuser und Restaurants
Haus Zur Schildkröte ❾
Hans-von-Eden-Haus ❷
Restaurant Pod Łososiem ⓫

Historische Gebäude
Haus der Naturforschenden
Gesellschaft ❻
Großes Zeughaus ❶

LEGENDE

Detailkarte
Siehe S. 78f.

P Parken

Information

◁ **Die Marienkirche am Ende der Frauengasse**

Im Detail: Vom Arsenal zum Krantor

Uhr an der Marienkirche

D ER SPAZIERGÄNGER, der vom Arsenal bis zum Krantor (Żuraw) flaniert, kann ohne Mühe den zu neuem Leben erweckten Zauber des alten Danzig verspüren. Hier stehen wunderbare Bürgerhäuser mit schmalen Fassaden und erhabenen Giebeln. Die Frauengasse (Mariacka) beeindruckt durch reich geschmückte Beischläge. Sie diente des Öfteren als Kulisse für Filmproduktionen. Das wohl berühmteste Bauwerk ist die Marienkirche. Der mit Kunstgegenständen angefüllte Innenraum fasziniert jeden, der das Gotteshaus betritt.

Die Königliche Kapelle
Das barocke Gotteshaus entstand auf Initiative von König Johann III. Sobieski als Stiftung des Primas Andrzej Olszowski. ❹

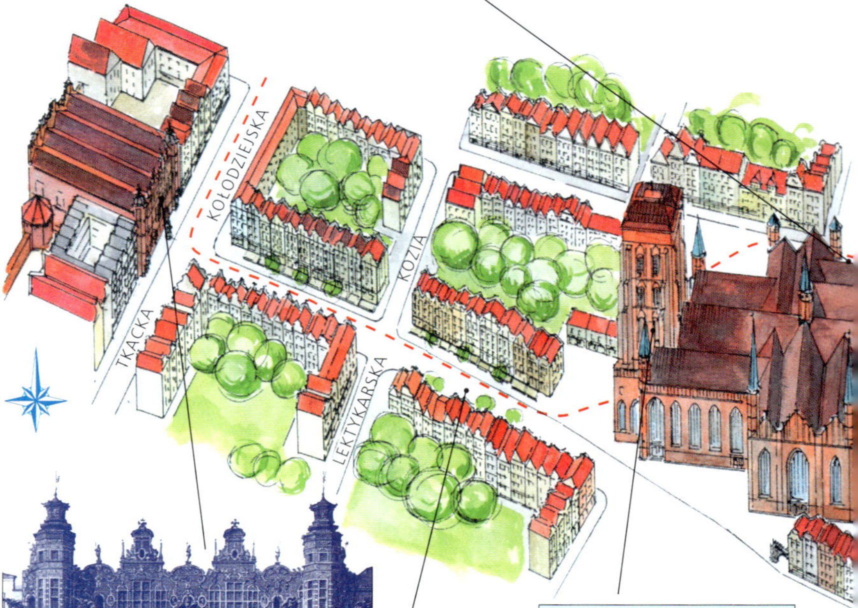

KOLODZIEJSKA

KOZIA

TKACKA

LEKTYKARSKA

Ulica Piwna, die alte Jopengasse

★ Großes Zeughaus
Der Stich von Johann Carl Schultz aus dem Jahre 1857 zeigt das Arsenal mit der damals noch vorhandenen Einzäunung. ❶

★ Marienkirche
Nach dem Ende der Herrschaft des Deutschen Ordens über Danzig baute man in der Jopengasse einen gewaltigen Turm, der die Marienkirche überragt. ❸

LEGENDE

- - -   Routenempfehlung

**Restaurant
Pod Łososiem**
*Das Restaurant
Zum Lachs gehört
zu den
exklusivsten
Gaststätten
der Stadt und
wird heute gerne
von Touristen
besucht.* **⓫**

Das Krantor
*Das ehemalige mittelalterliche
Stadttor wurde zu einem der
größten Hafenkräne Europas
umgestaltet.* **⓾**

ZUR ORIENTIERUNG
Karte 12, Kartenregister

**Aus
Wasserspeiern**
mit aufgerissenen
Mäulern strömt
von den
Dachrinnen das
Regenwasser
herunter.

ŚW. DUCHA

KLESZA

DZIANA

Die Treppenaufgänge
der Beischläge waren
mit Balustraden abgesetzt,
die auf kleinen Pfeilern
ruhten.

0 Meter   50

★ Die Frauengasse
*Dutzende von kleinen
Galerien und
Bernsteinläden säumen
die wiederhergestellte
Gasse.* **❺**

NICHT VERSÄUMEN

★ **Großes Zeughaus**

★ **Marienkirche**

★ **Frauengasse**

Das Große Zeughaus

Großes Zeughaus ❶

Wielka Zbrojownia

Targ Węglowy 6. **Karte** 12 3D (13 B3). Staatliche Kunsthochschule. **C** *301 28 01.*

DAS GEBÄUDE entstand in den Jahren 1600–1609 vermutlich nach Plänen von Anthony van Obbergen. Das von Hans Strakofski ausgeführte Haus ist das beste Beispiel für den Niederländischen Manierismus in Danzig *(siehe S. 26f).* Ursprünglich diente es als Arsenal, in dem im Parterre Kanonen und Kugeln und in den zwei höheren Stockwerken leichtere Waffen lagerten. Außerdem gab es im Zeughaus viele bewegliche Figuren, wie etwa Mars in Begleitung seiner Soldaten. Wenn man den Saal betrat, stand Mars vom Thron auf, verbeugte sich und ließ sich wieder nieder. Ein anderes Beispiel war der Alte Schweizer mit einem Rapier, der mit dem Kopf wackelte und mit seiner Muskete Feuer erzeugte.

Im Parterre des heutigen Zeughauses befinden sich einige Läden, in den oberen Etagen ist die Staatliche Kunsthochschule untergebracht. Die Innenräume sind mit Ausnahme des rekonstruierten Gewölbes im Erdgeschoss allerdings ohne künstlerischen Wert. Dagegen beeindruckt die neugestaltete Fassade mit Skulpturen von Wilhelm Barth.

Hans-von-Eden-Haus ❷

Kamienica Hansa von Edena

Piwna 1. **Karte** 12 D4 (13 B3).

DIESES HAUS entstand zwischen 1638 und 1640 im Auftrag des Danziger Patriziers Hans von Eden. Die manieristische Fassade wird Andreas Schlüter dem Älteren zugeschrieben. Die Backsteinfassade ist mit zahlreichen Bauplastiken geschmückt, darunter auch mit niederländischen Ornamenten.

Fünf allegorische Figuren zieren das Hauptportal. Die Medaillons im ersten Stockwerk zeigen Herkules und Alexander den Großen und könnten auf die militärischen Erfolge der polnischen Könige Sigismund III. Wasa und Wladislaw IV. im Kampf gegen die Türken anspielen. Zusammen mit weiteren Figuren

fügen sie sich zu einer komplizierten Gesamtkomposition zusammen. Den Giebel krönt ein Löwe, dessen Pranke auf einer Weltkugel ruht.

Beachtung verdient auch der Beischlag vor dem Haus. Er ist mit Steinplatten im Stil des Rokoko geschmückt, einem Werk von Johann Heinrich Meissner. Im Jahre 1945 brannte das Haus fast völlig aus.

Der Wiederaufbau wurde 1950 abgeschlossen, wobei man die Innenräume mit Nachbargebäuden verband. Heute befindet sich hier das Haus des Handwerks (Dom Rzemiosła).

Marienkirche ❸

Kościół Mariacki

Siehe S. 82ff.

Den manieristischen Giebel krönt ein Löwe.

Hauptportal mit allegorischem Figurenschmuck.

Auf den Beischlägen saßen die Danziger noch im 18. Jahrhundert gerne an warmen Tagen. Bei einem guten Glas Bier unterhielt man sich oder nahm sich leichte Arbeiten vor.

Reich dekorierte Balustraden kennzeichnen den Beischlag dieses Hauses.

HANS-VON-EDEN-HAUS
Die manieristische Fassade ist reich mit Bauplastiken geschmückt.

Königliche Kapelle ❹
Kaplica Królewska

Św. Ducha 58. **Karte** 12 D4, E4 (13 C3). ☎ *301 67 55.*

DIE KAPELLE ENTSTAND auf Initiative von König Johann III. Sobieski als vorläufiges katholisches Gotteshaus für Gemeindemitglieder der Marienkirche, die den Protestanten vorbehalten war. Bartholomäus Ranisch leitete den Bau der 1678 begonnenen und 1681 fertig gestellten Kapelle. Der Entwurf des Bauwerkes wird dem berühmten königlichen Architekten Tylman van Gameren zugeschrieben. Die Bauplastiken stammen von Andreas Schlüter dem Jüngeren. Die Königliche Kapelle, auch Heiliggeistkapelle genannt, ist ein wunderbares Beispiel des ausgereiften Barock. Das eigentliche Gotteshaus befindet sich im ersten Stock. Seine Innenausstattung ist bescheiden und mit der Pracht der Fassade nicht zu vergleichen. Durch sie wollte man die Bedeutung der katholischen Kirche in der damals protestantischen Stadt Danzig besonders hervorheben. Die Kapelle besteht aus einem dreiachsigen Mittelbau mit einer größeren Kuppel und zwei Giebelhäusern, die das Hauptgebäude flankieren.

Hauptportal der Königlichen Kapelle

Frauengasse ❺
Ulica Mariacka

Karte 12 D4, E4 (13 C3).

DIE ALTE FRAUENGASSE gehört zu den schönsten Straßen Danzigs. Sie verläuft von der Marienkirche bis zur Langen Brücke (Długie Pobrzeże) und endet am mittelalterlichen Frauentor (Brama Mariacka). Aus

Die Frauengasse

Ruinen erstanden, ist sie ein mustergültiges Beispiel für die einstige Danziger Straßenbebauung, die von Beischlägen sowie schmalen und reich geschmückten Wohnhäusern der wohlhabenden Kaufleute und Goldschmiede geprägt war. Die malerische Straßenkulisse hat seit Jahrhunderten viele Schriftsteller und Künstler inspiriert und es wäre nicht verwunderlich, wenn einst das »bezaubernde Fräulein«, die Titelfigur des historischen Jugendromans *Panienka z okienka (Das Fräulein im Fenster)* der polnischen Schriftstellerin Deotyma, hier gewohnt hätte. In der Frauengasse drehte man auch einige Szenen der *Buddenbrooks* nach dem Roman von Thomas Mann.

Heute flanieren vor allem Liebespärchen und Touristen durch die Straße mit den zahlreichen Boutiquen und Bernsteinläden. Im Sommer laden auch zahlreiche Straßencafés ein, von denen aus man zahlreichen Musikgruppen lauschen kann.

Haus der Naturforschenden Gesellschaft (Archäologisches Museum) ❻
Dom Towarzystwa Przyrodniczego (Muzeum Archeologiczne)

Mariacka 26. **Karte** 12 E4 (13 C3). ☎ *301 50 31.* ⏰ *Di, Do, Fr 9–16 Uhr; Mi 10–17 Uhr; Sa, So 10–16 Uhr.*

ZUR ZEIT SEINER ERRICHTUNG war das Haus das höchste in Danzig. Es wurde von Anthony van Obbergen erbaut. Ein mehrgeschossiger Erker und ein hoher schmaler Turm auf der Ecke zum Frauentor beleben die manieristische Fassade zur Langen Brücke hin. In früheren Zeiten beobachtete man von hier aus den Schiffsverkehr auf der Mottlau. Ab 1845 gehörte das Haus der Naturforschenden Gesellschaft, daher auch der heutige Name. Im Dachgeschoss des Hauses befand sich eine heute nicht mehr vorhandene Sternwarte.

Seit 1962 beherbergt das Haus das Archäologische Museum, das die frühesten Spuren der Geschichte Danzigs und Pommerns dokumentiert. Im Parterre finden Wechselausstellungen statt. Im ersten und zweiten Stock können Besucher eine Dauerausstellung zur slawischen Herkunft Danzigs besichtigen.

Haus der Naturforschenden Gesellschaft

Die Marienkirche ❸

DIE MARIENKIRCHE in Danzig ist die größte
mittelalterliche Backsteinkirche Europas. Der Bau
begann 1343 mit der Errichtung der dreischiffigen
Basilika und dauerte bis zur endgültigen Fertigstellung
über 150 Jahre. Schnell wurde die Kirche nach den
Entwürfen von Heinrich Ungeradin um ein hallenartiges
dreischiffiges Querhaus und eine Apsis erweitert.
Den Turm stockte man auf eine Höhe von 80 Metern
auf. Danach folgte der Ausbau des Langhauses.
Es entstand eine dreischiffige Halle mit Kapellenreihen,
die zwischen die ins Innere des Gotteshauses
eingezogenen Strebepfeilern liegen. In der letzten
Umbauphase bis 1502 wurde die gesamte Kirche
unter der Leitung von Heinrich Hetzel mit einem
Gewölbe überdacht. Heute versetzt die monumentale
Marienkirche die Betrachter erneut in Begeisterung.
Seit 1987 hat die Kirche die Funktion einer
Konkathedrale übernommen.

So sah die zerstörte Kirche
1945 nach dem Ende
des Krieges aus.

★ **Der Glockenturm**
*Dieses architektonische
Element beherrscht die
Silhouette der Kirche.
Der Turm ist 82 Meter
hoch und bietet eine
wunderbare Aussicht
auf das alte Danzig.*

★ **Der hl. Georg
kämpft
mit dem Drachen**
*Dieses Werk (15. Jh.)
verbindet Wandmalerei
und plastisches
Bildwerk. Eine neuere
Version befindet sich
im unteren Bereich
der Wand.*

ZEITSKALA

1343 Baubeginn der dreischiffigen Basilika	**1498–1502** Gewölbebau	
	1510–1517 Entstehung des Hauptaltars	**1572** Letzter katholischer Gottesdienst
		1620 Grabmal der Familie Bahr
		1985 Ende des Wiederaufbaus

1300	1500	1700	1900

| **1466** Ende des Turmausbaus | **1529** Übernahme durch die Protestanten | |
| **1379** Baubeginn von Querhaus und Apsis | *Das letzte Abendmahl – gotisches Wandgemälde* | **1945** Kirchenbrand und Zerstörung |

Modernes Kirchenfenster
Dieses wunderschöne far-
benprächtige Kirchenfenster
befindet sich in der Apsis.

Turm im Kreuzpunkt
der Schiffe

INFOBOX

Podkramarska 5. **Karte** 12 D4
(13 C3). 📞 *301 39 82.*
◻ *Mo–Sa 8–17.30 Uhr,*
So 13–17.30 Uhr. **Turm**
◻ *Mo–Sa 9–17 Uhr,*
So 13–17 Uhr. 💳

★ **Das Netzgewölbe**
Die Gewölbe der Seitenschiffe
gehören zu den herausragenden
architektonischen Neuerungen
der Spätgotik.

Das Südschiff
Ein Stich von Johann Carl Schultz
zeigt das alte Südschiff.

Das Ratsportal
Das spätgotische
Doppelportal
aus Stein ist
mit Stabwerk
geschmückt; es
unterstreicht die
komplizierte Form
der Bögen über
den Eingängen.

NICHT VERSÄUMEN

★ **Glockenturm**

★ **Netzgewölbe**

★ **Der hl. Georg**
   kämpft mit
   dem Drachen

Im Detail: Die Marienkirche

Die Basilika ist über 100 Meter lang. Bis zu 25 000 Besucher finden in ihr Platz. Sie beherbergt eine Sammlung kostbarer Kunstwerke von der Gotik bis zur Gegenwart. Von 1529 bis zum Zweiten Weltkrieg war sie das Gotteshaus der protestantischen Gemeinde. In dieser Zeit wurde das gotische Innere um Werke des Manierismus und des Barock ergänzt. Unter ihnen befanden sich insbesondere die Epitaphe von Danziger Patrizierfamilien. Viele der beweglichen Ausstattungsgegenstände der Kirche wurden während des Zweiten Weltkrieges ausgelagert. Heute, nach der Rekonstruktion, nehmen sie ihren alten Platz wieder ein. Die unwiederbringlich verlorenen Kunstwerke ersetzte man durch neue, aus anderen Gotteshäusern stammende Werke und ergänzte sie mit Arbeiten von Gegenwartskünstlern.

Das Jüngste Gericht
Die Kopie des Werkes von Hans Memling schmückt die St.-Reinhold-Kapelle. Das Original hängt seit 1956 im Danziger Nationalmuseum (siehe S. 106ff).

★ Die schöne Madonna
Das Standbild eines unbekannten Künstlers, der später als Meister der schönen Danziger Madonna bekannt wurde, entstand zu Beginn des 15. Jahrhunderts.

Die gotische Pietà
ist ein weiteres Werk des Meisters der schönen Danziger Madonna.

Barocker Orgelprospekt
Zwischen 1625 und 1629 gestaltete Peter Bringemann den Orgelprospekt, der sich ursprünglich in der Johanniskirche befand. Mit finanzieller Unterstützung aus Deutschland und Polen wurde er in den Jahren 1980–1985 wiederhergestellt und erstrahlt heute in neuem Glanz.

Zug der Barmherzigkeit
Dieses Relief schmückt den Sockel des Taufbeckens (1553–1556) von Heinrich Nyenborch und Bartold Pasteyde. Das Taufbecken selbst blieb nicht erhalten, das jetzige stammt aus der Johanniskirche.

Barockes Grabmal der Familie Bahr
Abraham van den Blocke schuf das Grabmahl für Simon und Judith Bahr.

★ **Astronomische Uhr**
Hans Düringer schuf die Uhr zwischen 1464 und 1470. Außer der Uhrzeit gibt sie Auskunft über Datum, Feiertage und Mondphasen. Zur Mittagszeit tritt aus dem Türchen ein Figurenzug mit Adam und Eva, den Aposteln, den heiligen drei Königen und dem Tod.

★ **Hochaltar**
Der Altar der Krönung Mariens entstand 1510–1517 in der Werkstatt des Meisters Michael aus Augsburg. Er verbindet Merkmale spätgotischer und frühneuzeitlicher Kunst.

Gotischer Altar der Familie Ferber

Die Zehn-Gebote-Tafel
(siehe S. 24)

Das Blömke-Epitaph
(siehe S. 25)

Gotisches Sakramentshaus
Maßwerk und Türmchen zieren den achtgeschossigen Turmaufbau.

Epitaph der Familie Brandes

Das Epitaph der Valentine von Karnitz
Das Epitaph (um 1590) ist stark vom niederländischen Manierismus beeinflusst. Die Beweinung Abels beherrscht das Denkmal. Sie spielt auf einen Mord an, den ein junger Mann an seinem besten Freund verübte.

Werke der Barmherzigkeit
1607 schuf Anton Möller das Tafelbild, das einst über einem Opferstock hing und die Kirchenbesucher zur Großzügigkeit ermahnen sollte.

NICHT VERSÄUMEN

★ **Hochaltar**

★ **Astronomische Uhr**

★ **Die schöne Madonna**

Wassertore ❼
Bramy wodne

Długie Pobrzeże. **Karte** 12 E3
und 12 E4 (13 C4 und 14 D3).

DIE WASSERTORE wurden nach
und nach ab Mitte des
14. Jahrhunderts errichtet. Sie
spielten eine wichtige Rolle im
gesamten Verteidigungssystem
der Stadt und boten zugleich
Zugang zum Hafen. Sie lagen
am Ende von Straßen, die im
rechten Winkel zur Mottlau
(Motława) verliefen. Einige von
ihnen gibt es nicht mehr, andere wurden umgebaut. An der
Stelle des alten Koggentors
entstand zum Beispiel das
Grüne Tor (Brama Zielona)
(siehe S. 22). Bis heute blieben
das Kuhtor (Brama Krowia) am
Ende der Hundegasse (Ogarna), das Brotbänkentor (Brama
Chlebnicka), das Frauentor
(Brama Mariacka), das Heiliggeisttor (Brama Świętego Ducha), das Johannistor (Brama
Świętojańska) und das Häkertor
(Brama Straganiarska) erhalten.
Sie liegen jeweils am Ende
der gleichnamigen Straße.
Auch das Krantor (Żuraw)
am Ende der Breiten-
gasse (Szeroka) gibt es
noch. Es wurde jedoch
zu einem Hafenkran
(siehe S. 87) umgebaut.
Die ältesten Tore wa-
ren schlichte Torhäuser
mit spitzbogigen Arka-
den und einfachen Orna-
menten, die quer zur
Straße standen. Ein
Beispiel dafür ist das
Heiliggeisttor. Später
entschied man sich für
anspruchsvollere Formen und

Der Hafen an der Mottlau von Johann Carl Schultz

verzierte sie, wie das Frauentor
aus dem 15. Jahrhundert, oft
mit Treppentürmen, Giebeln
oder Blenden.

Lange Brücke ❽
Długie Pobrzeże

Karte 12 E4 (13 C4 und 14 D3, 4).

IM JAHRE 1858 beschrieb die
Schriftstellerin Deotyma in
ihren Reiseberichten
aus Danzig die Lange
Brücke mit diesen
Worten: »Links vom
Grünen Tor, noch dies-
seits der Mottlau,
verläuft am Wasser
eine seltsame Straße.
Es ist die so genannte
Lange Brücke, die
nicht über den Fluss
geschlagen wurde,
sondern an einem
seiner Ufer entlangführt. Die
Häuser tauchen hier ins Wasser
ein, als ob sie in der Venedi-
schen Lagune stünden; um
unter ihnen durchlaufen zu
können, wurde eine breite Lan-
dungsbrücke auf Pfählen gebaut, die seitlich einen weitläufigen, zu jeder Tageszeit mit
Straßenlärm erfüllten Bürger-
steig bildet. Dieser ist mit
Kramläden übersät; es herrscht
hier ein lebhafter Verkehr von
Schiffen und Flusskähnen.«
Über Jahrhunderte hinweg
hatte die Lange Brücke die
Funktion eines Hafenkais, der
sicherlich seit dem 10. Jahrhundert an dieser Stelle bestand.
Seit dem Ende des 16. Jahrhunderts befand sich hier eine Rei-

**Das
Heiliggeisttor**

he von Landungsbrücken, wie
sie Deotyma beschrieb.
Mit dem Ausbau weiterer
Uferkais an der Mottlau und an
der Neuen Mottlau und nicht
zuletzt mit dem Bau des Neuen
Hafens verlor die Lange Brücke
an Bedeutung. Allerdings legen
hier noch immer die Schiffe der
Weißen Flotte an.
Heute ersetzt eine Stein-
brücke die alte Holzbrücke.
Das bunte Treiben aber, besonders an sommerlichen Nachmit-
tagen, ist geblieben. Wie früher
laden hier »Kramläden«, Gartencafés und Bernsteinläden zum
Verweilen ein.

Haus Zur
Schildkröte ❾
Dom Pod Żółwiem

Św. Ducha 113. **Karte** 12 E4 (13 C3)

DAS HAUS mit der Nummer 81
verdankt seinen Namen
der Schildkröte im Giebel. Im
18. Jahrhundert gehörte es der
Familie Trosiener. Hier wurde
Johanna Trosiener geboren, die
spätere Gattin von Heinrich
Floris Schopenhauer. Nach der
Hochzeit zog sie mit ihrem
Mann in das Haus Nummer
114, in dem 1788 der Philosoph
Arthur Schopenhauer zur Welt
kam. Dieses Haus existiert
heute nicht mehr.
Fünf Jahre später verließ die
Familie Schopenhauer Danzig,
weil sie sich mit der
Einverleibung der Stadt durch
Preußen nicht abfinden
mochte. Jahre später
veröffentlichte die Mutter des

Das Frauentor

Das Haus Zur Schildkröte

Philosophen die Erinnerungen
an ihre Geburtsstadt. Ihr
Elternhaus beschrieb sie als
»weder schön noch hässlich,
weder groß noch klein. Das
einzige Zeichen, worauf es
stolz sein konnte... war, dass ...
an dem höchsten Giebel eine
Metallschildkröte auf dem
Bauch lag. Sie wackelte mit
dem Kopf und schüttelte ihre
vergoldeten Pfoten in alle
Richtungen der Welt«.

　Arthur Schopenhauer kehrte
nie wieder nach Danzig zurück.
Sein Leben verbrachte er in
Göttingen, Weimar und Berlin.
Zum Schluss ließ er sich in
Frankfurt am Main nieder.

Krantor ❿
Żuraw

Szeroka. **Karte** 12 E4 (14 D3).
Zentrales Meeresmuseum.
☎ *301 69 38, 301 86 11.* ◖ *Di–Mi,
Fr–So 10–16, Do 12–18 Uhr.*

DAS TOR gehört zu den interessantesten Sehenswürdigkeiten der Stadt. Es diente als
Stadttor und als Hafenkran. Ein
Tor mit einem Kran befand sich
bereits im 14. Jahrhundert an
dieser Stelle, seine heutige
Form erhielt es in den Jahren
1442–1444. Das Torhaus mit
den charakteristischen halbrun-
den Basteien knüpft an niederländische Formen an. Die
massiven Türme flankieren die
in der Mitte installierte Hebevorrichtung aus Holz; sie wurde allein von menschlicher
Muskelkraft angetrieben. Ein
Gewicht von rund zwei Tonnen
wurde von den Kranarbeitern,
die auf die Verbindemgsstücke
der beiden Trommelräder treten
mussten, auf eine Höhe von
27 Metern transportiert. Der
Kran diente nicht nur zum
Stemmen schwerer Güter; mit
seiner Hilfe wurden auch Masten auf Schiffen aufgerichtet.

　Das Bauwerk blieb bis 1945
fast unverändert, dann brannte
die gesamte Holzkonstruktion
aus, das Mauerwerk wurde
stark beschädigt. Nach dem

Das Restaurant Pod Łososiem

Krieg wurden das Torhaus und
die Hebevorrichtung wiederhergestellt. Letztere kann man heute im Zentralen Meeresmuseum
besichtigen *(siehe S. 112f).*

Restaurant
Pod Łososiem ⓫
Restauracja Pod Łososiem

Szeroka 52. **Karte** 12 D3 (13 C3).

DIE GESCHICHTE des Hauses
Zum Lachs steht in enger
Verbindung mit dem wohl bekanntesten Danziger Getränk,
dem Goldwasser (im Polni-
schen auch als Danziger Wodka
bekannt). Mit der Herstellung
des hochprozentigen Wässer-
chens begann Ende des
16. Jahrhunderts Ambrosius
Vermoellen aus Flandern. Die
von ihm gegründete Likörfabrik
wechselte später mehrfach den
Besitzer; seit Anfang des
18. Jahrhunderts befand sie sich
in der Breiten Gasse (Szeroka)
52. Nach dem Umbau im Jahre
1710 wurde die Hausfassade
mit dem Flachrelief eines Lachses geschmückt. Seitdem trugen
Haus und Fabrik den neuen
Namen, der kurz darauf auch
die Flaschenetiketten des in
ganz Europa beliebten Gold-
wassers zierte.

　Das Danziger Goldwasser
hielt auch Einzug in die Literatur. Der Romantiker Adam Mic-
kiewicz verewigte es in seinem
Nationalepos *Herr Thaddäus
oder der letzte Einfall in Litauen*
und in der Ballade *Frau Twardowska.* Aus dem letztgenann-
ten Werk stammt die Passage,
in der Twardowska »Meister
Pfriem drei Nasenstüber versetz-
te, drei Röhrchen an den
Schädel legte, schmatzte und
aus dem Schädel wohl ein hal-
bes Fass Goldwasser abzapfte«.

　Im Haus Zum Lachs befan-
den sich ein Firmenladen und
in der ersten Etage eine Sammlung von Kunst- und Hand-
werksgegenständen.

DAS KRANTOR
*Die Zeichnung zeigt
die ursprüngliche
Kranform.*

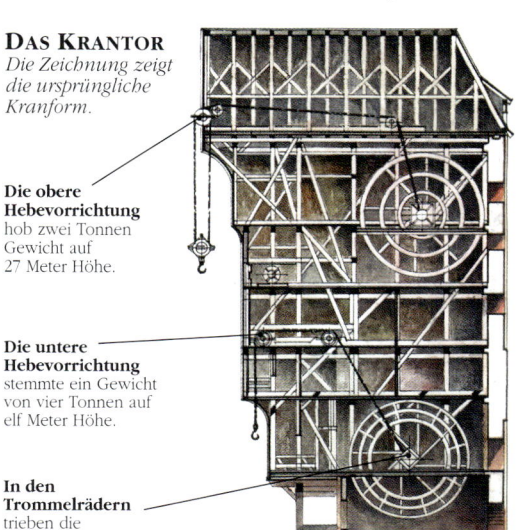

**Die obere
Hebevorrichtung**
hob zwei Tonnen
Gewicht auf
27 Meter Höhe.

**Die untere
Hebevorrichtung**
stemmte ein Gewicht
von vier Tonnen auf
elf Meter Höhe.

**In den
Trommelrädern**
trieben die
Kranarbeiter
den Kran mit ihrer
Muskelkraft an.

Die gotische Johanniskirche wird immer noch restauriert

Johanniskirche ⑫

Kościół św. Jana

Świętojańska 50. **Karte** 12 E3 (13 C3). ☐ *wegen Renovierung nur Mo–Fr.*

DIE DREISCHIFFIGE gotische Hallenkirche aus Ziegelstein liegt am Rande der Rechtstadt, in der ehemaligen Johannisstadt. 1945 brannte sie aus und wurde geplündert, bis heute ist sie nicht vollständig wiederhergestellt. In den strengen Innenräumen des Gotteshauses finden Ausstellungen des Ostsee-Kulturzentrums (Nadbałtyckie Centrum Kultury) statt. Der Bau der Kirche verlief in Etappen. Er begann im Jahre 1377 mit der Errichtung der Apsis. Der westliche Teil der Kirche entstand erst zu Beginn des 15. Jahrhunderts. Im Jahre 1453 wurden die Arbeiten am Turm vorübergehend eingestellt: Der Deutsche Orden hatte ein Bauverbot erlassen, weil er keine Bauwerke dulden wollte, die die Ordensburg überragten. Etwas später erfolgte die Aufstockung des Turms dennoch, und zwar vor Beendigung des Dreizehnjährigen Krieges (1454–1466). In den Jahren 1463–1465 wurden die Innenräume der Kirche mit Gewölben überdacht. Im nördlichen Teil des Querschiffes richtete man nach 1680 einen Bibliotheksraum für die von Zacharias Zappio gestiftete Büchersammlung ein. Ein

herrliches Netzgewölbe schloss den Raum ab.

Der wohlhabende Bürger Zappio stiftete zahlreiche Ausstattungsstücke und das Material für die Vergoldung des Orgelprospektes; er gehört zu den prächtigsten Orgelprospekten Danzigs *(siehe S. 84).* Derselbe Zappio stand bei über siebzig Kindern Pate – auf diese Art unterstützte er finanziell Kinder aus armen Danziger Familien.

1559 fiel die Kirche den Protestanten zu. Um Platz für die Bänke der Vertreter des Danziger Bürgertums zu schaffen, entfernte man zahlreiche gotische Altäre. Arbeiten aus der Werkstatt des Andreas Stech schmückten viele der Bänke. Wegen der Kriegsbeschädigungen wurden einige Einrichtungsgegenstände in andere Danziger Kirchen ausgelagert. Erhalten blieb der beschädigte zwölf Meter hohe Hochaltar (1599–1612) von Abraham van den Blocke. Zurzeit befinden sich die Arbeiten am Grabmal Nathanael Schröders, einer 1668 errichteten Pyramide mit Chronos-Figur, voll im Gange. Die Grabplatten am Boden der Kirche wurden durch den Krieg, aber auch im Zuge von Dreharbeiten für einen Film zerstört, bei dem ein Panzer in die Kirche fuhr.

Nikolaikirche ⑬

Kościół św. Mikołaja

Świętojańska 72. **Karte** 12 D3 (13 C3).

DIE NIKOLAIKIRCHE ist die älteste Kirche Danzigs. Sie wurde bereits im 12. Jahrhundert gegründet. Im Jahre 1227 wurde sie dem Dominikanerorden übergeben, den Herzog Swantopolk auf Bitten des hl. Jacek Odrowąż nach Danzig rief. Die Nikolaikirche wurde als Einzige im Krieg innen nicht zerstört. Angeblich verhinderte der Küster mit zwei Flaschen Wodka, dass sowjetische Soldaten die Kirche

anzündeten. Zahlreiche vergoldete Barockaltäre der stets katholischen Kirche blieben erhalten. Beachtung verdienen der Hochaltar aus dem Jahre 1643 und der 1671 gefertigte Altaraufsatz Hans Caspar Gockheller an einem der südlichen Pilaster. Dort befinden sich auch zwei Gemälde auf Blech aus der Werkstatt von Andreas Stech, die der hl. Rosa von Lima gewidmet sind. Zu den Schätzen der Kirche gehört eine mittelalterliche Ikone mit dem Bildnis der Gottesmutter. Sie wurde nach 1945 von den Dominikanern aus der Lemberger Ordenskirche nach Danzig geholt.

Hochaltar in der Dominikanerkirche St. Nikolai

Kieck en de Kök ⑭

Baszta Jacek

Pańska 1. **Karte** 12 D3 (13 C3). 🕾 301 29 10. ☐ 10–18 Uhr.

DER 36 METER hohe Turm gehört zu den Überresten der mittelalterlichen Stadtbefestigung. Der Turmbau begann Ende des 14. Jahrhunderts und wurde im darauf folgenden Jahrhundert abgeschlossen. Der polnische Name Baszta Jacek huldigt dem hl. Jacek Odrowąż. Vor dem Krieg nannte man ihn Kieck en de Kök, was so viel bedeutet wie: »schau in die Küche«. Dieser Name ging auf

Kieck en de Kök

den nicht mehr vorhandenen Dominikanerturm über, der neben der Küche des Dominikanerklosters stand. Er wurde in den Jahren 1894–1896 abgerissen, damit Platz für die Markthalle aus Backstein entstand. In den dunkelsten Zeiten der Volksrepublik Polen blühte hier der Schwarzmarkt mit Waren, die Seeleute von ihren Reisen mitbrachten: Kaugummi, Kosmetika und westliche Kleidung waren besonders gefragt. Heute kann man hier frischen Fisch, Käse und Obst erstehen. Die Architektur der Halle ist beachtlich; massive Tore mit fantasievollen schmiedeeisernen Gittern und Türme sind die auffallendsten Elemente. Neben der Halle erstreckt sich der Dominikanerplatz (Plac Dominikański) mit seinen pittoresken Marktständen. Eine Anekdote über den im 16. Jahrhundert in ganz Europa bekannten Till Eulenspiegel nimmt Bezug auf ein Abenteuer des Schelmen auf diesem Platz: Am ersten Tag des Dominikanermarktes *(siehe S. 36)* soll er in Verkleidung eines Denkers erschienen sein; er verhöhnte die Danziger Patrizier, indem er ihnen versprach, dass sie binnen zwei Wochen die Gabe besitzen würden, viele Sprachen fremder Völker zu beherrschen, wenn sie sich nur ihre Zungen mit einem magischen Stein schleifen ließen.

Giebelhäuser am Fischmarkt

Denkmal Johanns III. Sobieski ⑮

Pomnik Jana III Sobieskiego

Targ Drzewny.
Karte 12 D3 (13 B3).
🚌 111, 112, 120, 123, 132, 138, 151, 154, 158, 166, 208. 🚋 8, 13.

VOR DEM KRIEG säumten Patrizierhäuser und Läden den Holzmarkt (Targ Drzewny). In der Mitte des Marktes stand ab 1904 ein massiver, von Christian Behrends aus Breslau (Wrocław) geschaffener Obelisk, geschmückt

Denkmal Johanns III. Sobieski am Holzmarkt

mit allegorischen Jugendstil-Darstellungen. Er ehrte gefallene Soldaten aus dem Kreis Danzig. Die Namen deutscher, kaschubischer und polnischer Kämpfer waren auf dem Obelisken eingraviert.

1945 wurde die gesamte Bebauung des Platzes zerstört. Heute steht hier ein prächtiges Denkmal von Johann III. Sobieski. Das Denkmal zeigt den Monarchen auf einem Pferd, das die türkischen Schanzwerke niederreitet. Das Denkmal stand ursprünglich in Lemberg; die Lemberger Bürger hatten es 1883 zum 200. Jahrestag der siegreichen Schlacht bei Wien gestiftet. Die polnische Bevölkerung Lembergs, die nach dem Krieg aussiedeln musste, bemühte sich um die Herausgabe des Denkmals, die 1950 erfolgte. Seit 1965 steht es in Danzig.

Fischmarkt ⑯

Targ Rybny

Karte 12 E3 (14 D2).

VOR 1945 fand der Fischmarkt an der Fischbrücke und am Fischmarkt statt, der von der Brücke durch Häuser getrennt war. Die Fische verkaufte man direkt von den Fischkuttern oder an den Marktständen aus Fässern und Körben. Große Popularität erlangte die am Fischmarkt gelegene Likörfabrik von Richard Hinz. Heute bilden Fischbrücke und Fischmarkt eine geschlossene Einheit. Im Sommer legen an der Mottlau immer noch Fischkutter an und bieten gebratene Aale oder Flundern an, der Fischmarkt selbst findet nicht mehr statt.

Von den erhaltenen Bauwerken dieses Bereichs ist der Schwanturm am interessantesten. Nach 1945 ersetzte er den alten Fischturm, der Bestandteil der Stadtbefestigung aus der Zeit des Deutschen Ordens war. Am Ende des Fischmarktes, (Nr. 9 und 10), stehen zwei barocke Häuser mit schönen Fassaden.

ALTSTADT

IM VERGLEICH ZU den Außerge-wöhnlichen Sehenswürdig-keiten der Rechtstadt (Główne Miasto) wirkt die Altstadt (Stare Miasto) bescheidener und jünger. In Wirklichkeit aber existierte hier bereits im 13. Jahrhundert eine städtische Siedlung. Zur Zeit des Deutschen Ordens lebten dort überwiegend Slawen. In unmittelbarer Nachbarschaft zur Altstadt erhob sich an der Stelle der ehemaligen Siedlung der pommerellischen Herzöge eine um 1340 erbaute Ordensburg. Quer durch die Altstadt zog sich der Radaune-Kanal (Kanał Raduni). Er war eine wichtige Energiequelle, die schon damals vom städtischen Handwerk genutzt wurde. In der Altstadt konzentrierten sich die Handwerksbetriebe

Maske am Haus der Äbte von Pelplin

der gesamten Stadt Danzig. 1370 erhielt sie Stadtrechte; über Jahrhunderte hinweg konnte sie ihre Eigenständigkeit bewahren. Sie verfügte sogar über einen eigenen Stadtrat. Zu seinen Mitgliedern gehörte unter anderem Johannes Hevelius, der in der Pfefferstadt (Korzenna) wohnte. Im Zweiten Weltkrieg wurde auch dieser Stadtteil stark zerstört. In das Wiederaufbauprogramm der Nachkriegsjahre wurden nur die wichtigsten Sehenswürdigkeiten einbezogen. In alter Pracht zeigen sich heute einige Patrizierhäuser, das Rathaus und alle Kirchen. Besondere Erwähnung verdient die Rekonstruktion der Großen Mühle, einer der größten ihrer Art in ganz Europa.

SEHENSWÜRDIGKEITEN AUF EINEN BLICK

Kirchen
Bartholomäuskirche ❿
Brigittenkirche ❽
Elisabethkirche ❶
Jakobskirche ⓬
Josephskirche ❷
Katharinenkirche ❼

Historische Gebäude
Polnische Post ⓫
Haus der Äbte von Pelplin ❸
Hauptbahnhof ⓯
Bibliotheksgebäude der Polnischen Wissenschaftsakademie ⓭

LEGENDE

🟧	Detailkarte *Siehe S. 92f.*
🚂	Bahnhof
🅿	Parken

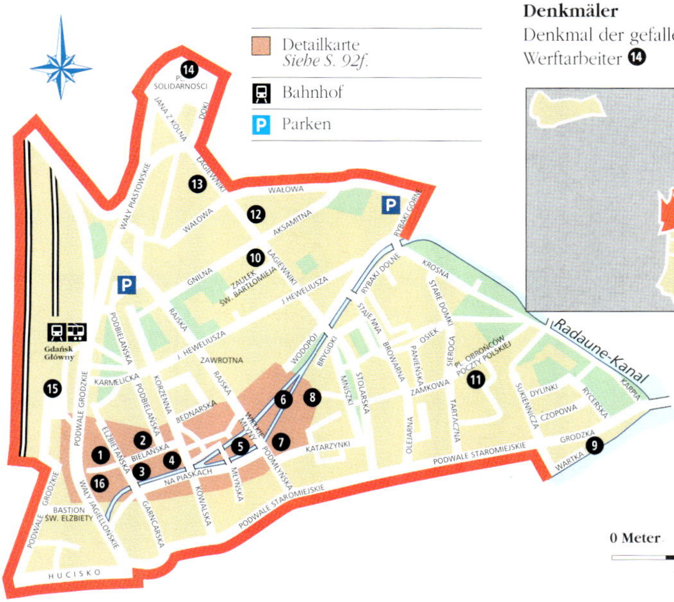

Gebäude der ehemaligen Feuerversicherungs-gesellschaft ⓰
Kleine Mühle ❻
Altstädtisches Rathaus ❹
Große Mühle ❺
Altes Schloss ❾

Denkmäler
Denkmal der gefallenen Werftarbeiter ⓮

0 Meter   200

Im Detail: Entlang der Radaune

Wappen der Familie Hevelius

DIE INTERESSANTESTEN SEHENSWÜRDIGKEITEN der Altstadt blieben entlang des Radaune-Kanals (Kanał Raduni) erhalten. Er entstand um 1338 und gehörte zu den größten Investitionen des Deutschen Ordens in der Stadt. Über viele Jahrhunderte spielte er eine große Rolle im wirtschaftlichen Leben der Stadt. Besonders für die Mühlen, die Sägewerke und andere Betriebe war er als Energiequelle unersetzlich. Heute kann man hier das Haus der Äbte von Pelplin, die Große Mühle aus der Ordenszeit sowie die gewaltigen Kirchen St. Brigitte und St. Katharinen besichtigen. Das Altstädtische Rathaus ist eine Perle des Manierismus.

Die Josephskirche
Ein modernes Kirchenfenster von Barbara Massalska schmückt die Apsis. ❷

★ **Die Elisabethkirche**
Der Bau der Kirche wurde im Jahre 1417 abgeschlossen. In der Nähe befand sich ein Hospital für Leprakranke. ❶

Ehemaliges Karmeliterkloster, heute Kloster des Oblatenordens

ELZBIETAŃSKA

KORZENNA

GARNCARSKA

Haus der Äbte von Pelplin
Das Portal des Hauses entstand 1912 als Kopie eines Originals aus dem 17. Jahrhundert. ❸

Altstädtisches Rathaus
Das Gemälde an der Decke eines der Rathaussäle trägt den Titel Der Segen Gottes. *Es stammt aus dem Haus Langgasse 39 (Długa) und wird der Werkstatt von Hermann Hahn zugeschrieben.* ❹

0 Meter   50

LEGENDE

- - - Routenempfehlung

Die Brigittenkirche
*Die Kirche gilt
als Gotteshaus
der Gewerkschaft*
Solidarität. **8**

ZUR ORIENTIERUNG
Siehe Karte 12, Kartenregister

ALTSTADT

RECHTSTADT

ALTE
VORSTADT
MIT INSELN

Kleine Mühle
*Die Mühle gehört zu
den wenigen erhaltenen
Zeugnissen mittelalterlichen
Handwerks.* **6**

**Auf dem Grund
des Radaune-Kanals**
verliefen bis zum
Jahre 1945
Schmalspurschienen.
Mindestens einmal
pro Jahr fuhr man
mit Wagen den
Schlamm aus dem
Kanal heraus.

RAJSKA

NA PIASKACH

PODMŁYŃSKA

KOWALSKA

★ Große Mühle
*Im Inneren
des mittelalterlichen
Bauwerks befindet
sich heute
ein modernes
Einkaufszentrum.* **5**

Die Katharinenkirche
*Das Epitaph des Johannes Hevelius
in der Katharinenkirche entstand
1780 auf Anregung von Daniel
G. Davisson, dem Urenkel des
Astronomen. Nach der jüngst
abgeschlossenen Restaurierung
erstrahlt es im alten Glanz.* **7**

Sternwarte des Hevelius
Der Astronom führte seine Beobachtungen von der Sternwarte
aus durch, die im Jahre 1624 auf
den Dächern von drei Häusern in
der Pfefferstadt (Korzenna) eingerichtet wurde. Peter Willer verewigte sie 1686 auf einem Stich.
Heute steht an dieser Stelle ein
Denkmal des Gelehrten mit einem
Astrolabium, ein Werk von Michał
Gąsienica Szostak (1973).

NICHT VERSÄUMEN

★ **Große Mühle**

★ **Elisabethkirche**

Modernes Interieur der gotischen Elisabethkirche

Elisabethkirche ❶
Kościół św. Elżbiety

Elżbietańska 1. **Karte** 12 D3 (13 B2). ☎ 301 45 81.

IM MITTELALTER befand sich an der Stelle der heutigen Kirche ein Heim für Leprakranke. In unmittelbarer Nachbarschaft gab es ferner ein Armenhaus, das ab 1394 als Hospital diente. Kurz darauf begann man mit dem Bau einer gotischen einschiffigen Kirche, der 1417 abgeschlossen wurde. Auf der Seite verband man das Kirchengebäude mit dem Krankenhaus, so konnten die Patienten an den Gottesdiensten teilnehmen, ohne das Krankenlager zu verlassen.

Die heutige barocke Fassade des Hospitalgebäudes stammt aus dem 18. Jahrhundert. Der damalige Umbau fand unter der Leitung von Krzysztof Strzycki statt. Das Krankenhaus bestand bis 1846.

In den Zwischenkriegsjahren hat sich hier die Danzig-Praha-Wien Bank AG niedergelassen.

Die Anlage der Elisabethkirche wird außerdem mit dem heute nicht mehr existierenden Gebäude des Waisenhauses in Verbindung gebracht. Dieses entstand 1547–1549 als Stiftung eines Stadtratsmitglieds, Hans Connert, und zählte zu den ers-

ten neuzeitlichen Gebäuden der Stadt. 1552 verabschiedete König Sigismund August einen Erlass, der die Kinder des städtischen Waisenhauses den Bürgerskindern gleichstellte.

Besondere Beachtung verdient die Fassade der Kirche mit dem schmalen Turm, der über dem Eingang in Form eines Erkers angebracht ist. Die 1945 ausgebrannte Kirche wurde durch die Pallotiner wieder aufgebaut und erhielt in ihrem gotischen Inneren eine moderne Ausstattung.

Josephskirche ❷
Kościół św. Józefa

Elżbietańska 9/10. **Karte** 12 D3 (13 B2). ☎ 301 24 14.

DIE EHEMALIGE KIRCHE des Karmeliterordens wurde vor dem Bau des Klosters im Jahre 1464 von der Jungstadt in die Altstadt verlegt. 1482 begann man mit dem Bau des Gotteshauses. Nach den Vorstellungen der Ordensbrüder sollte hier ein imposantes Bauwerk entstehen, doch mangelte es an Geld. Gleichwohl wartete das Innere der Kirche mit interessanten barocken Ausstattungsgegenständen auf. Im Jahre 1945 brannte die Kirche aus. Zwei Jahre später, 1947, leitete man den Wiederaufbau ein, der sich über viele Jahre hinzog. Zu den wenigen erhaltenen Kunstwerken der Kirche zählt das Epitaph von Jan Jakub Potulicki. Etwas seltsam mutet das vor der Kirchenfassade freistehende Tor an.

Fassade der Josephskirche

Haus der Äbte von Pelplin ❸
Dom Opatów Pelpińskich

Elżbietańska 3. **Karte** 12 D3 (13 B2). **Zutritt nach Voranmeldung.**

DEN AUFTRAG für das 1623 im Stil des Manierismus erbaute Gebäude, das fast 140 Jahre den Zisterziensern aus Pelplin gehörte, gab Peter Hennigk.

Der Entwurf stammt vermutlich von Abraham van den

Blocke. Die Seitenfront zeigt zum Radaune-Kanal hin. Am repräsentativsten ist jedoch die schmale Hausfassade, die im Giebel mit Voluten, mit spiralförmigen Elementen sowie mit einem dekorativen Portal geschmückt ist. Letzteres zieren Masken von Geistern, Engeln und Tritonen. Über dem Portal befinden sich zahlreiche Schmuckelemente aus Stein, die auf dem Backsteinhintergrund besonders gut wirken. Im Innern des Hauses befindet sich eine mit kunstvollen Skulpturen beschnitzte Holztreppe. Heute ist in diesem Gebäude das Kunsthistorische Institut der Universität Danzig untergebracht.

Altstädtisches Rathaus ❹
Ratusz Starego Miasta

Korzenna 33/35. **Karte** 12 D3 (13 B2). ☎ 301 10 51. ♿ ▫ ♒ ⛺

DAS ALTSTÄDTISCHE Rathaus gehört zu den am deutlichsten von niederländischen Vorbildern beeinflussten Bauwerken Danzigs. Es erweckt fast den Eindruck, als hätte der große Anthony van Obbergen das Bauwerk direkt aus Holland hierher geholt. Das Backsteingebäude hat eine einheitliche Quaderform und ist architektonisch nicht untergliedert.

Das Haus der Äbte von Pelplin (17. Jh.)

Das manieristische Altstädtische Rathaus

Ein schlanker, in die Höhe weisender Turm krönt den Komplex. Den Stilgesetzen des Manierismus entsprechend, zeichnet sich die Fassade, ungeachtet ihrer Symmetrie und der Achsenverläufe durch eine unregelmäßige Anordnung der Fenster in den einzelnen Geschossen aus. Bemerkenswert ist auch die Tatsache, dass die Steinelemente im Fries zwischen dem Parterre und dem ersten Geschoss seitlich und nicht im Verlauf der Fensterachse angebracht wurden, was typisch für die klassische Architektur der Renaissance (siehe S. 26) war. Das Hauptportal, möglicherweise ein Werk von Willem van der Meer, fällt sofort ins Auge. Über den Konsolen befinden sich zwei Masken, die Tugend und Untugend verkörpern. Außerordentlich interessant sind die Rathausräume, auch wenn von der ursprünglichen Ausstattung von 1595 nicht viel übrig geblieben ist. Im Jahre 1900 zog man hier eine wunderbare Decke aus der Diele des Hauses Langgasse 39 ein; sie stammt noch aus dem 17. Jahrhundert und ist mit allegorischen Gemälden aus der Werkstatt von Hermann Hahn verziert. Das kostbarste Gemälde befindet sich in der Deckenmitte; es zeigt den Segen Gottes, eine der dargestellten Figuren ist König Sigismund III. Wasa. Die anderen Gemälde stellen Frömmigkeit, Fleiß,

Klugheit, Arbeitseifer, Gerechtigkeit, Bildung, Nächstenliebe und Mäßigung dar. An den Sitzungen im Altstädtischen Rathaus nahm der Schöffe und spätere Stadtrat Johannes Hevelius teil. Er war auch der Pächter des Rathauskellers, in dem er sein Starkbier lagerte, das bis nach England exportiert wurde. Heute befindet sich hier das Ostsee-Kulturzentrum (Nadbałtyckie Centrum Kultury).

In der rot angestrichenen Diele des Rathauses mit gewölbter Decke und bemerkenswertem Renaissanceportal befindet sich ein Café. Daneben wurden eine Kunstgalerie und eine Buchhandlung des polnischen Wissenschaftsverlages PWN eingerichtet.

Große Mühle ❺
Wielki Młyn

Wielkie Młyny 16. **Karte** 13 B2.
⬜ *Mo–Fr 10–20 Uhr, Sa 10–13 Uhr.* ♿ 🏠

D IE GROSSE MÜHLE gehört zu den schönsten Sehenswürdigkeiten Danzigs. Der Bau wurde in der Zeit des Deutschen Ordens durchgeführt und um 1350 vollendet. Die Mühle war eines der größten

wirtschaftlich genutzten Bauwerke des Mittelalters. Sie steht auf einer kleinen Insel an der Gabelung des Radaune-Kanals.

Das Satteldach des Backsteinbaus wirkt wie ein riesiges Zelt. An die Front der Mühle wurde ein zweistöckiges Bäckereigebäude mit einem nach oben zugespitzten Schornsteindach angebaut; es macht den Eindruck, als klebe es am Giebel fest. Die zwölf (später 16) großen Mühlräder an der Kanalseite verwiesen auf die eigentliche Funktion des Gebäudes. Die mit ihnen verbundenen Mahlsteine hatten allerlei Getreidesorten zu zerkleinern. In den höheren, aus Holz erbauten Stockwerken lagerten Getreide- und Mehlsäcke. Die umgebaute Mühle war in Betrieb, bis sie 1945 ausbrannte. Das eigentliche Mühlenbauwerk wurde bald nach dem Krieg wieder aufgebaut; erst vor kurzem richtete man hier nach dem Entwurf von Elżbieta Ratajczyk-Piątkowska und den Konstruktionsplänen von Jerzy Siemiński ein mehrgeschossiges Einkaufszentrum ein. Vom Glasfahrstuhl aus blickt man auf die gotischen Wände des Bauwerkes und auf die Mahlsteine unterhalb des Bodenniveaus.

GROSSE MÜHLE
Die Zeichnung zeigt das ursprüngliche Aussehen des Bauwerkes.

Bäckereischornstein

Räder treiben die Mahlsteine an.

Lagerdach

Backsteingiebel

Radaune-Kanal

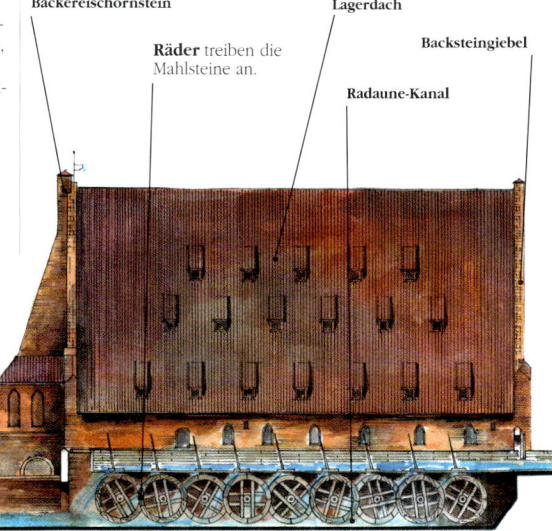

Kleine Mühle ❻
Mały Młyn

Rajska 2. **Karte** 12 D 3 (13 B2, C2).
☎ *301 59 19. Nur von außen interessant.*

DAS MITTELALTERLICHE Bauwerk, das malerisch im Garten am Radaune-Kanal liegt, wird zwar als Kleine Mühle bezeichnet, doch ist seine ursprüngliche Funktion nicht bekannt. Vermutlich entstand der Bau in der zweiten Hälfte des 14. Jahrhunderts. Er könnte als Hilfsmühle gedient haben. In dem 1962–1967 neu errichteten Gebäude hat heute der Polnische Angelverein seinen Sitz.

Kleine Mühle

Katharinenkirche ❼
Kościół św. Katarzyny

Wielkie Młyny. **Karte** 12 D3 (13 C2).
☎ *301 15 95.* **Muzeum Zegarów wieżowych** ◷ *15. Juni–15. Sep Mi, So 10–17; 16. Sep–14. Juni nach telefonischer Voranmeldung.*
☎ *305 64 92.*

DIE ÄLTESTE und wichtigste Pfarrkirche der Altstadt wurde zwischen 1227 und 1239 als Stiftung der pommerellischen Herzöge errichtet und im 14. Jahrhundert wesentlich ausgebaut. Im 12. Jahrhundert fand hier die Trauerzeremo-

Innenraum der Katharinenkirche

nie für Herzog Swantopolk II. den Großen statt. Bis 1944 war die Kirche für ihre schöne Innenausstattung mit gotischen, manieristischen und barocken Kunstwerken bekannt. 1945 wurde sie stark beschädigt; das Gewölbe stürzte ein, der barocke Turmhelm brannte aus.

Heute gehört der 76 Meter hohe Turm, dessen Bau im Jahre 1486 abgeschlossen wurde, wieder zu den Wahrzeichen der Stadt Danzig. Und auch die im Jahre 1944 ausgelagerte Innenausstattung wurde größtenteils an Ort und Stelle zurückgebracht.

Auf der östlichen Seite erheben sich über der flachen Wand der ungewöhnlich breiten Apsis wunderbare spätgotische Giebel. In der dreischiffigen Kirche sollten man auf jeden Fall die Gemälde von Anton Möller und Isaak van den Blocke besichtigen; sie gehörten zum beschädigten Hochaltar. Das Hauptgemälde aus dem Jahre 1610 zeigt die Kreuzigungsszene mit Danzig im Hintergrund. Gleichermaßen interessant sind die Epitaphe von Stadtrat Christian Henning (1636), Johannes Mochinger (um 1663) und des

Hevelius (1780). Hier befindet sich auch die Grabtafel des berühmten Astronomen aus dem Jahre 1659. Hevelius war Zeit seines Lebens mit dem Gotteshaus eng verbunden und wurde hier beerdigt. 1986 entdeckte man sein Grab.

Das 1942 zerstörte Glockenspiel (Carillon) im Kirchturm befindet sich heute in Lübeck. Die deutsche Regierung stiftete jedoch der Danziger Kirche ein neues Glockenspiel. Zu jeder vollen Stunde ertönt jetzt Beethovens *Freude, schöner Götterfunken* aus seiner *Neunten Symphonie*. Die einzelnen Glocken wurden von deutschen Politikern gestiftet, deswegen sind hier die Töne »Helmut Kohl« und »Richard von Weizsäcker« zu hören.

Brigittenkirche ❽
Kościół św. Brygidy

Profesorska 17. **Karte** 12 D3 (13 C2). ☎ *301 31 52.*

OBWOHL DIE BRIGITTENKIRCHE bereits seit vielen Jahrhunderten existiert, erlangte sie erst um das Jahr 1980 als Gotteshaus der Gewerkschaft *Solidarność* Weltruhm. Die Kirche entstand an der Stelle der ehemaligen Magdalenen-Kapelle aus dem

Denkmal für den Priester Jerzy Popiełuszko von Wawrzyniec Sampa (Entwurf Henryk Jankowski)

14. Jahrhundert. Im Jahre 1374 wurde hier der Leichnam der hl. Brigitte ausgestellt, als er von Rom nach Schweden überführt wurde. Kurz danach gründete man das Brigittenkloster; neben ihm entstand bis 1514 die dreischiffige Kirche.

Von dem gotischen Kirchenkörper aus Backstein hebt sich der neuzeitliche Turm deutlich ab. Er wurde 1673 nach dem Entwurf von Peter Willer mit einem bauchigen Helm bekrönt. Von der Innenausstattung ist nicht viel übrig geblieben. Heute bietet das strenge Innere der Kirche eine wunderbare Kulisse für moderne Skulpturen, Altäre und Denkmäler. Besonders beeindruckend sind der Hochaltar, der Tabernakel und das Denkmal zu Ehren des Priesters Jerzy Popiełuszko.

Im September 1996 wurde der 600. Jahrestag der Ordensgründung begangen: In einer mit Blumen geschmückten Kutsche überführte man die Reliquien der hl. Brigitte in die Kirche. Politiker sowie Vertreter von Kirche und Ritterorden nahmen teil.

Altes Schloss ❾
Zamczysko

Wartka 8. **Karte** 12 E3 (14 D2).
DIE ORDENSBURG wurde im 13. Jahrhundert an der Biegung der Mottlau errichtet, dort, wo sich einst die Wehrsiedlung der pommerellischen Herzöge befunden hatte.

Während des Aufstandes der Preußischen Stände nahmen

Ehemaliger Speicher in der Rittergasse

die Danziger am 11. Februar 1454 die Burg ein und rissen sie bis auf das Fundament ab. Wissenschaftler glauben heute, dass die Zerstörung der Burg nicht nur aus Hass gegen die Kreuzritter vollzogen wurde. Vielmehr wollte man auch die Übernahme der Burg durch den polnischen König verhindern.

Wie die Burg einmal aussah, wissen wir nur von dem 1945 beschädigten Gemälde *Schiff der Kirche*. Sie stand direkt am Wasser, besaß einen großen Hauptturm und war von hohen Verteidigungsmauern umringt.

Später errichtete man Häuser auf dem Burggelände. Die interessantesten stehen in der Rittergasse (Rycerska).

Bartholomäuskirche

Bartholomäuskirche ❿
Kościół św. Bartłomieja

Zaułek św. Bartłomieja 1. **Karte** 12 D3 (13 B1). ☎ 301 66 96.
HEUTE BIETET DIE KIRCHE Raum für zahlreiche interessante Kunstausstellungen. Die einschiffige Kirche entstand Anfang des 16. Jahrhunderts; der Kirchturm wurde erst Ende des 17. Jahrhunderts errichtet. Obwohl die Kirche in der Blütezeit des Manierismus gebaut wurde, entsprach sie dem Stil der Gotik. Seit 1523 gehörte sie den Protestanten und war damit eines der ersten reformierten Gotteshäuser der Stadt. Die Predigten wurden hier auch in polnischer Sprache gehalten.

Nach der Zerstörung im Jahre 1945 bauten Jesuiten die Kirche wieder auf.

Die Polnische Post am 1. September 1939

Polnische Post (Museum für Post- und Fernmeldewesen) ⓫
Poczta Polska (Muzeum Poczty i Telekomunikacji)

Pl. Obrońców Poczty Polskiej 1/2. **Karte** 12 E3 (14 D2). ☎ 301 76 11. ⊙ Mi–Sa 10–16 Uhr, So 10.30–14 Uhr. 📷 So kostenlos.

MIT DIESEM GEBÄUDE werden die dramatischen Ereignisse der ersten Tage des Zweiten Weltkrieges in Verbindung gebracht. Am frühen Morgen des 1. September 1939 griffen deutsche Soldaten das Polnische Postamt in der Freistadt Danzig an. In einem ungleichen Kampf verteidigte sich die Mitarbeiter der Post stolze 14 Stunden lang. Über 30 von ihnen wurden am 5. Oktober auf dem Friedhof in Saspe (Zaspa) erschossen. Heute erinnern an dieses Ereignis das Museum für Post- und Fernmeldewesen und ein interessantes Denkmal aus dem Jahre 1979, bestehend aus einem Monument nach Entwürfen von Wincenty Kućma und aus einem Epitaph nach Plänen von Maria und Zygfryd Korpalski.

Das Monument zeigt einen verwundeten Postbeamten über verstreuten Postsendungen; er reicht der Siegesgöttin Nike ein Maschinengewehr.

Nicht weit von hier steht in der Öhlmühlengasse (Olejarna 3) ein Bunker aus dem Zweiten Weltkrieg, der an einen mehrgeschossigen Sarkophag erinnert.

Jakobskirche ⑫
Kościół św. Jakuba

Wałowa 28. **Karte** 12 D3 (13 B1, C1). ☎ *301 55 50. Anfahrt wie zum Hauptbahnhof.*

B EVOR DIE KIRCHE entstand, befand sich an dieser Stelle eine Kapelle. Daneben lagen ein Hospital und ein Altersheim für Matrosen. 1433 wurde die Kapelle von den Hussiten in Brand gesetzt. Der Bau einer neuen Hospitalkirche begann mit der 1437 vollendeten Apsis. Erst später entstand das eigentliche Kirchengebäude. Im 19. Jahrhundert verlor die stark heruntergekomme Kirche ihre ursprüngliche Funktion und beherbergte Geschäftsräume verschiedener Institutionen. Der Helm des Kirchturms gehört zu den Überresten des 1881 abgerissenen Jakobstors. Heute gehört die Kirche dem Kapuzinerorden.

Neogotische Fassade der Danziger Bibliothek

Die Jakobskirche

Bibliothek der Polnischen Akademie ⑬
Biblioteka Polskiej Akademii Nauk

Wałowa 15. **Karte** 12 D3 (13 B1). ☎ *301 22 51.* 🚌 *120, 123, 138, 155, 158, 166, 167, 186.*

D AS BACKSTEINGEBÄUDE entstand zwischen 1903 und 1904. Heute beherbergt es die Bibliothek der Polnischen Akademie der Wissenschaften (PAN). Die Sammlung enthält seltene Drucke, alte Handschriften und kostbares kartographisches Material.

Die Geschichte der Danziger Bibliothek ist mit der Person des Marchese d'Oria aus Neapel verbunden, der als Humanist das Gedankengut der Reformation in ganz Europa verbreitete. Als sein Schiff 1591 in der Weichselmündung strandete, nahm der Danziger Kaufmann Johann Luchs den erblindeten Reisenden auf. Aus dem Schiffswrack wurden die Truhen mit der Büchersammlung des Marquis gerettet. Kurz darauf erhielt er von der Stadt Danzig eine Unterkunft am Sitz des Akademischen Gymnasiums. Als Dank dafür schenkte d'Oria der Stadt seine Büchersammlung, die über tausend Bände umfasste.

Denkmal der gefallenen Werftarbeiter ⑭
Pomnik Poległych Stoczniowców

Plac Solidarności Robotniczej. **Karte** (12 D2).

D AS DENKMAL entwarfen Werftarbeiter gemeinsam mit einer Künstlergruppe, zu der unter anderem der Ingenieur Bogdan Pietruszka, der Konstrukteur Wiesław Szyślak sowie Robert Pepliński und Elżbieta Szczodrowska gehörten. Das Denkmal wurde 1980, wenige Monate nach dem historischen Streik und der Gründung der *Solidarność*, von den Mitarbeitern der Danziger Werft gegossen. Es erinnert an die Arbeiter, die während des Streiks und der Demonstrationen im Dezember 1970 von den Kommunisten erschossen wurden. Aufgestellt wurde es 30 Meter von der Stelle entfernt, an der die ersten drei Opfer fielen. Die Enthüllung des Denkmals war eine ausgesprochen patriotische Manifestation. Das Mahnmal selbst besteht aus drei 42 Meter hohen Kreuzen aus rostfreiem Stahl; sie dienen als Mahnmal und Zeichen der Hoffnung.

In den Achtzigerjahren fanden vor dem Denkmal zahlreiche Demonstrationen der *Solidarność* statt, die von den Milizen gewaltsam niedergeschlagen wurden.

Werftarbeiterdenkmal

Halle des Hauptbahnhofes

Hauptbahnhof ⑮
Dworzec Główny

Podwale Grodzkie. Karte 12 D3 (13 A2). 🚋 *2, 6, 8, 10, 12, 13.* 🚌 *164, 167, 174, 175, 176, 184, 195.*

DER BAHNHOF, einer der schönsten Europas, wartet mit einer Fassade aus roten Ziegeln und Steinen auf. Er knüpft eindeutig an Formen der Gotik und des Danziger Manierismus an. Die Turmuhr, die das Gebäude überragt, erinnert an den Turm des Altstädtischen Rathauses *(siehe S. 68ff)*. Beeindruckend sind die sorgfältig ausgearbeiteten architektonischen Details, die selbst an solchen Stellen angebracht wurden, die nur Möwen und Tauben zugänglich sind.

Seine allererste Eisenbahnverbindung erhielt Danzig im Jahre 1852. Das erste neugotische Bahnhofsgebäude entstand am Thornschen Weg (Toruńska).

Der Bau des jetzigen Bahnhofs wurde nach dem Entwurf der Architekten Alexander Rundel, Paul Thomer und Cuny in den Jahren 1894–1900 durchgeführt. Die Innenräume des Bahnhofs wurden mehrfach umgebaut. Eine letzte gründliche Modernisierung fand nach Plänen eines Warschauer Architektenteams unter der Leitung von Ryszard Szczęsny statt. Heute befindet sich hier auf mehreren Etagen ein modernes Einkaufszentrum mit Banken, Cafés, Boutiquen, Restaurants und Fastfood-Ketten.

Gebäude der ehemaligen Feuerversicherungsgesellschaft ⑯
Gmach dawnego Towarzystwa Ubezpieczeń od Ognia

Wały Jagiellońskie 36. **Karte** 12 D3 (13 B2). 📞 *301 68 71. **Anfahrt wie zum Hauptbahnhof.*** 🕐 *Mo–Fr 8–16 Uhr.*

DAS MODERNISTISCHE Empiregebäude der Jahrhundertwende war Sitz der Westpreußischen Feuerversicherungsgesellschaft. In seinem Roman *Die Blechtrommel* schrieb Günter Grass, als 1945 die ganze Stadt in Brand stand, habe das Gebäude «aus rein symbolischen Gründen

nicht abbrennen» wollen. Nach dem Krieg wurde in den Räumen das Woiwodschaftskomitee der PVAP (Polnische Vereinigte Arbeiterpartei) eingerichtet. Während der Dezemberereignisse des Jahres 1970 brannte das Gebäude ab. Damals gingen viele Demonstranten auf die Straße. An den Brand erinnert die umgebaute letzte Etage, die an der Stelle des hohen, mit roten Pfannen gedeckten Daches entstand.

Das Gebäude der ehemaligen Feuerversicherungsgesellschaft vor dem Krieg

DIE DANZIGER WERFT

Obwohl die Danziger Werft ihren Weltruhm erst zu Zeiten der *Solidarność* erlangte – sie gilt als Wiege der ersten freien Gewerkschaft – besteht sie schon viel länger. Im Mittelalter wurden die Schiffe auf dem Gebiet der Lastadie gebaut; im 18. und 19. Jahrhundert verlegte man die Werkstätten in den Norden. Anfang des 20. Jahrhunderts beschäftigten die großen Werften der Kriegsmarine über 2000 Mitarbeiter. Auch die privaten Werften von Schichau und Klawitter erreichten beachtliche Dimensionen. Sie bauten Panzerkreuzer und Kreuzfahrtschiffe *(siehe S. 140)*.

Im Zweiten Weltkrieg wurden die Danziger Werften auf Kriegsproduktion umgestellt. Im Sommer 1944 liefen in der Schichauwerft drei U-Boote pro Monat vom Stapel. Neben den deutschen Arbeitern wurden hier auch Zwangsarbeiter eingesetzt. 1945 konnten die Danziger Werften der Zer-

störung entgehen und wurden nach Kriegsende wieder in Betrieb genommen. Bereits 1948 lief das Schiff *Sołek (siehe S. 112)* vom Stapel. Es war das erste nach dem Krieg in Polen gebaute Hochseeschiff.

Im Dezember 1970 fand auf der Danziger Werft der Arbeiterstreik statt; die Stadt wurde Zeuge zahlreicher Demonstrationen, die von der kommunistischen Regierung blutig niedergeschlagen wurden. Als Ergebnis der nächsten Streikwelle 1980 wurde die erste freie Gewerkschaft *NSZZ Solidarność* gegründet. Die Danziger Vereinbarung wurde von den Vertretern der Streikenden und der Regierung unterzeichnet und beendete den Streik der Werftarbeiter. An der Spitze der Streikenden stand damals Lech Wałęsa. Die Ereignisse von 1980 inspirierten Andrzej Wajda zu seinem Film *Der Mensch aus Eisen (Człowiek z żelaza)*. Seit der Wende 1989 ist das Schicksal der Werft ungewiss.

Alte Vorstadt mit Inseln

DEN WOHLSTAND DER STADT Danzig belegen nicht nur die zahlreichen Patrizierhäuser, sondern auch der Hafen, die vielen Speicher und andere Zeugnisse des Handels. Im 15. Jahrhundert war die Stadt nach Amsterdam das größte Seehandelszentrum für Getreide. Man errichtete immer mehr Speicher, die vorhandenen Lager wurden ausgebaut, die Hafeneinrichtungen modernisiert. Während des Stadtbrandes 1945 brannte die ge-

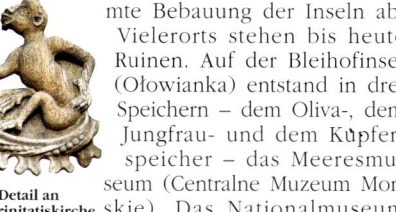

Detail an der Trinitatiskirche

mte Bebauung der Inseln ab. Vielerorts stehen bis heute Ruinen. Auf der Bleihofinsel (Ołowianka) entstand in drei Speichern – dem Oliva-, dem Jungfrau- und dem Kupferspeicher – das Meeresmuseum (Centralne Muzeum Morskie). Das Nationalmuseum (Muzeum Narodowe) befindet sich in der Alten Vorstadt. Hier blieben wenige Bauwerke erhalten, doch kann man Überreste der alten Danziger Wehrbaukunst besichtigen.

SEHENSWÜRDIGKEITEN AUF EINEN BLICK

Historische Gebäude
Kanzelhaus ❶
Haus Zum Mohren ⑫
Steinschleuse ❼
Kleines Zeughaus ❺
Königlicher Speicher ⑪

Kirchen
Peter-und-Paul-Kirche ❹
Barbarakirche ⑭
Trinitatiskirche ❷

Museen
Zentrales Meeresmuseum (S. 112f) ⑩
Nationalmuseum (S. 106ff) ❸

Tore und Basteien
Leeges-Tor ❻
Langgarter Tor ⑮
Milchkannentor ❾

Inseln und Gärten
Langgarten ⑬
Speicherinsel ❽

LEGENDE

Detailkarte *Siehe S. 102f*

P Parken

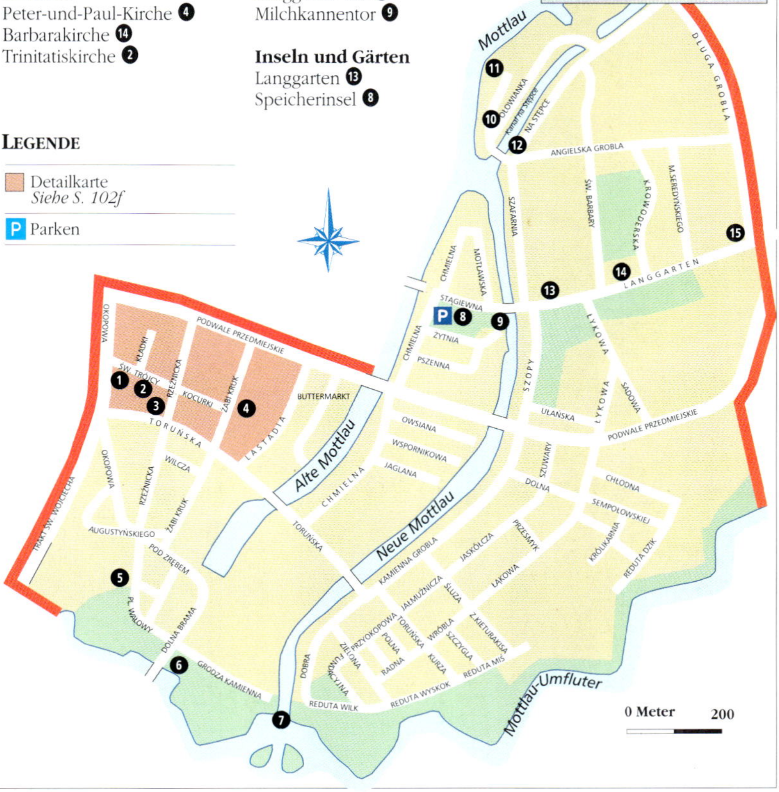

Mottlau

DŁUGA GROBLA

OŁOWIANKA

NA STĘPCE

ANGIELSKA GROBLA

M. SEREDYNSKIEGO

ŁĄ KROWODERSKA

ŚW. BARBARY

SZAFARNIA

CHMIELNA

MOTLAWSKA

LANGGARTEN

ŁĄKOWA

STAGIEWNA

P ❽ ❾

ŻYTNIA

PSZENNA

ŁODŹ

SADOWA

OKOPOWA

KLADKI

ŚW. TRÓJCY

RZEŹNICKA

KOCURKI

ZABI KRUK

ŁĄ STADIA

BUTTERMARKT

TORUŃSKA

OWSIANA

WSPORNIKOWA

JAGLANA

ULANSKA

PODWALE PRZEDMIEJSKIE

SZCZYGLIA

DOLNA

CHLODNA

SEMPOLOWSKIEJ

RZEŹNICKA

WILCZA

CHMIELNA

Alte Mottlau

Neue Mottlau

TORUŃSKA

ŻABI KRUK

AUGUSTYŃSKIEGO

POD ZRĘBEM

OKOPOWA

TRAKT ŚW. WOJCIECHA

KAMIENNA GROBLA

JASKÓLCZA

ALUGA

PRZ_SMYK

KDOŁ KLARISA

REDUTA DZIK

PL. WAŁOWY

DOLNA BRAMA

GROZDA KAMIENNA

ŁAKOWA

Ż. KIETURAGSA

PRZYCZÓŁKOWA TORUŃSKA

POLKA

RADNA

KUNZA

REDUTA MIS

DOBRA

ZIELONA

ŁĄKUŻA

POLKA

WIRBLA

SZCZYGŁA

REDUTA WYSKOK

REDUTA WILK

Mottlau-Umfluter

JALMUŻNICZA

0 Meter   200

Im Detail: Alte Vorstadt

AUFGRUND DER ZERSTÖRUNGEN im Jahre 1945 ist von
der früheren Bebauung der Alten Vorstadt nicht sehr
viel übrig geblieben. Nach dem Krieg entstanden an den
Stellen der ausgebrannten Häuser hässliche Wohnblöcke,
die jenen in anderen Städten des Ostblocks glichen.
Dazwischen dehnen sich bis heute große freie Plätze aus.
Zum Glück blieben die wichtigsten Sehenswürdigkeiten
des Stadtteils jedoch erhalten. Fast direkt nebeneinander
stehen zwei große gotische Kirchen, die Trinitatiskirche
(das Gotteshaus der Franziskaner) und die Peter-und-Paul-
Kirche. In dem ehemaligen Franziskanerkloster ist heute
das Nationalmuseum (Muzeum Narodowe) untergebracht.
Im Süden der Alten Vorstadt liegen Fragmente der
neuzeitlichen Stadtbefestigung und die Steinschleuse.

★ Trinitatiskirche
*Das Innere der
dreischiffigen Kirche
wirkt besonders
monumental.* ❷

Die Häuser
in der
Heiliggeistgasse
wurden
zwischen 1984
und 1990
restauriert.

Das Kanzelhaus
*Die Zwischenräume des Fachwerkhauses
in der Heiliggeistgasse sind mit Ziegelsteinen
gefüllt, das Gerüst besteht aus Holz.* ❶

RZEŹNICKA

ŚW. TRÓJCY

Die St.-Anna-Kapelle
Die kleine Kapelle gehört zu den
bemerkenswertesten spätgotischen
Bauwerken Pommerns. Besonders
sehenswert sind der durchbrochene
Giebel sowie die Stern- und Netzgewölbe.

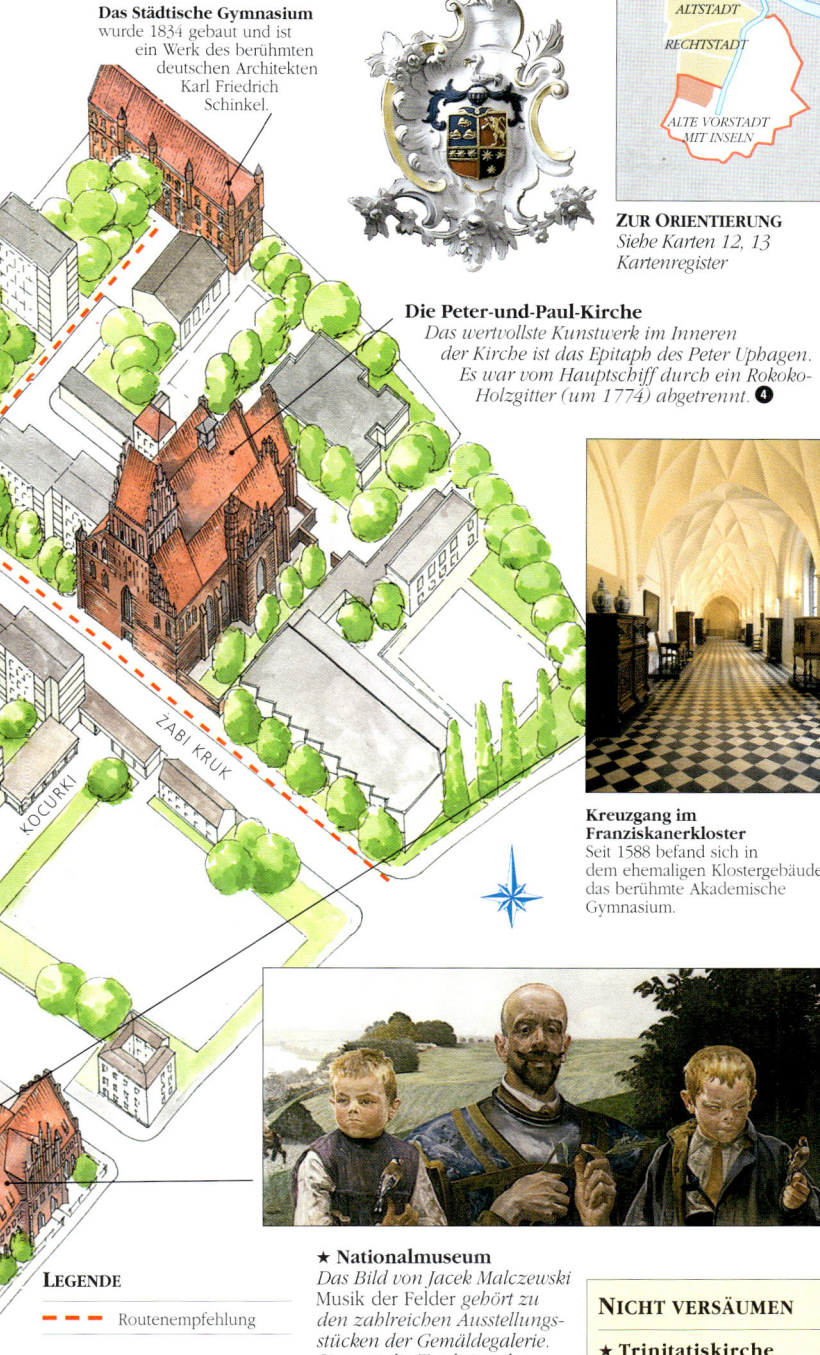

Das Städtische Gymnasium
wurde 1834 gebaut und ist
ein Werk des berühmten
deutschen Architekten
Karl Friedrich
Schinkel.

ZUR ORIENTIERUNG
*Siehe Karten 12, 13
Kartenregister*

Die Peter-und-Paul-Kirche
*Das wertvollste Kunstwerk im Inneren
der Kirche ist das Epitaph des Peter Uphagen.
Es war vom Hauptschiff durch ein Rokoko-
Holzgitter (um 1774) abgetrennt.* ❹

**Kreuzgang im
Franziskanerkloster**
Seit 1588 befand sich in
dem ehemaligen Klostergebäude
das berühmte Akademische
Gymnasium.

ŻABI KRUK

KOCURKI

★ Nationalmuseum
Das Bild von Jacek Malczewski
Musik der Felder *gehört zu
den zahlreichen Ausstellungs-
stücken der Gemäldegalerie.
Sie setzt die Tradition des
Städtischen Museums fort, das
sich seit 1872 im ehemaligen
Franziskanerkloster befand.* ❸

LEGENDE

- - - Routenempfehlung

0 Meter   50

NICHT VERSÄUMEN

★ **Trinitatiskirche**

★ **Nationalmuseum**

Kanzelhaus an der Trinitatiskirche

Kanzelhaus ❶
Dom galeriowy

Św. Trójcy 1. **Karte** 12 D4 (13 B5).
🚌 106, 111, 112, 116, 120, 121, 138, 168, 166, 178, 186. 🚊 8, 13.

DAS KANZELHAUS duckt sich bescheiden vor der gewaltigen gotischen Trinitatiskirche. Es wurde Mitte des 17. Jahrhunderts als einzigartiges Beispiel eines Fachwerkhauses mit Holzlaube errichtet. Einst lebten vor allem ärmere Danziger Bürger in solchen Häusern.

Trinitatiskirche ❷
Kościół św. Trójcy

Św. Trójcy 4. **Karte** 12 B4 (13 B5).
🚌 106, 111, 112, 116, 120, 121, 138, 158, 166, 178, 186. 🚊 8, 13.

DIE FRANZISKANER errichteten das imposante Bauwerk zwischen 1420 und 1514. 1480 baute man die St.-Anna-Kapelle an die Fassade der Kirche an. Hier wurden Gottesdienste für Polen abgehalten. Danzig trat relativ schnell zum protestantischen Glauben über. Der Franziskanermönch Alexander Svenich begeisterte sich besonders für die neue Lehre und verbreitete sie.

Mit der Zeit schrumpfte der Danziger Franziskanerorden bis auf drei Ordensbrüder. Daraufhin wurde das Kloster im Jahre 1556 der Stadt übergeben, die hier eine lateinische Schule einrichten wollte. Wenig später zog ein Gymnasium, das spätere Akademische Gymnasium, in das Kloster ein. Auch die Danziger Bibliothek fand hier ihren ersten Sitz. Die Klosterkirche wurde von den Protestanten übernommen. Mit der Freigabe des Klosters durch die Danziger Brüder und dem Verlust der Kirche mochte sich die Ordensspitze nicht abfinden. Mit viel Geduld, allerdings erfolglos, bat sie die polnischen Könige immer wieder um Rückgabe ihres Eigentums. Erst nach 1945 übernahmen die Franziskaner die beschädigte Kirche erneut. Ihre Klage auf Herausgabe des Klosters, in dem sich das Nationalmuseum *(siehe S. 106ff)* befindet, wurde indes mehrfach abgewiesen.

Das Gotteshaus besteht aus einer dreischiffigen Halle mit lang gestreckter Apsis. Von außen zeichnet es sich durch eine Ansammlung von Schmuckgiebeln im gotischen Stil aus, die reichlich mit Fialen ausgestattet sind. Die Giebel schmücken das Presbyterium, die Fassade und die St.-Anna-Kapelle. Die von den Mönchen beanspruchte Apsis wurde von den Kirchenschiffen durch einen Lesesaal (Lektorium) abgetrennt. Derzeit kann man die Apsis nicht besichtigen. Der Zugang wurde mit einer provisorischen Holzwand versperrt. In der Kirche gibt es zahlreiche Grabplatten auf dem Boden sowie alte Danziger Kunstwerke. Zu ihnen gehört das gotische Gestühl, das zwischen 1510 und 1511 in Werkstätten vor Ort errichtet wurde. Zu den reichen Verzierungen des Gestühls gehören viele Tier- und Vogelmotive. Besonders auffällig sind die Affenfiguren und die Darstellung eines Löwen im Kampf mit einem Drachen.

Ein anderes Beispiel meisterhafter Danziger Schnitzarbeit ist die älteste Kanzel der Stadt aus dem Jahre 1541. Im Rahmen der Kirchenbesichtigung sollte man das Epitaph des Giovanni Bernardo Bonifacio Marchese d'Oria (1517–1597) nicht versäumen. Der Marquis war bekanntermaßen ein unruhiger Geist, er gehörte zu den frühen Anhängern der Reformation und gründete unter anderem die Danziger Bibliothek.

Nationalmuseum ❸
Muzeum Narodowe

Siehe S. 106ff.

Die Trinitatiskirche mit der St.-Anna-Kapelle

Peter-und-Paul-Kirche ❹
Kościół Świętych Piotra i Pawła

Żabi Kruk. **Karte** 12 D4 (13 C5). 🚌 *106, 111, 112, 116, 120, 121, 138, 158, 166, 178, 186.* 🚋 *8, 13.*

DIE GOTISCHE KIRCHE an der Kreuzung von Poggenpfuhl (Żabi Kruk) und der Katergasse (Kocurków) umfasst drei Schiffe, von denen man nur das nördliche mit dem Netzgewölbe besichtigen kann. Eine provisorische Wand trennt es von den beiden übrigen Schiffen. Immerhin wurde das eigentliche Kirchengebäude vollständig wieder aufgebaut.

Um 1392 begann man mit dem Bau der Kirche. Kurz vor der Vollendung wurde sie 1424 während eines Brandes in der

Peter-und-Paul-Kirche

Alten Vorstadt ein Opfer der Flammen. Kurz darauf errichtete man eine neue Kirche. Der Turm entstand um 1486. Er unterschied sich wesentlich von den übrigen Kirchtürmen der Stadt. Vom 15. bis zum 20. Jahrhundert befand sich an der Kirche eine Schule. Zu den Rektoren gehörte unter anderem Serenius Chodowiecki, ein Onkel des Grafikers Daniel Chodowiecki.

1622 diente die Kirche als Gotteshaus der Danziger Kalvinisten. Zu den bedeutendsten Teilen gehört die Uphagen-Kapelle. In ihr stand einst das Epitaph des Peter Uphagen. Es hat zwar den Krieg überstanden, wurde jedoch später stark beschädigt und erst 1997 restauriert. Auf dem Sockel steht eine Urne mit einem Medaillon, welches das Profil des Verstorbenen zeigt.

Manieristische Fassade der Kleinen Mühle

Kleines Zeughaus ❺
Mała Zbrojownia

Pl. Walowy. **Karte** (12 D5). *Innenräume nicht sonderlich interessant.* 🚌 *101, 123, 131, 165.*

DAS KLEINE ZEUGHAUS WURDE 1643–1645 von Georg Strakofski, dem Sohn des berühmten Architekten Hans Strakofski, errichtet. Es steht hinter den gewaltigen Stadtbefestigungsanlagen *(siehe S. 125)* und diente als Lager für verschiedene Arten von Munition wie schwere Geschütze, Mörser und Kanonenkugeln. In den jeweiligen Sälen befanden sich spezielle Hebevorrichtungen, mit deren Hilfe man Rüstungen, Helme und leichte Waffen aufhängte.

Leeges-Tor ❻
Brama Nizinna

Dolna Brama. **Karte** (12 D5). 🚌 *101, 123, 131, 165.*

DAS MANIERISTISCHE TOR, ein Werk des hervorragenden

Außenfront des manieristischen Leeges-Tors

Stadt- und Festungsbaumeisters Hans Strakofski, gehörte zur südlichen Stadtverteidigungsanlage. Das Tor entstand 1626 auf der Rückseite des Walls, zwischen Gertruden- und Ochsen-Bastion. Über der Einfahrt befand sich ein Wachhaus. Die besonders gefährdete Südfront wirkt wie das Werk eines Zyklopen: Sie besteht aus massiven Steinblöcken und ist mit vier schweren toskanischen Säulen geschmückt.

Steinschleuse ❼
Kamienna Śluza

Reduta Wilk. **Karte** (12 D5). 🚌 *101, 123, 131, 162.*

DAS BEMERKENSWERTE Bauwerk gehörte zur Stadtbefestigungsanlage des alten Danzig. Die Schleuse entstand 1619–1624 nach dem Entwurf von William Jansen Benning aus Holland. Hans Strakofski beaufsichtigte die Bauarbeiten. Die Schleuse wurde aus sehr langlebigem Granit errichtet und verfügte über zwei Doppeltore aus Holz. In Kriegszeiten konnte man mit ihrer Hilfe die Vorstadt unter Wasser setzen, was den Zugang vom Werder her verhinderte. In Friedenszeiten schützte sie den Werder vor den Überschwemmungen der Weichsel. Am Ende der zwei 100 Meter starken Schotts standen vier steinerne Türme. Man nannte sie scherzhaft »Jungfräuleins«, auch wenn ihre Form ganz andere Assoziationen auslöst. Der heutige Zustand des Bauwerkes lässt zu wünschen übrig.

Nationalmuseum ❸

Das Nationalmuseum (Muzeum Narodowe) hat seinen Sitz im gotischen Franziskanerkloster aus dem 15. Jahrhundert. In den Klostergebäuden befand sich bis Mitte des 16. Jahrhunderts eine Schule. Später brachte man hier auf Initiative Rudolf Freitags die Kunstsammlung unter, die 1872 in das Städtische Kunstmuseum umgewandelt wurde. Um Raum für die Ausstellung zu schaffen, baute man das Kloster und ganz besonders die Räume in der zweiten Etage in den Jahren 1867–1872 um. Die gotischen Räume im Parterre des Gebäudes und die Kreuzgänge blieben erhalten. Die Sammlungen des Museums wurden dank zahlreicher Schenkungen und Käufe Schritt für Schritt erweitert. Leider gingen viele Exponate während des Zweiten Weltkrieges verloren. Die heutige Sammlung besteht aus den geretteten Kunstwerken und Neuerwerbungen.

Constanze von Schumann von Daniel Schultz
Die zarten Gesichtszüge der jungen Frau auf dem Bild zeugen von der Größe des bedeutendsten Danziger Porträtmalers.

Schmiedekunstgalerie
Das Renaissancegitter am Brunnen vor dem Großen Zeughaus am Ende der Jopengasse (Piwna) entstand um 1605 in einer Danziger Werkstatt.

Danziger Stuhl *(um 1700)*
Der massive, reich geschmückten Stuhl entspricht dem Stil der Danziger Werkstätten zur Zeit des Barock.

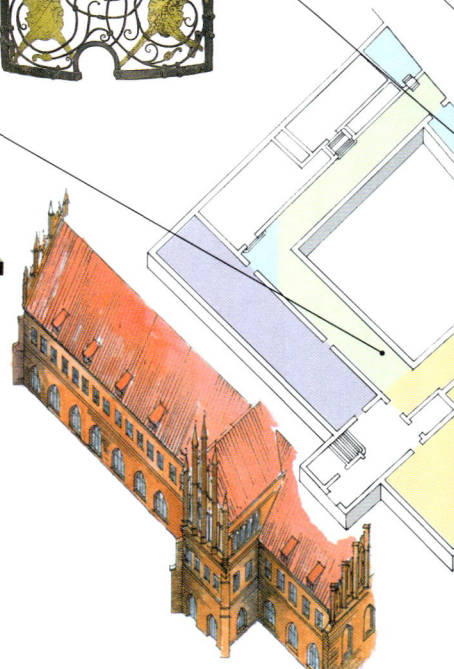

NICHT VERSÄUMEN

★ **Hans Memlings Jüngstes Gericht**

★ **Frans Floris' Caritas**

★ **»Greifenkralle«**

INFOBOX

Toruńska 1. **Karte** 12 D4 (13 B5).
☎ 301 70 61. FAX 301 11 25,
e-mail: info@muzeum narodowe.
gda.pl ▭ 106, 111, 112, 116, 120,
121, 138, 158, 166, 178, 186.
▭ 8, 13. ○ 15.Mai–15. Sept. Di
und Sa 10–17 Uhr, Mi–So 10–16
Uhr; 15. Sept.–15.Mai Di 10–16
Uhr, Mi–So 9–15 Uhr. ▨

Standuhr
*Die Rokoko-Uhr entstand um 1750.
Sie wurde aus Kiefernholz gefertigt
und mit biblischen Szenen aus
der Tobiasgeschichte und einer sich
aufrichtenden Kupferschlange bemalt.*

★ Caritas
*Das Werk von Franz Floris
fasst die Grundtugenden
allegorisch ins Bild. Das Motiv
war zur Zeit des Manierismus
sehr beliebt.*

LEGENDE

- Mittelalterliche Plastik aus Pommern
- Goldschmiedekunst
- Schmiedehandwerk, Zinn- und Bronzegießerei
- Holzmöbel aus Danzig und Nordeuropa (15.–17. Jh.)
- Keramik
- Flämische und niederländische Malerei
- Danziger Malerei (16.–18. Jh.)
- Polnische Malerei (19.–20. Jh.)
- Danziger Künstler (19. Jh.) (Wechselausstellungen)
- Holzmöbel aus Danzig und Ostpommern (18. Jh.)
- *Das Jüngste Gericht*

★ Das Jüngste Gericht *(1467)*
*Dieses Gemälde gilt als bedeutendstes Werk
von Hans Memling. Es hat die Form eines
Triptychons, in dessen Mitte die Gerichtsszene
dargestellt wird. Links sieht man das
Himmelstor, rechts die Hölle. Auf der
Rückseite der Flügel werden die Stifter
des Gemäldes genannt (siehe S. 109).*

★ »Greifenkralle«
*Der Trinkbecher aus der zweiten
Hälfte des 15. Jahrhunderts war
im Besitz der Seefahrerschützen-
gilde. Er ist aus dem Horn eines
Wisents gefertigt und mit Kupfer
verziert. Seine Form und sein Name
knüpfen an eine Legende an, nach der
die Greifenkralle mittels magischer Kräfte
Gifte in Getränken neutralisieren kann.*

Überblick: Nationalmuseum

EIN BESUCH DES NATIONALMUSEUMS bietet die einmalige Gelegenheit, die Kunst Danzigs und Ostpommerns in vollem Umfang kennen zu lernen. Hier sind nahezu alle Kunstbereiche der Region vertreten, angefangen von der Malerei über die Goldschmiedekunst, das Schmiedehandwerk und die Möbeltischlerei bis hin zur Keramik. Es fehlt nur eine Sammlung von Bernsteinerzeugnissen, die in der Ordensburg in Marienburg (Malbork) zu besichtigen ist.

Caritas von Frans Floris

FLÄMISCHE UND NIEDERLÄNDISCHE MALEREI

DAS BERÜHMTESTE WERK dieser Sammlung ist das *Jüngste Gericht* von Hans Memling *(siehe Kasten)*. Es wird in einem gesonderten Saal präsentiert. Den Grundstock der Ausstellung bilden Werke aus der Gemäldegalerie des Jakob Kabrun, die seit 1872 im Museum ausgestellt werden. Neben Frans Floris' *Caritas* und der *Entenrupfenden Frau* von Pieter de Hooch hängen hier Werke von Anthonis van Dyck, Jakob Jordaens, Jan Steen und Adriaen van Ostade.

MITTELALTERLICHE PLASTIK AUS POMMERN

DIE INTERESSANTE SAMMLUNG mittelalterlicher Kunst besteht in erster Linie aus Objekten, die sich einst in den Kirchen Ostpommerns befanden. In den letzten Jahren wurde sie wesentlich verkleinert, weil viele Kunstgegenstände den rechtmäßigen Eigentümern zurückgegeben wurden. Hier befinden sich gotische Kruzifixe, geschnitzte Madonnen wie die Figur *Maria mit dem Kinde* (15. Jh.) aus Osice bei Danzig, und Altarteile, zum Beispiel

die Flügel des Simon- und des Judasaltars aus der Danziger Marienkirche sowie das Mittelstück des Altars *Anbetung der Könige* (um 1530) aus der Danziger Katharinenkirche.

KERAMIK

ZU DIESER ABTEILUNG gehören Fayence- und Porzellanwaren aus zahlreichen europäischen Manufakturen. Besonderes Augenmerk verdient die Sammlung niederländischer und schwedischer Fayencen der Barockzeit und die Kollektion Danziger Kachelöfen. Ganz für sich spricht die Porzellangruppe *Die Geißelung* des Meißner Porzellanmodellierers Kändler aus dem Jahre 1741. Sie stammt vom Tabernakel einer Danziger Kirche.

SCHMIEDEHANDWERK, ZINN- UND BRONZEGIESSEREI

DIE AUSSTELLUNG des Schmiedehandwerks begeistert besonders durch die Gitter, die einst kunstvoll für Danziger Privathäuser und öffentliche Gebäude geschmiedet wurden. Zu ihnen gehören Gitter aus Renaissance und Manierismus, unter anderem für das Große Zeughaus, sowie eine interessante Figur des hl. Georg von 1566. Sie krönte seinerzeit den Sitz der Georgs-Bruderschaft und wurde später dort durch eine Kopie ersetzt. Bemerkenswert ist auch die Sammlung von Zinnerzeugnissen. Sie umfasst vor allem Gebrauchsgegenstände aus pommerschen Werkstätten.

MÖBELTISCHLEREI

DANZIG UND ELBING waren zur Zeit des Barock bekannt für die Herstellung schwerer und reich dekorierter Eichenmöbel. Zur Ausstellung gehören große, zweitürige Dielenschränke, Tische mit gedrechselten massiven Beinen und riesige, mit Korduanleder bezogene Stühle. Im Parterre werden die ältesten

Dielenschrank aus Elbing (Anfang 18. Jh.)

Joas baut den Tempel zu Jerusalem wieder auf, Anton Möller (1602)

Möbelstücke ausgestellt; im zweiten Stock stehen Einrichtungsgegenstände aus dem 18. Jahrhundert, darunter eine auffällige Standuhr mit Szenen aus dem Alten Testament.

Vase mit Allegorien Europas und Asiens, Nathanael Schlaubitz (vor 1726)

GOLDSCHMIEDEKUNST

DIE KLEINE AUSSTELLUNG Danziger Goldschmiedekunst vermittelt nur einen fragmentarischen Eindruck von den Leistungen des einst in ganz Europa bekannten Kunstzentrums. Hier stehen liturgische Gefäße aus Danziger Kirchen wie die wunderbare »Greifenkralle« *(siehe S. 107)* und viele Einzelstücke aus dem 17. und 18. Jahrhundert. Sie entstanden in den Werkstätten von Johann Jöde, Nathanael Schlaubitz oder Hieronymus Holl. Die Sammlung umfasst auch Kannen, Krüge, Teller und Zunftpokale, früher auch »Willkommen« genannt. Alle Gegenstände

sind mit sorgfältig gearbeiteten symbolischen Szenen und Figuren geschmückt.

DANZIGER MALEREI (16.–18. JH.)

HIER kann man die großartigsten Arbeiten des damaligen Kulturzentrums Danzig kennen lernen, zum Beispiel Anton Möllers Bild *Joas baut den Tempel zu Jerusalem wieder auf* (1602), die Porträtgemälde von Daniel Schultz und Andreas Stech, das *Gruppenbild des Christian Henning* (1636) von Hermann Hahn oder den *Brand des Langen Marktes* (1656) von Bartholomäus Milwitz.

Ein weiterer Teil dieser Sammlung befindet sich in der Ausstellung »Danziger Künstler des 19. Jahrhunderts«.

DANZIGER KÜNSTLER DES 19. JAHRHUNDERTS

DIE AUSSTELLUNG befindet sich im zweiten Stock und umfasst unter anderem Stadtansichten von Johann Carl Schultz und Friedrich Eduard Mayerheim.

DAS JÜNGSTE GERICHT

Hans Memling malte dieses Bild vermutlich im Auftrag des italienischen Bankiers Angelo Tani. Während einer Überführung des Gemäldes nach England im Jahre 1473 auf dem Schiff *Peter von Danzig* wurde es von Danziger Kaperfahrern entwendet. Kapitän Paul Benecke schenkte das Gemälde der Marienkirche. Die Besitzer bemühten sich um die Herausgabe des Bildes, hatten jedoch damit keinen Erfolg. Viele Herrscher waren von dem Bild beeindruckt: Kaiser Rudolph II. wollte es erwerben; Zar Peter I. verlangte es nach dem Nordischen Krieg als Kontribution; Napoleon nahm es 1807 für den Louvre mit und nach der Rückführung des Bildes im Jahre 1815 versuchte Gottfried Schadow, es für die Berliner Sammlungen zu bekommen. Während des Zweiten Weltkriegs war das Bild in Thüringen ausgelagert. Dort fanden es sowjetische Soldaten, die es in die Eremitage brachten. 1956 kehrte es nach Danzig zurück und hängt seitdem im Museum.

Rückseite des Flügelaltars *Das Jüngste Gericht* von Hans Memling

Speicherinsel ❽
Wyspa Spichrzów

Karte 12 E4 (14 D4, 5). 🚌 *106, 111, 112, 120, 121, 138, 158, 166, 186.* 🚊 *8, 13.*

DIE SPEICHERINSEL war nicht von Anfang an eine Insel. Sie entstand erst 1576, als der Kanal der Neuen Mottlau durchgestochen wurde. Historischen Quellen zufolge befand sich hier jedoch bereits im 13. Jahrhundert eine Handwerkersiedlung mit Dutzenden von Speichern. Im 16. Jahrhundert gab es über dreihundert Speicher, jeder von ihnen mit eigenem Namen und Wappen an der Fassade. Der Durchbruch des neuen Kanals diente einerseits als Brandschutzmaßnahme, zum anderen wollte man auf diese Weise die mit Getreide gefüllten Lager vor Dieben schützen.

1945 wurde der Stadtteil komplett zerstört. Heute verläuft in der Mitte der Insel eine Straße; an vielen Stellen stehen Überreste der im Krieg ausgebrannten Speicher. An einigen Ruinen sieht man noch die alten Namenstafeln, zum Beispiel der »Arche Noah« an der Żytnia. Vor einigen Jahren begann man die Insel wieder aufzubauen. Als Erstes wurden Speicher zwischen der Mottlau und der Hopfengasse (Chmielna) wieder hergestellt. Hinter den rekonstruierten Fassaden befindet sich heute der Sitz der Staatlichen Versicherungsgesellschaft (ZUS). In der Nachbarschaft wird zurzeit ein hypermodernes Gebäude der Warschauer

Die Speicherinsel

Das Milchkannentor

Handelsbank (Bank Handlowy) gebaut. Vor kurzem wurden entlang der Milchkannengasse (Stągiewna) zahlreiche Häuser und Speicher rekonstruiert. Ihre Fassaden sind mit Darstellungen der heutigen Besitzer geschmückt.

Milchkannentor ❾
Stągwie Mleczne

Mottławska 14. **Karte** 12 D4 (14 D4). ☎ *301 74 85.* 🚌 *106, 111, 112, 120, 138, 158, 166, 186.* 🚊 *8, 13.*

BEIM MILCHKANNENTOR handelt es sich um zwei massive Backsteinbasteien aus dem 16. Jahrhundert, die früher ein Tor flankierten. Die größere der beiden gehörte zu den neuzeitlichen Wehrbauten. Von der oberen, offenen Plattform aus konnte man Kanonen abschießen.

Die Basteien stehen am Ende der Milch-kannengasse (Stągiewna). Von der alten Bebauung blieb nicht viel erhalten. Ende des 19. und Anfang des 20. Jahr-hunderts waren an der Stelle der alten Speicher zahlreiche Privathäuser, Banken, Maklergesellschaften und Kaufhäuser entstanden. Das größte Gebäude, den Sitz der Sparkasse, errichteten die Architekten Ende und Böckmann 1895 im Stil des Neo-Manierismus unweit der Grünen

Brücke. Leider wurde dieses Gebäude nicht wieder aufgebaut. Seit 1994 versucht man jedoch den südlichen Teil der Straße nach Entwürfen von Kazimierz Jarosz, Stanisław Michel und Stefan Philip wieder herzustellen.

Zentrales Meeresmuseum ❿
Centralne Muzeum Morskie

Siehe S. 112f.

Königlicher Speicher ⓫
Spichrz królewski

Ołowianka. **Karte** 14 D3. *Kein Publikumsverkehr.* ⛴ *Vom Krantor zur Bleihofinsel (Ołowianka).* 🚌 *106, 111, 138, 158.*

DER WOHL SCHÖNSTE Speicher Danzigs entstand 1606–1608, vermutlich nach den Entwürfen von Abraham van den Blocke. König Kasimir Jagiellone verpflichtete die Danziger zum Bau und zur Instandhaltung des Königlichen Speichers. Von der Mottlau-Seite zeichnet sich dieses Backsteinbauwerk durch Volutengiebel aus. Heute kann man das Gebäude nur von außen betrachten. Es gibt jedoch Überlegungen, den Speicher in den Komplex des Meeresmuseums einzubinden.

Manieristischer Giebel am Königlichen Speicher

Das Rokokohaus Zum Mohren

Haus Zum Mohren ⑫
Dom Pod Murzynkiem

Szafarnia 3. **Karte** 12 E3 (14 D3). *Kein Publikumsverkehr.* 🚌 106, 111, 138, 158.

DIESE ZAUBERHAFTE VILLA im leichten Rokokostil begeistert viele Besucher. Im Vergleich zu den Backsteinspeichern und Patrizierhäusern am gegenüberliegenden Ufer der Mottlau wirkt sie wie ein Märchenpalast. Das Haus wurde in den Jahren 1727–1728 für den Bildhauer und Besitzer des benachbarten Speichers, Krzysztof Strzycki, erbaut. Vermutlich war er auch der Ideengeber für die reich geschmückte Fassade. Der ungewöhnliche Name des Hauses bezieht sich auf den Mohrenkopf über dem Eingang.

Langgarten ⑬
Długie Ogrody

Karte 12 E4 (14 D4, E4). 🚌 106, 111, 120, 138, 158, 166, 186. 🚊 8, 13.

IM 17. UND 18. JAHRHUNDERT erstreckten sich in diesem Stadtteil die Gärten der Stadtbürger. Sie lagen innerhalb der Stadtbefestigungsanlage und dienten bei lang anhaltenden Belagerungen zur Versorgung der Danziger Bevölkerung mit Obst und Gemüse. Bis 1905 stand in der Anlage das Rokoko-Schloss von Jerzy Wandalin Mniszch, einem polnischen Magnaten, Graudenzer Obmann und königlichen Marschall. Die Barockresidenz stammte aus den Jahren 1754–1756. Einige Kunsthistoriker schreiben die Entwürfe für die Residenz dem Thorner Ephraim Schröger zu, andere glauben, der französische Ingenieur Pierre Ricaud de Tirregaille habe die Pläne gezeichnet, denn das Schloss erinnerte stark an die von ihm errichtete Warschauer Residenz des Marschalls. Den Eingang zum Hof bildete ein imposantes Tor mit allegorischen Figuren und einer Wappen-kartusche. Ende des 18. Jahrhunderts gehörte das Schloss dem Kaufmann Rottenburg; 1793 machte Friedrich Wilhelm II. es zum Gouverneurssitz. Die Hauptstraße, die ebenfalls Langgarten (Długie Ogrody) hieß, hatte breite Bürgersteige, gesäumt von schönen Rokokogebäuden.

Im 19. Jahrhundert verwandelte sich der Langgarten allmählich in eine heruntergekommene Arbeitersiedlung. Entlang der Neuen Mottlau legten Schiffe und Boote an, auf der Rückseite der Speicher befanden sich der städtische Schlachthof, zwei Munitionsfabriken und diverse große Lagerhäuser.

1945 wurde fast die ganze Bebauung zerstört. Heute überwiegen in diesem Stadtteil hässliche Wohnblocks.

Barbarakirche ⑭
Kościół św. Barbary

Długie Ogrody 19. **Karte** 12 E4 (14 E4). 🚌 106, 111, 112, 120, 138, 158, 166, 186. 🚊 8, 13.

DIE KIRCHE gehört zu den wenigen erhaltenen Sehenswürdigkeiten im Stadtteil Langgarten (Długie Ogrody). Leider wurde sie im Jahre 1966 durch den Abriss des Südschiffes stark entstellt. Dieses Südschiff war 1726–1728

Die Barbarakirche

angebaut worden, es wirkte wie an das Gotteshaus angeklebt, und behinderte angeblich den dortigen Verkehr. Die gotische Kirche selbst ist nicht sehr imposant. Sie entstand um 1430 an der Stelle eines früheren Gotteshauses. Der von weitem sichtbare Turm stammt aus dem späten 16. Jahrhundert, die Uhr und der spitze Helm kamen 1610 dazu. Ein Blick ins Innere des Gotteshauses lohnt sich wegen der interessanten Kirchenfenster von Barbara Massalska.

Das Langgarter Tor

Langgarter Tor ⑮
Brama Żuławska

Długie Ogrody. **Karte** 12 E4 (14 F4). 🚌 106, 111, 112, 120, 138, 158, 166, 186. 🚊 8, 13.

DIE MILITÄRHISTORISCH interessante Sehenswürdigkeit macht heute einen eher tristen Eindruck. Das Tor steht einsam mitten auf einer stark befahrenen Straße. Ursprünglich gehörte es zu einem Verteidigungswall und schützte die Stadt von Osten her. Da es am Ende des Langgarten stand, hieß es Langgarter Tor (Brama Żuławska). Hans Strakofski entwarf es im Jahre 1628, also kurz nach der Errichtung des Leeges-Tores *(siehe S. 105).* Besonders imposant wirkt die Außenfront. Sie war mit Ziegelsteinen versetzt und mit Steinfiguren geschmückt. Ähnlich wie die anderen Tore hat auch das Langgarter Tor die Form eines Triumphbogens mit drei Durchgängen. Den Torgiebel ziert ein Flachrelief mit Löwen, die das Danziger Wappen halten. In den heute leeren Nischen standen einst allegorische Figuren von Krieg und Frieden.

Zentrales Meeresmuseum ❿

DAS MUSEUM wurde im Jahre 1960 eröffnet. Es besteht aus einigen Hafenobjekten auf beiden Ufern der Mottlau. Zu ihnen gehören die wieder aufgebauten Speicher der Bleihofinsel (Ołowianka), das Krantor und die Kais, an denen die Schiffe anlegten. Zahlreiche Ausstellungsstücke dokumentieren die Hansetradition der Stadt Danzig, die Beziehungen Polens zur Ostsee, die Bemühungen um das »Dominium maris Baltici« und die Geschichte der Binnenschifffahrt auf der Weichsel. Zu den kostbarsten Exponaten zählen Gegenstände aus Schiffswracks, die in der Danziger Bucht gehoben wurden: dem 1424 gesunkenen »Kupferschiff« und dem schwedischen Kriegsschiff *Solen*, das mit der gesamten Besatzung von einem Schipper gesprengt wurde *(siehe S. 119)*. Eine besondere Attraktion sind rekonstruierte Alltagsszenen auf dem Schiff *Solen* und die persönliche Habe der Matrosen, die man auf dem Meeresboden entdeckte.

Rekonstruierter Hafenkai

★ Sołdek
Die Sołdek *lief nach dem Zweiten Weltkrieg als erstes Schiff in der Danziger Werft (1948) vom Stapel. Die Laderäume dienen heute als Ausstellungsfläche.*

ORP Bałtyk
Das Steuerruder stammt von dem polnischen Kriegsschiff ORP Bałtyk, der größten Einheit der polnischen Marineflotte vor 1939 (ausgestellt im Krantor).

DIE PETER VON DANZIG

Dieses Schiff war das größte, das im 15. Jahrhundert auf der Ostsee verkehrte. 1462 lief es in Danzig unter dem Namen Pierre de la Rochelle ein; wenig später wurde es von Gewitterblitzen getroffen, die den Mast zerstörten. Es kam zur Reparatur auf die Danziger Werft und wurde trotz heftigen Widerstandes des bisherigen Reeders vom Stadtrat übernommen. Frisch aufgerüstet erhielt es den Namen *Peter von Danzig*. Kurz darauf wurde der Kaperfahrer Paul Benecke zum Kapitän ernannt. Geschichte schrieb die *Peter von Danzig* durch den Angriff auf die Galeone *Hl. Thomas*, die sich auf dem Weg nach London befand und mit Kostbarkeiten wie Hans Memlings *Jüngstem Gericht (siehe S. 106ff)* beladen war.

Modell der *Peter von Danzig*

Werkstatt eines Seildrehers
Zum Museum gehören rekonstruierte Werkstätten, die früher Material für Schiffe herstellten.

INFOBOX

Szeroka 67/68 i
Ołowianka 9/11.
Karte 12 E3 (14 D3).
301 69 38, 301 86 11.
106, 111, 138, 158
Di–So 10–16 Uhr.

Neues Museumsgebäude

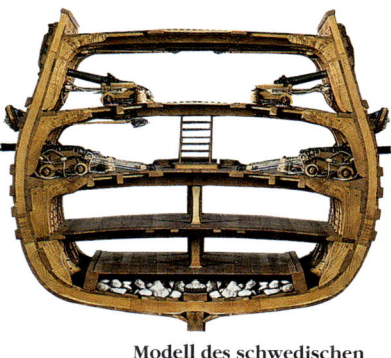

Modell des schwedischen Schiffes *Vasa*
Das riesige Schiff sank 1628 auf seiner Jungfernfahrt zur Südküste der Ostsee. Das Wrack wurde 1961 gehoben und steht heute im Vasa Museet in Stockholm.

Oliva-Speicher

Kupfer-Speicher

★ Munitionslager
Die polnischen und schwedischen Schiffskanonen aus dem 17. Jahrhundert bilden den Grundstock der Waffensammlung im «Meeresarsenal».

Jungfrau-Speicher

Fähre Motława (Mottlau)
Die Fähre verkehrt alle 30 Minuten zwischen den Museumsgebäuden auf beiden Mottlauufern.

NICHT VERSÄUMEN

★ Sołdek

★ Munitionslager im Meeresarsenal

OLIVA

JAHRHUNDERTELANG war Oliva (Oliwa) eine kleine Siedlung. Im 19. Jahrhundert erhielt sie Stadtrechte und wurde erst 1926 in das Verwaltungsgebiet der Stadt Danzig eingegliedert. Ihre Geschichte begann im Jahre 1186, als der pommerellische Herzog Sambor die Zisterzienser aus Kolbatz (Kołbacz) bei Stettin (Szczecin) nach Oliva holte. Kurz darauf gründeten sie hier ein Kloster und fingen an, den Grund und Boden zu bewirtschaften. Die Zisterzienser führten in Pommern neue Anbaumethoden und Techniken für die Lagerung und die Verarbeitung landwirtschaftlicher Produkte ein und bauten Speicher, Meiereien und zahlreiche Mühlen.

Die hl. Barbara, Kathedrale von Oliva

Die bis heute erhaltene Kirche der Zisterzienser spielte ab dem 16. Jahrhundert eine wichtige Rolle für den Schutz des katholischen Glaubens in Pommern. In einer Zeit, in der viele Danziger zum Protestantismus übertraten, war sie die Hochburg der Gegenreformation. Aus diesem Grund unterstützten die polnischen Könige das Kloster Oliva und beschenkten die dazugehörige Kirche. Die Stiftungen trugen dazu bei, dass die Inneneinrichtung des gotischen Gotteshauses bei den besten Danziger Meistern in Auftrag gegeben werden konnte. 1660 wurde im Kloster der Friedensvertrag zwischen Polen und Schweden unterzeichnet. Damit ging eine der tragischsten kriegerischen Auseinandersetzung der polnischen Geschichte zu Ende.

Seit dem 17. Jahrhundert wurde Oliva beliebter Erholungsort der Danziger Patrizier, die hier prächtige Sommerresidenzen erbauten. Im 19. Jahrhundert verwandelte sich der Ort in einen luxuriösen Villenstadtteil. Im Jahr 1831 löste die Preußische Regierung die Zisterzienserabtei auf; die Kirche blieb allerdings katholisch und hat seit 1926 sogar den Rang des Bischofssitzes der Diözese Danzig inne.

SEHENSWÜRDIGKEITEN AUF EINEN BLICK

Kirchen und Klöster
Kathedrale (S. 120f) **①**
Zisterzienserkloster
  (Diözesanmuseum) **②**

Parks und Gärten
Zoo **⑧**
Stadtpark **⑥**

Historische Gebäude
Wasserschmiede **⑦**
Neuer Palast der Äbte (Museum
  Moderner Kunst) **③**
Abteispeicher (Ethnographisches
  Museum) **④**

Denkmäler
Denkmal der Schlacht
  von Oliva **⑤**

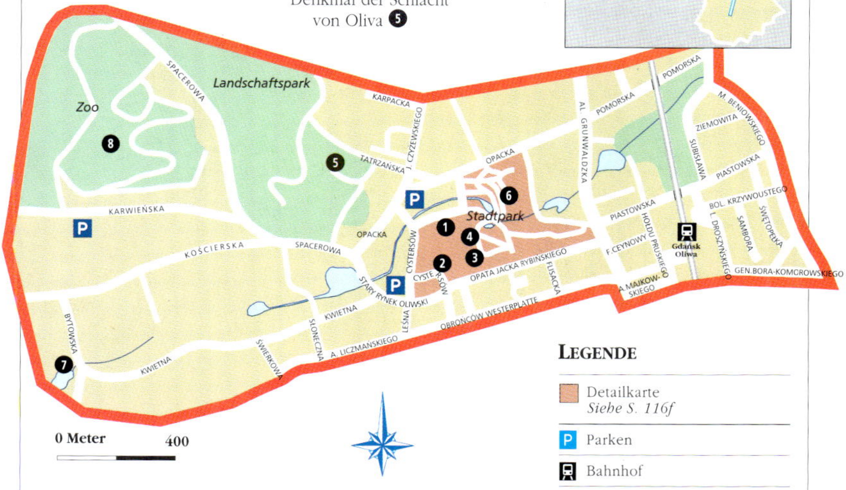

LEGENDE

Detailkarte
Siehe S. 116f

P Parken

Bahnhof

0 Meter — 400

Im Detail: Oliva

OLIVA (Oliwa) ist vor allem für die gotische Anlage des ehemaligen Zisterzienserklosters weithin bekannt. Die Kathedrale zieht mit ihrer Architektur, der prächtigen barocken Innenausstattungen des Gotteshauses und besonders der hervorragenden Kirchenorgel aus dem 18. Jahrhundert viele Besucher an. Musikliebhaber sollten die Kathedrale zu einem der abendlichen Konzerte aufsuchen oder eine Kurzvorführung am Tage besuchen. In den Klostergebäuden sind das Diözesanmuseum, das Ethnographische Museum und das Museum Moderner Kunst untergebracht; der Stadtpark und der Zoo bieten gute Spaziermöglichkeiten.

Uhr in der Kathedrale

Ethnographisches Museum
Der Abteispeicher bietet eine Sammlung interessanter kunsthandwerklicher Gegenstände, Möbelstücke und Werkzeuge. Das Wappen des Bauherrn schmückt die Speicherfassade. ❹

Die Jakobuskirche wurde im 14. Jahrhundert errichtet und später mehrfach umgebaut. 1836–1945 diente sie als Gotteshaus der evangelischen Gemeinde.

★ Die Olivaer Kathedrale
Das gotische Bauwerk birgt in seinem Inneren vor allem Kunstschätze aus der Zeit des Barock. ❶

Ehemaliges Zisterzienserkloster
Der Klostergarten liegt inmitten herrlicher Kreuzgänge aus der zweiten Hälfte des 14. Jahrhunderts. ❷

Das gotische Torhaus gehörte zu einer zum Teil bis heute erhaltenen Klosteranlage.

0 Meter   50

Der alte Palast der Äbte
entstand im 15. Jahrhundert. Abt Jan Grabiński ließ ihn 1637–1646 zu seiner heutigen Form umbauen.

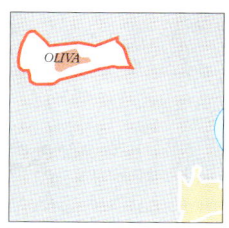

ZUR ORIENTIERUNG
Siehe Karte 7, Kartenregister

★ **Der Stadtpark**
Der Park wurde zwischen dem späten 18. und beginnenden 19. Jahrhundert angelegt. Er umfaßt eine französische Gartenanlage und einen englischen Park. ❻

LEGENDE

 Routenempfehlung

NICHT VERSÄUMEN

★ **Kathedrale**

★ **Neuer Palast der Äbte**

★ **Stadtpark**

★ **Der Neue Palast der Äbte**
Der Palast wurde 1754–1760 vollendet und beherbergt das Museum Moderner Kunst. ❸

Kathedrale ❶
Katedra

Siehe S. 120f.

Ehemaliges Kloster (Diözesanmuseum) ❷
Klasztor pocysterki (Muzeum Diecezjalne)

Cysterśów 16. **Karte** 7 C2.
☎ 552 00 50. ⬤ *wg. Renovierung.*

Die KLOSTERANLAGE an der Südseite der Kirche errichteten die Zisterzienser bereits im 13. Jahrhundert. Die erhaltenen Gebäude stammen jedoch aus der zweiten Hälfte des 14. Jahrhunderts. Der Aufbau der Klosteranlage einschließlich des von Kreuzgängen umgebenen Klostergartens ist typisch für die Zisterzienser. Im Westflügel befindet sich der Friedenssaal, in dem Polen und Schweden 1660 Frieden schlossen.

Im Kloster ist ein Priesterseminar untergebracht, deswegen stehen zur Zeit nur die Kreuzgänge und der Klostergarten zur Besichtigung zur Verfügung. Um dennoch einige Klosterräume sehen zu können,

empfiehlt sich ein Besuch im Diözesanmuseum (Muzeum Diecezjalne). Hier befinden sich sakrale Gegenstände aus dem Gebiet der Danziger Diözese, unter anderem aufwendige Kirchengewänder, Gemälde und Skulpturen.

Ausstellungssaal im Museum Moderner Kunst

Neuer Palast der Äbte (Museum Moderner Kunst) ❸
Nowy Pałac Opacki (Muzeum Sztuki Współczesnej)

Cysterśów 13a. **Karte** 7 C2.
☎ 552 12 71. **Museum**
⬚ *1. Okt–15. Mai Di–Sa 9–16 Uhr, So 10–16 Uhr; 16. Mai–30. Sep Di und Do–Sa 10–16 Uhr, Mi und So 10–17 Uhr.*

Der PALAST DER ÄBTE (heute Altes Abtschloss genannt) stammt aus dem 15. Jahrhundert und wurde im 18. Jahrhundert um einen Flügel erweitert. Der Neue Palast war ursprünglich ein einstöckiges Gebäude, wurde dann im Auftrag des Abtes Jacek Rybiński in den Jahren 1754–1760 um eine Etage aufgestockt und anschließend im Stil des Rokoko umgestaltet.

In den darauf folgenden Jahren wohnten hier die Klosteräbte. Der letzte, Joseph von Hohenzollern, Bischof von Ermland, lebte hier bis 1836, obgleich die Abtei fünf Jahre zuvor aufgelöst worden war. 1867 bis 1888 war der Palast die Residenz von Marie von Hohenzollern-Hechingen. Der Legende zufolge musste sie eine Jugendromanze mit einem Mann von niederem Stand mit der Ehelosigkeit bezahlen. Nach dem Krieg wurde das Gebäude wieder aufgebaut und in eine Nebenstelle des Nationalmuseums verwandelt.

Portal am Palast der Äbte

Abteispeicher (Ethnographisches Museum) ❹
Spichlerz Opacki (Muzeum Etnografii)

Opacka 12d. **Karte** 7 C2.
☎ 552 12 71. **Museum**
⬚ *1. Okt–15. Mai Di–Sa 9–16 Uhr, So 10–16 Uhr; 16. Mai–30. Sep Mi–Fr und So 10–16 Uhr, Do und Sa 10–17 Uhr.*

Die ZISTERZIENSER waren einst in ganz Europa für die Bewirtschaftung landwirtschaft-

Kreuzgang des Zisterzienserklosters

licher Güter bekannt. Aus diesem Grund wurden sie gerne in neue Siedlungsgebiete geholt. Sie führten neue Anbaukulturen ein und sorgten für den Ausbau der landwirtschaftlichen Infrastruktur, indem sie Speicher und Mühlen errichteten. Die Anwesenheit der Ordensbrüder kam auch der örtlichen Bevölkerung zugute. Sie erwarb das Wissen über neue Anbautechniken und machte sich mit der Führung landwirtschaftlicher Betriebe vertraut.

Die Zisterzienser erbauten rund um die Kirche und das Kloster einen großen Komplex von Wirtschaftsgebäuden, der teilweise noch heute besteht. So blieben einige Gebäude und Überreste der ehemaligen Wehrmauer erhalten. Nachdem sie in der Nachkriegszeit wieder aufgebaut wurden, werden sie heute von der Diözese bewirtschaftet. Der ehemalige Speicher beherbergt das Ethnographische Museum, das das Kulturgut der Kaschubei dokumentiert. Neben Volkskunst gibt es Möbel und Fischfanggerät.

Denkmal der Schlacht bei Oliva ❺
Pomnik Bitwy Oliwskiej

Opacka. **Karte** 7 C2.

DAS DENKMAL erinnert an die Seeschlacht in der Danziger Bucht vom 28. November 1627, als die junge und unerfahrene polnische Flotte mit der schwedischen Königsflotte zusammenstieß und trotz des Kräfteungleichgewichts einen Sieg errang.

Denkmal der Schlacht bei Oliva

Das Alpinarium im Botanischen Garten

Stadtpark ❻
Park Oliwski

Karte 7 C1, 2.

DER HEUTIGE Park wurde im 18. Jahrhundert auf dem Gelände der ehemaligen Klostergärten angelegt. Die Parkgründung regte Abt Józef Rybiński an; den Parkentwurf lieferte Kazimierz Dębiński. Vor dem Palast der Äbte wurde damals ein französischer Garten angelegt. Der nächste Abt, Karl von Hohenzollern-Hechingen, ließ den Park um einen malerischen englischen Garten erweitern. Dieser wurde mit Georg Saltzmann aus Potsdam entworfen. Im Stadtpark wachsen Pflanzen aus aller Welt. Es gibt ein Alpinarium aus dem Jahre 1920, eine Orangerie, eine Grotte und eine Kaskade. Am sehenswertesten ist jedoch die im 17. Jahrhundert angelegte Hainbuchenallee. Der polnische Schriftsteller Józef Ignacy Kraszewski beschrieb sie als »geschorene Straße, ein breites Spalier, so geschickt angelegt, dass das ziemlich weit entfernte Meer den Schein erweckt, als grenze es gleich daran«.

Wasserschmiede ❼
Kuźnia Wodna

Bytowska 1a. **Karte** 7 B2.
☎ 552 51 51. ☐ Mo–Fr 10–15 Uhr.

DIE ZISTERZIENSER errichteten viele Industriebetriebe, die für den Bedarf ihrer Meiereien

arbeiteten. In Oliva verstärkten die Ordensbrüder die Wasserkraft, indem sie den Glettkaubach (Potok Oliwski) mehrfach aufstauten. Hier entstanden nicht weniger als 23 Betriebe, überwiegend Getreide-, Öl- und Papiermühlen sowie Walkmaschinen, Sägewerke und Schmieden. Vielen von ihnen existieren noch heute. Am interessantesten ist die Wasserschmiede, die eine Nebenstelle des Warschauer Technikmuseums beherbergt.

Die Schmiede wurde im Jahre 1597 gebaut und war bis 1947 funktionsfähig. Sie steht an einem See, der durch die Aufstauung des Glettkaubaches entstand.

Zoologischer Garten ❽
Ogród zoologiczny

Karwieńska 3. **Karte** 7 B1.
☎ 552 00 41. ☐ 1. Okt–30. Apr 9–14 Uhr; 1. Mai–30. Sept 9–19 Uhr.

DER TIERGARTEN in der Nähe des Freudentales hat eine viel ältere Tradition als der heutige Zoo.

In seinem Roman *Hundejahre* schrieb Günter Grass, dass zu Beginn des Tiergartens an der Försterei sich dort ein »Rotwildpärchen, das vom Direktor der Waggonfabrik gestiftet worden war« befand. Ferner kamen ein Bison, ein Fuchs, einige Biber, Waschbären und Wölfe hinzu, »die später ausbrachen, ein Kind beim Beerenlesen zerfleischten und abgeschossen in die Zeitung kamen«. Der heutige Städtische Zoologische Garten wurde 1954 gegründet. Die großen Freigehege gewährleisten eine artgerechte Haltung. Dafür müssen die Zoobesucher auf einem fast fünf Kilometer langen Spaziergang große Entfernungen zurücklegen. Im Sommer werden Zoorundfahrten in der Kutsche oder einer Bimmelbahn angeboten.

Die Zooverwaltung befindet sich in der umgebauten Zisterziensermühle von 1528.

Löwenskulptur am Zooeingang

Kathedrale von Oliva ❶

D IE KIRCHE, auch Dreifaltigkeits-, Marien- oder Bernhardkirche genannt, wurde als Gotteshaus der Zisterzienser im 13. Jahrhundert errichtet. Nach dem Großbrand im Jahre 1350 wurde sie im gotischen Stil wiederaufgebaut und blieb in fast unveränderter Form bis heute erhalten. Die Gewölbe des Haupt- und Querschiffes entstanden erst 1582, das Hauptportal stammt aus dem Jahre 1688 und der spätbarocke Fassadengiebel aus den Jahren 1770–1771. Die gotische Innenausstattung fiel 1577 einem Brand zum Opfer. Die heutige Inneneinrichtung entstand überwiegend zur Zeit des Barock, als die Kirche eine wichtige Hochburg des Katholizismus war. 1926 wurde sie zum Bischofssitz der Diözese Danzig erhoben.

★ **Rokoko-Orgelprospekt**
(1763–1788)
Der Prospekt stammt aus der Klosterwerkstatt der Zisterzienser. Das Instrument, das Meister Johann Wulf und Friedrich Rudolf Dalitz herstellten, galt zur Zeit seiner Entstehung als größte Orgel Europas.

★ **Das Grabmal der Familie Kos**
(um 1599)
Es gehört zu den Werken des berühmten Danzigers Willem van den Blocke.

Haupteingang

Die Taufkapelle
Die Ausstattung des Johann-Nepomuk-Kapelle genannten Raums stammt aus dem Jahre 1745.

Eingang zu den Kreuzgängen

NICHT VERSÄUMEN

★ **Orgelprospekt**

★ **Hochaltar**

★ **Grabmal der Familie Kos**

Grabmal der pommerellischen Herzöge
Das Grabmal wurde 1615 aus schwarzem Marmor gefertigt.

INFOBOX

Cystersów 15.
Karte 7 C2.
☎ 552 00 51.
⊙ *täglich.*
Orgelvorführungen
*Mo–Sa 12 Uhr (Juni–Aug
auch 11, 13, 15 und 16 Uhr),
So 15 Uhr (Juni–Aug
auch 16 und 17 Uhr).*

Die Heilig-Kreuz-Kapelle
(1770–1782) mit Stuckverzierungen im Stil des Rokoko wird auch Abtkapelle genannt.

★ Hochaltar (1688–1693)
Vermutlich entwarf Andreas Schlüter den Altar. Das Hauptgemälde von Andreas Stech zeigt die Schutzheiligen des Konvents, Maria und den hl. Bernard (siehe S. 25).

Der ehemalige Hochaltar (1604–1606) stellt die Dreifaltigkeit dar.

Gemäldegalerie
Die Porträts der Stifter und Wohltäter der Kirche (1613) an den Seitenwänden der Apsis stammen aus der Werkstatt von Hermann Hahn. Unter ihnen befinden sich Bildnisse pommerellischer Herzöge und polnischer Könige.

Manieristische Stallen
Die Stallen (Chorgestühl) aus dem Jahr 1604 sind reich an Flachreliefs mit Aposteldarstellungen.

ABSTECHER

DANZIG bietet auch außerhalb des Stadtzentrums zahlreiche Attraktionen. Um einige von ihnen zu sehen, empfiehlt sich ein Tagesausflug mit einem Schiff der Weißen Flotte. Die Schifffahrt beginnt an der Anlegestelle an der Mottlau (Motława) vor dem Grünen Tor (Brama Zielona). Im Rahmen dieser Rundfahrt kann

Schiffsglocke der Pomorza

man die Danziger Werft, den Hafen, die Festung Weichselmünde (Twierdza Wisłoujście) und die Überreste des polnischen Postens auf der Westerplatte sehen, der im September 1939 beschossen wurde. Auch ein Spaziergang durch die ehemalige Villensiedlung im Stadtteil Wrzeszcz (Langfuhr) lohnt sich *(siehe S. 148f)*.

SEHENSWÜRDIGKEITEN AUF EINEN BLICK

Ehemalige Mennonitenkirche ⑨
Danziger
    Befestigungsanlagen ④
Langfuhr ⑤
Technische Hochschule
    Danzig ③
Herz-Jesu-Kirche ⑧

Neugarten ⑦
Denkmal für die Verteidiger
    der Westerplatte ①
Danziger Hafen ⑥
Adalbert-Kirche ⑩
Festung Weichselmünde ②

LEGENDE

Touristisch interessantes Gebiet
Hauptstraße

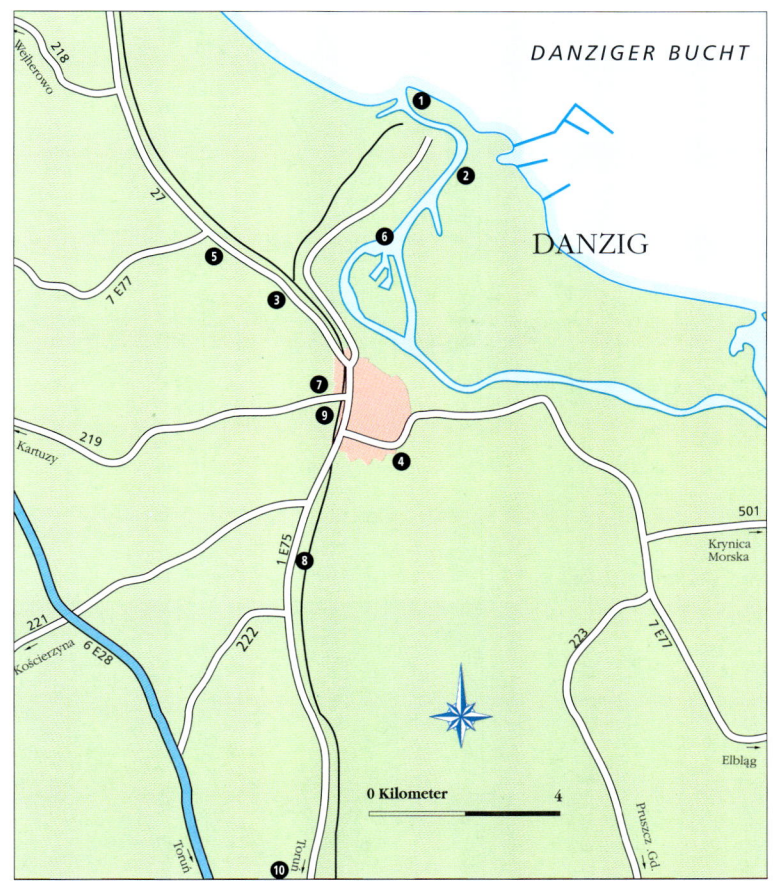

DANZIGER BUCHT

DANZIG

0 Kilometer   4

◁ **Der Danziger Hafen**

Denkmal auf der Westerplatte ❶
Pomnik Obrońców Westerplatte

Karte 10 E1. 🚌 *106, 158. In der Saison Schiffsanlegestelle am Grünen Tor.* **Museum** *Wachhaus Nr. 1 des Majors Sucharski.* **Karte** 10 F1. 📞 *343 69 45.* ⏰ *Mai–Okt.*

Die Technische Hochschule

DER NAME Westerplatte ist für jeden Polen ein Begriff. Am Morgen des 1. September 1939 fielen hier die ersten Schüsse des Zweiten Weltkrieges. Sie wurden von dem deutschen Panzerkreuzer *Schleswig-Holstein* auf das polnische Munitionslager in der Freien Stadt Danzig abgefeuert. Die Deutschen glaubten, die Eroberung der Westerplatte sei ein leichtes Unterfangen, doch unter der Führung von Major Henryk Sucharski verteidigten 182 Polen den Posten sieben Tage lang. Ihr Eisatz ging als Symbol des Widerstandes gegen die Deutschen in die polnische Geschichte ein.

Die Ruinen der Kasernen und der Betonbunker erinnern an diesen Kampf. Im Wachthaus Nr. 1 (Wartownia Nr. 1) befindet sich eine kleine Ausstellung. Zu Ehren der Helden der Westerplatte wurde 1966 an den äußersten Zipfel der Landzunge ein Denkmal nach Entwürfen von Franciszek Duszenko und Adam Haupt aufgestellt.

Westerplatten-Denkmal

Festung Weichselmünde ❷
Twierdza Wisłoujście

Stara Twierdza. **Karte** 10 F2, 3. 📞 *343 14 05.* ⏰ *Mai–Okt.* 🚌 *106.*

DIE BEFESTIGUNGEN an dieser strategisch wichtigen Stelle in der Nähe der Weichselmündung bestanden bereits zur Zeit des Deutschen Ordens. Mit dem Bau des Backsteinturmes wurde jedoch erst 1482 begonnen. Die Festung diente als Zollstation, in der die einlaufenden Schiffe Abgaben entrichten mussten.

Damit dies reibungslos ablief, wurde eine Kette über die Weichsel gezogen und erst nach Erhalt der Zollgebühr wieder eingezogen. Der Turm diente auch als Leuchtturm. 1562–1563 umgab man die Stelle mit einem Kranz, einem ins Erdreich eingelassenen Wehrbauwerk. Die Fortschritte im Bereich der Wehrtechnik führten zur mehrmaligen Modernisierung der Festung. In den Jahren 1586–1587 errichtete man nach den Entwürfen von Antonis van Obbergen und Hans Strakofski ein Festungswerk mit vier Eckbastionen und einem mit Wasser gefüllten Wehrgraben. 1624–1626 wurde die Anlage um ein Schanzwerk nach holländischem Muster ergänzt. Noch im gleichen Jahrhundert errichtete man entlang des veralteten Kranzes 15 schmale Häuser als Kaserne. In späteren Zeiten wurde die Festung mehrfach erweitert. An den Modernisierungsarbeiten beteiligten sich hervorragende Festungsbaumeister. Mehrfach besichtigten polnische Könige das Bauwerk, das so manche Belagerung überstand. Ende des 18. Jahrhunderts verlor die Festung an Bedeutung. Sie diente im 19. Jahrhundert als politisches

Gefängnis, verfiel dann aber zusehends. Zurzeit werden an dem Bauwerk Sicherungsmaßnahmen durchgeführt.

Technische Hochschule Danzig ❸
Gmach Politechniki Gdańskiej

Narutowicza 11. **Karte** 11 B1. 📞 *347 11 00.* ⏰ *Mo–Sa 8–20 Uhr.* 🚊 *2, 6, 12, 13, 15.*

DER GEBÄUDEKOMPLEX der Technischen Hochschule gehört in Danzig zu den interessantesten Beispielen der Architektur der Jahrhundertwende. Die Gebäude entstanden 1900–1904 für die Technische Hochschule. Zu den Planern gehörte Albert Carsten, Professor der Technischen Hochschule, der als Jude 1933 vom Dienst suspendiert wurde. Die Backsteinfassade ist im Stil des Danziger Manierismus gehalten. Giebel, Steinportale und figürlicher Dekor schmücken die Fassade. Beachtung verdienen die Wasserspeier in Form von Drachen, die von Giganten gebändigt werden, und die zahlreichen Anspielungen auf Technik und Industrie. Das Gelände betritt man durch das Haupttor. Dort sollte man einmal um das gesamte Hauptgebäude herumgehen. Rechts stehen ein gewaltiger Turm sowie der Schornstein des ehemaligen Kesselhauses und der Maschinenhalle.

Architektonisches Detail an der TH

Die Festung Weichselmünde

DANZIGER BEFESTIGUNGSANLAGEN ❹

Das mittelalterliche Danzig war von Wehrmauern aus Ziegelstein mit Türmen und Basteien umgeben. Die Entwicklung der Artillerie führte dazu, dass bereits Ende des 15. Jahrhunderts die Türme durch Bastionen ersetzt wurden. Diese machten den Artilleriebeschuss viel einfacher. Eine solche Bastion befindet sich im Bereich des Milchkannentors *(siehe S. 110)*. Mitte des 16. bis Anfang des 17. Jahrhunderts wurde die neuzeitliche Stadtbefestigungsanlage gebaut. Wälle wurden aufgeschüttet, die am meisten gefährdeten Abschnitte auf der Hügelseite mit Erdbastionen aus Ziegelstein ausgestattet. Zu den Baumeistern gehörten Johannes Kramer und Anthony van Obbergen. In der ersten Hälfte des 17. Jahrhunderts umgab Hans Strakofski die Stadt im Osten, Süden und Norden mit einem von Cornelis van den Bosch entworfenen Zug von Erdwällen und Bastionen nach holländischem Muster. Später fügte man einen äußeren Befestigungsring im Westen hinzu. Er umgab Neugarten und andere Vororte.

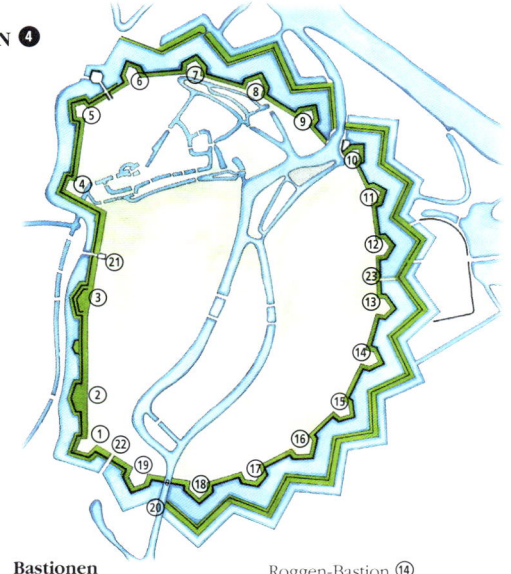

Bastionen
Bastion St. Gertrud ①
Wieben-Bastion ②
Karren-Bastion ③
Elisabeth-Bastion ④
Hl.-Leichnam-Bastion ⑤
Jakobs-Bastion ⑥
Fuchs-Bastion ⑦
Luchs-Bastion ⑧
Mottlau-Bastion ⑨
Braunross-Bastion ⑩
Einhorn-Bastion ⑪
Löwen-Bastion ⑫
Ochsen-Bastion ⑬

Roggen-Bastion ⑭
Kaninchen-Bastion ⑮
Bär-Bastion ⑯
Sumpf-Bastion (Aussprung) ⑰
Wolf-Bastion ⑱
Wisent-Bastion ⑲

Schleuse
Steinschleuse ⑳

Tore
Hohes Tor ㉑
Leeges-Tor ㉒
Langgarter Tor ㉓

Kanonenrohr
Die Kanone gehörte zu den schwersten Belagerungsgeschützen.

Kanonenkugeln aus dem 17. Jahrhundert

Granate **Kanonen-kugel** **Steinkugel**

Sturmangriff auf eine Wehranlage
Diese Schnittzeichnung nach einer Skizze von Erik Dahlberg erklärt die Vorgehensweise im Falle eines Angriffs.

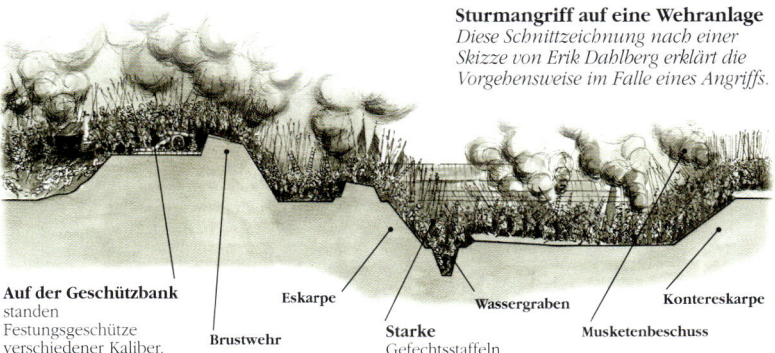

Auf der Geschützbank standen Festungsgeschütze verschiedener Kaliber.

Eskarpe

Brustwehr

Starke Gefechtsstaffeln

Wassergraben

Musketenbeschuss

Kontereskarpe

Fischkutter im Danziger Hafen

Langfuhr ❺
Gdańsk Wrzeszcz

Karte 9, 11. *Langfuhr erreicht man am besten mit der Schnellbahn. Haltestelle Gdańsk-Wrzeszcz.*
🚆 115, B. 🚋 6, 12, 15.

DER STADTTEIL LANGFUHR (Wrzeszcz) ist zwar seit dem 12. Jahrhundert urkundlich belegt, seinen städtischen Charakter entwickelte er jedoch erst Ende des 19. Jahrhunderts. In dieser Zeit verwandelte sich der Sommererholungsort in eine Wohnsiedlung, in der überwiegend Beamte und Kaufleute lebten. Außerdem errichtete man hier die aus Ziegelstein gebauten Kasernenkomplexe. Wie gut es sich in Langfuhr leben ließ, belegen die im älteren Teil noch vorhandenen malerischen Sträßchen mit Wohnhäusern und Villen inmitten von hübschen Gärten.

Empfehlenswert ist ein Spaziergang zur ulica Podleśna 23. Dort steht nämlich eine stilvolle Villa im sogenannten Heimatstil. Die schönste Gegend dieses Stadtteils ist das Jäschkental (Jaśkowa Dolina). In dem von Hügeln eingefaßten Tal stehen schöne Villen *(siehe S. 148f).*

Nach dem Krieg wurde das Langfuhrer Zentrum einfallslos bebaut. Im Bereich der Tannenbergallee (Aleja Grunwaldzka) und des Bahnhofs befindet sich das Danziger Handelszentrum mit vielen mondänen Läden. In einem Wohnblock in der ulica Pilotów im Stadtteil Saspe (Zaspa) wohnte zur Zeit der *Solidarność*-Gründung Lech Wałęsa.

Danziger Hafen ❻
Port Gdański

Karte 10,12.

BIS ZUM 18. JAHRHUNDERT entwickelte sich der Danziger Hafen an der Mottlau auf dem Gebiet zwischen der Speicherinsel, der Rechtstadt und dem Alten Schloss. Die wohl bekannteste Hafeneinrichtung war das Krantor. Später dehnte sich der Hafen in Richtung des Hafenkanals (Kanał Portowy) und der Toten Weichsel (Leniwka) aus. Heute besichtigt man ihn am besten während einer Hafenrundfahrt. Das Ausflugsschiff legt am Grünen Tor ab und fährt durch zahlreiche Hafenbecken, in denen die anlegenden Schiffe sowie Kräne, Hebevorrichtungen und anderes Gerät zu sehen sind.

Neugarten ❼
Nowe Ogrody

Karte 13 A3. 🚆 115, 130, 142, 161, 167, 174, 175, 183, 184. 🚋 2, 6, 10, 12.

DIE IN WESTLICHER RICHTUNG verlaufende Straße Neugarten (Nowe Ogrody) ist ein Überbleibsel der alten Chaussee nach Karthaus.

Um die Jahrhundertwende entstanden entlang der Straße zahlreiche monumentale Gebäude, in denen verschiedene Ämter ihren

Das ehemalige Gebäude der Provinzverwaltung am Neugarten, Foto um 1880

Sitz hatten. Die Architektur dieser Häuser knüpft zumeist an den Danziger Manierismus an. Besonders auffällig waren das Regierungsbezirksgebäude aus dem Jahre 1880, der Sitz des Westpreußischen Reichstages von 1882 und das Strafgerichtsgebäude aus dem Jahre 1910, letzteres im Stil des altniederländischen Manierismus. In der Zeit zwischen den Weltkriegen mussten die kaiserlich-preußischen Amtssitze den Ämtern der Freistadt Danzig weichen. 1945 brannten die meisten Bauwerke ab.

Die nach den Zerstörungen des Krieges zurückgebliebenen Gebäuderuinen wurden vollständig abgerissen, weil die Polen nach dem Krieg alle Symbole deutscher Kultur vernichten wollten. In gutem Zustand blieb lediglich das Gerichtsgebäude erhalten. Heute befindet sich hier das Woiwodschaftsgericht (Danziger Bezirksgericht). Auch das Nachbargebäude des Gerichts steht noch. Zur Zeit der Freistadt Danzig hatte hier der polnische Gesandte seinen Sitz.

Herz-Jesu-Kirche ❽

Kościół Najświętszego Serca Pana Jezusa

Gościnna 15. ☎ 309 09 78.
🚌 *132, 151, 176, 189.*

DAS BESCHEIDENE GOTTESHAUS im Stil der Neogotik gehört zu den Werken des berühmtesten deutschen Architekten des 19. Jahrhunderts, Karl Friedrich Schinkel. Der Bau der Kirche an der Stelle eines alten, 1813 zerstörten Gotteshauses, fiel in die »mageren« Zeiten der Stadt Danzig. Es waren die Zwanziger Jahre des 19. Jahrhunderts. Die Einweihung der Kirche im Jahre 1823 wurde mit den Feierlichkeiten zum Erntedankfest verbunden. Die ursprünglich protestantische Kirche ist seit 1945 katholisch. Als Kirche der evangelischen Gemeinde hieß sie St. Georg, nach dem Bezwinger des Drachens und Schutzheiligen der Ritter. Sie überragt die bescheidenen Häuser des Stadtteils Ohra (Orunia), der einst eine Arbeitersiedlung war. Heute gehört dieses Viertel zu den gefährlichsten Gegenden der Dreistadt. Wer sich die Schinkel-Kirche ansehen möchte, sollte es nur am Tag tun *(siehe S. 268).*

Die ehemalige Mennonitenkirche

Mennonitenkirche ❾

Dawny kościół Mennonitów

Mennonitów 2. **Karte** 13 A4.
🚌 *118, 155, 208.* 🚊 *2, 6.*

DAS KLASSIZISTISCHE BAUWERK beherbergt heute die Gemeinde der Vereinigten Evangelischen Kirche. Ursprünglich war es das Gotteshaus der Danziger Mennoniten. Die Kirche entstand in den Jahren 1818–1819.

Die Mennoniten waren ursprünglich radikale Protestanten, die aus der Täuferbewegung stammten. In den Niederlanden führte sie Menno Simons (1496–1559). Die pazifistisch eingestellten Mennoniten wurden sowohl von lutherischen Protestanten als auch von den Katholiken verfolgt. Der deutsche Kaiser Karl V. setzte für die Ergreifung des Gründers gar ein Kopfgeld in Höhe von 100 Gulden aus.

Viele Mennoniten wanderten nach Polen aus, wo sie sich im Werder, auf dem Gebiet des toleranten polnischen Freistaates, niederließen und Musterbetriebe aufbauten. Sie bauten Kanäle und legten Moore trocken. Die Mennoniten lehnten Wehr- und Kriegsdienst sowie die Kindertaufe und jeden überflüssigen Luxus ab. Nur die Taufe (von Erwachsenen) und das Abendmahl erkannten sie als Sakramente an. Nach der ersten Teilung Polens im Jahre 1772 verstreuten sich die Siedler über ganz Europa. Einige von ihnen blieben dennoch bis 1945 in Danzig und im Werder, dann wurden sie mit der übrigen deutschen Bevölkerung vertrieben.

Die Adalbert-Kirche ❿

Kościół św. Wojciecha

Trakt św. Wojciecha 440. 🚌 *132.*
☎ *309 04 48.*

AN DER STELLE der heutigen Kirche stand einst eine uralte heilige Eiche. Sie war so bekannt, dass zahlreiche Menschen von weither zu ihr pilgerten. Im März 997 besuchte der später heilig gesprochene Missionar und Bischof Adalbert die Siedlung. Während seines Aufenthaltes predigte er vor der Eiche, danach begab er sich nach Danzig, wo er, wie es heißt, eine »große Anzahl von Menschen« taufte. Nach seinem Tod wurde sein Leichnam, den Boleslaus Chrobry den Preußen abkaufte, in der Baumhöhle der heiligen Eiche niedergelegt, wo er angeblich drei Jahre lang blieb. In Wirklichkeit wurden die sterblichen Überreste des Heiligen Adalbert in der kleinen Kapelle auf der Anhöhe, dem vermutlich ersten christlichen Gotteshaus der Danziger Gegend, aufgebahrt. Seit über tausend Jahren kommen Pilger aus ganz Pommern an diesen Ort. Im 13. Jahrhundert ließen sich hier die Dominikaner nieder. Nach einem Brand wurde die Kirche im 16. Jahrhundert wiederaufgebaut.

Die Adalbert-Kirche

AUF EINEN BLICK

Kirchen
Erlöserkirche ❶

Historische Gebäude
Ehemaliges Kurhaus ❸
Spanischer Hof ❼
Grand Hotel ❹
Südbad ❻
Nordbad ❿
Zoppoter Pensionen ❾
Balneologische Anstalt ❺

Spaziergänge
Zoppoter Seesteg ❷
Waldoper ❽

ANFAHRT

Von Gdingen und Danzig
fahren Busse nach Zoppot.
Am bequemsten ist jedoch
die Städtische Schnellbahn.
Die Haltestelle befindet sich
im Zoppoter Stadtzentrum.
Hier halten auch Fernzüge.
Das überschaubare Zoppoter
Zentrum erkundet man
am besten zu Fuß.

LEGENDE

	Detailkarte *Siehe S. 130f*
🚆	Bahnhof
🅿	Parken

◁ **Der Zoppoter Seesteg**

ZOPPOT

ZOPPOT IST DAS BEKANNTESTE SEEBAD an der südlichen Ostseeküste. Auch wenn sich hier bereits im Mittelalter eine kleine Siedlung zum Schutze des Seegrenzbereiches befand, ist Zoppot eine sehr junge Stadt. Noch bevor sie in der malerischen Landschaft zwischen Küste und

Zoppoter Wappen von Fenzloff (1903)

bewaldeten Anhöhen entstand, hatten die Danziger hier bereits ihre vorstädtischen Residenzen errichtet. Zu den bekanntesten gehörten der Spanische Hof *(siehe S. 134)* sowie der Englische und der Französische Hof. In letzterem residierten die Anwärter auf die polnische Krone: im Jahre 1697 François Louis Bourbon, Herzog von Conti, im Jahre 1710 August II., 1733 Stanislaus Leszczynski. Das erste Kurhaus und die erste Badeanstalt entstanden 1823–1824 auf Initiative des in Danzig lebenden Elsässers Jean Georges Haffner. Von da ab entwickelte sich der Ort beständig weiter. Zu den Kurgästen gehörten hin und wieder auch Polen. Zahlreiche neue Villen und Pensionen wurden gebaut, viele von ihnen mit den ortsüblichen Knickdächern, Türmen und mehrstöckigen Glasveranden. Heute wirken die Häuser leider ziemlich heruntergekommen, obwohl die Innenräume nach wie vor mit Stuck und schönen Buntglasfenstern verziert sind. Direkt nach dem Zweiten Weltkrieg wurde Zoppot zum Kulturzentrum der Dreistadt erhoben. Viele bekannte Künstler ließen sich hier nieder. Bekannt wurde der Ort durch das Internationale Liederfestival, das im Sommer Scharen von Touristen anzieht. Die Hauptstraße der Stadt, die ulica Bohaterów Monte Cassino, ist heute Fußgängerzone. Zusammen mit dem längsten polnischen Seesteg (Molo) gehört sie im Sommer zu den am meisten besuchten Orten der Stadt. In der Nachsaison wirkt die Stadt dagegen wie ausgestorben.

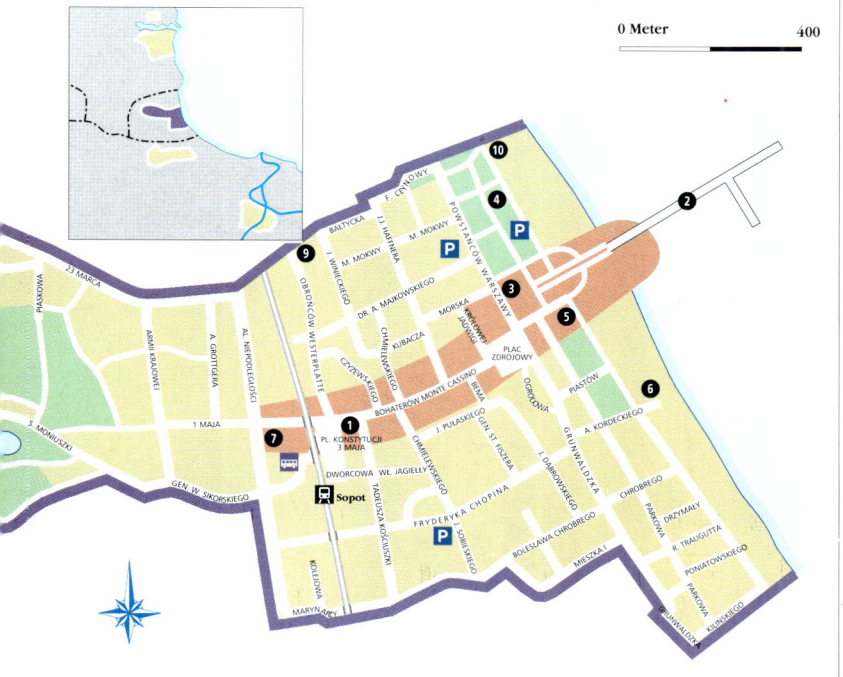

0 Meter 400

Im Detail: Entlang der Bohaterów Monte Cassino

D IE ULICA BOHATERÓW MONTE CASSINO (Straße der Helden von Monte Cassino) wird im Volksmund »Monciak« genannt und ist die Hauptstraße von Zoppot. Vom Frühjahr bis zum Herbst verwandelt sich die Fußgängerstraße mit ihrer sorgfältigen Kleinarchitektur in eine wahre Promenade. Vor den Cafés und Restaurants werden Tische mit Sonnenschirmen aufgestellt, die Läden haben bis spät in die Nacht geöffnet. In der Nachsaison wird es deutlich ruhiger.

Vogel Dudi im Strandkorb
Wandbemalung am Haus in der ulica Bohaterów Monte Cassino 42 von Andrzej Dudziński aus dem Jahre 1996.

Häuser im Stil
der Jahrhundertwende bestimmen das Straßenbild.

★ **Brunnen vor der Erlöserkirche**
Diesen wunderschönen Brunnen mit der Figur des hl. Adalbert und deutschen Schriftzügen stiftete Oberstleutnant Hermann Burrucker, der sich um den Bau der Erlöserkirche besonders verdient gemacht hat. ❶

Kaschube und Kaschubin
Das Portal mit den beiden Skulpturen am Platz Konstytucji 3 Maja gehörte zu einem Bürgerhaus, das bis 1945 an dieser Stelle stand.

CHMIELEWSKIEGO

★ **Der Zoppoter Seesteg**
Der Holzsteg bildet die Verlängerung der ulica Bohaterów Monte Cassino und ist im Sommer die beliebteste Flaniermeile der Stadt. ❷

Strand

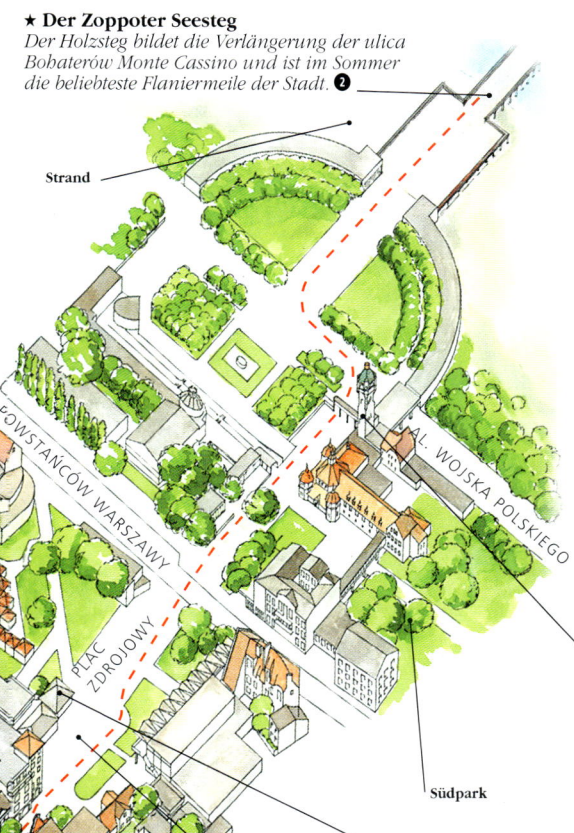

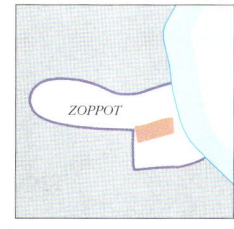

ZUR ORIENTIERUNG
Siehe Karten 5, 6; Kartenregister

★ **Balneologische Anstalt**
Die erste Bäderanstalt Zoppots baute 1819 Carl Christoph Wegner. Das heutige Gebäude wurde 1903 erbaut. ❺

Südpark

Die Fußgängerzone säumen moderne Kioske im Stil der Belle Epoque.

An der ulica Bohaterów Monte Cassino laden im Sommer Dutzende von Gartencafés ein. Außerdem gibt es aber auch zahlreiche Bänke zum Ausruhen.

LEGENDE

- - - Routenempfehlung

0 Meter   50

NICHT VERSÄUMEN

★ **Brunnen vor der Erlöserkirche**

★ **Balneologische Anstalt**

★ **Zoppoter Seesteg**

Erlöserkirche ❶
Kościół św. Jerzego

Pl. Konstytucji 3 Maja. **Karte** 5 C4.
🚌 *117, 122.* 🚆 *Zoppot.*

DIESE NEOGOTISCHE KIRCHE in der Nachbarschaft des Bahnhofs am alten Marktplatz (plac Konstytucji 3 Maja) lohnt auf jeden Fall einen Besuch. Ursprünglich war das 1899–1901 erbaute Gotteshaus evangelisch. Für den Bau der Kirche interessierte sich Kaiser Wilhelm II. persönlich; er veränderte die Silhouette des Bauwerkes, indem er veranlasste, den Turm um 7,5 Meter aufzustocken. An der Einweihung der Kirche nahm seine Gattin, Kaiserin Augusta Viktoria, persönlich teil. Das kompakte Bauwerk zeichnet sich durch einen massiven Sockel mit Quadern aus Feldstein aus.

Der Zoppoter Seesteg

Die Erlöserkirche

Zoppoter Seesteg ❷
Molo

Karte 6 D3. 🚌 *187.*
🔲 *in der Saison.*

JEDER BESUCHER DER STADT sollte unbedingt den Seesteg aufsuchen. Im Sommer ist er der Salon der Stadt, in dem man vielen bekannten Per-

sönlichkeiten begegnet. Abends finden hier Konzerte statt. An sonnigen Tagen fungiert der Seesteg als riesige Sonnenbank. Die weiß gestrichene Holzbrücke reicht über 500 Meter weit ins Wasser hinein. Rechts und links stehen Bänke; alle zusammen bilden die längste Bank Europas. Am Ende des Stegs befindet sich ein Aussichtspunkt, von dem aus man den Blick auf die Stadt genießen kann. Die erste kleine Brücke baute Jean Georges Haffner 1827. Mit der Zeit wurde sie erweitert und verlängert, bis sie 1928 ihre heutige Länge erreichte.

Ehemaliges Kurhaus ❸
Dawny Dom Zdrojowy

Powstańców Warszawy 2/4/6.
Karte 6 D3. 📞 *551 06 21.* 🚌 *187.*

VOM EHEMALIGEN KURHAUS und Spielkasino blieb nach den Zerstörungen des Zweiten Weltkrieges nur das unterste

Stockwerk mit der angrenzenden Terrasse und einem kleinen Saal erhalten. Letzterer wurde unlängst mit einer rekonstruierten Kuppel versehen. Auf der Rückseite des Gebäudes steht eine große Scheune, in der das Büro für Kunstausstellungen (Biuro Wystaw Artystycznych) untergebracht ist. Das vor dem Krieg vorhandene Kurhaus war das letzte von dreien in Zoppot. Es wurde 1909–1910 nach den Entwürfen von Wagner unter Mitwirkung von Paul Puchmüller und Bielefeld errichtet. 1920 eröffnete hier das berühmte Spielkasino. 1927 verlegte man es ins Grand Hotel.

Grand Hotel ❹
Grand Hotel

Powstańców Warszawy 12.
Karte 6 D3. 📞 *551 00 41.* 🚌 *187.*

DAS HOTEL gehört zu den bekanntesten Gebäuden der Stadt Zoppot. Seine Seeseite ist auf Millionen von Postkarten abgebildet. Das Gebäude wurde

Überrest des ehemaligen Kurhauses

Das Zoppoter Grand Hotel

in den Jahren 1924–1927 im Still des Wilhelminischen Barock nach Entwürfen der Danziger Architekten Kohnke und Kloepel als Luxushotel mit Spielkasino errichtet. Es war bei den Großgrundbesitzern und Millionären aus den benachbarten Polen sehr beliebt. Sie kamen indes nicht nur der Erholung wegen, sondern auch, um ihr Glück im Kasino zu versuchen. Die polnische und die deutsche Presse bekämpften die »Spielhölle«, verschiedene soziale Institutionen schlossen sich der Gegenkampagne an. Eine besonders herausragende Rolle in diesem Kampf spielte die Gesellschaft der Polinnen in Zoppot. Die Zeitungen berichteten von Tragödien vieler Menschen, von Gerichtsprozessen wegen Geldunterschlagung und von Selbstmorden, die direkt im Hotel begangen wurden.

Indirekt intervenierten auch die polnischen Behörden. Beamte, die beim Glücksspiel erwischt wurden, mussten mit der Herabsetzung des Dienstgrades oder gar mit Entlassung rechnen. Danziger Bürger, die sich im Kasino vergnügen wollten, mussten als Zugangsbedingung ein Einkommen von über 40 000 Mark nachweisen.

Nach dem Krieg wurde das Kasino geschlossen. Das Hotel verfiel zusehends, auch wenn es sich jeweils zu Zeiten des Liederfestivals mit Leben füllte. Heute unterhält das Hotel wieder eine Spielbank, der alte Glanz ist jedoch verblichen.

Balneologische Anstalt ❺
Zakład Balneologiczny

Grunwaldzka 1/3. **Karte** 6 D3.
📞 *551 12 01.* **Turm** 🕐 *nur in der Saison.* 📷 🚌 *187.*

EIN BESUCH DER BADEANSTALT lohnt sich allein wegen der Aussicht auf Zoppot und das Putziger Wieck, die man von oben genießen kann. Betrachtet man den Turm genauer, stellt man fest, dass er ein effektvoll umbauter Schornstein ist. Das Gebäude entstand 1903 nach einem Entwurf von Paul Puchmüller, dem Stadtarchitekten von Zoppot, die Bauplastiken stammen von Fenzloff.

Im Inneren gab es 48 Badekabinen, Anwendungssäle und einen Lesesaal, der nach dem Krieg in einen Gymnastiksaal umfunktioniert wurde.

Die Balneologische Anstalt

Südbad ❻
Łazienki Południowe

Wojska Polskiego 1. **Karte** 6 E3.
📞 *550 20 20.* 🚌 *187.*

DAS BAD entstand im Jahre 1907 nach einem Entwurf von Paul Puchmüller. Es umfasste Umkleidekabinen, gastronomische Einrichtungen und Läden. Kurz vor dem Krieg wurde in dem Gebäude ein Erholungsheim für die Hitlerjugend eingerichtet. Das stark heruntergekommene Bad wurde erst vor kurzem restauriert und den Bedürfnissen des Hotels »Zhong Hua« mit einem teuren Restaurant *(siehe S. 238)* angepasst.

Beachtenswert ist die Holzarchitektur des Gebäudes. Das Bauwerk ist mit einem Knickdach bedeckt, die Außenwände schmücken Ornamente aus Holz mit skandinavischen Motiven. Zu den häufigsten Schmuckmotiven zählen Greifen und Drachen. Erstaunlicherweise harmoniert die germanisch-nordische Architektur des Gebäudes sehr gut mit dem chinesischen Ambiente im Inneren.

Hotel im restaurierten Südbad

Spanischer Hof ❼
Dwór Hiszpański

Al. Niepodległości 781. **Karte** 5 C4.
☎ 551 02 45. Schnellbahn Haltestelle
Zoppot. 🚌 21, 181, 185, 187.

DER UNSCHEINBARE spanische
Hof ist die älteste
Sehenswürdigkeit Zoppots. Sein
Name täuscht, denn er befand
sich nie in spanischem Besitz.
Erster Eigentümer war im Jahre
1594 der Sohn des Danziger
Bürgermeisters, Jakob Cleefeldt.
Zu den späteren Besitzern zählten
unter anderem Bürgermeister
Johann Rogge und die
Patrizierfamilien Uphagen und
Giesebrecht. Der Hof gehörte zu
einer Reihe von Landhäusern, die
Danziger Bürger in den schönen
Vorstädten errichteten. 1660 war
in diesem Haus ein Gesandter
des spanischen Königs und
Mitglied der Friedensgespräche in
Oliva zu Besuch. Der ehemalige
Besitzer des Anwesens wollte mit
dem Namen des Hauses an
diesen hohen Besuch erinnern.
   Ursprünglich bestand der Hof
aus Holz, später aus Stein.
Während der russischen Belagerung der Stadt Danzig im Jahre
1734 brannte er aus. Den Wiederaufbau leitete der Marienburger
Obmann Michael Rexin ein. Der
Hof wurde mit einer schönen
Skelettkonstruktion versehen. Ab
1756 war er für einige Jahrzehnte
im Besitz des Grafen Przebendowski. Zu Beginn des 20. Jahrhunderts wurden in der unmittelbaren Nachbarschaft des Hofes
mehrstöckige Häuser errichtet.
   Vor einigen Jahren wollte man
das stark verfallene Bauwerk
abreißen, entschied dann aber,
es zu restaurieren. Die
Instandsetzung wurde in den
Jahren 1979–1981 durchgeführt.

Der Spanische Hof

Die Zoppoter Waldoper

Waldoper ❽
Opera Leśna

Moniuszki 12. **Karte** 5 B3.
☎ 551 18 12.

AUCH WENN DIE WALDOPER
immer nur mit dem
Internationalen Liederfestival in
Verbindung gebracht wird, ist sie
viel älter als das Festival selbst.
Sie entstand im Jahre 1909 auf
Initiative des Kapellmeisters des
Danziger Stadttheaters, Paul
Walther-Schäfer, und des
Zoppoter Bürgermeisters, Max
Woldmann. Am 11. September
1909 wurde hier die romantische
Oper von Conradin Kreutzer,
*Das Nachtlager von
Granada*, aufgeführt.
Ab 1922 inszenierte
man ausschließlich
Werke von Richard
Wagner, häufig in
europäischer
Starbesetzung. Nach
dem Krieg gelangte
die Waldoper erneut
zu Weltruhm, als
1964 das
Liederfestival ins
Leben gerufen
wurde. Hier finden
auch andere
Veranstaltungen statt,
zum Beispiel Konzerte und die
polnischen Miss-Wahlen.
   Den Reiz der Waldoper
macht ihre Lage am Hang
inmitten jahrhundertealter
Bäume aus. Urspünglich
verfügte die Bühne über keine
Bedachung, sondern war
lediglich von Bäumen umrahmt.
   Die Waldoper sollte man
am besten zur Zeit des Internationalen Liederfestivals
oder eines anderen
Kulturereignisses aufsuchen,
sonst macht sie einen recht
verlassenen Eindruck.

Zoppoter Villen und Pensionen ❾
Sopockie wille i pensjonaty

Karte 5, 6.

DIE BESTEN JAHRE erlebte
Zoppot in der ersten Hälfte
des 20. Jahrhunderts. Aus dieser
Zeit stammen die schönsten
Villen und Pensionen. Alljährlich
kamen bereits im Frühjahr die
ersten Gäste. Viele von ihnen
blieben bis in den Herbst. Dann
schlossen die Besitzer ihre
Häuser und versperrten die
Fenster bis zur nächsten
Saison mit schweren
Jalousien. Die Häuser
standen auf gepflegten
Gartengrundstücken,
die mit kunstvoll
geschmiedeten
gusseisernen Gittern
umzäunt waren. Nach
1945 richtete man in
den meisten Häusern
einfache Wohn-
quartiere ein. Heute
sind sie teilweise in
schlechtem Zustand;
ein Teil von ihnen wird
jetzt doch noch
renoviert.

**Pension
und Restaurant
»Le Balzac«**

   Die schönsten und
prächtigsten Villen und Pensionen
standen entlang der Küste und
auf der Zoppoter Anhöhe.
   Das bis heute wohl am
besten erhaltene Gebäude ist
die Villa »Hestia«, die mitten in
einem großen Garten steht
(siehe S. 238). Sie wurde 1894
von dem Danziger Reeder
Johann Ick errichtet. Im
Inneren der Villa befinden sich
heute eine Pension und ein
ausgezeichnetes Restaurant
(ulica Władysława IV. 3/5).
   In der ulica Bohaterów
Westerplatte stehen einige

Villa in der Morska 7

schlossartige Bauten ehemaliger Danziger Millionäre. Die alte Backsteinvilla der Familie Jüncke hebt sich besonders hervor. Sie ist umgeben von einem ehemals riesigen Park und verziert mit Buntglasfenstern und einem charakteristischen Turm, der eine wunderbare Aussicht aufs Meer bietet. Das typische Knickdach des Hauses ist mit kunstvoll geschnitzten Planken verziert.

Unter den so genannten italienischen Villen im Stil des Empire und der Neo-Renaissance sind besonders zwei zu nennen, die Herbst-Residenz (ulica Kociuszki) und die Stolzenfels-Residenz. Auch sie lagen auf der Zoppoter Anhöhe und waren von gepflegten Parkanlagen umgeben. Terrassen und Türme verstärkten die äußere Wirkung der Häuser. Die Stolzenfels-Residenz besaß eine große Veranda, die Herbst-Residenz dagegen eine mit Säulen geschmückte Loggia. An der ulica Morska 7 steht das schönste Beispiel einer Zoppoter Fachwerkhausvilla.

Die interessantesten Häuser kann man in der ulica Haffnera und in der Aleja Wojska Polskiego bewundern. Letztere stehen direkt am Strand. In den meisten sind kleine Privathotels eingerichtet. Viele besitzen Terrasse und Gärten. Seit vielen Jahren werden in Zoppot wieder elegante

Häuser gebaut. Man bemüht sich dabei, die Architektur der alten Bebauung anzupassen.

Nordbad ⑩
Łazienki Północne

Powstańców Warszawy 30.
Karte 6 D2. ☎ *551 62 13.* 🚌 *187.*

Heute ist das Nordbad die traurige Ruine eines Betonbauwerkes, das vor dreißig Jahren hier entstand. Zurzeit werden Entwürfe für den Umbau ausgearbeitet. In dem großen, gelb gestrichenen Raum, der fast die Hälfte des Gebäudes einnimmt, befindet sich heute die Diskothek «Ground Zero». Dieses Bauwerk ersetzte das ehemalige, von Paul Puchmüller erbaute Holzhaus aus dem Jahre 1903. Auffällig waren die beiden von Helmen bekrönten Ecktürme des Gebäudes. Die Architektur des Hauses wies Merkmale des Jugendstils auf. Ähnlich wie im Südbad befanden sich hier nicht nur Umkleidekabinen, sondern auch ein Restaurant und ein Café. Die Überreste des Nordbades konnte man noch viele Jahre nach dem Krieg in der Nähe des Grand Hotels sehen.

INTERNATIONALES LIEDERFESTIVAL IN ZOPPOT

Das Festival gehörte viele Jahrzehnte lang zu den wenigen Veranstaltungen in Polen, auf denen Schlagerstars aus dem Westen auftraten. Es wurde im Jahre 1961 ins Leben gerufen und fand zunächst in einer Fabrikhalle statt. Das erste Festival gewann die polnische Sängerin Irena Santor. Schlagergrößen wie Czesław Niemen, Maryla Rodowicz, Sława Przybylska und Anna German traten hier auf.

Seit 1977 wurde das Festival im Rahmen der Intervision in den Ländern des Ostblocks ausgestrahlt. Im Laufe der Zeit traten hier große Stars wie Charles Aznavour, Chuk Berry, José Feliciano, Ałła Pugaczowa, Karel Gott, Helena Vondrackova und Frank Schöbel auf.

Als der Grieche Demis Roussos eingeladen wurde, konnte in ganz Polen keine entsprechende Großlimousine für den Sänger aufgefunden werden. Als 1996 die Kelly Family auftrat, belagerten zahlreiche Fans den Bus der beliebten Gruppe.

Internationales Liederfestival in Zoppot

AUF EINEN BLICK

Museen
Błyskawica **7**
Dar Pomorza **8**
Marinemuseum
und Aquarium **6**

**Häfen, Promenaden
und Aussichtspunkte**
Südmole **5**
Hafen **1**
Skwer Kościuszki **2**

Schulen und Theater
Musiktheater **3**
Navigationslehrstuhl
der Marineakademie **4**
Marineakademie **11**

Straßen und Stadtteile
Steinberg **9**
Oxhöft **13**
Ulica Świętojańska **10**

Denkmäler
Denkmal für die
Dezemberopfer **12**

LEGENDE

	Detailkarte *Siehe S. 138f*
P	Parken
R	Bahnhof
	Bushaltestelle

0 Meter   400

◁ Das Segelschulschiff *Dar Młodzieży*

GDINGEN

DIE JUNGE STADT GDINGEN (Gdynia) gehört zu den interessantesten Großstädten Polens. Die Geschichte des ehemals kleinen Fischerdorfes beginnt erst nach der Neugründung Polens im Jahre 1918. Die Tatsache, dass zu diesem Zeitpunkt Polen zwar einen Zugang zum Meer, jedoch keinen Hafen besaß, führte im Jahre 1922 zu der Entscheidung der polnischen Regierung, einen großen Hafenkomplex und die Stadt Gdingen zu bauen. Bereits 1923 wurde der erste vorläufige Hafen in Betrieb genommen. 1926 erhielt Gdingen die Stadtrechte. In weniger als 15 Jahren wurde ein modernes Stadtzentrum aus dem Boden gestampft. Die

Gdingener Wappen

Entwürfe dazu lieferten die besten polnischen Architekten.

Trotz der Verteidigung der Stadt und der Oxhöfter Kämpe (Kępa Oksywska) im September 1939 wurde Gdingen von Deutschen besetzt. Unter dem Namen Gotenhafen diente die Stadt als Militärbasis und Reparaturwerft der deutschen Kriegsmarine. Als solche wurde sie zum Ziel zahlreicher Luftangriffe der Alliierten. Dennoch konnte Gdingen relativ schnell aus den Ruinen wieder erstehen und ist heute die drittgrößte Stadt Polens. Die Bürger trugen zum Demokratisierungsprozess in Polen bei, indem sie an den Streiks und Demonstrationen teilnahmen.

Im Detail: Skwer Kościuszki und die Südmole

NACH DER WENDE im Jahre 1989 konnte die Stadt Gdingen sich schneller als die übrigen Städte in Polen auf das neue Wirtschaftssystem einstellen. Heute beeindrucken die schicken Läden in der ulica Świętojańska, die moderne Architektur und die Vitalität der Bürger, die an sonnigen Tagen die Südmole und den Meeresboulevard füllen. Viele Denkmäler und Tafeln erinnern an die Geschichte der Stadt und an die Menschen, die sie aufgebaut haben.

★ Błyskawica
Der Torpedozerstörer der polnischen Kriegsmarine – heute ein Museum – machte sich während der Kämpfe im Zweiten Weltkrieg einen Namen. ❼

Skwer Kościuszki
In der Mitte der belebten Grünanlage steht ein nach dem Krieg umgebauter Springbrunnen, umgeben von einem Blumenteppich. ❷

Das Musiktheater
Die Tonhalle ist in ganz Polen für ihre faszinierenden Musical-Aufführungen bekannt. Unter anderem stand hier Anatevka *auf dem Programm.* ❸

0 Meter   50

LEGENDE

- - - Routenempfehlung

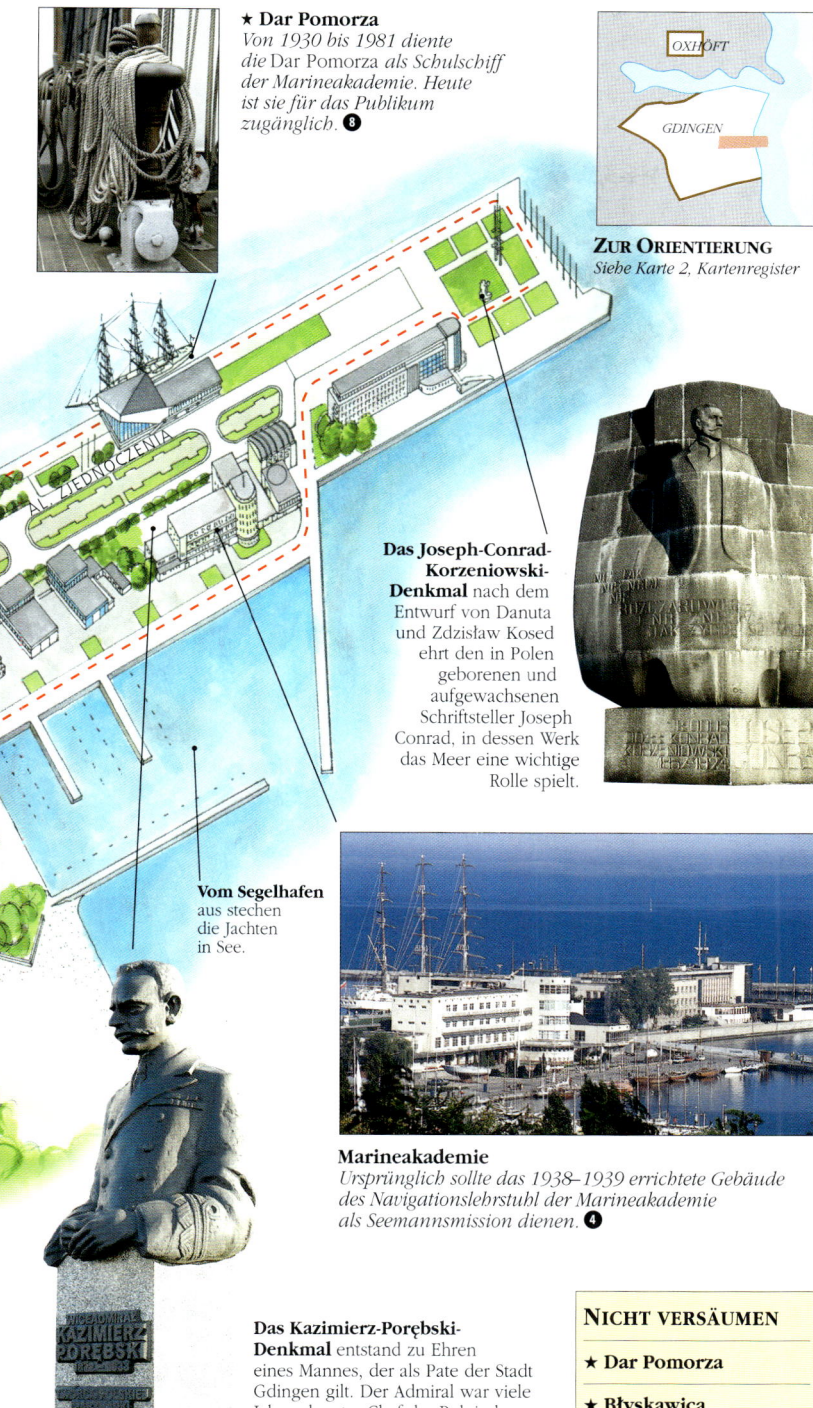

★ Dar Pomorza
*Von 1930 bis 1981 diente
die* Dar Pomorza *als Schulschiff
der Marineakademie. Heute
ist sie für das Publikum
zugänglich.* ❽

OXHÖFT

GDINGEN

ZUR ORIENTIERUNG
Siehe Karte 2, Kartenregister

AL. ZJEDNOCZENIA

**Das Joseph-Conrad-
Korzeniowski-
Denkmal** nach dem
Entwurf von Danuta
und Zdzisław Kosed
ehrt den in Polen
geborenen und
aufgewachsenen
Schriftsteller Joseph
Conrad, in dessen Werk
das Meer eine wichtige
Rolle spielt.

Vom Segelhafen
aus stechen
die Jachten
in See.

Marineakademie
*Ursprünglich sollte das 1938–1939 errichtete Gebäude
des Navigationslehrstuhl der Marineakademie
als Seemannsmission dienen.* ❹

**Das Kazimierz-Porębski-
Denkmal** entstand zu Ehren
eines Mannes, der als Pate der Stadt
Gdingen gilt. Der Admiral war viele
Jahre oberster Chef der Polnischen
Kriegsmarine.

NICHT VERSÄUMEN

★ **Dar Pomorza**

★ **Błyskawica**

Luftaufnahme des Gdingener Hafens

Der Hafen von Gdingen ❶
Port Gdyński

Dworzec Morski Polska 1.
Karte 2 E3.

DER BAU DES HAFENS von Gdingen trug wesentlich zur Entstehung der Stadt bei. Den ersten provisorischen Hafen legte man bereits 1921 an. Zwei Jahre später wurde er in Betrieb genommen. Er diente besonders als Stützpunkt der polnischen Kriegsmarine und als Fischerhafen. 1924 erfolgte dann der Bau des modernen Hafens, der fast den gesamten polnischen Handels- und Passagierverkehr abwickeln sollte. 1934 war Gdingen im Hinblick auf die umgeschlagenen Gütermengen der größte Ostseehafen.

Während des Zweiten Weltkrieges wurde er als Basisstation der deutschen Kriegsmarine mehrfach bombardiert, unter anderem am 18. Dezember 1944. An diesem Tag wurde der berühmte Panzerkreuzer *Schleswig-Holstein* versenkt.

Die Hafenanlage umfaßt acht Hafenbecken und Kais sowie eine gut ausgebaute Lager- und Verkehrs-Infrastruktur. Der interessanteste Bereich befindet sich in der Nähe der Südmole (*siehe S. 142*) und um den Meereshof (Dworzec Morski). Der Seehafen wurde 1930–1933 nach Entwürfen der Architekten Dyckerhoff und Widmann aus Kattowitz (Katowice) an der

Passagiermole gebaut. Einst legten an dieser Stelle die polnischen Hochseeschiffe an (*siehe Kasten*), heute befindet sich hier die Anlegestelle für Kreuzfahrtschiffe aus der ganzen Welt. Seitdem die polnische Passagier-Seefahrt eingestellt wurde, hat der Meereshof an Bedeutung verloren, dennoch lohnt er schon wegen seiner modernistischen Architektur einen Besuch. Vor dem Meereshof wurde 1965 ein Denkmal für Seeleute von Wiktor Tołkin enthüllt.

Skwer Kościuszki ❷
Skwer Kościuszki

Karte 2 E5.

DER REPRÄSENTATIVE PLATZ beginnt an der Südmole und bildet an seinem anderen Ende die Verlängerung der ulica 10 Lutego. Hier befand sich früher das Kurhaus, mit dessen Bau in den Jahren 1902–1904 die Zeit des Bades Gdingen begann. In den ersten Stadtplänen für Gdingen nach dem Ersten Weltkrieg war das Stadtzentrum an einer anderen

Stelle vorgesehen. Als der Ausbau des Hafens fest beschlossen war, arbeitete Adam Kuncewicz in den Jahren 1927–1928 einen neuen Stadtentwicklungsplan aus. Er machte die ulica 10 Lutego zur Hauptverkehrsader der Stadt und steckte eine viereckige Grünanlage, genannt Skwer Kościuszki, ab, um den Rang der Straße zu unterstreichen. So entstand die Hauptachse der Stadt Gdingen, um die sich später der Stadtteil gruppieren sollte. Die Pläne wurden in den Dreißigerjahren ausgearbeitet.

Leider konnte man vor Kriegsausbruch nur einige Elemente der Planung umsetzen, unter anderem den Springbrunnen von Wacław Tomaszewski.

Das Denkmal der Waffenbrüderschaft, das seit 1953 der Grünanlage stand, wurde in den Neunzigerjahren entfernt. An seiner Stelle installierte man 1991 eine Gedenkplatte für polnische Seeleute, die im Zweiten Weltkrieg gefallen waren.

Musiktheater ❸
Teatr Muzyczny

Pl. Grunwaldzki 1. **Karte** 2 E5.
☎ 620 95 21.

DIESES INTERESSANTE Gebäude, ein Entwurf von Daniel Olędzki und Józef Chmiel, geht auf die Siebzigerjahre zurück. Die erste Aufführung hier fand 1979 statt. Das Theatergebäude liegt malerisch am Fuße des Steinbergs (Kamienna Góra); es besitzt eine ungewöhnliche Glasfassade mit senkrechten dunklen Gliederungselementen.

In dem Gebäude hat das bereits im Jahre 1958 gegründete Orchester seinen Sitz, das lange Jahre von Danuta

Gedenkplatte für polnische Seeleute am Skwer Kościuszki

Aufführung im Musiktheater

Baduszkowa geleitet wurde. Heute gehört das Musiktheater zu den besten Bühnen Polens. Das Repertoire umfasst unter anderem viele weltberühmte Musicals. Außerdem finden hier jedes Jahr die Polnischen Filmfestspiele statt.

Marineakademie – Lehrstuhl für Navigation ❹
Wyższa Szkoła Morska – Wydział Nawigacyjny

Al. Zjednoczenia 3. **Karte** 2 F5.

DORT, WO SICH HEUTE der Lehrstuhl für Navigation der Maritimen Hochschule befindet, sollte ursprünglich eine Seemannsmission stehen. Die Entwürfe für das Gebäude wurden 1936 im Rahmen des Stadtbebauungsplans fertiggestellt. 1938 begann man, die Pläne von Bohdan Damięcki und Tadeusz Sieczkowski umzusetzen. Bis zum Kriegsausbruch konnte man jedoch lediglich den Rohbau fertig stellen. Erst nach dem Krieg vollendete man das Gebäude, das nun allerdings einem völlig anderen Zweck dienen sollte. Obwohl der Entwurf der Vorkriegszeit nicht vollständig umgesetzt wurde – es fehlen das geplante Hotel und die Schwimmhalle – lohnt es sich auf jeden Fall, das Gebäude anzuschauen. Beeindruckend ist bereits die interessante Gestaltung des Bauwerkes, das zum Segelhafen hin – ähnlich wie eine Kommandobrücke – halbkreisförmig vorspringt.

Das Becken am Fuße des Gebäudes ist der größte Segelhafen Polens. In der Nähe wurden zwei Denkmäler aufgestellt, das eine zu Ehren von Admiral Kazimierz Porębski, das andere zu Ehren von General Mariusz Zaruski.

Lehrstuhl für Navigation an der Marineakademie

DIE POLNISCHE PASSAGIERSCHIFFAHRT

In der Zeit zwischen den beiden Kriegen besaß die polnische Flotte sieben große Passagierschiffe, von denen die *Piłsudski* aus dem Jahre 1935 und das Schwesterschiff *M.S. Batory* aus dem Jahre 1939 weltbekannt wurden. Beide stammten aus Italien und liefen auch dort vom Stapel. Die hypermoderne Ausstattung der Schiffe war jedoch das Werk zahlreicher polnischer Architekten, Bildhauer und Maler. Jeder Raum war sorgfältig durchdacht. Selbst das Geschirr und die Bekleidung der Stewards hatte man eigens für die beiden Schiffe entworfen. Moderne Motoren machten die mächtigen Schornsteine zwar überflüssig, letztere waren aber dennoch in den Entwürfen als Symbole der Hochseeschifffahrt vorgesehen. Den Zweiten Weltkrieg überlebten nur zwei der sieben Ozeanriesen, die *Sobieski* und die *Batory*. Erstere wurde später an die Sowjetunion verkauft und fuhr auf dem Schwarzen Meer unter dem Namen *Gruzja*. Die *Batory* verband Polen bis 1972 mit dem Westen. Dann wurde sie nach Hongkong verkauft und dort abgetakelt. Ihr Nachfolger hieß *Stefan Batory* und stammte aus den Niederlanden. Dieser Dampfer war jedoch nicht mehr so elegant wie seine Vorgänger aus der Vorkriegszeit. Als letztes Hochseeschiff Polens fuhr er bis 1987 unter weiß-roter Flagge.

Die *Stefan Batory*

Kabine auf der *Piłsudski*

Südmole

Südmole ❺
Molo Południowe

Karte 2 F5.

DIE MOLE begrenzt im Süden das erste, auch Präsidentenbecken (Basen Prezydencki) genannte Becken. Sie bildet die Verlängerung der wichtigsten Straße der Stadt, die zugleich die beliebteste Flaniermeile der Gdingener ist. Vor dem Zweiten Weltkrieg entwarf man Pläne für die Mole und die Gebäude, die sie säumen sollten. Diese Entwürfe wurden aber letztlich nicht umgesetzt. Dennoch gibt es hier viel zu sehen. Entlang der Hafenkais liegen die beiden Museumsschiffe, das Kriegsschiff *Błyskawica* und der Windjammer *Dar Pomorza*, vor Anker. Hin und wieder laufen hier auch große Passagierschiffe ein. Das prächtige Schulschiff der Marineakademie, die *Dar*

Młodzieży, ankert ebenfalls hier, sofern es nicht auf hoher See ist. Auf der Südseite befinden sich Segelklubs. Dort befinden sich auch das äußerst interessante Ozeanographische Museum und das Meeresaquarium.

Am Ende der Mole steht das Denkmal des aus Polen stammenden Schriftstellers Joseph Conrad (Korzeniowski). Es besteht aus zwei Teilen: Der erste, ein Werk der Eheleute Danuta und Zdzisław Koseda, wurde im Jahre 1976 enthüllt. Der Granitquader erinnert an ein Segel oder eine Welle, aus der die Büste des Schriftstellers hervortritt. Die Komposition *Masten* entwarf Wawrzyniec Sampa.

Ozeanographisches Museum und Meeresaquarium ❻
Muzeum Oceanograficzne i Akwarium Morskie

Al. Zjednoczenia 1. **Karte** 2 E5, F5. ☎ 621 70 21. ⏰ 1. Sep–30. Mai Di–So 10–17 Uhr; 1. Juni–31. Aug tägl. 9–18 Uhr. **Kassen** 13.30–14 Uhr geschlossen.

DAS GEBÄUDE, das heute das Museum und das Aquarium beherbergt, entwarfen Leonard Tomaszewski und Juliusz Żakowski 1937 als Sitz einer Forschungsstation. Der Bau begann im Jahre 1938, wurde aber erst nach dem Krieg um eine Glasrotunde ergänzt und vollendet. Das Gebäude wurde dem Institut für Hochseefischerei zur Verfügung gestellt. Letzteres sammelte schwerpunktmäßig ozeanographische Exponate. Dem Publikum wurde die Sammlung erst im Jahre 1971 zugänglich gemacht. Im Parterre und im ersten Stock kann man in den großen Aquarien Meerestiere und -pflanzen aus der ganzen Welt bewundern. In den oberen Stockwerken stehen Ausstellungskästen mit präparierten Fischen und Exponaten, die dem Besucher die ozeanographischen Untersuchungen näher

Komposition Masten

ORP BŁYSKAWICA
Das Kriegsschiff, einer der vier polnischen Torpedozerstörer, lief am 1. Oktober 1936 in einer renommierten britischen Werft vom Stapel. Schiffspatin war die Ehegattin des damaligen polnischen Botschafters in London, Edward Raczyński. Erster Kommandant wurde Oberleutnant Tadeusz Podjazda-Morgenstern.

Abschusscontainer

Flugabwehrraketenstarter

Wasserbombenablaufbühne

Geschütze

Bunker

Ozeanographisches Museum

bringen. Besonders interessant ist eine Karte des Ostseebodens in der Glasrotunde.

Błyskawica ❼
Błyskawica

Al. Zjednoczenia. **Karte** 2 E5.
☎ 626 37 27. ⬭ 1. Sep–30. Mai Di–So 10–13 Uhr und 14–16 Uhr; 1. Juni–31. Aug 10–13 Uhr und 14–17 Uhr.

NEBEN DEN SCHIFFEN *Burza, Wicher* und *Grom* gehörte die *Błyskawica* zu den vier Torpedozerstörern der polnischen Kriegsmarine, denen während des Zweiten Weltkriegs eine wichtige Funktion zukam. Das Kriegsschiff *Błyskawica* wurde 1935–1936 in Großbritannien gebaut und später für seine Aufgabe entsprechend ausgerüstet. Am 25. November 1937 wurde die polnische Flagge im Rahmen eines Festaktes gehisst. Vom 6. September 1939 bis zum Ende des Krieges beteiligte sich das Schiff an zahlreichen Kampf-

handlungen, unter anderem bei Narvik, Dünkirchen und an der nordafrikanischen Küste. Im Jahre 1944 wurde es bei der Invasion in der Normandie eingesetzt. Seit 1976 liegt es als Museumsschiff vor Anker.

Dar Pomorza ❽
Dar Pomorza

Al. Zjednoczenia. **Karte** 2 F5.
☎ 620 23 71. ⬭ 1. Sep–30. Mai Di–So 10–18 Uhr; 1. Juni–31. Aug 10–16 Uhr.

DER 91 METER lange Dreimaster wird im Volksmund die Weiße Fregatte genannt. Die Marineakademie kaufte ihn mit Hilfe von Spenden der Bevölkerung Pommerns als Schulschiff. Die Geschichte des Schiffes reicht jedoch länger zurück, denn es wurde bereits 1909 in der Hamburger Werft gebaut. Von

Steuer der Dar Pomorza

Anfang an diente es als Schulschiff, allerdings zunächst unter dem Namen *Prinzess Eitel Friedrich*. Nach dem Ersten Weltkrieg gelangte es im Rahmen von Reparationszahlungen nach Frankreich, wo es *Colbert* hieß und ebenfalls als Schulschiff eingesetzt werden sollte. Dann erhielt der Baron de Foreste das Schiff als Wiedergutmachung für seine Privatjacht, die während des Krieges verloren gegangen war. Schließlich erwarben die Polen das Schiff und es wurde unter dem Namen *Pomorze* in eine Schulschiff gebracht. Die erste Fahrt unter polnischer Flagge fand im Jahre 1930 statt. Zuvor hatte man das Schiff auf den Namen *Dar Pomorza* getauft. Viele Matrosen der Gdingener Marineakademie lernten hier ihren Beruf von der Pike auf. Insgesamt absolvierte die *Dar Pomorza* 102 Fahrten, darunter einige Weltumsegelungen, zahlreiche Regatten und Segelmanöver. Zum letzten Mal lief sie am 28. September 1981 im Heimathafen Gdingen ein.
Seit 1983 liegt sie am Pommerschen Hafenkai (Nabrzeże Pomorskie) vor Anker und beherbergt ein Museum. Als Schulschiff diente fortan ein anderer Dreimaster, die *Dar Młodzieży*. Außer dem Oberdeck kann man die Mannschaftsräume und die Kabinen besichtigen.

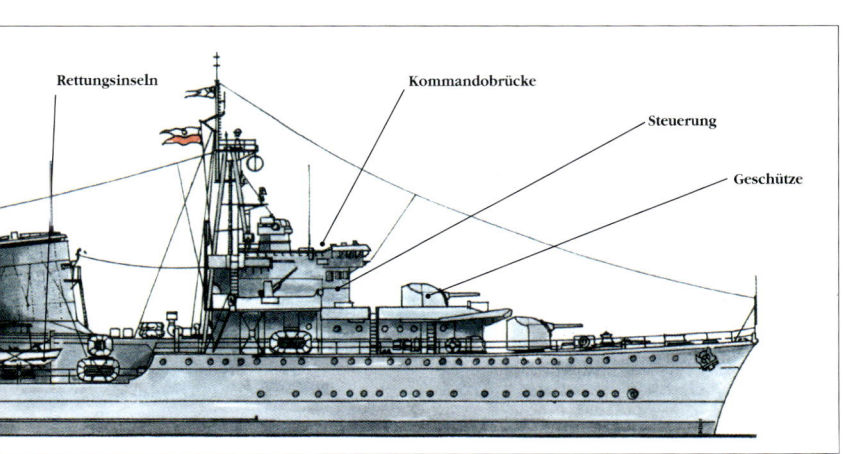

Rettungsinseln — Kommandobrücke — Steuerung — Geschütze

Schulausflug auf den Steinberg im Jahre 1931, im Hintergrund der Hafenbau

Steinberg ❾
Kamienna Góra

Karte 4 D2 E2, D3 E3.

Auf dem kleinen Hügel, der früher auch Danziger Berg hieß, befand sich im 19. Jahrhundert eine Meierei. Nach dem Ersten Weltkrieg erfreute sich der Steinberg (Kamienna Góra) besonderer Beliebtheit. Das 1920 erworbene Grundstück wurde für einen Stadtteil mit Bäder- und Kuranstalten bestimmt. Neben Hotels sollten hier vor allem Pensionen und Villen entstehen. Die Pläne für das Viertel stammten von den hervorragenden Architekten Tadeusz Tołwiński und Tadeusz Zieliński. Bereits im Jahre 1922 begann mit dem Bau des Hotels Kaszuby und der ersten Villen. Nahezu alle damals entstandenen Häuser wurden im Stil der immer noch modernen nationalen Romantik errichtet und erinnerten der Form nach an polnische Gutshöfe und Villen aus der Gegend von Zakopane. Die schönsten unter ihnen sind die Villen Otok (ulica Sędzickiego 24) und Orla (ulica Kasprowicza 2).

In den Folgejahren entstanden jedoch auch Bauten, die vollkommen neue Stilformen erkennen ließen. Dennoch konnte man den ursprünglichen Charakter der Siedlung wahren, der von malerischen Sträßchen, Grünanlagen und niedriger Bebauung geprägt war. Im Zentrum dieses Stadtteils ließ man Platz für eine Kirche. Hier sollte die »Meeresbasilika« entstehen; sie blieb jedoch in der Phase der Planung stecken.

Auf dem Steinberg besaßen Schriftsteller wie Wacław Sieroszewski und Karol Olgierd Borchardt Villen.

Ulica Świętojańska ❿
Ulica Świętojańska

Karte 2 E5, 4 D1.

Die Straße, die früher Oxhöfter Weg hieß, verläuft parallel zum Meer. Noch Anfang der Zwanzigerjahre war sie ein bescheidener Sandweg inmitten von Getreidefeldern, auf denen »Kornblumen und Mohnblumen flimmerten«.

Im Jahre 1926 wurde der Bebauungsplan für diesen Stadtbezirk erstellt. Kurz darauf begann man mit dem Bau der einzelnen Häuser und mit der Zeit stieg die Straße zum ökonomischen Zentrum der gesamten Stadt auf. 1989 erlebte die Straße eine wahre Verwandlung. Die Läden wurden privatisiert und entwickelten sich sehr rasch zu eleganten Geschäften. Die Restaurants und Cafés wurden vollkommen neu eingerichtet. Heute gehört diese Straße zu den schönsten Einkaufsmeilen Polens.

Bei einem Spaziergang entlang der ulica Świętojańska sollte man unbedingt die Häuser im modernistischen Stil der Dreißigerjahre genauer betrachten. Besondere Aufmerksamkeit verdienen die Häuser Nummer 68 und 122 sowie die Marienkirche auf

Die Marienkirche in der ul. Świętojańska

Nummer 29/31. Die Kirche wurde 1922–1924 von Roman Wojkiewicz und Marian Baranowski gebaut. Sie ist ein gutes Beispiel für den Stil der nationalen Romantik. Ihre Architektur greift Elemente der Renaissance und des Barock auf und knüpft an die Bautraditionen der polnischen Provinz an.

Marineakademie ⓫
Wyższa Szkoła Morska

Morska 83. **Karte** 1 B4.
Kein Publikumsverkehr.

Für Liebhaber der modernistischen Architektur empfiehlt sich ein Spaziergang entlang der ulica Morska. Hier steht die Marineakademie, eines der interessantesten Gebäude der Stadt Gdingen. Die Hochschule wurde bereits 1920 gegründet und befand sich anfangs in Dirschau (Tczew). 1928 beschloss man den Bau einer großen Schulanlage. Die Gesamtkonzeption wurde zwar nicht realisiert, doch weihte man 1929 das Gebäude der Schule für Seehandel und Werfttechnik an der ulica Morska 79 ein. Ein Jahr später wurde die Marineakademie von Dirschau nach Gdingen in die ulica Morska 83 verlegt. Wacław Tomaszewski entwarf beide Bauten, die sich durch monumentale, aber eher schlicht gehaltene Fassaden auszeichnen. Es überwiegen modernistische Formen mit eindeutigen Anleihen aus dem Klassizismus und der dekorativen polnischen Architektur der Zwanzigerjahre (*siehe S. 51*).

Denkmal für die Dezemberopfer ⓬
Pomnik Pamięci Ofiar Grudnia

Czechosłowacka. **Karte** 1 C4.

Die tragischen Ereignisse im Dezember des Jahres 1970 sind in die Geschichte Gdingens eingegangen. Aus Solidarität mit den Werftarbeitern in Danzig, die sich seit dem 14. Dezember im Streik befanden, beschlossen die Werftarbeiter in Gdingen einen Tag später, ebenfalls die Arbeit niederzulegen. An diesem Tag wurden sie auf ihrem Weg zur Arbeit mit Maschinengewehren beschossen. Die nächsten Opfer

Denkmal für die Dezemberopfer

an diesem Tag gab es während einer Demonstration vor dem Gebäude des Stadtrates. Das Denkmal, das an dieses blutige Ereignis erinnert, wurde am zehnten Jahrestag der Ereignisse, also am 17. Dezember 1980, enthüllt. Seine Form verkörpert die Jahreszahl 1970, wobei die Ziffer sieben in gekippter Form dargestellt wurde, als Symbol für einen zu Boden fallenden Arbeiter. Der Entwurf des Denkmals stammt von Stanisław Gierad. Damals wurde auch ein zweites Denkmal geplant. Es sollte im Stadtzentrum vor dem Gebäude der Stadtverwaltung stehen. Die Verhängung des Kriegsrechts in Polen im Jahre 1981 verhinderte dieses Vorhaben. Erst 1993 stellte man in der Aleja Marszałka Piłsudskiego ein hohes Kreuz auf, das an die Opfer der Demonstrationen im Stadtzentrum von Gdingen erinnern soll.

Oxhöft ⓭

Oksywie

Karte 2.

AUF DER OXHÖFTER KÄMPE (Kępa Oksywska) existierte bereits im Mittelalter eine Fischersiedlung. Sie wurde im Jahr 1926 in das Stadtgebiet von Gdingen eingegliedert. Die Oxhöfter Kämpe bildete im Norden eine natürliche Begrenzung des für den Hafenbau vorgesehenen Geländes. Den südlichen Abschluß bildet die Hochredlauer Kämpe (Kępa Redłowska) *(siehe S. 153)*. Bis heute blieb in Oxhöft (Oksywie) eine alte Kirche erhalten, deren Geschichte bis ins 13. Jahrhundert zurückreicht. Nach dem polnisch-

schwedischen Krieg baute man das zerstörte Dorf in der zweiten Hälfte des 17. Jahrhunderts wieder auf. Kurz nach der Eingliederung in das Stadtgebiet von Gdingen legte Adam Kuncewicz einen neuen Bebauungsplan vor, der das Gebiet einbezog. Oxhöft war in diesem Plan als zukünftige Arbeiterwohnsiedlung vorgesehen. Allerdings richtete man am Fuße der Oxhöfter Kämpe bereits 1924 einen Stützpunkt der polnischen Kriegsmarine ein, der von 1924 bis 1930 als Flottenstützpunkt diente. Zur gleichen Zeit baute man nach dem Entwurf von Marian Lalewicz einige Marinekasernen im Stil des akademischen Klassizismus. Dieser beachtliche Architekturkomplex wurde in Fächerform mit drei sternförmig verlaufenden Alleen, einem Torhaus in der Hauptachse und

dem Hauptgebäude der Flottenzentrale in der Mitte angelegt. In unmittelbarer Nachbarschaft baute derselbe Architekt 1935–1939 eine monumentale Garnisonskirche mit einfachen Formen.

Berühmt wurde Oxhöft im September 1939, als polnische Soldaten den Stützpunkt unter der Leitung von Stanisław Dąbek verteidigten. Oxhöft kapitulierte erst am 19. September als letzter polnischer Posten.

**Die Garnisonskirche
in der ul. Żeglarska**

DIE WILHELM GUSTLOFF

In der Nacht des 30. Januar 1945 torpedierte ein sowjetisches U-Boot das mit mehreren tausend deutschen Flüchtlingen überfüllte Schiff *Wilhelm Gustloff*. Diese Katastrophe gehört zu den tragischsten Episoden im Zusammenhang mit der Flucht der deutschen Bevölkerung vor der Roten Armee. Zu diesem Zeitpunkt waren alle Landwege für die Flucht in den Westen bereits abgeschnitten. Um überhaupt auf das Deck des Schiffes zu gelangen, hatten viele von

ihnen ungeheure Summen für eine Fahrkarte und eine Fluchtbescheinigung gezahlt. Das Schiff verließ den Hafen ohne Begleitung; auf der Höhe von Stolp (Słupsk) wurde es von drei Torpedos getroffen. Panik brach aus. Viele Flüchtlinge wurden niedergetreten, andere fielen ins Wasser und ertranken. Innerhalb von zwei Stunden ging das Schiff unter. Über 5000 Menschen kamen dabei ums Leben. Der Film *Nacht fiel über Gotenhafen* greift das tragische Ereignis auf.

DREI SPAZIERGÄNGE

Detail an der Technischen Hochschule Danzig

IE DREISTADT bietet wunderbare Gelegenheiten für Wanderungen und Spaziergänge. Alle drei Städte liegen in einem relativ schmalen Tal zwischen bewaldeten Moränenhügeln und dem Ufer der Danziger Bucht. Innerhalb weniger Minuten erreicht man von fast jedem Standort in Gdingen und Zoppot aus entweder den Wald oder die Küste. Hier gibt es schöne Sandstrände, die sich kilometerlang hinziehen. Stundenlang kann man in den Wäldern der Umgebung wandern und tiefe Schluchten, herrliche Lichtungen, Bäche und geheimnisvolle Bauwerke entdecken.

Nachfolgend stellen wir Ihnen drei Touren vor. Die erste führt durch die malerischen Winkel von Langfuhr und auf die Hügel oberhalb des Jäschkentals. Die zweite Empfehlung betrifft die Fußgängerzone in Zoppot. Die letzte führt Sie entlang der Steilfelsen am Fuße der Hochredlauer Kämpe bis nach Gdingen.

Der Nowiejskiboulevard in Gdingen
(siehe Wanderung auf der Hochredlauer Kämpe und dem Boulevard, S. 152f)

Villa im Jäschkental 38
(siehe Spaziergang durch Langfuhr und Jäschkental, S. 148f)

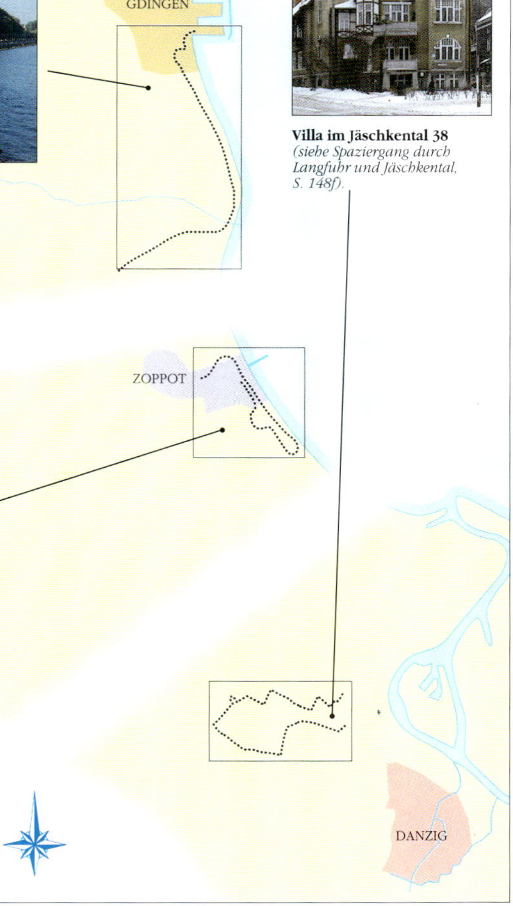

GDINGEN

ZOPPOT

Ulica Bohaterów Monte Cassino
(siehe Spaziergang durch Zoppot S. 150f)

DANZIG

LEGENDE

···· Routenempfehlung

0 Kilometer   4

◁ **Kliff Adlershorst**

Zweistündiger Spaziergang durch Langfuhr und Jäschkental

DIE TOUR führt durch die malerischen Bezirke von Lang-fuhr. Zur Jahrhundertwende übte dieser Stadtteil eine besondere Anziehungskraft auf Beamte des Deutschen Reiches und reiche Danziger Bürger aus. Im damals ruhigen Jäschkental entstanden die schönsten Villen der Stadt, umgeben von prachtvollen Gärten. Die etwas schwerfällige Architektur der Häuser wird durch Türmchen und Erker aufgelockert.

Haus in der ulica Matejki ⑦

Villa in der ulica Pawłowskiego

Peter-und-Paul-Kirche

Unser Spaziergang beginnt am Gebäude der Baltischen Oper und Philharmonie ①. Es steht an der Kreuzung der Aleja Zwycięstwa (Große Allee) und der ulica Hallera. Gehen Sie am Operngebäude vorbei und folgen Sie der Aleja Zwycięstwa, der Hauptverkehrsader der Dreistadt ②.

Die zweispurige Straße wird links und rechts von alten Bäumen gesäumt. Sie ist über zweihundert Jahre alt und hieß früher Große Allee.

Ideengeber und Sponsor der geraden Allee zwischen Danzig und Langfuhr war der Physiker und Bürgermeister der Stadt Daniel Gralath d. Ä. Das Projekt wurde jedoch erst nach seinem Tode in den Jahren 1768–1770 verwirklicht. Für die Alleebepflanzung importierte man 1461 kleine Lindenbäume aus Holland. 1872 fuhr hier die erste Pferdebahn, zwei Jahrzehnte später führte man eine elektrische Straßenbahn ein.

Auf dem Weg ins Zentrum von Langfuhr gehen Sie rechts an

Villen der Jahrhundertwende vorbei. Eine von ihnen, direkt am Ausgang der ulica Konarskiego, ist Sitz des Konsulats der Bundesrepublik Deutschland ③. Hier biegen Sie links in die ulica Narutowicza ein.

Konsulat der Bundesrepublik Deutschland ③

Linker Hand erstreckt sich der Akademische Park ④ mit altem Baumbestand. Er wurde 1956 auf dem alten Friedhofsgelände angelegt. Auf der linken Seite gehen Sie an einem 1996 errichteten Felsstein ⑤ zu Ehren der jüngsten polnischen Soldaten des Zweiten Weltkriegs vorbei.

Am Ende der Straße sehen Sie die Fassade

des Hauptgebäudes der Technischen Hochschule ⑥. Schauen Sie sich das Gebäude inmitten des Parks und die Umzäunung der Hochschulanlage an. Sie ist mit verschiedenen Symbolen für Technik und Industrie geschmückt. Anschließend gehen Sie weiter geradeaus entlang der Straßen Bracka, Fischera und Matejki.

An der zuletzt genannten Straße stehen malerische Villen und palastartige Häuser, die leider sehr heruntergekommen sind. Besonders auffällig ist ein Haus in der ulica Matejki ⑦. Sie nähern sich jetzt einer im Grünen versteckten neogotischen Backsteinkirche ⑧ mit hohem Turm. Heute dient das ehemals protestantische Gotteshaus als

Buchenwald über dem Jäschkental ⑫

Anfang des 20. Jahrhunderts zahlreiche Villen entstanden. Besondere Aufmerksamkeit verdient die Villa der Familie Steffens (Nummer 15) im Stil der Neo-Renaissance ⑨. Ein paar Schritte weiter steht auf derselben Straßenseite unter der Nummer 19 eine Backsteinvilla mit Turm ⑩, die der Architekt Schade 1899 für den Geheimen Baurat Schreyer entwarf. Vom Jäschkental (Jaśkowa Dolina) biegen Sie nach

Hügelrücken verläuft. Biegen Sie nicht in diese Straße ab, sondern steigen Sie den Weg entlang der Schlucht ⑫ hinunter. Nach einigen Minuten erreichen Sie die Backsteingebäude der Medizinischen Akademie und die Straße Do Studzienki im Königstal (Dolina Królewska). Hier biegen Sie links ab und gehen die Straße hinunter. Von weitem sehen Sie auf der rechten Seite das Landhaus im Königstal und im Hintergrund die Giebel und den Turm des Chemischen

Baltische Oper und Philharmonie

Technische Hochschule Danzig ⑥

rechts in die ulica Pawłowskiego ab. Linker Hand sehen Sie die eine reizende Villa mit einer Darstellung der Göttin Diana mit Hirsch. Am Hang (ulica Pawłowskiego 2) steht eine märchenhafte Villa nach dem Entwurf von Henenhauf ⑪.

Von der ulica Pawłowskiego aus können Sie einen der nicht ausgezeichneten Waldwege wählen und dort in Richtung Silberberg (Srebrzysko) oder zum Hauptfriedhof (Cmentarz Centralny) und weiter in den Olivaer Wald (Lasy Oliwskie) wandern. Wir empfehlen Ihnen sich an die Straße zu halten. So kommen Sie in das Jäschkental (Jaśkowa Dolina) zurück. Von weitem sehen Sie auf der rechten Seite eine mit Spitzenornamenten aus Holz verzierte Villa (Nummer 45) aus dem Jahre 1884. Sie folgen dem Jäschkental weiter und gelangen zu der Straße Na Wzgórzu, in die Sie links einbiegen. Nach einer Weile endet die Straße abrupt. Hier gehen Sie den breiten Waldweg hinauf. Auf der Bergstraße angekommen, überqueren Sie die Straße, die auf dem bewaldeten

Instituts der Danziger Universität. Das Gebäude wurde 1905–1908 errichtet.

Das ziemlich verfallene Landhaus im Königstal stammt aus dem 18. Jahrhundert. Es entstand an der Stelle eines Bauwerkes, in dem der Patrizier Zacharias Zappio 1677 einige Monate lang Johann II. Sobieski und seine Frau Marysieńka zu Gast hatte.

An der Bushaltestelle in der Straße Do Studzienki können Sie den Spaziergang beenden oder ins Zentrum von Langfuhr laufen.

Villa Schrey im Jäschkental 19 ⑩

katholische Garnisonskirche. Hinter der Kirche biegen Sie nach links ab und gehen die ulica Sobótki entlang. Die Straße macht eine Rechtskurve, hier erreichen Sie das Jäschkental (Jaśkowa Dolina), wo Ende des 19. und

LEGENDE

••• Routenempfehlung

🚉 Bahnhof

0 Meter   200

ROUTENINFO

Start: Al. Zwycięstwa an der Baltischen Oper und Philharmonie.
Anfahrt: Straßenbahnlinien 2, 6, 12 und 13 bis Oper. Städtische Schnellbahn bis Haltestelle Gdańsk-Politechnika.
Länge: ca. 4 km.
Rasten: Wenige Cafés bzw. Restaurants. Im Sommer Bars im Jäschkental.

Zweistündiger Spaziergang durch Zoppot

DIESER SPAZIERGANG führt durch das Zoppoter Zentrum mit schmalen Straßen und alten Häusern und Pensionen. Teilweise verläuft der Weg am Strand entlang. Die meisten Gebäude, die an dieser Strecke stehen, wurden nach dem Krieg von der Staatlichen Wohnversorgungstelle übernommen und in Wohnhäuser umfunktioniert. Viele sind sehr heruntergekommen. Nach 1989 wurden die ersten Häuser privatisiert und von den neuen Besitzern renoviert. Solche Gebäude bilden aber leider immer noch die große Ausnahme.

Pension Ecke Wojska Polskiego und Kilińskiego ⑧

Klassizistisches Landhaus der Sierakowskis ③

Vom Plac Konstytucji 3 Maja bis zum Grand Hotel

Der Spaziergang beginnt in der Zoppoter Hauptstraße, der ulica Bohaterów Monte Cassino. Sie gehen in Richtung der Eisenbahnlinie und biegen rechts in die ulica Obrońców Westerplatte ab. Auf beiden Seiten der Straße stehen hinter Metallzäunen alte Bürgerhäuser, Pensionen und Villen ①, einige mit schönen Buntglasfenstern. Gehen Sie weiter geradeaus bis zu einer schmalen Brücke, die über eine tiefe Schlucht führt. Davor stehen zwei kleine Steinsäulen mit dem Datum 1701. Gehen

Sie nicht über die Brücke, sondern ein paar Schritte zurück und biegen Sie in die ulica Czyżewskiego ab, die zum Meer führt. Nach wenigen Metern macht die Straße eine scharfe Rechtskurve in Richtung der ulica Bohaterów Monte Cassino. An der Ecke stehen zwei beeindruckende

Villa in der ulica Morska

Grand Hotel

Lutherische Kirche

Lutherische Kirche ⑫

Bürgerhäuser ② (Czyżewskiego Nummer 11 und 13), eines davon mit Jugendstilportal, das andere mit Fachwerk im zweiten Stock. Schön ist auch das gegenüberliegende klassizistische Landhaus ③ mit weißgekalkten Wänden, einem riesigen roten Dach und grünen Fensterläden. Im Jahre 1797 kaufte Graf Sierakowski, Abgeordneter des polnischen Reichstags und späterer Senator im Königreich Polen, das Gebäude. Seine Gattin Helena, geb. Dzieduszycka, legte einen schmucken Garten an, der über viele Jahre hinweg die Hauptattraktion des Badeortes bildete. Heute hat in diesem Landhaus die Gesell-

0 Meter   200

LEGENDE

●●● Routenempfehlung

schaft der Freunde Zoppots ihren Sitz. Hier können Sie eine Wechselausstellung besuchen oder in dem kleinen Café eine Verschnaufpause einlegen. Vor dem Landhaus stehend biegen Sie nach links ab und gehen den schmalen Pfad bis zum Ausgang der Schlucht hinab. Folgen Sie der ulica Majakowskiego und biegen Sie nach rechts in die ulica Haffnera ein. Nach einigen Metern biegen Sie

Teil des neogotischen Hauses in der ulica Chrobrego 48 ⑩

links ab und gehen in die ulica Morska hinein. Auf Nummer 1 steht ein hübsches Haus ④ mit schmaler Fassade, ihm gegenüber ein beschädigtes Gebäude aus dem Jahre 1906 mit interessantem Portal und neobarockem Giebel. In der ulica Morska 7 steht eine ansehnliche Villa ⑤ mit einer aufwendigen hölzernen Skelett- konstruktion. Wenn Sie die stark befahrene ulica Powstańców Warszawy erreicht haben, müssen Sie links die moderne Ziegelsteinkirche von Andrzej Bobola ⑥ passieren. Überqueren Sie die Straße und steuern Sie das Grand Hotel mit der imposanten Einfahrt an *(siehe S. 133)* ⑦.

Am Strand entlang

Wenn Sie um das Hotel herumgehen, kommen Sie zum Strand. Auf dem Spaziergang entlang der Küste können Sie das Panorama von Zoppot genießen. Gehen Sie unter dem Seesteg hindurch und weiter in Richtung Danzig bis zu der Stelle, an der die

Jugendstilportal in der ulica Czyżewskiego 11 ②

Fischerboote stehen. Verlassen Sie hier den Strand und überqueren Sie die Dünen. Sie gelangen in die parallel zum Ufer gelegene schmale Fußgängerzone. Gehen Sie zurück in Richtung Seesteg. In der Fußgängerzone stehen mit Türmen verzierte Pensionen ⑧. Die erste, am Ausgang der ulica Kilińskiego, ist in einem großen Garten versteckt. Sie wurde im Jahre 1906 gebaut und ist mit Veranden, Erkern, Fachwerk und kleinen Bauplastiken geschmückt. Gehen Sie weiter bis zu dem Gästehaus in der ulica Poniatowskiego ⑨ und dann bis zu einem neo- gotischen Haus (um 1900) ⑩, das hinter der Ziegelmauer in der ulica Chrobrego 48 steht. Seine strenge Backsteinfassade mit den kleinen Säulen knüpft an das Schloss des Hoch- meisters der Ordensburg in Marienburg (Malbork) an. Zurzeit wird das Gebäude renoviert. Man plant, hier ein Bernsteinmuseum einzurichten. An diesem Haus biegen Sie in die ulica Chrobrego ab und schauen sich das an der Ecke ulica Chrobrego und ulica Parko- wa stehende moderne Mietshaus ⑪ an. Es ist ein gutes Beispiel für die neueste Zoppoter Archi- tektur, die sich sehr gut dem Ambiente der Stadt anpasst. Hier biegen Sie nach rechts ab und folgen der ulica Parkowa bis zu der Grünanlage. Dort steht die Lutherische Erlöserkirche ⑫ im Stil des Neobarock (1913–1919). Die Grünanlage befindet sich

auf dem Gelände des ehemaligen Südparks, der noch von Haffner angelegt und von Ernst Adolf Böttcher erweitert wurde. Nach dem Bau des Südbades *(siehe S. 133)* ⑬ wurde die Parkanlage 1907 umgestaltet. Auf dem Weg entlang der Grünanlage in Richtung Meer gelangen Sie zum Südbad mit dem chinesischen Hotel. Biegen Sie links zum Seesteg und zur benachbarten Grünanlage ab. Hier endet der Spaziergang.

Altes Gästehaus in der ulica Poniatowskiego ⑨

ROUTENINFO

Start: *Restaurant »La Mela« am Plac Konstytucji 3 Maja.*
Länge: *ca. 3,5 km.*
Anfahrt: *Nehmen Sie die städtische Schnellbahn bis zur Haltestelle Zoppot. Der Bus fährt von der Haltestelle in der ulica Grunwaldzka ab.*
Rasten: *Im Sommer kein Problem. Es gibt sehr viele Cafés, besonders am Strand. In der Nachsaison finden Sie Cafés im Landhaus Sierakowski, im Grand Hotel oder im Südbad.*

CHROBREGO ⑩
PAWŁOWA
DRZYMAŁY
R. TRAUGUTTA
PONIATOWSKIEGO ⑨
PARKOWA
⑧
GRUNWALDZKA
KILIŃSKIEGO

Vierstündiger Spaziergang auf der Hochredlauer Kämpe und dem Meeresboulevard

DIE WANDERUNG führt entlang der Küste, auf dem Rücken des Steinberges (Kamienna Góra), der zwischen den Weltkriegen mit Luxusvillen und Einfamilienhäusern bebaut wurde, und um das steile Kliff der Hochredlauer Kämpe (Kępa Redłowska), einer wunderbaren Waldgegend. Sie endet in Adlershorst (Orłowo), dem einst beliebten Sommererholungsort.

Die Wanderung ist ziemlich lang und anstrengend, man kann sie jedoch abkürzen, indem man nur bis zum Steinberg oder nach Hochredlau (Redłowo) läuft.

Steilufer der Hochredlauer Kämpe ⑮

Ab Skwer Kościuszki

Den Spaziergang beginnen Sie an der Grünanlage Skwer Kościuszki, dort, wo eine Gedenktafel an die Heilige Messe erinnert, die Papst Johannes Paul II. im Jahre 1987 hier abhielt. Sie gehen nach links in südlicher Richtung und überqueren die gepflegte Grünanlage, an der das Hotel Gdynia und das Musiktheater (Teatr Muzyczny) ① liegen. Hier befindet sich auch der Segelhafen *(siehe S. 139)*.

Direkt neben dem Hafen steht in der ulica Zawiszy Czarnego das Museum der Kriegsmarine (Muzeum Marynarki Wojennej) ②. Nachdem Sie sich das Musiktheater *(siehe S. 140)* angeschaut haben, gehen Sie auf den Steinberg (Kamienna Góra). Orientieren Sie sich dabei an dem von weitem sichtbaren Kreuz ③.

Blick auf die Danziger Bucht

Steinberg

Gehen Sie die Treppe auf der Rückseite des Theatergebäudes in der ulica Kasprowicza hinauf. Sie liegt an einem mit Wildpflanzen bewachsenen Hang. Gehen Sie immer weiter hoch bis zum Gipfel. Orientieren Sie sich dabei an dem Kreuz. Für den mühsamen Aufstieg werden Sie durch die wunderbare Aussicht vom Berggipfel mit Blick auf Gdingen, die Hügel der Umgebung und die Danziger Bucht (Zatoka Gdańska) belohnt. Das nachts beleuchtete Kreuz wurde 1994 nach Entwürfen von Wojciech Dworski und Janusz Jarzębowicz errichtet.

In der Nähe des Kreuzes steht das bunte Gebäude des Restaurants Major ④. Hier können Sie bei einer Tasse Kaffee kurz verschnaufen (leider erst nach 12 Uhr). Jetzt folgen Sie der ulica Mickiewicza. Rechts sehen Sie von weitem die zwei Türme der Franziskanerkirche. Links und rechts der Straße auf dem Steinberg-Rücken stehen kastenförmige Villen aus den Dreißigerjahren. Im Haus unter der Nummer 16 ⑤ wohnte 1949–1986 der Schriftsteller Karol O. Borchardt. Das Haus Nummer 36 ⑥ schmücken Steingesichter. Folgen Sie der ulica Mickiewicza bis zu einem kleinen Rondell mit einer winzigen Büste des Schriftstellers Henryk Sienkiewicz ⑦. Linker Hand (ulica Sienkiewicza 39) sehen Sie ein schönes modernistisches Wohnhaus aus dem Jahre 1937 ⑧. Es wurde von

Kreuz auf dem Steinberg 3

Wacław Tomaszewski entworfen und zeichnet sich durch horizontale Gliederungen und lang gezogene Fenster aus. Nicht weit davon (ulica Korzeniowskiego 7) steht eine ähnliche Villa ⑨ der Gräfin Magdalena Łosiowa, die Zbigniew Kupiec und Tadeusz Kossak 1935 entwarfen. Gehen Sie in der ulica Korzeniowskiego weiter geradeaus. Vor dem Haus Nummer 13 (rote Dächer und grüne Fenster) ⑩ biegen Sie nach links in den schmalen Durchgang zur Uferpromenade ⑪ ein. Folgen Sie ihr in südlicher Richtung. Rechts erhebt sich die Anhöhe des hl. Maximilian (Wzgórze św. Maksymiliana), links erstreckt sich die Danziger Bucht. Unterwegs kommen Sie an einem Mahnmal vorbei ⑫.

Gedenkstein für Robert Powell

Blick auf die Südmole ⑪

Hochredlauer Kämpe

Am Ende der Promenade beginnt das Steilufer der Hochredlauer Kämpe. Stellenweise erreicht es eine Höhe von 50 Metern. Jetzt können Sie sich entscheiden, ob Sie am Ufer entlang weiter wandern oder Ihren Spaziergang beenden möchten. Haben Sie die zweite Möglichkeit gewählt, gehen Sie in Richtung Hochredlau (Redłowo). Sie kommen an dem Gedenkstein ⑬ für den Begründer der Pfadfinderbewegung, Robert Powell, vorbei, der auf der Redlauer Lichtung (Polanka Redłowska) ⑭ steht, und

folgen dann dem Waldweg entlang der tiefen Schlucht. Nach wenigen Minuten gelangen Sie in der ulica Redłowska zur Bushaltestelle.

Wenn Sie sich gut auf unmarkierten Waldwegen orientieren können, sollten Sie den Weg im Naturpark der Hochredlauer Kämpe ⑮ nicht scheuen. Der Naturpark wurde 1938 gegründet und erstreckt sich über ein Gebiet von 111 Hektar Buchenwaldgelände. Mit etwas Glück finden Sie eine echte schwedische Eberesche. An den Hängen und in den tiefen Schluchten stößt man zuweilen auf Betonbauwerke aus dem Zweiten Weltkrieg.

Mahnmal für Kriegsopfer ⑫

Adlershorst

Um nach Adlershorst ⑯ zu gelangen, gehen Sie am Strand entlang der Hochredlauer Kämpe. Direkt hinter dem Zipfel, an der Mündung eines Flüsschens (Kacza rzeczka), baute der Fischer Johann Adler 1828 ein Wirtshaus. Es war der Kern einer kleinen Siedlung, die sich ein paar Jahrzehnte später in eine Feriensiedlung verwandelte. Um die Jahrhundertwende entstanden hier ein Kurhaus, ein Bad und eine kleiner Seesteg ⑰.

Der Seesteg, den Sie jetzt erreichen, stammt aus dem Jahre 1934. Er diente als Anlegestelle für die Schiffe der polnischen Binnenschifffahrtsgesellschaft Vistula, die zwischen Gdingen und Warschau verkehrte. Am Ende des Seestegs haben sie einen guten Blick auf die Hochredlauer Kämpe. In der ulica Orłowska sehen Sie das Landhaus, in dem der Schriftsteller Stefan Żeromski lebte. Nachdem Sie den Seesteg verlassen haben, gehen Sie links, überqueren die Grünanlage und die belebte Aleja Zwycięstwa und gelangen zur Haltestelle der Städtischen Schnellbahn Gdynia-Orłowo. Nebenan befindet sich das große Einkaufszentrum Klif ⑲.

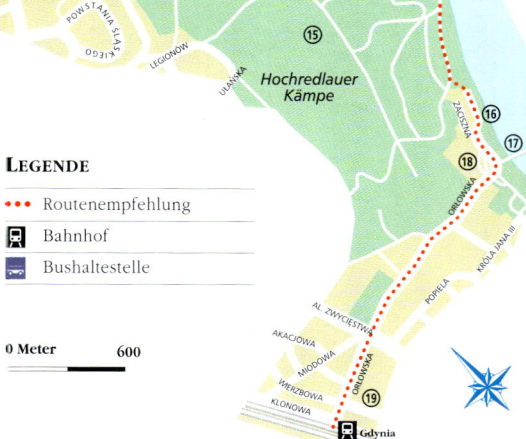

LEGENDE

••• Routenempfehlung

🚉 Bahnhof

🚌 Bushaltestelle

0 Meter   600

ROUTENINFO

Start: Skwer Kościuszki.
Länge: ca. 7 km.
Anfahrt: Skwer Kościuszki liegt im Stadtzentrum (siehe S. 140). Von der ulica Redłowska mit Buslinien 133, 134. Aus Orłowo mit der Städtischen Schnellbahn ab Gdynia-Orłowo, dann mit Bus 21 oder 26 ab Al. Zwycięstwa Ecke ulica Przebendowskich.
Rasten: Auf dem Steinberg Restaurant Major. Auf der Uferpromenade und am Seesteg in Orłowo sind im Sommer viele Bars geöffnet. In der Nachsaison Angebote auf der Polanka Redłowska oder im Einkaufszentrum Klif.

KARTENTEIL / KARTENREGISTER

ALLE SEHENSWÜRDIGKEITEN, Restaurants, Hotels und Geschäfte sind mit Koordinaten versehen, die sich auf den Kartenteil der Dreistadt beziehen. Wie das Verweissystem funktioniert, entnehmen Sie der folgenden Seite.

Werden zwei Koordinaten angegeben, bezieht sich die zweite Angabe (in Klammern) auf den Plan des Stadtzentrums mit dem größeren Maßstab. Das vollständige Straßenverzeichnis finden Sie auf den Seiten 170–175. Die Übersichtskarte unten zeigt das gesamte Stadtgebiet und hilft Ihnen, die 14 Einzelkarten rasch zu finden. Alle im Führer besprochenen Orte und Sehenswürdigkeiten sind eingetragen.

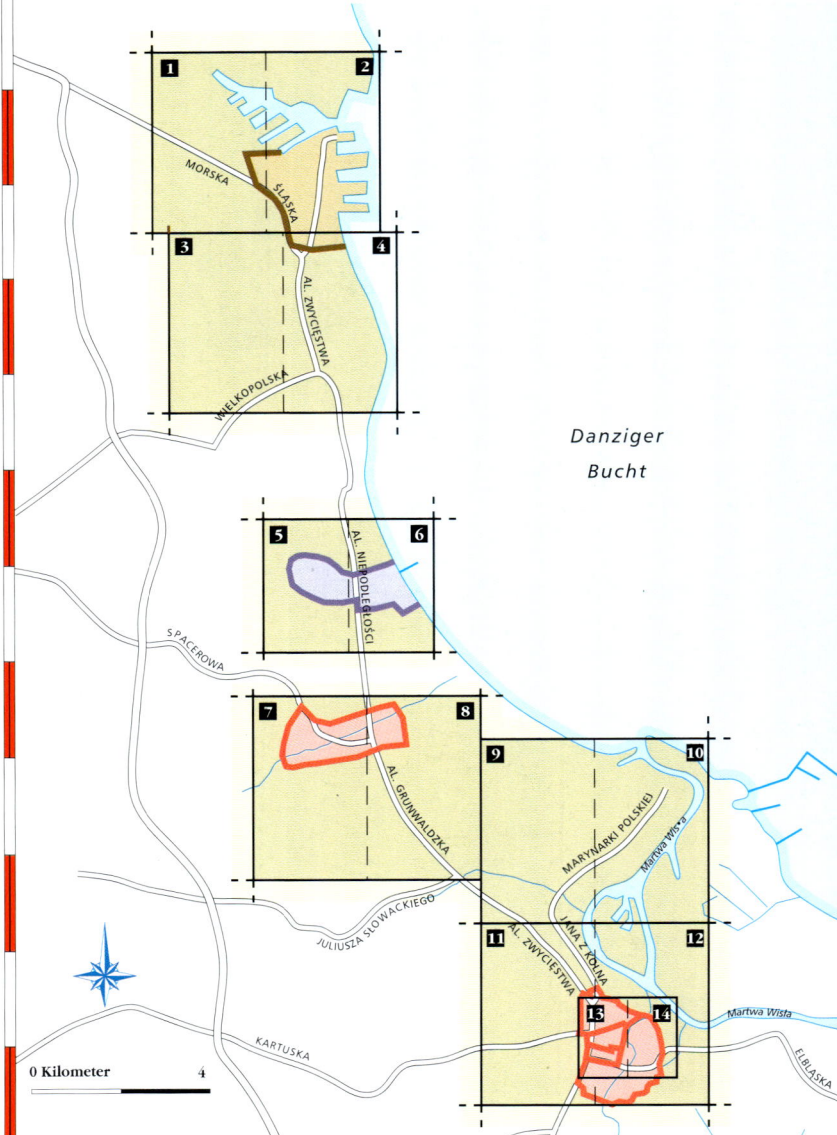

WIE FUNKTIONIERT DAS VERWEISSYSTEM ?

Die erste Zahl verweist auf die Kartennummer

Großes Zeughaus ❶

Targ Węglowy 6. Karte 12 3D (13 B3). **Staatliche Hochschule für Bildende Künste** 301 28 01.

Buchstabe und Zahl bezeichnen die Koordinaten des Kartennetzes. Buchstaben finden Sie am oberen bzw. unteren, Ziffern am seitlichen Kartenrand.

Der zweite Verweis bezieht sich auf die Karten mit größerem Maßstab (Karten 13–14). Verfahren Sie wie oben beschrieben.

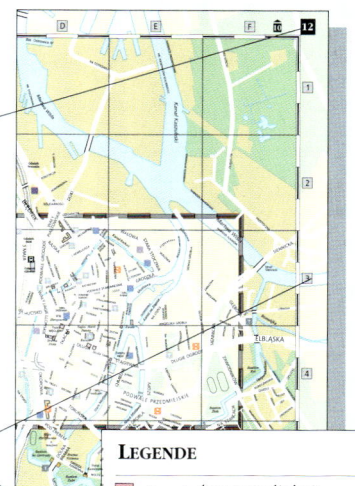

Zahlen mit Pfeil verweisen auf die nächste Karte.

LEGENDE

🟥	Hauptsehenswürdigkeit
🟨	Sehenswürdigkeit
⬜	Hauptbahnhof
🚌	Bushaltestelle
🚊	Straßenbahnhaltestelle
🚆	Bahnhof
🚍	Busbahnhof
🅿	Parken
ℹ	Information
➕	Krankenhaus
🚓	Polizei
✝	Kirche
⊠	Post
⛴	Fähre
🚢	Ausflugsschiff
══	Eisenbahnlinie
～	Einbahnstraße
▬	Fußgängerzone
▬	Stadtmauer

Maßstab Karten 1–4 und 7–12

0 Meter   500
1 : 23 000

Maßstab Karten 5–6

0 Meter   400
1 : 17 000

Maßstab Karten 13–14

0 Meter   200
1 : 10 000

1

A   B   C

BOISKO

Gdynia
Obsłudze Leśne

PROMOWA

KUŚNIERKA

SKRAJNA

KOŁODZIEJSKA

RYMARSKA

FRETÓW

TOKARSKA

CZELADNICZA

STOLARSKA

BEDNARSKA

CŁOWNA

KRAWIECKA

SPAWACZY

ŚLEPA

SZTUKATORÓW

TRACZY

LNIANÓW

ADM. J. UNRUGA

SZLYFIERZA

O B Ł U Ż E

B. BIELAWSKIEGO

JAGNA

BEDNARSKA

BOSMAŃSKA

NASYPONA

KONTENEROWA

Urząd celny

Gdynia
Obsłudze

1

CHYLOŃSKIE ŁĄKI

NB. HELSKIE II

Basen VIII

NABRZEŻE HELSKIE I

NABRZEŻE BUŁGARSKIE

Kanal Portowy

NB. BRAMOWE

NB. DOKOWE

NABRZEŻE LITEWSKIE

2

ŚW. MIKOŁAJA

HUTNICZA

ESTAKADA T. KWIATKOWSKIEGO

GOŁĘBIA

ENERGETYKÓW

NB. WŁOSKIE

Basen VII

NABRZEŻE ALBAŃSKIE

Basen VI

NABRZEŻE WĘGIERSKIE

RUMUŃSKA

OPATA HACKIEGO

K. GÓRSKIEGO

J. UJANICZKA

NIEMOJEWSKIEGO

J. RAMUŁTA

OSADA KOLEJOWA

Gdynia
Grabówek

JANKA WIŚNIEWSKIEGO

NB. CZECHOSŁOWACKIE

3

ZAMĘT TOLKOWSKA

MORSKA

FILOMATÓW

PIETRYCKIEGO

J. OKRZEI

MIELŻYŃSKIEGO

MIELŻYŃSKIEGO

LESZCZYNU

GEN. ORLICZ DREISERA

KALKSZTAJNÓW

GRABÓWEK

F. CEYNOWY

E. DEMBISKIEGO

SAMBORA

PODGÓRNA

DONIMIRSKIEGO

KOMANDORSKA

CZECHOSŁOWACKA

ROTTERDAMSKA

CELI VIA

POLSKA

A. KROFFA

SAMBORA

WIDOK

HOŁDUSA

M. SKŁODOWSKIEJ-CURIE

S. WĄSOWICZA

Szpital
Chorób Płuc

GRABOWO

Wyższa
Szkoła Morska

Gdynia
Stocznia

JANKA WIŚNIEWSKIEGO

E. DEMBISKIEGO

GRABOWO

M. BENIOWSKIEGO

KAPITAŃSKA

G. DENHOFFA

W. SURMANA

MORSKA

4

PL. NEPTUNA

BP. OKONIEWSKIEGO

H. KOŁŁĄTAJA

FALISTA

J. LELEWELA

TRÓJMIEJSKI
PARK KRAJOBRAZOWY

KOŁOBRZESKA

WOLNOŚĆ

SZCZECIŃSKA

POKLASKA

ELBLĄSKA

SŁUPSKA

SZCZECIŃSKA

TATRZAŃSKA

5

3

A   B   C

BŁĘKITNA
ZIELONA
MODRA
BIAŁA
CZERWONA
GRANATOWA
ALGIERSKA
AFRYKAŃSKA
ŻEGLARZY
INŻ. J. ŚMIDOWICZA
PODCHORĄŻYCH
ŻÓŁKIEWSKIEGO
PANCERNA
PŁK. S. DĄBKA
G. GODEBSKIEGO
CZWARTAKÓW
BOSMAŃSKA
KRAGUJONA
KRĄŽANA
KRÓRE J. GRUZIŃSKIEGO
A. DICKMANA
MARYNARSKA
TRZCIAŃSKA
MUCHOWSKIEGO
ARKTYCZNA
ARKTYCZNA
ARKTYCZNYCH

O K S Y W I E

Przyl. Oksywie

Akademia
Marynarki
Wojennej

Gdynia
Port Oksywie

Basen X

Basen XI

Basen IX

NABRZEŻE GOŚCINNE

NB. JUGOSŁOWIAŃSKIE

Awanport

NB. FIŃSKIE

NB. PORTOWE

NB. FRANCUSKIE

Dworzec Morski

MOLO PASAŻERSKIE

FRANCUSKA

NABRZEŻE HOLENDERSKIE

NB. BELGIJSKIE

NABRZEŻE KURAŃSKIE
Basen V
im. E. Kwiatkowskiego
NABRZEŻE STANÓW ZJEDNOCZONYCH
NABRZEŻE NORWESKIE
DOKERÓW
NABRZEŻE INDYJSKIE
INDYJSKA
Basen IV
marsz. Piłsudskiego
NABRZEŻE POLSKIE
POLSKA
B. CHRZANOWSKIEGO

NABRZEŻE DUŃSKIE

Basen III
Węglowy

P O R T

Urząd Morski

WARSZTATOWA
T. WENDY
WĘGLOWA
WIGURY
ŚW. PIOTRA
JERZEGO WASZYNGTONA

NABRZEŻE SZWEDZKIE

MOLO WĘGLOWE

WĘGLOWA

NABRZEŻE WENDY

NABRZEŻE ŚLĄSKIE

Basen II
inż. Wendy

T. WENDY
PORTOWA
HRYMA
SKEGO
JANA Z KOLNA
WÓJTA RADTKEGO
STAROWIEJSKA
WŁADYSŁAWA IV
10 LUTEGO
S. BATOREGO
ARMII KRAJOWEJ
ŚWIĘTOJAŃSKA
A. ABRAHAMA
K. PUŁASKIEGO
MŚCIWOJA
ŚLEDZIOWA
RYBNE
ŚLEDZIOWA

MOLO RYBACKIE

NABRZEŻE ANGIELSKIE

NABRZEŻE SŁANECZNE

A. HRYNIEWICKIEGO

NABRZEŻE KUTROWE

Basen I
Prezydenta

NB. PRZYRONTA

Gdynia
Główna

PL. KONSTYTUCJI

DWORCOWA

PL. KASZUBSKI

H. DERDOWSKIEGO

Szpital
Miejski

ŚRÓDMIEŚCIE

Muzeum
m. Gdyni

ORP
Błyskawica

Dar
Pomorza

NB. POMORSKIE

AL. ZJEDNOCZENIA

MOLO
POŁUDNIOWE

WOLNOŚCI
KARPACKA
WARSZAWSKA
ŚLĄSKA
PODOLSKA
ŚLĄSKA
LITEWSKA
3 MAJA
OBROŃCÓW WYBRZEŻA
BESKIDZKA
CZOŁEK
JUPCZA
ZAKOPIAŃSKA
ŚWIĘTOJAŃSKA
ZYGMUNTO-
WSKA
K. BORCHARDTA
PL. GRUN-
WALDZKI
WYBICKIEGO
SOLDKIEGO
SKWER
KOŚCIUSZKI
ZGODY
KRÓL A AUGUSTA
MICHWOJA
WIGURY
SKWER TAJNEGO
HUFCA HARCERZY
Teatr
Muzyczny
Muzeum
Marynarki
Wojennej
Cent. Wych.
Morskiego
K. BENIOWSKIEGO
Wyższa
Szkoła Morska
Muzeum
Oceanografii
i Akwarium Morskie

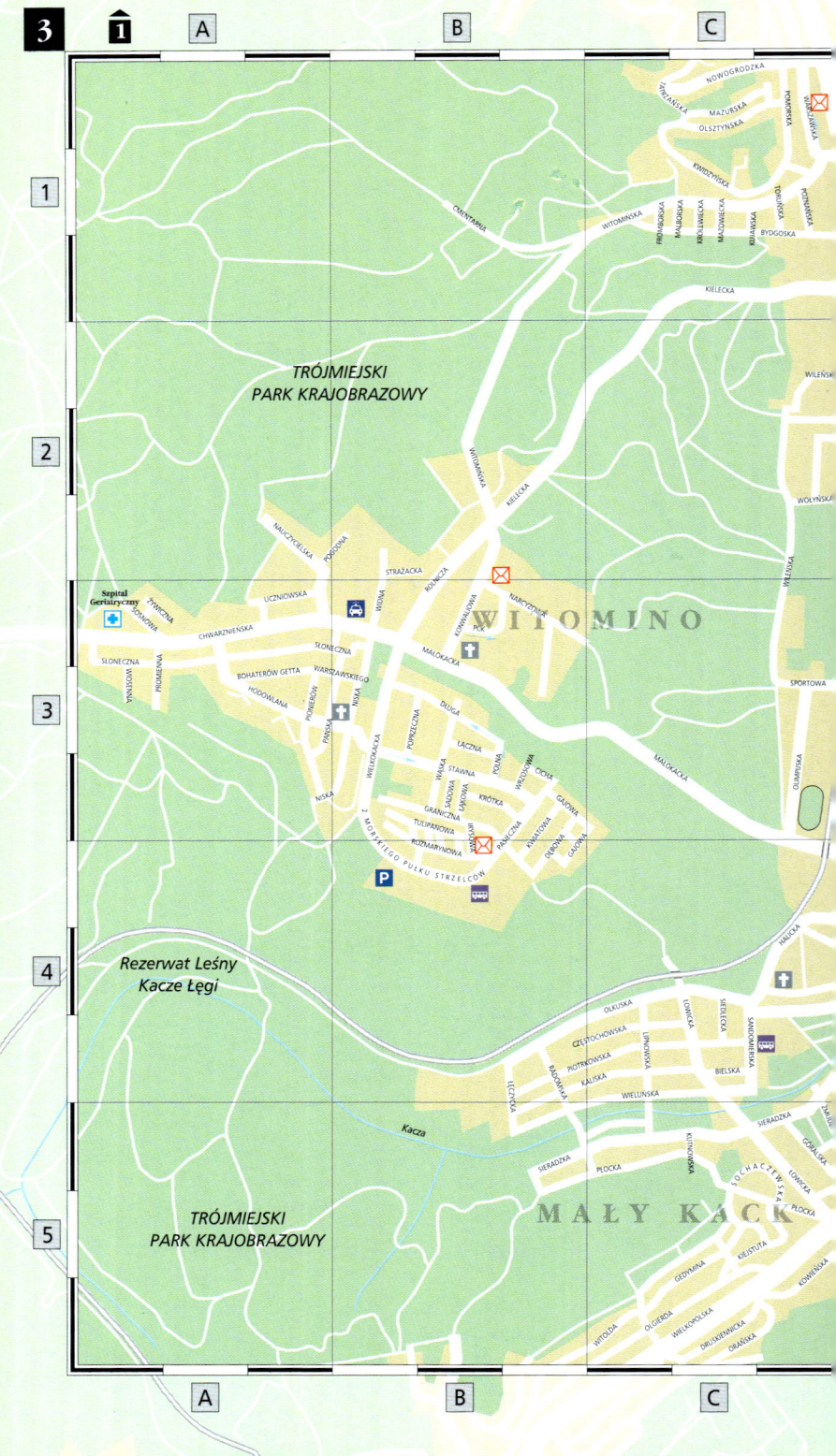

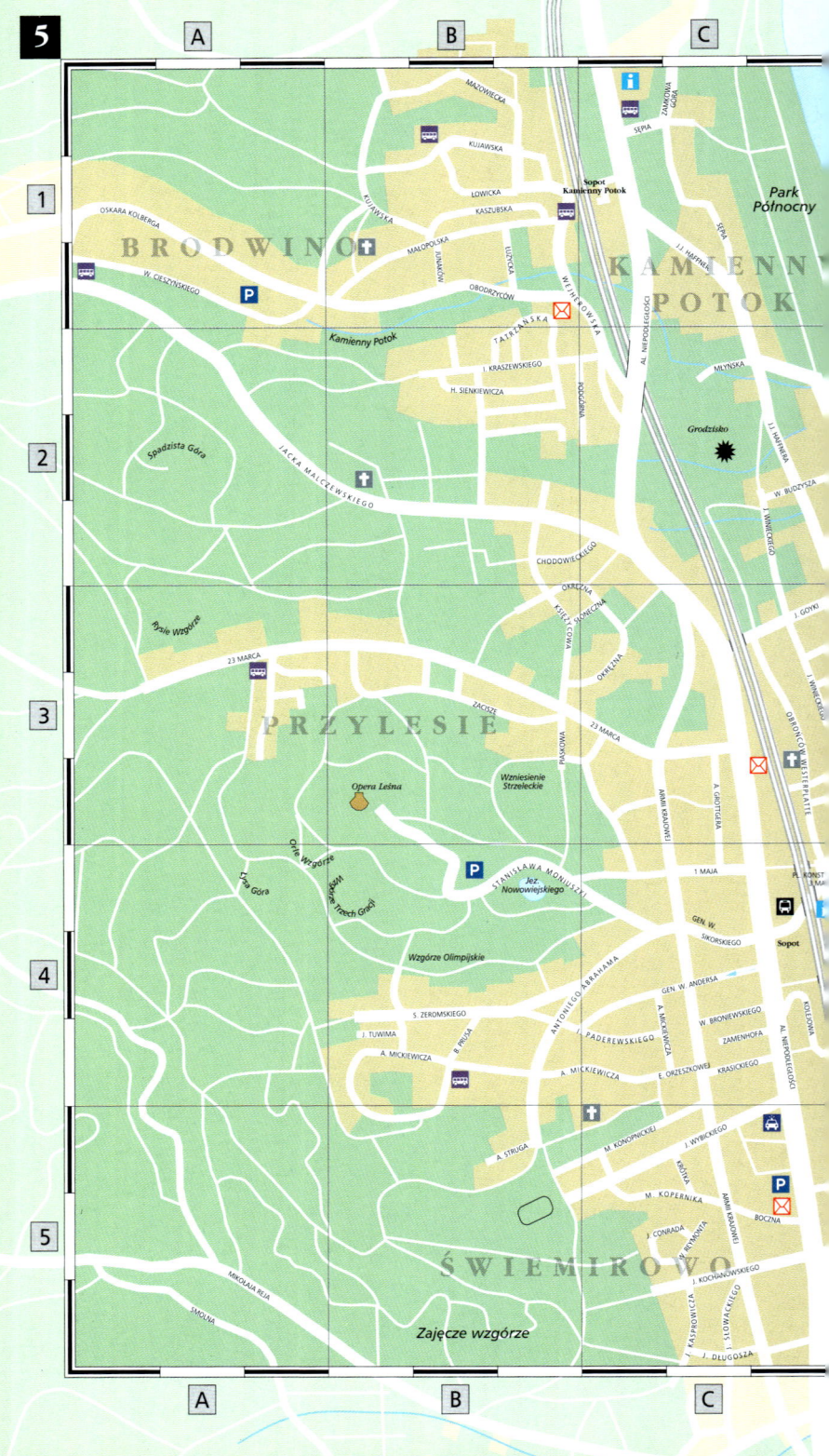

D E F

1

2

3

4

5

PL. KUSOCIŃSKIEGO

*Łazienki
Północne*

POWSTAŃCÓW WARSZAWY

NIOWA

**Park
Północny**

LSKA

TYCKA

F. CEYNOWY

J.I. HAŚNERA

*Grand
Hotel*

MOLO

M. MOKWY

Dworek

P

Skwer
Kuracyjny

DR. A. MAKCYKDEGO

CHWIELENSKIEGO

MORSKA

JADWIGI

PLAC
ZDROJOWY

KLIMACZA

POKORNEJ

KS. J. PORACZA

Dworek

*Zakład
Balneologiczny*

**Park
Południowy**

BOH. MONTE CASSINO

J. PUŁASKIEGO

GEN. ST INCERA

OGRODOWA

BIAŁA

A. KORDECKIEGO

PIASTÓW

*Łazienki
Południowe*

JANA SOBIESKIEGO

W. JAGIEŁŁY

J. DĄBROWSKIEGO

GRUNWALDZKA

PARTOWA

OWA

F. CHOPINA

B. CHROBREGO

KAZIMIERZA WIELKIEGO

MIESZKA I

CHROBREGO

DRZYMAŁY

P

U*rząd
Miejski*

J. SOBIESKIEGO

KSIĄŻĄT

POMORSKICH

R. TRAUGUTTA

KS. J.
PONIATOWSKIEGO

PARTOWA

J. KILIŃSKIEGO

GRUNWALDZKA

AL. WOJSKA POLSKIEGO

MARY-
NARZY

TRAUGUTTA KOŚCIUSZKI

LIPOWA

WŁADYSŁAWA IV

DĘBOWA

3 MAJA

S. OKRZEI

KARLIKOWSKA

NA WYDMACH

E. PLATER

M. SKŁODOWSKIEJ-CURIE

*Muzeum
Stutthof*

P

JANA KAZIMIERZA

W. SYROKOMLI

SKARPOWA

WŁADYSŁAWA ORKIETA

*Karlikowski
Potok*

POGODNA

PL.
RYBAKÓW

BITWY POD PŁOWCAMI

AL. WOJSKA POLSKIEGO

JANA Z KOLNA

L. MIEROSŁAWSKIEGO

B. JOSELEWICZA

POLNA

K A R L I K O W O

Sopot
Wyścigi

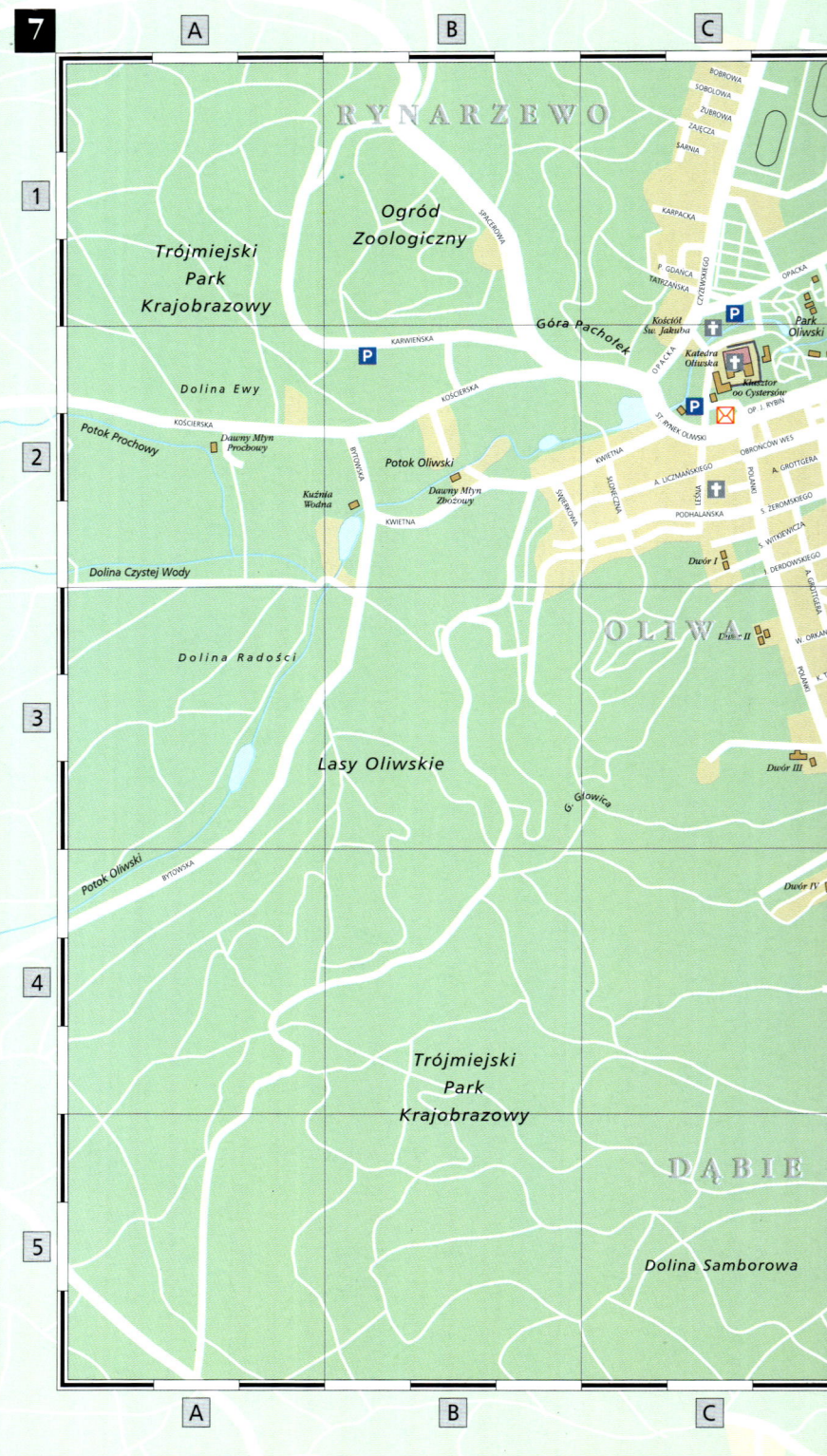

7

A B C

1

RYNARZEWO

Ogród Zoologiczny

SPACEROWA

BOBROWA
SOBOLOWA
ŻUBROWA
ZAJĘCZA
SARNIA

KARPACKA

Trójmiejski Park Krajobrazowy

P GDAŃCA
TATRZAŃSKA

CZYŻEWSKIEGO

OPACKA

P

Park Oliwski

Góra Pachołek

Kościół Św. Jakuba

Katedra Oliwska

Klasztor oo Cystersów

ST. RYNEK OLIWSKI

OP. J. RYBIN

KARWIEŃSKA

P

Dolina Ewy

KOŚCIERSKA

2

Potok Prochowy

KOŚCIERSKA

Dawny Młyn Prochowy

BYTOWSKA

Potok Oliwski

Dawny Młyn Zbożowy

Kuźnia Wodna

KWIETNA

KWIETNA

ŚWIERKOWA

SŁUDECZNA

A. LICZMAŃSKIEGO

OBROŃCÓW WES

PODHALAŃSKA

A. GROTTGERA

POLANKI

S. ŻEROMSKIEGO

S. WITKIEWICZA

S. DERDOWSKIEGO

Dolina Czystej Wody

Dwór I

J. DERDOWSKIEGO

A. ORZESZKOWEJ

OLIWA

Dwór II

W. ORKANA

POLANKI

K. TE

Dolina Radości

3

Lasy Oliwskie

G. Głowica

Dwór III

4

Potok Oliwski

BYTOWSKA

Dwór IV

Trójmiejski Park Krajobrazowy

DĄBIE

5

Dolina Samborowa

A B C

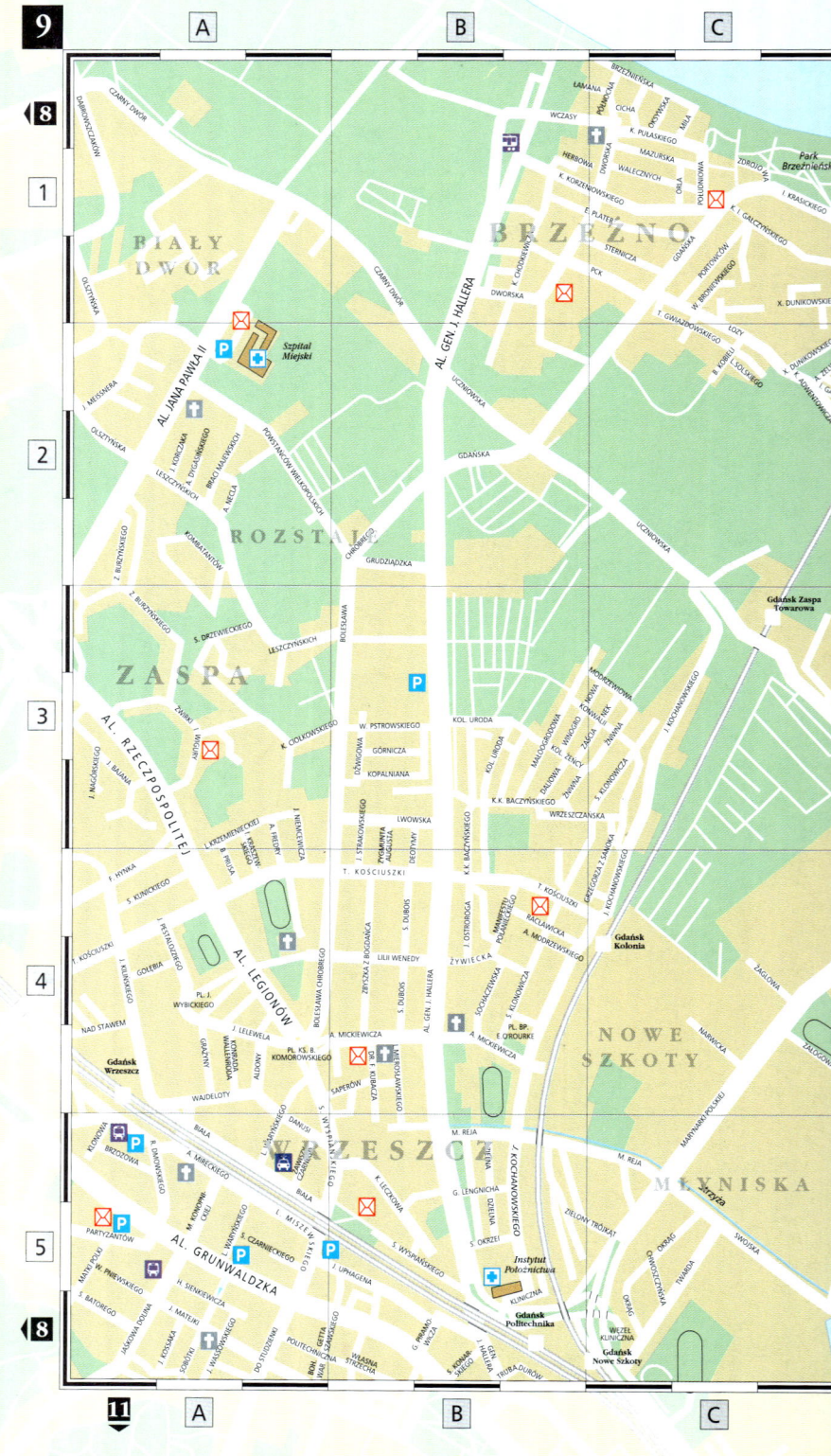

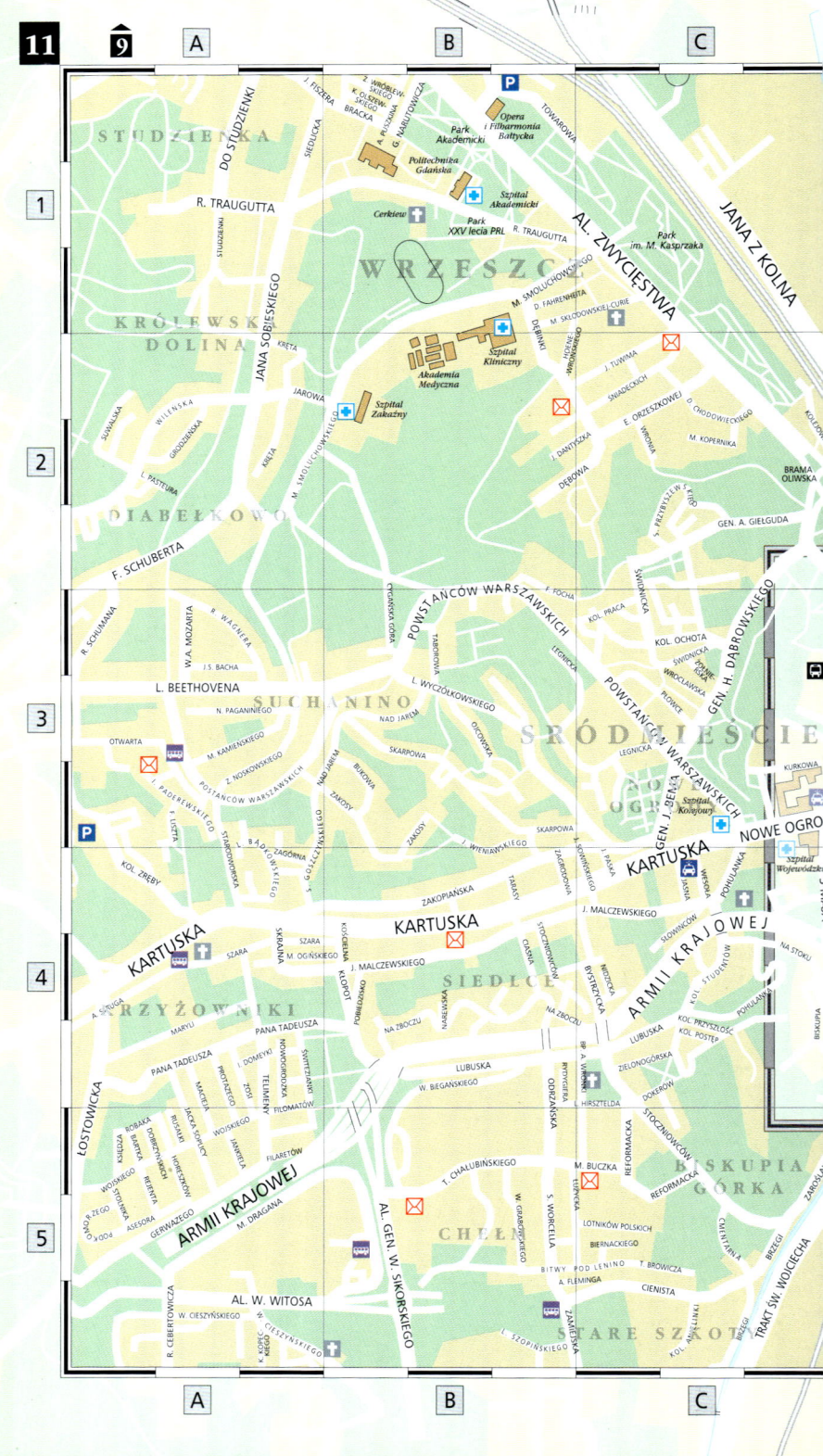

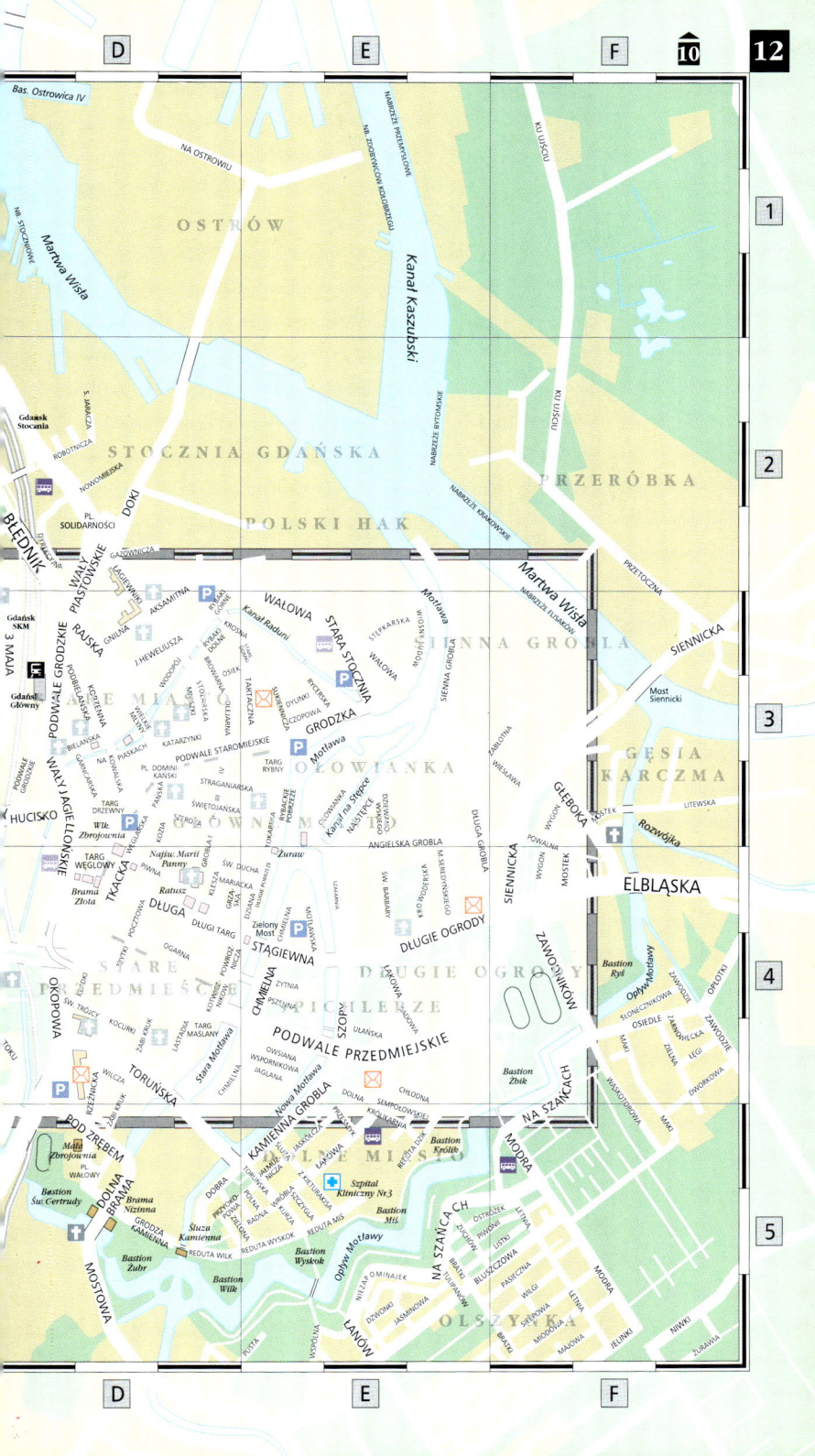

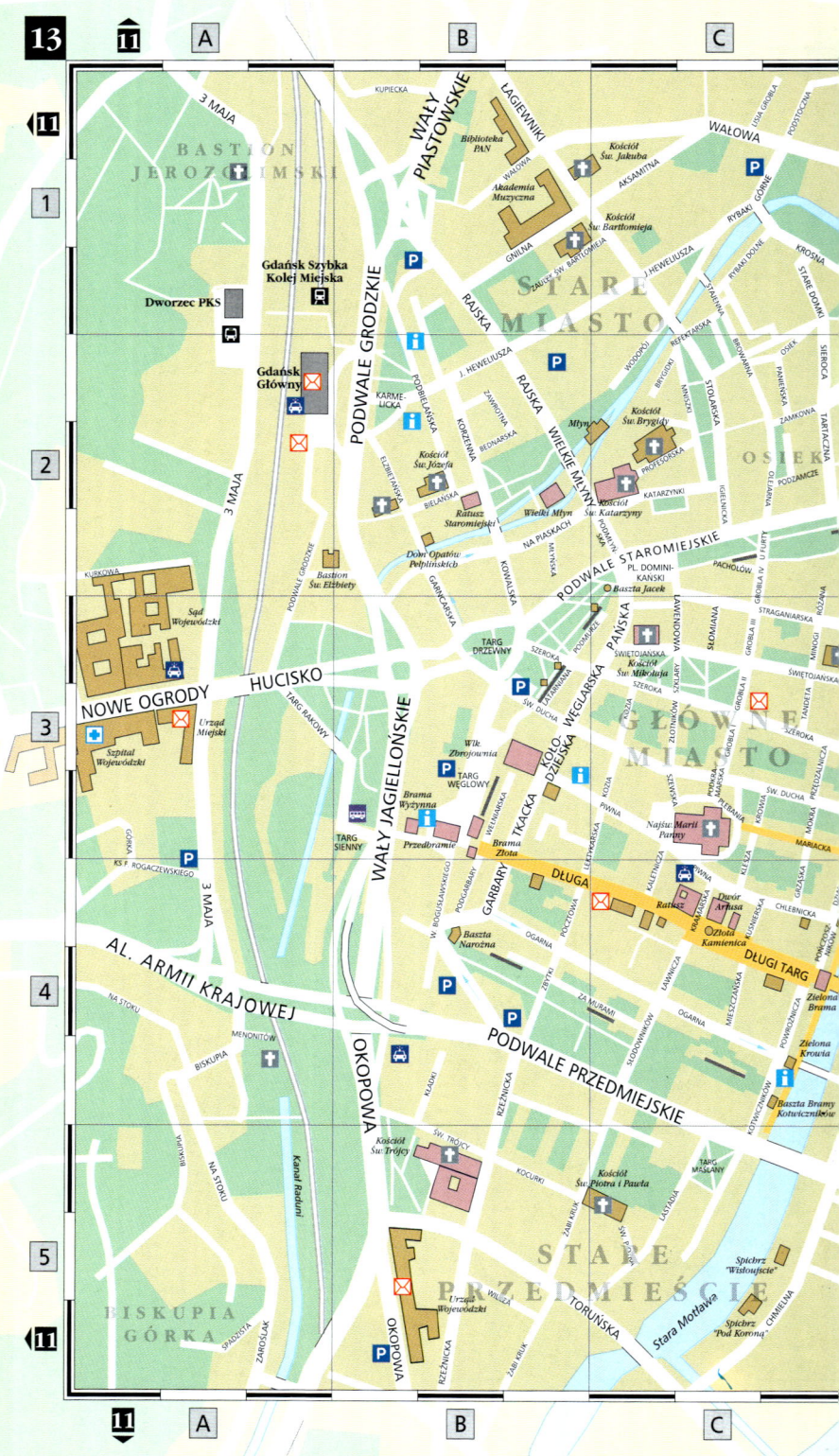

STOCZNIA
GDAŃSKA

POLSKI HAK

Martwa Wisła

NABRZEŻE KRAKOWSKIE

WAŁOWA

Motława

NABRZEŻE TUŁACZÓW

STARA STOCZNIA

Kanał Raduni

STĘPKARSKA

WAŁOWA

WIOSNY LUDU

SIENNA GROBLA

ZAMCZYSKO

OBROŃCÓW
TTY POLSKIEJ

WAPIENNICZA

SIENNA
GROBLA

SUKIENNICZA
DYLINKI
CZOPOWA
RYCERSKA

GRODZKA

Fragment muru
obronnego Zamku

Baszta
Łabądź

WARTKA

Motława

ZABŁOTNA

SIENNICKA

ALNA
TARG
RYBNY

OŁOWIANKA

WIŚLANA

Brama
ganiarska

Spichrz
Królewski

RYBACKIE POBRZEŻE

OŁOWIANKA

Kanał na Stepce

GŁĘBOKA

ana
TOKARSKA
WARZYWNICZA

Brama
Świętojańska

NA STEPCE

WYGON

POWALNA

MOSTEK

Muzeum
s/s "Sołdek"

Spichrze

PIW. DZIEWANOWSKIEGO

ANGIELSKA GROBLA

DŁUGA GROBLA

SIENNICKA

RUDNO

Centr. Muz.
Morskie

Dom Pod
Murzynkiem

MOSTOWSKA

Żuraw

Brama
Śu. Ducha

M. SEBELOWSKIEGO

KROWODRSKA

WYGON

Stara Motława

Nowa Motława

SZAFARNIA

ŚW. BARBARY

ELBLĄSKA

Brama
Żuławska

CHMIELNA

MOTŁAWSKA

DŁUGIE OGRODY

DŁUGIE
OGRODY

ZAWODNIKÓW

ny
STAGIEWNA

Brama
Stągiewna

ŁĄKOWA

SZOPY

ELNA

ZYTNIA

PSZENNA

SPICHLERZE

Nowa Motława

ULAŃSKA

SADOWA

OWSIANA

PORNIKOWA

ANA

KAMIENNA GÓRA

SZYWARY

DOLNA

JAGLÓŁGCZA

ŁĄKOWA

CHŁODNA

SEMPOŁOWSKIEJ

PODWALE PRZEDMIEJSKIE

DOLNE
MIASTO

Bastion
Żbik

NA SZAŃCACH

Opływ Motławy

Kartenregister

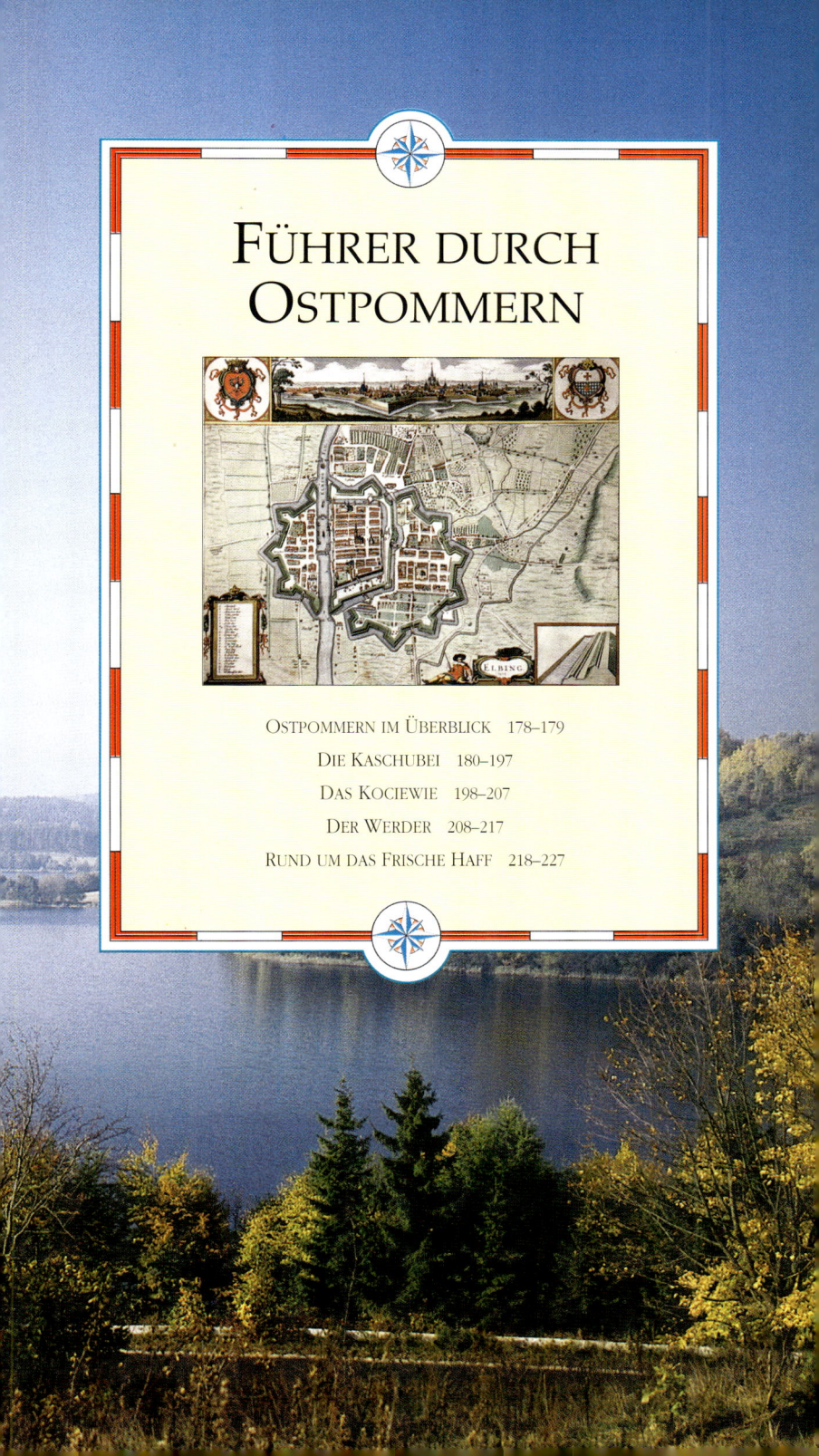

FÜHRER DURCH OSTPOMMERN

Ostpommern im Überblick

OSTPOMMERN bietet seinen Besuchern schöne und abwechslungsreiche Landschaften, wertvolle Kunstschätze und interessante Bauwerke. Nicht nur die Dreistadt(Trójmiasto), sondern auch kleinere Städte und die Burgen lohnen den Besuch. Zu den Hauptattraktionen gehören die Ordensburg in Marienburg (Malbork) sowie die Kathedralen in Frauenburg (Frombork) und Pelplin. Viele Gäste kommen auch wegen der schönen Strände und guten Wassersportmöglichkeiten. Ruhiger geht es in den Waldgebieten und an den Seenplatten der Kaschubei (Kaszuby) und des Kociewie zu. Die einzelnen Ortschaften werden im Führer nach Regionen dargestellt, die auf der nachstehenden Karte farbig markiert sind.

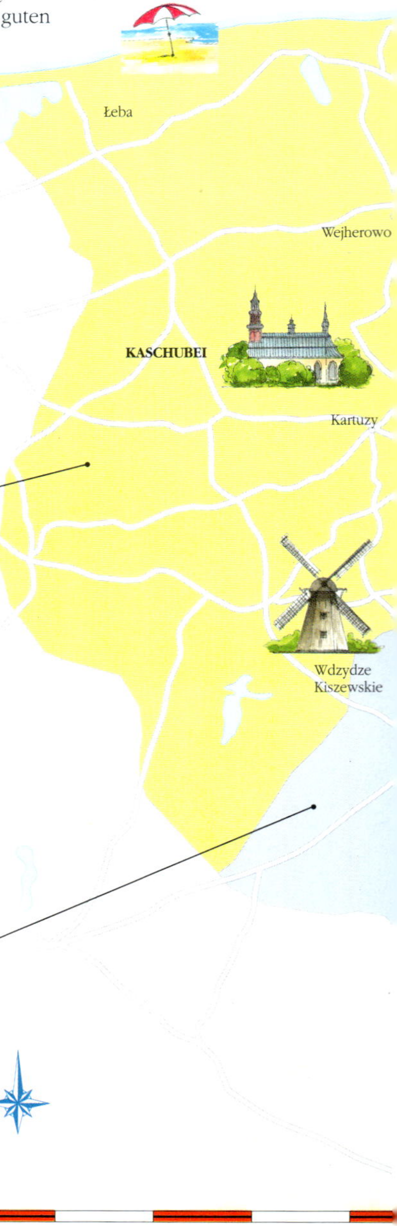

Łeba

Wejherowo

KASCHUBEI

Kartuzy

KASCHUBEI
Seiten 180–197

Wdzydze
Kiszewskie

KOCIEWIE
Seiten 198–207

0 Kilometer   16

WERDER
Seiten 208–217

Puck

Hel

Gdynia

Sopot

Gdańsk

Frombork

Elbląg

WERDER

Tczew

**RUND UM
DAS FRISCHE HAFF**

Malbork

KOCIEWIE

Gniew

FRISCHES HAFF
Seiten 218–227

DIE KASCHUBEI

DIE KASCHUBEI *mit ihren Seen, Hügeln und großen Wäldern ist die landschaftlich schönste Region Ostpommerns (Pomorze Wschodnie). Außerdem gibt es zahlreiche interessante Sehenswürdigkeiten. Herrliche Sandstrände säumen die Kaschubische und die weiter westlich gelegene Slowinzischen Küste (Pobrzeże Kaszubskie, Pobrzeże Słowińskie).*

Im Sommer füllen sich die Ostseebäder der Kaschubischen Küste schlagartig. Allerdings dauert die Sommersaison nicht sehr lange und bereits ab Mitte September ist die Küstenregion wie leer gefegt. Mindestens so reizvoll ist die Kaschubische Seenplatte (Pojezierze Kaszubskie) mit schönen Wäldern und hohen Moränenhügeln. Die höchsten liegen im Schönberger Gebirge (Góry Szymbarskie). Hier steht auch der höchste Berg Ostpommerns, der 331 Meter hohe Thurmberg (Wieżyca). Besonders idyllisch liegt der Radaunensee (Jezioro Raduńskie), die Quelle der Radáune (Radunia), die durch eine imposante Schlucht Richtung Ostsee fließt. Dichter haben die Radaune mit dem nördlichen Abschnitt des mythischen Flusses Eridanos verglichen. In den Eridanos soll der von Zeus getötete Phaethon, Sohn des Helios, von seinem Sonnenwagen gestürzt sein. Dieser Teil der Kaschubei wird auch Kaschubische Schweiz (Szwajcaria Kaszubska) genannt. Direkt am Meer erstreckt sich der Slowinzische Nationalpark (Słowiński Park Narodowy), ein Biosphärenreservat der UNESCO.

DIE KASCHUBEN

Zu der Urbevölkerung der Region gehört der slawische Volksstamm der Kaschuben. Er besteht aus zwei Gruppen, den »Küstenkaschuben« im Norden und den »Waldkaschuben« in der Kaschubischen Schweiz und der Tuchler Heide (Bory Tucholskie). Stets versuchten sie ihre kulturelle und sprachliche Identität den Deutschen gegenüber zu bewahren. Besonders im 19. Jahrhundert hatte die katholische Bevölkerung der Kaschubei unter Germanisierungsbestrebungen zu leiden. In diesem Zusammenhang entstand die Bewegung der Jungkaschuben, die die Kaschuben für deren eigene Kultur, Sprache und Tradition sensibilisieren wollte. Während der deutschen Besatzung wurden viele Mitglieder der Bewegung in Konzentrationslager deportiert oder als Zwangsarbeiter eingesetzt. Nach dem Krieg mussten viele von ihnen Polen verlassen.

Wanderdünen in Łeba

◁ **Windmühle im Freilichtmuseum in Wdzydze Kiszewski**

Die Kaschubei im Überblick

INS LANDESINNERE der Kaschubei kommen weniger Touristen als in die Küstenorte. Aber auch hier gibt es Sehenswertes, zum Beispiel wunderschöne Alleen, die Kaschubische Schweiz (Szwajcaria Kaszubska), Wälder und Seen. Das Kaschubische Freilichtmuseum (Kaszubski Park Etnograficzny) in Wdzydze Kiszewskie (Sanddorf) gibt Einblick in Architektur und Kultur der Region. Die Burg von Bytów (Bütow), das Gutsherrenschloss in Krokowa (Krockow) sowie den Kalvarienberg in Wejherowo (Neustadt) sollten Sie unbedingt besichtigen.

Kaschubisches Landschaftsschutzgebiet

UNTERWEGS

Die Landstraße Nummer 27, die von Süden her zu den Ostseebädern führt, ist im Sommer und an den Wochenenden stark befahren und zudem gefährlich. Mitten durch die Kaschubei verläuft von Osten nach Westen die internationale E 28. Die meisten größeren Städte der Region sind an das Eisenbahnnetz angeschlossen; leider fahren manche Züge zu selten. Am bequemsten und schnellsten gelangt man mit Bussen in die Kaschubei, die fast jeden Ort anfahren. Schiffe verbinden Danzig (Gdańsk), Zoppot (Sopot) und Gdingen (Gdynia) mit der Halbinsel Hela (Półwysep Helski).

LEGENDE

Hauptstraße
Landstraße
Fluss

0 Kilometer 40

SŁOWIŃSKI PARK NARODOWY
12
11 ŁEBA EBA
13 KLUKI
10 ZWARTOWO
214
nach Słupsk
213
Łeba
E28
14 LĘBORK
6 E28
nach Koszalin
Łupawa
212
214
219
212
228
Słupia
228
22 BYTÓW
214
209
KOŚCIERZYNA
15
21
WDZYDZE KISZEWSKIE
nach Chojnice

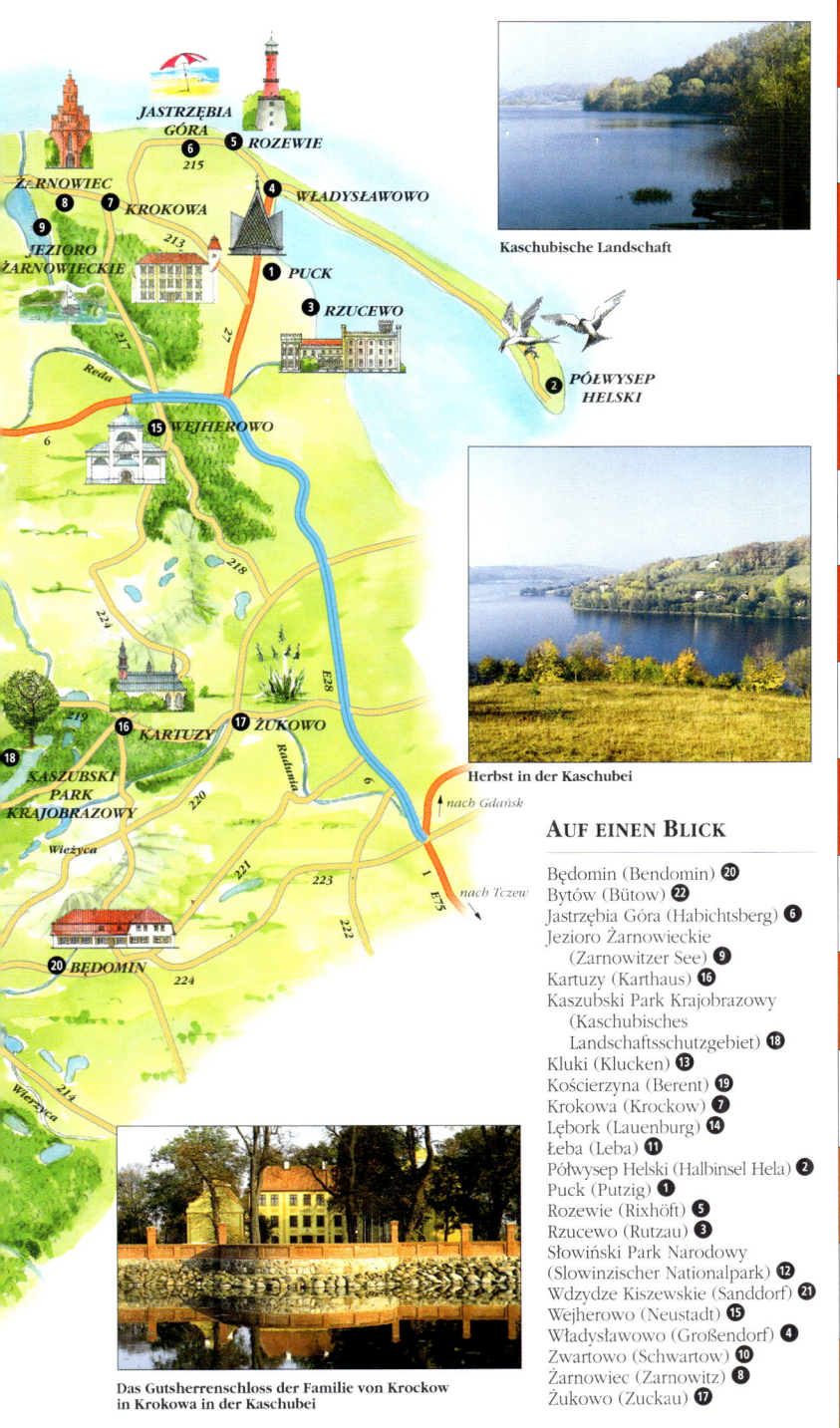

JASTRZĘBIA GÓRA
215 **6**

5 ROZEWIE

ŻARNOWIEC 8 7 **KROKOWA**

4 WŁADYSŁAWOWO

9

JEZIORO ŻARNOWIECKIE

213

1 PUCK

3 RZUCEWO

217

Reda

27

2 PÓŁWYSEP HELSKI

6

15 WEJHEROWO

218

224

E28

219

16 KARTUZY

17 ŻUKOWO

Radunia

6

18

KASZUBSKI PARK KRAJOBRAZOWY

220

Wieżyca

221

223

1 E75

nach Gdańsk

nach Tczew

222

20 BĘDOMIN

224

Wierzyca

214

Kaschubische Landschaft

Herbst in der Kaschubei

AUF EINEN BLICK

Das Gutsherrenschloss der Familie von Krockow
in Krokowa in der Kaschubei

Puck ❶

**Putziger
Heimatmuseum**

P UCK, DIE HAUPTSTADT der Küstenkaschuben, ist ein ruhiges, gepflegtes Städtchen. Obwohl die nähere Umgebung einige Sehenswürdigkeiten zu bieten hat, ist es selbst in der Hochsaison weniger überlaufen als andere Ostseebäder. Puck (Putzig) entstand in der Nachbarschaft des Hafens aus dem 10. Jahrhundert. 1348 verlieh ihr der Hochmeister des Deutschen Ordens, Heinrich Dusemer, die Handfeste nach kulmischem Recht. Hier stand einst auch eine Ordensburg. Im 17. Jahrhundert befand sich in Puck die Basis der Polnischen Kriegsflotte. Nachdem Pommern an Polen zurückgefallen war, vereinte General Józef Haller hier in einem symbolischen Akt das Land mit dem Meer.

Die Stadt Puck an der Putziger Wiek

🚢 Hafen

Obwohl der Hafen nie besonders groß war, befand sich hier die Basis der Polnischen Kriegsflotte. Jan Wejher erbaute sie im Auftrag von Sigismund III. Wasa. Um den Ort von Danzig unabhängig zu machen, wurde der hiesige Hafen modernisiert.

Puck wurde Standort der Königswerft. 1623 ließ Jan Wejher hier drei Kriegsschiffe des schottischen Ingenieurs Jakob Morray vom Stapel laufen. 1626 wurde Puck kurzzeitig von den Schweden besetzt. Sie richteten in der Stadt einen Stützpunkt für ihre Angriffe auf die Häfen in Danzig (Gdańsk) und Elbing (Elbląg) ein. 1643 wollte König Wladislaus IV. in Puck einen großen Kriegshafen bauen, doch musste er wegen der Sandbänke im Putziger Wiek (Zatoka Pucka) von seinem Vorhaben Abstand nehmen. Kurz darauf entstand auf der Halbinsel Hela (Półwysep Helski) in der Nähe von Władysławowo (Großendorf) eine Anlegestelle.

Heute dient der Hafen nur noch als Anlegestelle für Fischkutter und Segelschiffe. Alljährlich am 29. Juni findet eine Wallfahrt der Fischer statt, die mit buntgeschmückten Schiffen und Booten über die Putziger Wiek fahren und in Puck anlegen.

🔒 St. Peter und Paul

Judyckiego 4.
Der hohe Turm der Backsteinkirche überragt die Stadt, deren Bild er bis heute beherrscht. Der Bau des heutigen gotischen Bauwerkes begann Ende des 14. Jahrhunderts und wurde im 15. Jahrhundert vollendet. Die dreischiffige Hallenkirche besitzt ein beeindruckendes gotisches Gewölbe.

DIE KÖNIGLICHE FLOTTE DER POLNISCHEN REPUBLIK

Mit dem Bau der Königlichen Flotte begann König Sigismund I. (Der Alte) in den Jahren 1517–1522. Sein Sohn, Sigismund II. August gründete ebenfalls eine Kaperflotte und berief sieben Jahre später eine Kommission für Meeresangelegenheiten ein. Nach seinem Tod waren die polnischen Wahlkönige zwar verpflichtet, die Flotte zu stellen, aber die Durchführung dieser Absichten gelang erst König Sigismund III. Wasa. Den größten Sieg errang die Königliche Flotte am 28. Oktober 1627 in der Seeschlacht bei Oliva gegen die Schweden. Die polnischen Schiffe zwangen die Schwedische Eskader zur Flucht, eroberten das Kriegsschiff des

**König
Sigismund III.
Wasa**

schwedischen Admirals *Tigern* und versenkten das Orlogg-Schiff *Solen (siehe S. 45)*. Ein Jahr später wurde die königliche Flotte Wismar von Dänen und Schweden vernichtet.

1634 ließ König Wladislaw IV. elf Schiffe neu aufrüsten. Das Größte, die *Czarny Orzeł (Schwarzer Adler)*, verfügte über 32 Kanonen. Der Reichstag (Sejm) der Republik Polen beschloss jedoch, die Flotte nicht zu finanzieren. Zu allem Unglück hatte man die Schiffe mit Krediten des Danziger Kaufmanns Jan Hewel erworben; nach seinem Tod beanspruchten seine Gläubiger das ihnen zustehende Geld, und die Flotte musste mit großem Verlust verkauft werden.

Fassade der gotischen Kirche
St. Peter und Paul

Plac Wolności (Marktplatz)

INFOBOX

Straßenkarte 1C. 🏙 *12 000.*
🚉 🚌 ℹ️ *1 Maja 9.*
📞 *(0 58) 673 24 03.* 🎪 *Freitag.*

Schmuckstück der Kirche ist die Grabkapelle der Familie Wejher. Der Putziger Landrat Ernest Wejher stiftete sie im Jahre 1597. An einer der Kapellenwände hängen die Porträts des Stifters und seiner Gattin Maria, einer geborenen Mortęska. 1623 ließ Ernests Sohn Jan den bis heute erhaltenen geschnitzten Altar errichten. Die Kreuzigungsszene schuf der Maler Hermann Hahn. Die im Gemälde dargestellten Personen tragen Gesichtszüge von Mitgliedern der Familie Wejher.

Sehenswert sind auch das schmiedeeiserne Gitter aus dem Jahre 1637 im Eingangsbereich der Kapelle und das reich geschmückte barocke Taufbecken von 1697, ein Werk von Jakob Amorth.

🏛 Marktplatz

Im Zentrum von Puck liegt der viereckige Marktplatz (plac Wolności), gesäumt von reizenden Giebelhäusern mit farbenfrohen Fassaden, dem Backstein-Rathaus aus dem Jahre 1865 sowie kunstvoll beschnittenen Bäumen. In Haus Nummer 28 befindet sich eine Nebenstelle des Putziger Heimatmuseums (Muzeum Ziemi Puckiej) mit Interieurs der Giebelhäuser aus dem 19. Jahrhundert.

🏛 Putziger Heimatmuseum

Spitalgebäude Walowa 1.
📞 *(0 58) 673 22 29.* **Giebelhaus**
Plac Wolności 28.
📞 *(0 58) 673 29 96.*
⏰ *Sa, So 9–13 Uhr; Mo, Mi–Fr 9–12 Uhr und 14–17 Uhr.*

Die Hauptstelle des Museums befindet sich in einem kleinen Fachwerkhaus, das Ende des 17. Jahrhunderts als Spital errichtet wurde. E zeigt die schlichten Räumlichkeiten eines echten kaschubischen Hauses sowie Originaleinrichtungen verschiedener Handwerkstätten Besonderes Augenmerk verdienen eine a

Kaschubische Holzfigur

Schuhnähmaschine sowie die Einrichtungen einer Garnstube, einer Weberei und einer Hornwerkstatt. Die Nebenstelle am Marktplatz (plac Wolności) präsentiert Innenräume schöner Giebelhäuser mit schweren Möbelstücken und Jugendstileinrichtungsgegenständen.

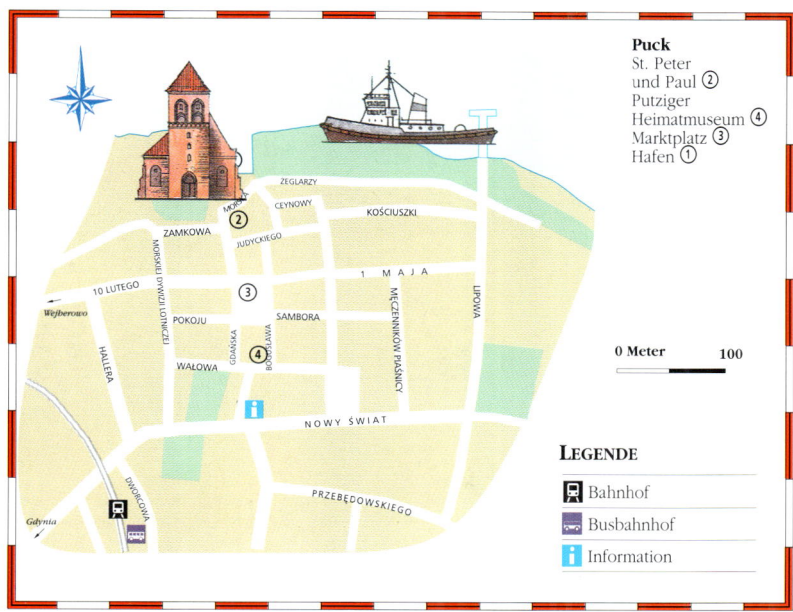

Puck
St. Peter und Paul ②
Putziger Heimatmuseum ④
Marktplatz ③
Hafen ①

0 Meter — 100

LEGENDE

🚉 Bahnhof

🚌 Busbahnhof

ℹ️ Information

Halbinsel Hela ❷

D IE HALBINSEL HELA (Półwysep Helski) ist 34 Kilometer lang und 200 Meter bis drei Kilometer breit. Der lang gezogene Sandwall besteht aus angeschwemmtem Sand. Bis ins 18. Jahrhundert hinein befand sich an dieser Stelle eine Kette von kleinen Inseln, die erst nach und nach einen zusammenhängenden Damm bildeten. Unter Wladislaw IV. entstanden hier die Festungen Władysławowo (Großendorf bzw. Ellerwald I) und Kazimierzowo (Ellerwald III). 1939 verteidigte die polnische Armee die stark verschanzte Halbinsel bis zum Oktober, 1945 war die Halbinsel der letzte Stützpunkt der Deutschen. Er wurde erst einen Tag nach der Kapitulation Deutschlands, am 10. Mai 1945, aufgegeben. Zahlreiche militärische Einrichtungen erinnern an diese Zeit und begründen die hier geltende Passpflicht ausländischer Gäste, die von Jurata nach Hel (Hela) reisen möchten.

★ Küstenschutzgebiet
Das 1978 gegründete Gebiet umfasst die gesamte Halbinsel sowie den Küstenabschnitt bis zur Mündung der Piasnitz (Piaśnica) und einen Teil der Putziger Wiek (Zatoka Pucka). Auf der sandigen Halbinsel Hela gedeihen verschiedene Arten von Dünengewächsen und Kiefernwälder. Der schönste Teil der Insel liegt zwischen den Orten Jurata und Hel.

Władysławowo

Chałupy

Kuźnica

Die Eisenbahnlinie, die 1922 quer durch die Halbinsel verlegt wurde, trug wesentlich zur Entwicklung des Tourismus bei. Mit dem Zug kommt man ohne Ausweispflicht bis nach Hel.

Chałupy (Ceynowa)
Diesen Ort haben hauptsächlich Windsurfer und FKK-Anhänger lieb gewonnen. In den 1980er Jahren wurde er in dem Lied Chałupy welcome to *besungen und ist seitdem in ganz Polen bekannt.*

NICHT VERSÄUMEN

★ **Hel**

★ **Küsten-schutzgebiet**

Zwei Strände
Zwei Strände säumen die Halbinsel Hela. Der breitere von ihnen liegt zur Seeseite im Norden, der schmalere zur Putziger Wiek im Süden. Jeder hat sein eigenes Mikroklima. Der zur Wiek-Seite ist windgeschützt, der Sand dort wärmt sich viel schneller auf und auch das Wasser ist wärmer.

INFOBOX

Chałupy. **Straßenkarte** 1C.
Hel. **Straßenkarte** 2D. 🚶 *5000*.
Jastarnia. **Straßenkarte** 2D.
🚶 *4000*. Jurata. **Straßenkarte** 2D.

Jastarnia (Heisternest)
*Im Zentrum des Städtchens stehen
noch viele gut erhaltene
Fischerhäuser. Ein Kirchturm
von 1931 und ein Leuchtturm
überragen den Ort.*

Jurata
Der 1928 gegründete Ort
gehörte zwischen den
Weltkriegen zu den
elegantesten polnischen
Badeorten und zog reiche
Bürger und Adlige an. Hier
weilte unter anderem
der Präsident der Zweiten
Polnischen Republik Ignacy
Mościcki. Graf Władysław
Potocki soll hier
Krähenjagden veranstaltet
haben. Außerdem diente
Jurata als Kulisse für einige
Filme über das Leben
polnischer Großbürger.
Einige Hotels und Pensionen
im Stil des Modernismus
erinnern daran.

Putziger Nehrung (Mierzeja Helska)
*An den schmalsten Stellen ist die Halbinsel
nur 200 Meter breit.*

Leuchtturm
*Der 1942 erbaute Leuchtturm
in Hel (Hela) ist 41,5 Meter hoch.
Sein Licht sieht man sogar
im Hafen von Gdingen.*

★ Hel (Hela)
*Der älteste Ort
der Halbinsel gehörte bis
zu den polnischen
Teilungen zu Danzig
(Gdańsk). Heute ist er ein
beliebter Erholungsort mit
alten Fischerkaten
in Fachwerkbauweise,
einem recht großer Hafen
mit Wellenbrecher und
einer alten protestantischen
Backsteinkirche, in der
heute das Fischermuseum
(Muzeum Rybołóustwa)
untergebracht ist.*

0 Kilometer   6

Jastarnia

Jurata

Hel

LEGENDE

— Eisenbahn

═ Straße

🚉 Bahnhof

Neogotisches Schloss in Rzucewo

Rzucewo ❸

Straßenkarte 2C. *aus Puck oder Reda.* **(0 58) 673 88 05.**

AM HOHEN UFER der Putziger Wiek (Zatoka Pucka) steht ein Backsteinschloss, das der Berliner Architekt August Friedrich Stüler 1840–1845 für Graf Gustav Friedrich von Below, den Adjutanten des preußischen Königs Friedrich Wilhelm IV., baute. Der Monarch soll den Besitzer höchstpersönlich zum Bau der Residenz überredet haben, die heute in einem Landschaftsschutzgebiet liegt.

Die malerische Lage der Residenz führte zu dem übertriebenen Vergleich mit dem berühmten Habsburger Anwesen Miramare bei Triest. Das Schloss ersetzte eine barocke Residenz von Jan Wejher aus dem 17. Jahrhundert, in der König Johann III. Sobieski mehrfach zu Gast war. Er wurde später Eigentümer von Rzucewo (Rutzau). Heute erinnert die Sobieski-Allee an diese Zeit. Sie beginnt bei Osłonin und ist mit vier Lindenreihen bepflanzt.

Władysławowo ❹

Straßenkarte 1C. *13 000.*

Władysławowo (Großendorf) ist eine ungewöhnliche Stadtanlage. Das Stadtgebiet setzt sich zusammen aus weit voneinander entfernten Ortschaften wie Jastrzębia Góra (Habichtsberg) *(siehe nebenan)* oder Karwia (Karwen). Früher oder später wird es zur Auflösung des seltsamen Konglomerats kommen.

Der schönste Stadtteil von Władysławowo ist das 1920 gegründete Hallerowo mit schönem Strand und der ersten nach dem Krieg in Polen erbauten modernen Kirche (Entwurf von Szczepan Baum und Andrzej Kulesza) Auf der anderen Seite der Bahnlinie liegt das ehemalige Großendorf (Wielka Wieś) mit dem Haus des Fischers (Dom Rybaka), einem riesigen Gebäude aus den Fünfzigerjahren, und dem Fischerhafen. Eine französische Gesellschaft baute ihn – wie auch den Hafen in Gdingen (Gdynia) in den Dreißigerjahren. Von Władysławowo aus sollte man unbedingt einen kurzen Ausflug zu der nahen Chlapauer Schlucht (Jar Chłapowski) *(siehe S. 32f)* unternehmen.

⌂ Mariä Himmelfahrt (Kościół Wniebowzięcia NMP Królowej Wychodźctwa Polskiego) Al. Żeromskiego 32. **(0 58) 674 02 92.**

Rozewie ❺

Leuchtturm (0 58) 674 95 42. Straßenkarte 1C.
aus Puck, Władysławowo und Żarnowiec. ☐ *Täglich 1. Juni –31. Aug 9.30 –13 u. 15–19 Uhr; 1. Sep–31. Mai 9–13 u. 14 –17 Uhr.*

Leuchtturm in Rozewie

DAS RIXHÖFTER KAP (Przylądek Rozewie) ist der nördlichste Punkt Polens (54°50' nördl. Breite). Noch bis vor kurzem rückte das hohe Kliffufer nach jedem Sturm um etwa 50 Meter in südlicher Richtung zurück. Mit der heutigen Betonbefestigung wurde das Ufer stabilisiert und für die nächsten Jahrzehnte geschützt.

Rozewie (Rixhöft) ist in erster Linie wegen seiner beiden Leuchttürme bekannt. Der jüngere von ihnen wurde 1875 gebaut, ist aber seit 1910 nicht mehr in Betrieb. Der ältere, der seit 1821 steht, wurde 1910 umgebaut, modernisiert und 1978 aufgestockt. Heute ist er 32 Meter hoch. Sein Licht ist auf eine Entfernung von 33 Seemeilen sichtbar.

Der Schriftsteller Stefan Żeromski schrieb hier seinen Roman *Wiatr od morza* (*Der Seewind*, 1922). Die Leuchtturmwärter stellte seit 1920 die Familie Wzorek. Der erste von ihnen, Leon Wzorek, wurde 1939 von deutschen Soldaten erschossen. Heute befindet sich in dem Leuchtturm ein kleines Museum, und von oben genießt man einen wunderschönen Blick auf die Halbinsel Hela (Półwysep Helski) und den Buchenwald auf dem Kap.

Haus des Fischers in Władysławowo

Jastrzębia Góra ❻

Straßenkarte 1C. ☎ *74 96 83.*

JASTRZĘBIA GÓRA gehört zum Verwaltungsgebiet von Władysławowo (Großendorf). Architektonisch bietet die Stadt wenig; umso größer ist der Reiz des herrlichen Sandstrandes und des malerischen, bis zu 33 Meter hohen Klifufers. Die größte Attraktion dieser Gegend sind die Steilfelsen und der Wald am Ufer. Am Ausgang der Fuchs-Schlucht (Lisi Jar) soll König Sigismund III. Wasa 1598 auf einem Feldzug gerastet haben.

Im Sommer kommen viele Touristen nach Jastrzębia Góra (Habichtsberg); ansonsten ist der Ort wie ausgestorben. Besonderer Beliebtheit erfreute sich der Badeort in der Zeit zwischen den beiden Kriegen, als reiche Industrielle aus Warschau hier Villen und Pensionen bauten und sich unter den Badegästen Präsident Ignacy Mościcki und Marschall Rydz Śmigły befanden. Aus dieser Epoche stammen einige der vor kurzem restaurierten Bauten; die interessantesten stehen in der ulica Bałtycka. Am Ende der Promenade (promenada Światowida) fuhr noch in den Achtzigerjahren ein 1938 von dem Unternehmer Osmołowski erbauter Fahrstuhl zum Strand hinunter. Er verfiel nach und nach und stürzte schließlich vollständig zusammen.

Krokowa ❼

Straßenkarte 1C. 🚌 *aus Puck, Władysławowo, Żarnowiec.*

DAS KLEINE DORF Krokow liegt wenige Kilometer von der Küste entfernt landeinwärts.

♟ Schloss

Zamkowa 1. ☎ *(0 58) 673 77 06, 673 71 47.* 🖷 *673 76 87.*
🕐 *täglich.* **Besichtigung der Innenräume nach vorheriger Anmeldung.**
Muzeum Ziemi Krokowskiej (Krockower Heimatmuseum)
🕐 *Di–So 9–13 Uhr.*

Die von einem Wassergraben umgebene Residenz war noch vor ein paar Jahren eine baufällige Ruine. Mittlerweile wurde das Bauwerk schön restauriert und beherbergt die Europäische Begegnungsstätte

Fassade des Schlosses in Krokowa

der Kaschubei (Kaszubskie Centrum Spotkań Europejskich). Seit dem 13. Jahrhundert befand sich Krokowa im Familienbesitz derer von Krockow. Einer der berühmtesten Vertreter der Familie war Reinhold von Krockow (1536-1599), ein Diplomat, Teilnehmer an den Hugenottenkriegen in Frankreich und Oberst im Dienste der Könige Sigismund II. August und Stefan Bathory sowie Oberbefehlshaber der Danziger Stadtarmee. Als Inkarnation des Teufels galt dagegen Albert (1783–1823), der sich mit Pferd und Hund begraben ließ. Das ursprünglich im 14. Jahrhundert im Stil der Gotik erbaute Gutsherrenschloss weist heute barocke Züge auf, die es nach Umgestaltung im Auftrag von Louise, Gattin von Heinrich Joachim Reinhold von Krockow, in der zweiten Hälfte des 18. Jahrhunderts erhielt.

1593 besuchte König Sigismund III. Wasa das Schloss, auch Johann III. Sobieski kam mehrfach hierher. Um 1792 soll hier der berühmte deutsche Philosoph aus Königsberg, Immanuel Kant, Gast von Johann Gottlieb Fichte, dem Gouverneur von Prinzessin Louise, gewesen sein. An das Treffen erinnert heute noch die Parkallee, die den Namen »Philosophenweg« trägt. Der 1992 begonnene Wiederaufbau der Residenz geht auf die Initiative des Familien-

ältesten, Albrecht Graf von Krockow, zurück. Die Innenräume des Schlosses sind mit antiken Möbeln aus Holland eingerichtet. Außer Konferenzräumen und Gästezimmern gibt es ein Restaurant *(siehe S. 239)* und eine kleine Ausstellung des Krockower Heimatmuseums.

Żarnowiec ❽

Straßenkarte 1B. 🏛 *710.* 🚌

DER ORT ŻARNOWIEC wurde durch die ehemalige Zisterzienserinnenabtei bekannt, die 1996 ihr 750-jähriges Bestehen feierte. Um 1215 schenkten die pommerellischen Herzöge das Dorf den Olivaer Zisterziensern, die hier 1245 ein Frauenkloster samt Kirche stifteten. Im Jahre 1589 übernahmen die Benediktinerinnen das Kloster. Mit einer Unterbrechung zwischen 1834 bis 1946 leben sie hier bis heute.

⛪ Mariä Verkündigung (Kościół Zwiastowania NMP)

Żarnowiec 44. ☎ *(0 58) 673 71 07.*
🕐 *25. Juni–31. Aug tägl. 9–17 Uhr.*
📷 *nach telefonischer Voranmeldung.*

Die Kirche ist ein wunderbares Beispiel einer einschiffigen gotischen Basilika. Sie entstand nach 1279 und wurde im 14. Jahrhundert vollendet. Die spitzbogigen Giebel und die Sterngewölbe sind die markantesten Merkmale. Das Kloster besitzt eine Schatzkammer, in der Meisterstücke der Goldschmiedekunst, Inkunabeln, Skulpturen und Gemälde einem breitem Publikum zugänglich sind. Bemerkenswert ist die umfangreiche Sammlung kunstvoll bestickter Messgewändern. Die ältesten fertigten Zarnowitzer Benediktinerinnen im 17. Jahrhundert.

Gotische Kirche in Żarnowiec

Der Zarnowitzer See

Jezioro Żarnowieckie ❾

Straßenkarte B1. 🚌
Freilichtmuseum in Nadole.
📞 (0 58) 676 76 44. 🕐 *Di–Fr*
9–14 Uhr. Im Sommer länger.

ER GROSSE, malerisch zwischen Wäldern und Moränenhügeln gelegene Zarnowitzer See lockt viele Touristen an. Auch seiner Vergangenheit wegen ist er interessant.

Nach dem Ersten Weltkrieg wurde in der Mitte des Sees die deutsch-polnische Grenze gezogen.

1462 kämpften unweit des Zarnowitzer Sees die Polen gegen den Deutschen Orden. Die entscheidende Schlacht des Dreizehnjährigen Krieges fand bei Święcino (Schwetzin) statt. Die polnischen Einheiten wurden vom Kämmerer aus Sandomierz, Piotr Dunin, angeführt. Mit Hilfe der Danziger zerschlugen sie die Heeresverbände des Ordens und brachten so der polnischen Seite den Sieg.

An diese Auseinandersetzung erinnert heute eine steinerne Grabplatte des Komturs Fritz Raveneck, der während der Schlacht fiel und in der Klosterkirche von Żarnowiec (Zarnowitz) *(siehe S. 189)* beigesetzt wurde.

Fünf Jahrhunderte nach dieser kriegerischen Auseinandersetzung verhinderten Atomkraftgegner nach dem Unfall von Tschernobyl den Bau eines Kernkraftwerkes bei Żarnowiec.

Zwartowo ❿

Straßenkarte 2B.
📞 (0 58) 672 33 15.

AS SCHLOSS IN ZWARTOWO liegt wenige Kilometer von der Küste entfernt, inmitten eines wenig gepflegten Naturschutzgebietes, in dem viele exotische Bäume wachsen. Seit 1948 dient das Schloss als Erholungsheim des Justizministeriums, was die Residenz vor dem Verfall bewahrte. Gleich nebenan wurde eine Resozialisierungsanstalt für Straftäter mit geringen Haftstrafen errichtet, die auf dem Gelände der Residenz arbeiten. 1364 gehörte Zwartowo dem Ritter Peter von Littow. Nach alter Tradition nahm einer seiner Nachkommen den Namen Zwartow an; nach ihm wurde der Ort benannt. Zu den späteren Gutsbesitzern gehörte unter anderem die Familie von Krockow. Das erste Gutsherrnhaus soll Friedrich von Somnitz nach 1747

errichtet haben. 1853 erwarb Baron von Hammerstein aus Mecklenburg das Anwesen und ließ es ausbauen. Ein erneuter Umbau wurde 1910 durchgeführt.

Łeba ⓫

Straßenkarte 1A. 🏠 *5000.*
🚍 🚌 ℹ️ *Kościuszki 21.*
📞 *(0 59) 866 25 12.*

IE ALTE kaschubische Fischersiedlung Łeba erhielt 1357 die Stadtrechte. Da der Ort durch Sturmflut und Wanderdünen gefährdet war, wurde er im 16. Jahrhundert ins Landesinnere verlegt. An die alte Siedlung erinnert heute die sandbedeckte Ruine einer gotischen Kirche.

Im Sommer erwacht das Seebad Łeba zum Leben, insbesondere an dem breiten Sandstrand. Das interessanteste Bauwerk, eine zu Beginn des 20. Jahrhunderts erbaute Pension, liegt direkt am Meer. Mit ihren Knickdächern und dem runden Turm erinnert sie an ein kleines Schloss. Ein Hotel und ein gutes Restaurant laden zum Verweilen ein. In Łeba sollte man die barocke Kirche besichtigen und durch die ulica Kościuszki spazieren, in der noch einige Häuser aus dem 18. Jahrhundert stehen. In der Kirche befindet sich ein interessantes Marienbild des deutschen Expressionisten Hans Pechstein aus dem Jahre 1946. Bei Malern war die Gegend von Łeba beliebt: Unter anderem arbeiteten hier Karl Schmidt-Rottluff und George Grosz. Nachdem ihm die Nationalsozialisten 1933

Das Schloss in Zwartowo

Hotel Neptun in Łeba

Ausstellungsverbot erteilt hatten, hielt sich Pechstein mit seiner Gattin sehr oft in Łeba (Leba) auf. Er verbrachte hier die letzten Kriegsjahre.

Wanderdünen im Słowiński Park Narodowy

Slowinzischer Nationalpark ⑫
Słowiński Park Narodowy

Straßenkarte 1A.
☏ (0 59) 866 24 28, 811 73 39.
🕐 1. Mai–30. Sep 8–19 Uhr, sonst ohne Zeitbegrenzung; Eingang in Łeba, Smołdzino, Rowy. 🅿

DIE GRÖSSTE Attraktion des 1967 gegründeten Parks (Słowiński Park Narodowy) sind die Wanderdünen. Pro Jahr verlagern sie sich um etwa neun Meter. In dem weitläufigen Gebiet fühlt man sich fast wie in einer Wüste. Nahezu unheimlich wirken an einigen Stellen im Durchgangsbereich der Wanderdünen die sehr kümmerlichen Reste einiger toter Wälder.

Das 18 000 Hektar große Parkareal war früher eine Bucht. Hieran erinnern heute noch die durch Nehrungen vom Meer abgetrennten Küstenseen Łebsko (Leba-See) und Gardno (Garder See). Auf dem Parkgelände gedeihn viele geschützte Pflanzenarten wie Seemannstreu, Sonnentau und Wintergrün. Auch für Ornithologen ist der Park mit über 250 Vogelarten ein Paradies. Hier leben Seeadler, eurasiatische Uhus, Kraniche, Eisvögel und die äußerst seltenen Schwarzstörche. 1977 wurde der Park deshalb in die Liste der Biosphärenreservate der UNESCO aufgenommen. Im Zweiten Weltkrieg sollen sich auf seinem Gebiet die Soldaten des Afrika-Korps auf die Kämpfe in der Sahara vorbereitet haben.

Kluki ⑬

Straßenkarte 2A.
☏ (0 59) 846 30 20.
Freilichtmuseum 🕐 tägl.
1. Mai–1. Okt 8–16 Uhr; 1. Okt–30. Apr 8–15 Uhr. 🅿

DAS FREILICHTMUSEUM in Kluki (Klucken) ist vermutlich das letzte Zeugnis der Kultur der Slowinzer in Pommern, die das Gebiet 1945 verlassen mussten.

Das Museum entstand 1963, als auf dem Hof der Familie Reimann eine kleine Ausstellung eröffnet wurde. Die Hofanlage war der Beginn des interessanten Slowinzischen Museumsdorfes. Heute kann man hier viele Bauernhöfe mit Schuppen und kleineren Fischlagern, verschiedene Gestänge zur Befestigung von Fischernetzen sowie Brotöfen besichtigen. Die Fachwerkhäuser sind mit Stroh gedeckt und die dunklen Holzelemente des Fachwerkbaus kontrastieren mit den weiss gekalkten Hauswänden. Die schachbrettartige Architekturlandschaft ist typisch für ganz Pommern. Besonders interessant ist das »gestiefelte Pferd«: An seinen Hufen trägt es die breiten Holzpantinen, genannt Klumpen, in denen die Tiere früher ihre Arbeit im Sumpf rund um den Łebsko (Leba-See) verrichteten.

DIE SLOWINZER

Der Name der ethnischen Gruppe taucht zum ersten Mal etwa Mitte des 19. Jahrhunderts in de Arbeiten des deutsche Ethnographen Alfred Hilferding auf. Die Slowinzer selbst betrachteten sich als Stammbrüder der Kaschuben. Bereits in der Reformationszeit sonderten sie sich indes von der kaschubischen Kulturgemeinschaft ab. Die Ostkaschuben behielten ihren katholischen Glauben bei, die Westkaschuben dagegen schlossen sich dem Protestantismus an

Slowinzerin in Trauertracht

und wurden im Laufe der Zeit germanisiert. . Jahrhundert ohnten die winzer die Gegend m die Seen Łebsko Leba-See) und Gardno (Garder See). Nach dem Krieg wurden sie als Deutsche betrachtet und vertrieben. Die ten von ihnen anderten in den Siebzigerjahren im Rahmen der Familienzusammenführung nach Deutschland aus. Heute leben um das Dorf Kluki (Klucken) noch etwa 100 Slowinzer.

Neugotisches Rathaus in Lębork

Lębork ⓮

Straßenkarte 2B. 🏛 *34 000.*
🛈 *Armii Krajowej 14.*
📞 *(0 59) 862 42 80.* 🚌 *täglich.*

DIE MITTELALTERLICHE Geschichte der Stadt Lębork ist eng mit der des Deutschen Ordens verbunden, der ihr 1341 die Stadtrechte verlieh. Das zu jener Zeit angelegte Straßennetz ist bis heute im Stadtgefüge erkennbar. Die Überreste der Stadtmauer weisen auf die nahezu quadratische Form des damaligen Stadtgebietes hin. Von dem Wunsch geleitet, die Abhängigkeit vom Deutschen Orden zu überwinden, trat Lębork (Lauenburg) im Jahre 1440 dem Preußischen Städtebund bei. Das Schicksal der Stadt verlief dann jedoch anders als das der übrigen Städte. Formal unterstand die Stadt als Lehen der pommerellischen Herzöge aus dem Geschlecht der Greifen (Gryfici) der polnischen Krone. Nach dem Erlöschen der Dynastie fiel Lębork kurz an Polen zurück, um dann 1657 unter die Herrschaft von Brandenburg und später von Preußen zu gelangen. Den Zweiten Weltkrieg überstand die Stadt ohne große Zerstörungen

Die Ordensburg in Lębork

und Verluste. Erst nach Einmarsch der Roten Armee brannte sie fast vollständig ab.

An die Vergangenheit erinnert die Ordensburg aus dem 14. Jahrhundert, die durch mehrfache Umbaumaßnahmen ihr ursprüngliches Aussehen fast vollständig verloren hat. Im nordöstlichen Bereich des Marktplatzes steht die Jakobskirche aus dem 14. Jahrhundert. Die Giebel des Vorderturms und die Gewölbe der Kirchenschiffe entstanden 1907–1910, im Inneren jedoch sind noch einzelne Ausstattungselemente früherer Zeiten vorhanden. Besucher finden hier die Grabplatte des Lauenbrater Landrates Joachim Zitzewitz aus dem 16. Jahrhundert und das Epitaph seiner Tochter Dorothea. Aus dem Barock (Anfang 18. Jh.) stammt das einzigartige, mit Flachreliefs aus Alabaster geschmückte Tabernakel.

In Lębork gibt es auch viele neuere sehenswerte Gebäude. Fast ausnahmslos bestehen sie aus Ziegelstein, der – typisch für die Architektur in Westpommern – häufig in glasierter Form verwendet wurde. Ein großes Rathaus aus dem Jahre 1900 und das fünf Jahre später gebaute Postgebäude gehören zu den interessanteren Bauwerken. Empfehlenswert ist ein Spaziergang durch die malerische ulica Staromiejska mit Häusern aus dem späten 19. und beginnenden 20. Jahrhundert. Freunde moderner Architektur sollten sich unbedingt den Schulkomplex aus den Jahren 1926–1929 anschauen. Die Anlage wurde von den Architekten Mohr und Weidner gebaut und ist ein Lehrbuchbeispiel für den deutschen Expressionismus. Sie befindet sich an der Ausfallstraße nach Kartuzy (Karthaus) und Bytów (Bütow).

♗ **Schloss**
Przyzamcze 2. Sitz des Bezirksgerichts.
🔒 **St. Jakob**
Basztowa 8. 📞 *(0 59) 862 22 44.*
🕐 *8–11 und 16–19 Uhr.*

🏛 **Museum**
Młynarska 14/15. 📞 *(0 59) 862 24 14.*
🕐 *1. Juni–30. Sep Di–Fr 10–17 Uhr; 1. Okt–30. Apr Di–Do 10–16 Uhr; ganzjährig Sa 10–15 Uhr, So 9–14 Uhr.*
🏛 **Rathaus**
Armii Krajowej 14.
📞 *(0 59) 862 42 80.*

Wejherowo ⓯

Straßenkarte 2C. 🏛 *46 000.* 🚌
🚆

Jacob-Wejher-Denkmal

DER MARIENBURGER Woiwode Jacob Wejher legte die Stadt im Jahre 1643 an. Ursprünglich nannte sich die Siedlerstätte Wola Wejherowska (Weihersfrei), erst später erhielt sie den Namen Wejherowo (Neustadt). 1667 verlieh König Johann Kasimir ihr die Stadtrechte. Daraufhin stiftete Jacob Wejher ein Kloster samt Kirche für reformierte Franziskaner und ließ einen Kalvarienberg anlegen.

Später gehörte die Stadt unter anderem den Magnatenfamilien der Radziwiłłs, Sobieskis und Przebendowskis. Nach den Teilungen Polens entwickelte sie sich zu einem wichtigen Zentrum der wiederaufblühenden kaschubischen Kultur. Trotz der starken Kriegszerstörungen spürt man in Wejherowo (Neustadt) die alte Atmosphäre der Stadt, wozu die malerische Bebauung des Marktplatzes und der benachbarten Straßen beiträgt.

🏛 **Museum des kaschubisch-pommerschen Schrifttums und der Musik**
Zamkowa 2a, (Klasztorna 1).
📞 *(058) 672 29 56.*
🕐 *Mo–Fr 9–15 Uhr.*
In dem einst wunderbaren, heute jedoch wenig gepflegten Naturschutzgebiet am Ausgang des Kidron-Tales (Dolina Cedronu) kann man das neugotische Schloss der Familie Keyserling besichtigen. Im umgebauten Sitz der Familie Przebendowski befindet sich heute das Museum des

Spaziergang über den Kreuzweg in Wejherowo

WEJHEROWO wird häufig als kaschubisches Tschenstochau bezeichnet, denn der 1649 im Auftrag von Jacob Wejher angelegte Kreuzweg ist ein beliebtes Wallfahrtsziel. Kreuzwege wurden in Europa seit dem 15. Jahrhundert errichtet und kamen besonders zur Zeit der Gegenreformation in Mode. In der Regel wählte man hügelige Landschaften, um die treueste Nachbildung des Kreuzweges in Jerusalem zu schaffen. Pilger konnten hier die durch Kapellen markierten Stationen der Passion Christi nachvollziehen. Der Kreuzweg von Wejherowo (Neustadt) entstand auf der Anhöhe im Süden der Stadt.

Die ältesten Kapellen stammen aus den Jahren 1649–1655. Einige von ihnen wurden später umgebaut, andere kamen neu dazu. Heute umfasst der Kreuzweg 26 Kapellen; er beginnt in der ulica ks. Edmunda Roszczynolskiego.

Kaiphas-Kapelle 9

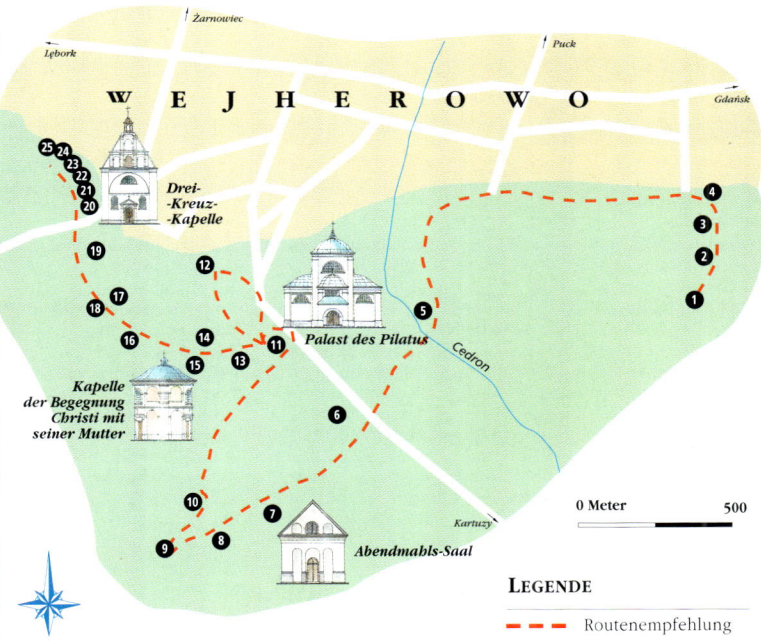

AUF EINEN BLICK

Himmelfahrtskapelle ❶
Ölberg-Kapelle ❷
Verhaftungskapelle ❸
Mutter-Gottes-Grab-Kapelle ❹
Kidron ❺
Jerusalem-Tor ❻
Hannas-Haus ❼
Abendmahls-Saal ❽
Kaiphas-Haus ❾
Muttergottes-Haus ❿
Pilatuspalast (1. Station) ⓫
Herodespalast ⓬

Kreuzaufnahme-Kapelle
  (2. Station) ⓭
Erster-Fall-Kapelle (3. Station) ⓮
Begegnungskapelle
  (4. Station) ⓯
Simon-Kyrene-Kapelle
  (5. Station) ⓰
Veronika-Kapelle
  (6. Station) ⓱
Zweiter-Fall-Kapelle – Tor
  der Tränen (7. Station) ⓲
Kapelle der Weinenden Frauen
  (8. Station) ⓳

Dritter-Fall-Kapelle (9. Station) ⓴
Christi-Entblößungskapelle
  (10. Station) ㉑
Kreuznagelungskapelle
  (11. Station) ㉒
Drei-Kreuz-Kapelle
  (12. Station) ㉓
Schmerzensmutter-Kapelle
  (13. Station) ㉔
Grab-Christi-Kapelle
  (14. Station) ㉕
Neu-Jerusalem-Kapelle
  (außerhalb der Karte) ㉖

LEGENDE

– – – Routenempfehlung

Kartuzy **16**

Straßenkarte 3B. 🚶 *15 500.*
ℹ️ *Kościerska 1.*
📞 *(0 58) 681 03 78.* 🚉 🚌

KARTUZY erhielt erst 1928 die Stadtrechte, gilt aber dennoch als Hauptstadt der Kaschubei. Früher befand sich hier ein Dorf, das in der Nachbarschaft des Kartäuser-Klosters entstand. Heute ist die Stadt das Fremdenverkehrszentrum der gesamten Kaschubischen Schweiz (Szwajcaria Kaszubska). Die größten Attraktionen des Ortes sind die ehemalige Klosterkirche und das Kaschubische Museum.

Marienkirche in Kartuzy

🔒 Marienkirche
Klasztorna 12.
Die zwischen zwei Seen gelegene Kirche wurde 1383–1403 vom Kartäuser-Orden errichtet, den der Gutsbesitzer Jan aus Różęcin 1381 nach Kartuzy (Karthaus) geholt hatte. Die ersten Ordensbrüder kamen unter der Leitung von Johann Deterhus aus Prag und gaben dem Kloster den Namen »Raj Maryi« (Marias Paradies). Der Kartäuserkonvent war ein Kontemplationsorden; die Mönche gehorchten den strengen Klosterregeln, wohnten abgeschieden in Einsiedeleien, waren an das Schweigegelübde gebunden und hatten sich durch ihren Wahlspruch, das *memento mori*, an den Tod zu erinnern. Den Tagesablauf der Mönche diktierte die Sonnenuhr an der äußeren Kirchenwand.
Schmuckstück des Gotteshauses ist das barocke Dach, das an einen Sargdeckel erinnern soll. Im Inneren der Kirche sollte man die Kurdibans, mit Ziegenleder bezogene Wände, und die barocken Seitenaltäre anschauen. Besondere Aufmerksamkeit verdient ein 1680 von Hans Caspar

Ausstellungsraum im Kaschubischen Museum

Gockheller aus Danzig errichteter Altar aus schwarzem Marmor und weißem Alabaster.
Hauptanziehungspunkt im Inneren der Kirche ist das reich geschmückte barocke Gestühl, dessen Flachreliefs betende Evangelisten, Apostel und heilige Eremiten darstellen.
Die kleinen Mönchskaten wurden nach der Auflösung des Klosters im Jahre 1826 abgerissen.

🏛 Kaschubisches Museum
Kościerska 1. 📞 *(058) 681 14 42.*
⏰ *Di–Fr 8–16 Uhr, Sa 8–15 Uhr; 1. Mai–30. Sep auch So 10–14 Uhr.*
Neben Stickereien, Scherenschnitten, Spielzeug und Werkzeug sind die originellen kaschubischen Betten die Attraktion des Museums. Der Museumsführer, Herr Franciszek Brzeziński, ein gebürtige Kaschube, singt den Besuchern gerne das *Kaschubische ABC* vor und bietet ihnen Tabak aus einem

Horn an, denn ein kaschubisches Sprichwort lehrt, dass »ein Mensch, der nicht trinkt, nicht raucht und keinen Tabak schnupft, einen Dreck wert ist«. Der größte Teil der Ausstellung ist volkstümlichen Musikinstrumenten gewidmet.

Żukowo **17**

Straßenkarte 3C. 🚶 *6000.* 🚌 🚉

DIE STADT Zuckau im Radaune-Tal ist die jüngste in der Woiwodschaft Danzig. Sie ist vor allem für ihre Prämonstratenserinnenkirche und kaschubischen Stickereien bekannt.
In dem Kloster befand sich ehemals eine Schule für höhere Töchter, die 1834 jedoch endgültig aufgelöst wurde.

🔒 Marienkirche
3 Maja 4.
Die Kirche gehört zu den kostbarsten, wenn auch fast

DAS KASCHUBISCHE ABC

Es ist in fast jedem Museum der Region erhältlich.

Kaschubische Noten
Das ist kurz, das ist lang
Dies ist Kaisers Hauptstadt
Das ist ein Bass, dies eine Geige
Das wiederum heißt Kaschube

Das ist ein Spaten, das eine Stange
Dies sind Tannen und eine Mistgabel
Das ist gerade, das ist krumm
Dies ist ein Wagenhinterrad

Das sind Harken, das sind Vögel
Dies sind preußische Halb-Dreier
Das ist ein Schultheißenstock,
das ein Ochse
Das ist ein Ganzes, das eine Hälfte

Das ist klein, das ist groß
Das waren alle Instrumente.

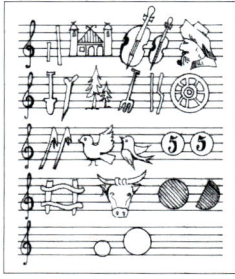

Kaschubisches ABC

vergessenen Sehens-
würdigkeiten der Kaschubei.

Zu Beginn des 13. Jahr-
hunderts stiftete der pommer-
lische Herzog Mestwin I. das
Prämonstratenserinnenklosters
in Zuckau. Die ersten
Ordensfrauen kamen aus dem
Kloster Strzelno in Großpolen.
Mit der Zeit vervielfachten sich
die Klostergüter. Dank der
Zuckauer Ordensfrauen wurde
Żukowo als die Wiege der
kaschubischen Stickkunst
bekannt.

Mit dem Bau des gotischen
Gotteshauses begann man im
14. Jahrhundert. Später wurde
es umgestaltet. Die einschiffige
Kirche besitzt einen schlanken
hohen Turm mit barockem
Helm. Die Kirche in Żukowo
sollte man schon wegen des
spätgotischen, aus Antwerpen
importierten Altars aus dem 16.
Jahrhundert besichtigen. In der
Mitte wird die Passion Christi
einschließlich der Kreuzigung
in vollplastisch geschnitzten
Szenen dargestellt. Die
Malereien der Altarflügel sind
weiteren Stationen des
Leidenswegs gewidmet.
Interessant ist auch der
Hochaltar aus dem 17. Jahrhundert.

🏛 Pfarrmuseum
3 Maja 4. 📞 *(0 58) 681 82 42.*
Besichtigung nach telefonischer
Voranmeldung.
Das Museum besitzt eine
beachtliche Sammlung
von Kirchengewändern
und Sakralgefäßen aus
dem ehemaligen
Prämonstratenserinnenkloster,
wird aber hauptsächlich wegen
der kaschubischen Stickereien
besucht.

⛪ St. Johannes
Klasztorna 14.
📞 *(0 58) 685 86 84.*
Besichtigung nach telefonischer
Voranmeldung.
Die ehemalige Pfarrkirche
St. Johannes entstand 1604
an der Stelle eines Vorgänger-
baus. Sie wurde für den
Teil der Bevölkerung gebaut,
dem der Zugang zur Klosterkirche verwehrt war.
Interessant sind der
Fachwerkturm und die
barocke Innenausstattung
der Kirche aus dem 17.
und 18. Jahrhundert.

Antwerpener Altar mit geschlossenen Hauptflügeln in der Kirche
von Żukowo

Kaschubisches Naturschutzgebiet 🔟
Kaszubski Park Krajobrazowy

Straßenkarte 3B.

IM SCHÖNSTEN Teil der
Kaschubischen Seenplatte
(Pojezierze Kaszubskie), in der
Kaschubischen Schweiz
(Szwajcaria Kaszubska),
entstand 1983 der
Kaschubische Naturpark.

Über ein Drittel des gesamten
Areals bilden Wälder, in denen
überwiegend die für Pommern
typischen Buchen wachsen. Es
gibt hier viele Moränenhügel,
unter anderem die mit 331
Metern höchste Erhebung, den
Turmberg (Wieżyca), und relativ
tiefe Täler mit Rinnenseen. Der
größte ist der Radaunesee
(Raduńskie Górne und Raduńskie
Dolne). Mitten im Park liegt das
malerische Chmielno (Chmelno),
Zentrum der kaschubischen

Keramik. Hier befinden sich eine
Keramikwerkstatt und das private
Museum der Kaschubischen
Keramik (Muzeum Ceramiki
Kaszubskiej) der Familie Necel.
Markierte Wanderrouten
durchziehen das Parkgelände.

In Brodnica Górna (Ober-
Brodnitz), wo sich die Landstraße
Nummer 228 gabelt, sollte man
kurz anhalten. Von hier aus hat
man einen wunderschönen Blick
auf die gesamte Anhöhe und die
Seen. Neben der Wegkreuzung
steht ein Denkmal zu Ehren der
Widerstandskämpfer der Jahre
1939–1945.

Auf dem Weg von Chmielno
nach Kartuzy liegt an der
Landstraße Nummer 219 der
Ort Łapalice. Hier passiert man
ein riesiges Betonschloss mit
zwölf Türmen, das der
Danziger Bildhauer Piotr
Kazimierczak vor wenigen
Jahren begann, aus Geldmangel
jedoch nicht vollendete.

Kaschubischer Naturpark

Kościerzyna ⑲

Straßenkarte 4B. 🗺 24 000. 🚗 🚆
🛈 Długa 17. 🕐 Mo–Fr 9–17 Uhr,
Sa 9–14 Uhr. 📞 (0 58) 686 44 11.

OBWOHL Kościerzyna (Berent) die Stadtrechte bereits seit dem Ende des 14. Jahrhunderts besaß, war der Ort über viele Jahrhunderte ein bescheidenes Städtchen ohne bedeutende Bauwerke. Erst im 19. Jahrhundert entwickelte er sich und wurde an der Wende zum 20. Jahrhundert wurde es zum Zentrum der jung-kaschubischen Bewegung.

Heute ist Kościerzyna Ausgangspunkt für Ausflüge in die Kaschubische Schweiz. Besucher sollten die neobarocke Trinitatiskirche besichtigen. Sie wurde 1914-1917 gebaut, besitzt aber im Inneren noch die barocke Ausstattung der Vorgängerin aus dem Jahre 1724. Beachtung verdient auch die neugotische, ehemals evangelische, heute katholische Auferstehungskirche.

Von der alten Bebauung des Ortes blieben ein paar kleinere Fachwerkhäuser aus dem frühen 19. Jahrhundert erhalten.

An der ulica Wojska Polskiego steht seit 1975 das Denkmal zu Ehren des in Będomin (Bendomin) geborenen Józef Wybicki, ein Werk von Wawrzyniec Sampa und Czesław Gajda.

Józef-Wybicki-Denkmal

🔒 **Trinitatiskirche**
Kościelna 5.
🔒 **Auferstehungskirche**
Świętojańska 10.

Będomin ⑳

Straßenkarte 4B. 🗺 130. 🚆

IN BĘDOMIN kann man im Landhaus von Piotr Wysocki das Nationalhymne-Museum besichtigen. In dem Haus kam Piotrs Sohn Józef Wysocki (1747–1822) zur Welt. Der bemerkenswerte, politisch engagierte Mann war Mitglied der Kommission für Nationale Bildung (Komisja Edukacji

Narodowej) und Abgeordneter zum Vierjährigen Reichstag (Sejm), Schriftsteller und Publizist. Seinen Ruhm verdankt er nicht seinen bedeutenden Dramen, sondern dem kurzen Text *Pieśń legionów polskich we Włoszech (Lied der polnischen Legion in Italien)* aus dem Jahre 1797, der als Mazurek Dąbrowskiego von einem unbekannten Komponisten vertont wurde und seit 1831 die polnische Nationalhymne ist. 1927 wurde das Lied zur polnischen Staatshymne erhoben. 1783 wechselte in Będomin der Besitzer. Einige Jahre später wurde das Landhaus umgebaut. Bei der Renovierung im Jahre 1978 stand der Museumszweck im Vordergrund. Das Haus hat heute den spätbarocken Charakter eines Adelssitzes mit traditioneller Raumaufteilung, Holzdecken und Holzböden. Die Ausstellung ist dem Leben und dem Schaffen von Józef Wybicki gewidmet und präsentiert zahlreiche Andenken an die Hymne. Viele alte Möbel und Porträts vermitteln einen Eindruck von der Atmosphäre des ehemaligen Landhauses.

🏛 **Nationalhymne-Museum (Muzeum Hymnu Narodowego)**
📞 (0 58) 687 71 83. 🕐 1. Mai – 30. Sep 9–16 Uhr (So 10–16 Uhr); 1. Okt–30. Apr 9–15 Uhr (So 10–15 Uhr). 📷

Wdzydze Kiszewskie ㉑

Straßenkarte 4B. **Kaschubisches Freilichtmuseum** 📞 (0 58) 686 43 64, 686 12 88. 🕐 15. Apr–15. Okt 9–16 Uhr (Juli–Aug 10–18 Uhr); 16. Okt–14. Apr 10–15 Uhr. 📷

DER ORT Wdzydze Kiszewskie (Sanddorf) liegt wunderschön am Ufer eines weitläufigen Sees und war dennoch lange Zeit ein armes Dorf. Heute ist er für sein Freilichtmuseum bekannt, das Teodora und Izydor Gulgowski im Jahre 1906 gründeten. In der Anfangsphase befand sich hier nur eine einzige Hütte aus dem 18. Jahrhundert, die einem örtlichen Bauern, genannt *gbur* (Grobian), gehörte. Erst 1970 fiel die Entscheidung zur Erweiterung des Parks, in dem bis zu 80 Bauten aufgestellt werden sollen. Auf einem mehrere Dutzend Hektar großen Gebiet ist das Museum ein Spiegel der kaschubischen Architektur. Drei Sektoren präsentieren Gebäude der nördlichen, mittleren und südlichen Kaschubei. Weitere Teile sind dem wohlhabenderen »Acker-Kociewie und dem ärmeren »Wald-Kociewie an der Grenze zur Tuchler Heide (Bory Tucholskie) gewidmet. In dem Freilichtmuseum kann man einen ganzen Tag verbringen, um Dorfhütten aus Holz, Scheunen, Speicher, Adelshäuser, eine Dorfschule, Windmühlen und eine kleine Kirche aus dem 17. Jahrhundert zu besichtigen. Die Kirche mit der schönen Orgel stammt aus dem Dorf Swornegacie (Schwornigatz) und wurde von dort auf das Museumsgelände verlegt. Das Spiel auf dem Instrument

Landhaus der Familie Wybicki in Będomin

Die Ordensburg in Bytów

verlangte nicht nur Können, sondern auch viel Kraft. Im Juli und August (Sa, So) finden hier Orgelkonzerte statt. Viele Häuser in Wdzydze Kiszewskie (Sanddorf) gehörten einst Bauern, die *ghury* (Grobiane) genannt wurden. Der Begriff ist im Polnischen zwar negativ besetzt, im Kaschubischen bedeutet er jedoch einen gut wirtschaftenden und wohlhabenden Bauern. Große Landwirtschaften nannte man *ghurstwo*. Ärmere Bauern hießen dagegen *pólghury* (Halbgrobiane). Diese Bauern blieben den alten Sitten und Gebräuchen stets treu.

Haus im Freilichtmuseum

Bytów ㉒

Straßenkarte 3A. 🚉 *17 000.* 🚏 🚌

DIE GESCHICHTE von Bytów (Bütow) verlief ähnlich wie die der Stadt Lębork (Lauenburg) *(siehe S. 192)*. Beide Städte sind Gründungen des Deutschen Ordens und in beiden wurden Ordensburgen als westlichste Bollwerke des Ordensstaates erbaut. Auch später verlief die Geschichte der Orte ähnlich. Als Lehen des Greifen-Geschlechts unterstanden sie dem Einfluss von Westpommern und nach 1657 dem von Brandenburg, obwohl die Bevölkerung zum größten Teil aus katholischen Kaschuben bestand. Die größte Attraktion des Städtchens blieb die Ordensburg.

♜ **Ordensburg (Westkaschubisches Museum)**
Zamkowa 2. ☎ *(0 59) 822 26 23.* ⏰ *15. Mai–15. Sep Di–Fr 10–18 Uhr (Sa, So 10–15 Uhr); 15. Sep–15. Mai Di–Fr 10–16 Uhr (Sa, So 10–15 Uhr).* 📷
Der Baubeginn der Burganlage wird auf das Jahr 1390 datiert. Allerdings befand sich an ihrer Stelle bereits vorher eine Komturei. Bis 1405 entstand eine imposante viereckige Wehranlage,

die sich bereits für die Anwendung von Schusswaffen eignete. Letztere kamen ab dem 14. Jahrhundert auf, waren aber erst ab dem 15. Jahrhundert verbreitet. Die Ecktürme – Pulverturm, Feldturm, Rosenturm und Mühlenturm – besaßen schmale Schießscharten. Im nördlichen Teil der Burgmauer befand sich ursprünglich ein Wohngebäude. Ab 1466 gehörte die Burg dem Stolper Herzog Heinrich; 1526 übernahmen die Greifen die Burgherrschaft. Da die Burg ununterbrochen Verteidigungszwecken diente, wurde sie mehrfach modernisiert, was mit der Entwicklung der Kriegstechnik zusammenhing. Als Herzogsresidenz wurde sie um 1570 erweitert, wobei man den Südflügel und eine Kanzlei im westlichen Teil der Mauer anbaute. Heute hat in der Burg das Westkaschubische Museum seinen Sitz, das die Geschichte des Bütower Landes und die kaschubische Kultur dokumentiert.

DIE HANSE

Der norddeutsche Städtebund entstand im 13. Jahrhundert; zu seinen Mitgliedern gehörten aber auch zahlreiche Ostseestädte. Die Hauptaufgabe der Hanse bestand im Schutz der Handelsprivilegien und der kaufmännischen Interessen ihrer Mitglieder. Sie hatte im späten Mittelalter einen großen Einfluss auf die wirtschaftliche und kulturelle Entwicklung der Staaten, die sich in ihrem Wirkungsbereich befanden. Im 15. Jahrhundert gehörten 160 Städte der Hanse an, unter anderem Danzig (Gdańsk) und Elbing (Elbląg). Die starke Position der wohlhabenden Kaufleute wirkte sich auch auf die politischen Ambitionen der

Danziger und Elbinger Patrizier aus, was letztlich dazu führte, dass die Städte sich von dem Einfluss des Deutschen Ordens lösen konnten. Als der polnische König die Herrschaft über die Städte übernahm, musste er die von der Hanse verliehenen Handelsprivilegien anerkennen. Im 16. Jahrhundert verlor die Hanse zwar an Bedeutung, die Stellung ihre Städte war jedoch immer noch stark. Die letzte Versammlung des Bundes fand 1688 unter Beteiligung von nur sechs Städten statt. Die Neue Hanse, die 1997 am Rande der Tausendjahrfeier der Stadt Danzig tagte, will an die Tradition des alten Bündnisses anknüpfen.

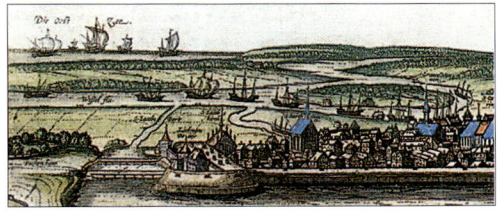

Schiffe laufen im Danziger Hafen ein (1573)

DAS KOCIEWIE

DAS KOCIEWIE bietet eine abwechslungsreiche Landschaft mit großen Äckern und ausgedehnten Wäldern, die in die Tuchler Heide (Bory Tucholskie) übergehen. Im Kociewie blieben, wie auch in den anderen Teilen Pommerns, viele mittelalterliche Backsteinbauten, Burgen und gotische Kirchen erhalten. In größeren Städten herrschen Fabriken und Industriebetriebe vor.

Die Region wird von den Kociewiern bewohnt. Bis in jüngere Zeit sprachen sie einen eigenständigen Dialekt, Kultur, Religion und Brauchtum ähnelt aber dem der Kaschuben. Dank ihrer aktiven Volksbewegung konnten die Kociewier trotz der starken Polonisierung eine gewisse Eigenständigkeit bewahren. Ihrem Lebensraum entsprechend gliedert man sie in vier Gruppen, Bergleute (Górale), Waldleute (Lasacy), Ackerleute (Polanie) und Weichselleute (Nadwiślacy).

In den Gebieten der Weichselniederung nördlich von Gniew (Mewe) standen die Kociewier bis 1945 stark unter dem Einfluss der mennonitischen Nachfahren ehemaliger holländischer Siedler. Letztere waren im späten 16. und frühen 17. Jahrhundert eingewandert. Nach 1945 siedelten in der Region verstärkt Polen, die keine Beziehung zu den Kociewiern hatten.

Hauptstadt des Kociewie ist der Industrieort Starogard Gdański (Preußisch Stargard) mit der wunderschönen gotischen Pfarrkirche St. Matthäus aus dem 14. Jahrhundert. Zu den kostbarsten Sehenswürdigkeiten des Kociewie gehören die ehemalige Ordensburg in Gniew (Mewe) und die alte Zisterzienserabtei in Pelplin.

Anfang des 13. Jahrhunderts holte man Ritter aus Calatrava in die Gegend von Pelplin. Sie gehörten einem in Spanien gegründeten Orden an. 1258 siedelte Herzog Sambor II. in Pogódki (Pogutken) Zisterzienser aus Mecklenburg an; 1274 erhielten sie Pelplin. In einer Urkunde des pommerellischen Herzogs Mestwin II. aus demselben Jahr erhielten sie Gebiete um den Ort Tymawa (Thymau), ein Dorf in der Nähe von Gniew (Mewe).

Vom 14. Jahrhundert bis 1466 unterstanden diese Gebiete dem Deutschen Orden. Nach dem Thorner Frieden fielen sie an Polen, nach der Ersten Teilung an Preußen. Zwischen den beiden Weltkriegen kamen sie erneut zu Polen.

Landschaft in der Nähe von Gniew

◁ Gotische Kathedrale in Pelplin

Das Kociewie im Überblick

FREUNDE MITTELALTERLICHER Kunst finden im Kociewie viel Sehenswertes. Die majestätische Kathedrale in Pelplin und die gotische Pfarrkirche in Starogard Gdański (Preußisch Stargard) gehören ebenso dazu wie die gewaltige Backsteinburg in Gniew (Mewe), die anlässlich von Ritterfestspielen zum Leben erwacht. Liebhaber unberührter Natur sollten die wunderschönen Wälder und Seen im Süden der Region aufsuchen.

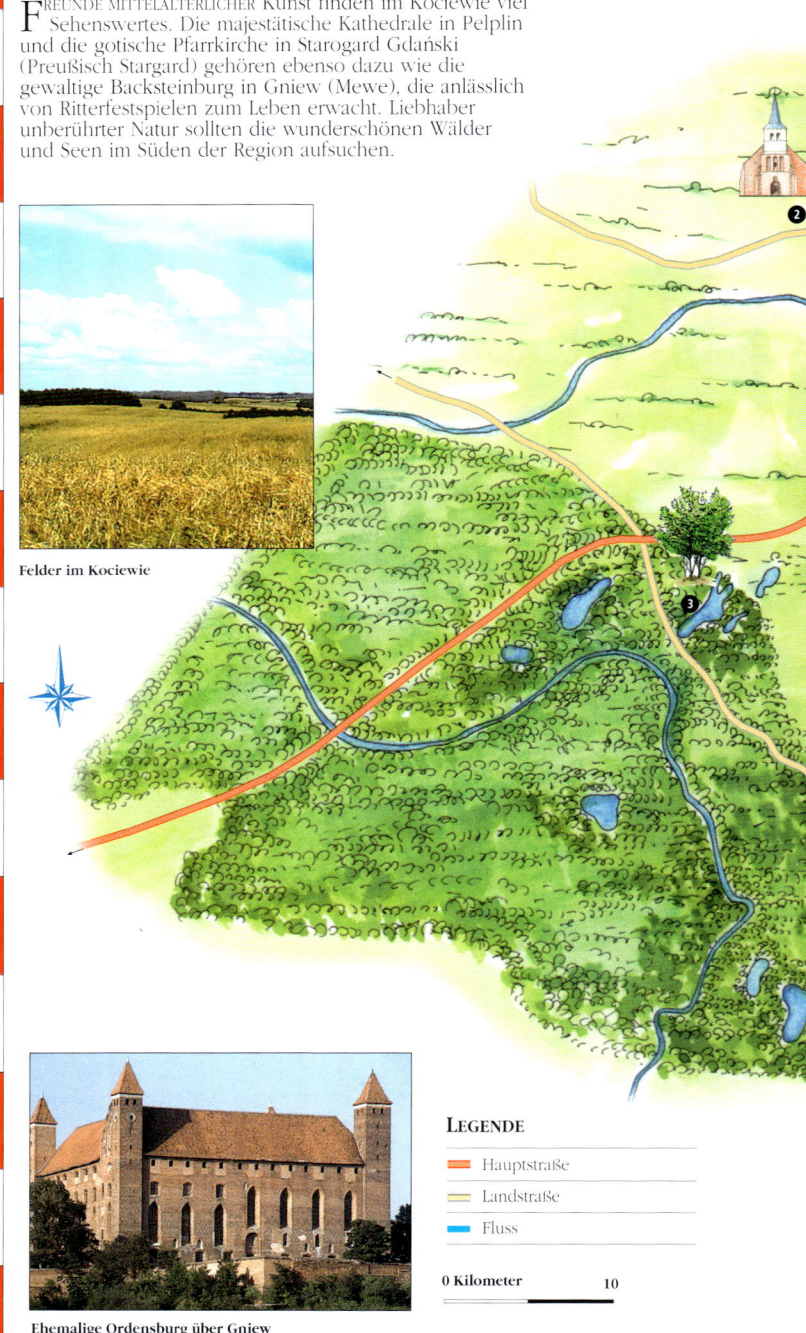

Felder im Kociewie

Ehemalige Ordensburg über Gniew

LEGENDE

— Hauptstraße

— Landstraße

— Fluss

0 Kilometer   10

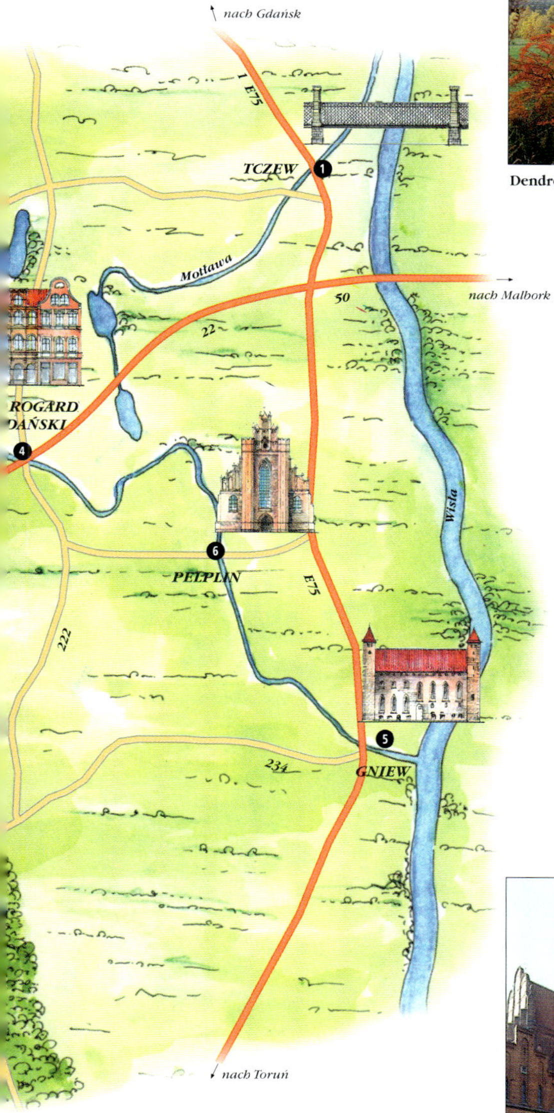

nach Gdańsk

TCZEW ❶

Motlawa

50

nach Malbork

22

ROGARD DAŃSKI

❹

PELPLIN

❻

E 75

222

234

GNIEW

❺

nach Toruń

Dendrologischer Park in Wirty

UNTERWEGS

Von Norden nach Süden verläuft die Europastraße E 75. Wichtig für die Region ist auch die Landstraße 214, die von Danzig nach Starogard und weiter nach Süden führt. Malerische und kurvenreiche Nebenstraßen sind eher etwas für Abenteuerlustige. Die Städte der Region snid gut ans Bahnnetz angeschlossen. Pelplin liegt an der Eisenbahnlinie Bydgoszcz (Bromberg) – Gdańsk (Danzig). In Tczew (Dirschau) halten auch Expresszüge. In der Region selbst reist man am besten mit öffentlichen Bussen, die fast jeden Ort anfahren.

AUF EINEN BLICK

Gniew (Mewe) ❺
Pelplin ❻
Skarszewy (Schöneck) ❷
Straogard Gdański (Preußisch Stargard) ❹
Tczew (Dirschau) ❶
Wirty (Wirthy) ❸

Die Kathedrale von Pelplin

Stadtansicht von Tczew

Tczew ❶

Straßenkarte 4D. 🚩 *58 400.*
ℹ️ *Wojska Polskiego 28a.*
📞 *(0 58) 531 46 26.*

TCZEW (Dirschau), eine der ältesten Städte Pommerns, wurde zum ersten Mal 1198 urkundlich erwähnt. Die Verleihung der Stadtrechte erfolgte 1260, 1309 nahmen Kreuzritter des Deutschen Ordens den Ort ein. Sie errichteten eine Burg, die jedoch heute nicht mehr existiert. 1384 entstand die Stadtmauer. Ab 1457 lag Tczew in den Grenzen von Königlich-Preußen. Die Entwicklung der Stadt stockte Ende des 16. Jahrhunderts und setzte erst in der zweiten Hälfte des 19. Jahrhunderts wieder ein. Die Wende kam, weil Tczew (Dirschau) an das Eisenbahnnetz angebunden und zu einer Zwischenstation auf der Strecke Berlin – Königsberg wurde.

Nach der Neugründung Polens fiel Tczew wieder an Polen. 1920 eröffnete in der Stadt die Marineakademie, die 1930 nach Gdingen (Gdynia) verlegt wurde. Das heutige Stadtpanorama von Tczew ist von roten Dächern und Türmen geprägt. Besonders eindrucksvoll ist die Stadtansicht von der Weichselseite her.

🚰 Wasserturm
30 Stycznia.
In dem Ende des 19. Jahrhunderts errichteten Turm befinden sich heute ein Aussichtspunkt und ein kleines Künstlercafé.

🔒 Heilig-Kreuz-Kirche
Wyszyńskiego 13. ⏰ *6–19 Uhr.*
📞 *(0 58) 531 25 18.*
Die gotische Backsteinkirche entstand in der ersten Hälfte des 14. Jahrhunderts. Der große Turm wurde im 12. und 13. Jahrhundert errichtet. Die Innenausstattung stammt aus der Zeit des Barock. Hauptattraktion

der Kirche ist ein erst kürzlich freigelegtes Wandgemälde.

🔒 Kirche des hl. Stanisław Kostka
Dominikańska. ***Kein Publikumsverkehr.***
Die gotische Kirche wurde für den Dominikanerorden gebaut, der 1289 nach Polen kam. Der Turm neigt sich in letzter Zeit gefährlich zur Seite.

🏛 Weichsel-Museum
30 Stycznia 4. 📞 *(0 58) 531 07 05.*
⏰ *Di–So 10–16 Uhr.*
Die Nebenstelle des Meeresmuseums in Danzig (Gdańsk) ist ausschließlich der Weichsel (Wisła) gewidmet. Neben zahlreichen Exponaten, die über die Geschichte der Binnenschifffahrt auf der Weichsel Auskunft geben, gibt es hier auch eine Sammlung traditioneller Boote aus dem Gebiet der Weichselmündung.

🚉 Weichselbrücken
Direkt vor den Toren von Tczew (Dirschau) verbinden zwei imposante Gitterbrücken die Weichselufer miteinander. Eine von ihnen dient dem Straßenverkehr. Die 1859 erbaute Brücke galt damals als Wunder der Technik und längste Brücke ihrer Art in Europa. Sie besitzt zwei neugotische Rundtürme aus gelbem Ziegelstein. Neben der Brücke entstand 1891 die Eisenbahnbrücke, die während

des Zweiten Weltkrieges zweimal beschädigt wurde. 1945 floh die westpreußische Bevölkerung über diese Brücke vor der Roten Armee. Die Straßenbrücke wurde nach dem Krieg an einigen Abschnitten ausgebessert, diese Arbeiten aber waren leider nur provisorisch, weshalb sie immer noch seltsam unfertig wirkt.

Skarszewy ❷

Straßenkarte 4C. 🚩 *5500.*
ℹ️ *pl. Zamkowy 4.*
📞 *(0 58) 588 25 04.* 🚇 🚃

SKARSZEWY (Schöneck) zieht die Aufmerksamkeit vor allem wegen der Burg der Johanniter auf sich. Sie ist bis heute erhalten, wurde jedoch im Laufe der Zeiten stark verändert. 1198 holte Herzog Grimislaw aus Świecie (Schwetz) den Johanniterorden in die Gegend. Im Jahre 1370 kaufte der Deutsche Orden die Stadt einschließlich der Burg den Johannitern ab. Nach dem Thorner Frieden wurde in Skarszewy der Sitz des Landkreises eingerichtet. Die Stadt wurde zugleich ein wichtiger Gerichtsstandort, in dem Dutzende von Hexenprozessen stattfanden.

Der Ort liegt malerisch an der Biegung der Fietze (Wietcisa). Interessant sind die Burg und die gotische Kirche des Erzengels Michael. Die Innenräume der Kirche sind mit Holzdecken und barocker Ausstattung versehen. Stellenweise findet man in der Stadt Fragmente der mittelalterlichen Stadtmauer und der dazugehörigen Basteien.

🔒 Erzengel-Michael-Kirche
Sciegiennego 2.
⛪ Burg
Pl. Zamkowy.

Die Eisenbahnbrücke in Tczew

Spaziergang durch Wirty ❸

DIE ROUTE FÜHRT auf malerischen Alleen durch einen der größten Baumgärten Polens. Dieses Arboretum wurde Mitte des 19. Jahrhunderts durch den Förster der Försterei Wirty (Wirthy), Adam Putrich, angelegt. Seine Nach-folger erweiterten Schritt für Schritt das Gartengelände und pflanzten neue Baumsorten. Heute gedeihen im Garten von Wirty über 300 Baumarten.

Stellen Sie Ihr Fahrzeug auf dem leider unbewachten Parkplatz ab und betreten Sie das Gelände des Baumgartens. Eine Allee führt zu den kleinen Bauten auf dem Areal der Baumschule, die von einzelnen Sektoren mit jungen Bäumen und Sträuchern umgeben sind. Von hier aus folgen Sie der Nadelbaumallee und laufen bis zum Alpinarium, das in den Fünfzigerjahren in der Nähe eines Teiches errichtet wurde. Der Weg führt weiter ins Dickicht des Waldes, der sich bis zum Bordzichower See (Jezioro Borzechowskie) ausdehnt. Mitten im Wald entdecken Sie das Grab des Sohnes von Adam Putrich. Auf dem Rückweg gehen Sie am Rand einer mit großen Bäumen bestandenen Wiese entlang.

Wacholder
Die grünen Sträucher wirken im Herbst besonders schön, wenn die übrigen Bäume sich golden färben.

Wiese
Einzelne Sträucher setzen im weiträumigen Gelände Akzente.

Teich
An den Teichufern wachsen hydrophile Pflanzen.

Alpinarium
Hinter dem Alpinarium führt ein Weg in den Wald.

LEGENDE

– – – Routenempfehlung

0 Meter   300

INFOBOX

Straßenkarte 4C.
📞 *(0 58) 588 92 21.*
🚌 *aus Starogard Gdański (14 km).* ⏱ *täglich 8–14 Uhr.*

Allee in der Gegend von Starogard Gdański

Starogard Gdański ❹

Straßenkarte 4C. 🚶 *47 000.*
🚌 🚆 📮 🛈 *Starogardzkich Olimpijczyków.* 📞 *(0 58) 562 40 04.*

DER ORT Starogard Gdański (Preußisch Stargard) ist die Hauptstadt des Kociewie. Bereits im 12. Jahrhundert befand sich hier eine Johanniterburg, die Stadtrechte verlieh der Deutsche Orden Starogard jedoch erst 1348. In der heutigen Altstadt befinden sich noch Überreste der Stadtmauer und einzelner Basteien aus dem 14. und 15. Jahrhundert. Im Rathaus hat heute das Heimatmuseum von Kociewie (Muzeum Ziemi Kociewskiej) seinen Sitz.

🏛 Heimatmuseum von Kociewie (Muzeum Ziemi Kociewskiej)
Rynek 1. 📞 *(0 58) 562 36 47.*
Boczna 3. 📞 *(0 58) 562 46 75.*
◯ *täglich 10 –16 Uhr, Sa 10 –15 Uhr, So 10 –14 Uhr.*

Die Matthäuskirche in Starogard Gdański

🛈 Matthäuskirche
Hallera 3. 📞 *(0 58) 562 28 75.*
Die Kirche ist die wichtigste Sehenswürdigkeit der Stadt. Die dreischiffige Basilika mit schön gegliederten Pfeilergiebeln und Wimpergen hat wie viele andere gotische Kirchen in Ostpommern Strebebögen aus Ziegelstein, die sich in den Dachräumen der Seitenschiffe verbergen. Die Kirche entstand im 14. und 15. Jahrhundert und erinnert an die Kathedrale im benachbarten Pelplin. In ihrem Inneren befinden sich ein Gemälde des Jüngsten Gerichts und das Renaissancegrabmal von Jerzy Niemojewski aus dem frühen 17. Jahrhundert.

Gniew ❺

Straßenkarte 5D. 🚶 *7000.*
🚌 🚆 🛈 🎬 🚌

DAS ZAUBERHAFTE STÄDTCHEN auf dem hohen Weichselufer hat sein mittelalterliches Flair bis heute bewahrt. Die Handfeste erhielt Gniew (Mewe) 1297 vom Landmeister des Deutschen Ordens, Meinhard von Querfurt. Am Fuße der Burg entstand eine kleine Siedlung mit malerischen Gassen, die auf den von Laubenhäusern umgrenzten Marktplatz münden. Die meisten Bauten stammen aus dem 18. Jahrhundert. Einige, etwa das Rathaus, weisen noch gotische Elemente auf. Auch große Abschnitte der Stadtmauer aus dem 14. und 15. Jahrhundert, die einst die Stadt umschloss, blieben erhalten. Ursprünglich verlief im Norden und Westen der Stadtmauer ein Wassergraben.

Turnierreiter in Gniew

Der massive Turm der Nikolauskirche überragt den Ort.

⚓ Ordensburg
Pl. Zamkowy 2. 📞 *(0 58) 535 35 29.*
◯ *1. Mai–31. Nov Di –So 9 –17 Uhr; 1. Dez–30. Apr nach telefonischer Voranmeldung. Führung.* 📷
Die Hauptattraktion von Gniew (Mewe) ist die gewaltige Backsteinburg des Deutschen Ordens. Um den quadratischen Binnenhof gruppieren sich vier gleichlange Flügel. In der Nord-Ost-Ecke steht ein mächtiger Bergfried, der im 19. Jahrhundert aufgestockt wurde. In den übrigen drei Winkeln befinden sich drei weitere schmale Türme. Kurz nach der Ankunft des Ordens unter der Leitung des Mewer Komturs Dietrich von Spira begann man mit dem Bau der Burg, der sich lange hinzog, jedoch einer einheitlichen Konzeption folgte. Während des Dreizehnjährigen Krieges hielten die Kreuzritter des Ordens den Danziger Bürgermeister Hermann Stargard in der Burg gefangen. Er starb hier im Jahre 1461. Drei Jahre später verließ der Deutsche Orden nach halbjähriger Belagerung die Burg endgültig. Nach der Eingliederung der Stadt Gniew in das Gebiet des Polnischen Königreichs befand sich hier bis 1772 der Sitz des Landratsamtes. Zum ersten Landrat wurde Tomko aus Młotków gewählt. Zwischen 1667 und 1696 hatte König Johann III. Sobieski das Amt des Landrates von Gniew persönlich inne.

Seit einem Brand im Jahre 1921 stand die Burg leer. Erst 1992 begann der Wiederaufbau der Burganlage. Heute befindet sich hier ein kleines archäologisches Museum mit einer Waffenschmiede und einer Waffenkammer. Sehenswert ist auch die Ausstellung »Geschichte von Gniew und Umgebung«, die sich mit den Verteidigungsaspekten des Ordensstaates befasst. Ein Burgbesuch lohnt sich vor allem im Sommer, wenn dort die Kunstschmiede ihr Handwerk vorführen und Ritterfestspiele stattfinden. Eine schaurig-spannende Ton- und-Lichtschau führt in die Burggeschichte ein.

♟ Palast der Marysieńka

Innerhalb der Burganlage von Gniew (Mewe) befindet sich das Hotel Palast der Marysieńka. Das barocke Bauwerk wurde für Maria Kazimiera gebaut, die Gattin des späteren Königs Johann Sobieski. Zu jener Zeit hatte er noch das Amt des örtlichen Landrates inne. Eine Legende, nach der sich an der Stelle des Palastes zuvor bereits eine Burg befunden hatte, wurde inzwischen widerlegt.

♟ St. Nikolaus

Okrzei 4. **(** (0 58) 535 22 16.
Die Ausstattung des gotischen Gotteshaus aus der ersten Hälfte des 14. Jahrhunderts blieb im Wesentlichen erhalten. Dazu gehören die gotischen

Pfarrhaus in Pelplin

Gewölbe, das manieristische Gestühl sowie Altäre im manieristischen, barocken und neugotischen Stil.

Pelplin ❻

Straßenkarte 4D. 🏘 8500.
🚌🛈♣🚉🚏🛈 Pl. Grunwaldzki.
((0 58) 536 14 54.

P ELPLIN IST ein kleines Städtchen, überragt von der riesigen Anlage einer ehemaligen Zisterzienserabtei. Im Jahre 1824 stieg der Ort zur Hauptstadt der reichen Diözese Kulm (Chełmno) auf. In Pelplin sollte man außer der Kathedrale den in einem schönen Park gelegenen Bischofspalast und die Pfarr-häuser besichtigen. Mit der Stadt ist das Leben des Priesters, Kunsthistorikers und Dichters Professor

Janusz S. Pasierb (1929–1993) eng verbunden.

🏛 Diözesanmuseum

Dominika 11. **(** (0 58) 536 12 21.
🕐 Di–Sa 11–16 Uhr, So 10–17 Uhr.
Der interessanteste Teil des Diözesanmuseums ist die Skulpturen-Galerie. Ihr kostbarstes Ausstellungsstück ist eine Schrankmadonna (15. Jh.) aus Kolonówki. Die wertvollsten Schätze der Goldschmiedekunst sowie die Liturgiegefäße werden nicht im Museum, sondern in der Schatzkammer der Kathedrale aufbewahrt. In der Bibliothek des ehemaligen Klosters befinden sich ein Exemplar einer Gutenbergbibel und die *Pelpliner Tabulatur*, eines der umfangreichsten Werke der Musik.

ORDENSBURG IN GNIEW (MEWE)

Burgkapelle

Bergfried (im 19. Jh. umgebaut)

Danskerturm

Der Zwinger liegt zwischen Burg und Mauer.

Burgtor

Im Detail: Pelplins Kathedrale

Epitaph des Woiwoden Jan Kos

BEVOR DIE ZISTERZIENSER nach Pelplin kamen, existierte bereits ein Kloster im benachbarten Pogódki (Pogutken). 1274 wurde das Kloster an den neuen Standort verlegt. Die riesige gotische Kirche und die Klosteranlage entstanden im 13. und 14. Jahrhundert. An der Ausstattung wirkten zahlreiche namhafte Künstler mit. 1823 löste der preußische König Friedrich Wilhelm III. das Kloster offiziell auf. Am 3. August 1824 wurde die Kirche zur Kathedrale erhoben.

Die Kathedrale
ist eine dreischiffige Basilika mit Sterngewölben.

★ *Himmelfahrt Mariens*
Das Gemälde (1619) im Marienaltar schuf Hermann Hahn. Besonders kunstvoll gestaltete der Maler die Lichteffekte.

★ **Hochaltar**
Der üppig vergoldete Holzaltar entstand ab 1623 in über 40-jähriger Arbeit. Die Krönung Mariens durch die hl. Dreifaltigkeit schuf Hermann Hahn.

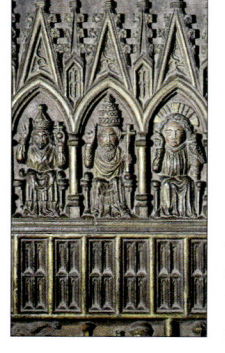

Das Martyrium des hl. Jakob von Bartholomäus Strobel ziert einen Barockaltar (1640–64).

★ **Die hl. Dreifaltigkeit**
Auf dieser außergewöhnlichen Darstellung der hl. Dreifaltigkeit im Gestühl erscheint der hl. Geist nicht als Taube, sondern als Mensch.

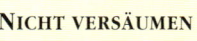

NICHT VERSÄUMEN

★ **Hochaltar**

★ **Hl. Dreifaltigkeit**

★ **Himmelfahrt Mariens**

INFOBOX

Mestwina 4. ☎ *(0 58) 536 17 07.*
Diözesanmuseum.
Dominika 11. ☎ *(0 58) 536 12 21.*
⬤*Di–Sa 11–16 Uhr, So 10–17 Uhr.*
**Führung durch einen Priester
des Priesterseminars.**

Gotische Gewölberippen
*Sterngewölbe mit
komplizierten Mustern
schließen das Hauptschiff
der Kirche ab.*

Barockes Orgelprospekt
*Das Instrument baute
Johann Georg Wolff
1677–1680.
Die Schnitzereien
von Engeln mit Posaunen
und einer von Engeln
getragenen Madonna
stammen vermutlich
von Matthias Scholler.*

Samson kämpft
mit einem Löwen
*Auf der Sockelfigur ruht die
Kanzel aus dem Jahre 1682,
ein Werk von Matthias
Scholler aus Gniew (Mewe).*

DER WERDER

DIE REGION *im Weichseldelta war ursprünglich ein feuchtes und sumpfiges Gebiet. Dank der Ankömmlinge aus Holland, die sich hier seit dem 14. Jahrhundert niederließen und das Sumpfgelände trocken legten, wurde sie zu einem fruchtbaren Ackerland mit Feldern und Wiesen. Die Siedler hatten die Deich- und Schleusenbautechnik aus ihrer Heimat mitgebracht.*

Besucher dieser Gegend haben immer schon den Fleiß und den Wohlstand der Bauern bewundert; im Jahre 1817 schrieb die Getreidehändlerin Waleria Gräfin Tarnowska aus Dzików: »Nachdem die Kühe gemolken und die Schafe versorgt sind, setzen sich die Hirtinnen vor ein Cembalo und verzaubern mit ihrem Talent die heiratswilligen Männer, die schon im Vorfeld von Aussteuern in Höhe von zwanzig oder gar dreißigtausend Talern betört wurden«.

Große Verluste beklagte die Region gegen Ende des Zweiten Weltkrieges, als die Deutschen zahlreiche Wasserbauwerke sprengten und dadurch weite Gebietsflächen überschwemmten. Während der Evakuierung und der panischen Flucht vor der Roten Armee kamen Tausende Zivilisten ums Leben. Nach dem Krieg besetzten polnische Siedler die Wohnstätten der Vertriebenen. Versuche, den überfluteten Werder trocken zu legen, glückten nur zum Teil. Heute bemüht man sich im Werder und in der gesamten Weichselniederung, dem Niedergang der Region entgegenzuwirken. Leider gibt es immer noch, insbesondere im Werder, viele verfallene Höfe und Kirchenruinen, die nach dem Krieg nicht wieder aufgebaut wurden. Die Windmühlen sind aus dem Landschaftsbild des Werders fast vollständig verschwunden, nur Tausende von Kanälen, die das nostalgisch anmutende, flache Land durchschneiden, blieben übrig. Zwischen ihnen liegen Backstein- und Fachwerkhäuser, kleine Kirchen und typische Laubenhäuser. Auf Türmen, Dächern, Masten und Schornsteinen nisten Hunderte von Störchen.

Nostalgische Landschaft im Werder

◁ Die Marienburg, einst Sitz des mächtigen Ordensstaates

Der Werder im Überblick

DER WERDER ist ein landwirtschaftlich geprägtes Gebiet mit wenigen städtischen Siedlungen. Als Ausgangspunkte für die Besichtigung eignen sich die Sommererholungsorte Stegna (Steegen) und Jantar (Pasewark) sowie in der Nachsaison Malbork (Marienburg) mit der Ordensburg. In manchen Dörfern findet man noch kleine mittelalterliche Kirchen und viele Laubenhäuser. So weit das Auge reicht, sind Entwässerungskanäle und Deiche zu sehen, die daran erinnern, dass diese Region unterhalb des Meeresspiegels liegt. Das eher kleine Gebiet kann man in relativ kurzer Zeit erforschen.

nach Gdańsk

nach Gdańsk

501

223

❶ PRUSZCZ GDAŃSKI

KIEZMARK

227

7 E77

Motława

Wisła

❺ RÓŻYNY

1 E75

nach Toruń

50

Kanalvertiefung im Werder

UNTERWEGS

Durch den Werder verläuft die E 75, die den Norden über Danzig (Gdańsk) mit dem Süden des Kontinents verbindet. Hier verläuft auch die Warschau (Warszawa) und Danzig verbindende E 77. Ein großer Abschnitt der Straße entstand im Dritten Reich, als noch vor dem Krieg mit dem Bau der Autobahn Berlin–Königsberg begonnen wurde. Dieses Vorhaben wurde nie vollendet. Die kleinen Ortschaften erreicht man am besten mit dem Bus. Malbork (Marienburg) und Pruszcz Gdański (Praust) haben Bahnhöfe. In Malbork halten Expresszüge aus Danzig und Warschau.

0 Kilometer   6

LEGENDE

▬▬ Hauptstraße

▬▬ Landstraße

▬▬ Fluss

▬▬ Kanal

AUF EINEN BLICK

Kiezmark (Käsemark) ❹
Malbork (Marienburg) ❼
Pruszcz Gdański (Praust) ❶
Różyny ❺
Stegna (Stegen) ❸
Sztum (Stuhm) ❻
Sztutowo (Stutthof) ❷

nach Krynica Morska

nach Elbląg

Ordensburg in Malbork

Landschaft im Werder

Pfarrkirche in Pruszcz Gdański

Pruszcz Gdański ❶

Straßenkarte 3CD. 🏛 21 000.
🚇 🚌

P RUSZCZ (Praust) lag einst
an der berühmten
Bernsteinstraße. Einige
Historiker glauben, dass
die Stadt im frühen Mittelalter
ein wichtiger Hafen war.
Um das 14. Jahrhundert
entstanden in der Nähe
eine Schleuse und ein neues
Flussbett der Radaune
(Radunia). Seitdem fließt sie
mitten durch die Stadt. Praust
hatte strategische Bedeutung,
denn von hier aus wurde
Danzig früher mit Wasser
versorgt.

🔒 Heilig-Kreuz-Kirche
Wojska Polskiego 37.
Der dreischiffige
gotische Ziegelbau
stammt aus dem
14. Jahrhundert.
Nach einem Brand
im Jahre 1466 wurde
er als Basilika
wieder aufgebaut.
Der spätgotische
Hochaltar gehört
heute zur Sammlung
des Nationalmuseums
(Muzeum Narodowe)
in Warschau. In der
Kirche verblieb
lediglich die Predella
aus dem 17. Jahr-
hundert mit
dem Bild *Christus
auf dem Ölberg*.
Beachtenswert ist
das kunstvoll mit
Muschelornamenten

verzierte manieristische
Flachrelief an der Empore
im nördlichen Teil des Schiffes.
Attraktion der Kirche ist
zweifelsfrei das neobarocke
Gestühl aus der zweiten Hälfte
des 17. Jahrhunderts mit
Gemälden, die Szenen aus
dem Leben Christi darstellen.
Den Hintergrund der
Auferstehung bildet eine
Stadtansicht mit der Kirche.
Das Gestühl von 1682 ist
mit Bildern von Matthäus
Noach verziert. Die
ungewöhnlichen Herz-
ornamente zeigen Taten
Jesu Christi.

Sztutowo ❷

Straßenkarte 3E.
🏛 1600. 🎦 **Museum.**
☎ (0 55) 247 83 53.
🕐 Mai–Sep 9–18 Uhr, Okt–Apr
9–15 Uhr. 🚻

B EI STUTTHOF errichteten
Wehrmachtsangehörige
am 2. September 1939 das erste
Konzentrationslager auf
dem heutigen Gebiet Polens.
Bis 1941 waren die Häftlinge
ausschließlich Polen, zumeist
Widerstandskämpfer aus
Danzig. Später verschleppte
man außer Polen auch
Menschen aus 24 europäischen
Ländern, insbesondere Juden,
Russen, Litauer, Letten,
Norweger, Dänen, Franzosen,
Jugoslawen und Deutsche
hierher. Unter anderem
benutzte man die Lagerinsassen
für medizinische
Experimente.
85 000 der
insgesamt 120 000
Häftlinge starben.
Im Januar 1945
wurden die
Überlebenden
evakuiert.
Die meisten
machten sich zu
Fuß auf den Weg
nach Westen;
einige fuhren
auf Booten,
von denen viele
versenkt wurden.
Von den insgesamt
25 000 evakuierten
Häftlingen
überlebte kaum
die Hälfte.
Nach dem Krieg
richtete man auf
dem KZ-Gelände

Mahnmal
in Sztutowo
(Stutthof)

die Gedenkstätte und das
Museum Stutthof ein. Am 12.
Mai 1968, also am 23. Jahrestag
der Lagerbefreiung, wurde hier
ein gewaltiges Denkmal
zu Ehren der Kämpfer
und Opfer nach dem Entwurf
von Wiktor Tołkin, einem
ehemaligen KZ-Häftling,
enthüllt.

Kirche in Stegna

Stegna ❸

Straßenkarte 3DE. 🏛 1800. 🎦

D IESES EINST kleine
Fischerdorf hat sich zu
einem großen Seebad mit
wunderbarem Sandstrand an
den Ufern der Danziger Bucht
(Zatoka Gdańska) entwickelt.
Empfehlenswert sind der Besuch
der kleinen Barockkirche im
Fachwerkbaustil und die
Besichtigung der Laubenhäuser
aus dem 19. Jahrhundert.
Vom Strand in Stegna (Steegen)
gelangt man nach Jantar
(Pasewark) und Mikoszewo
(Nickelswalde), wo die Weichsel
(Wisła) in die Ostsee mündet.

Kiezmark ❹

Straßenkarte 3D. 🏛 450. 🎦

W ER EINE für Pommern
typische Dorfkirche im
Fachwerkhausstil sehen möchte,
sollte nach Kiezmark (Käsemark)
reisen. Das Werder-Dorf am Ufer
der Weichsel gehörte im
14. Jahrhundert der Danziger
Komturei des Deutschen
Ordens. 1349 verlieh ihm der
Hochmeister Heinrich Dusemer

Laubenhaus in Różyny

die Handfeste. Die weißen Wände der einschiffigen Kirche stehen im Kontrast zu den dunklen Holzbohlen der Skelettkonstruktion. Das von Karl G. Schmiden und Johann E. Schmidt gestiftete Bauwerk entstand um 1727 an der Stelle einer älteren Kirche. Heute ist die Kirche, die bis 1945 evangelisch war, katholisch. In ihrem Inneren befinden sich manieristische Altäre, die älter sind als die Kirche selbst, und sieben Grabplatten aus dem 16. und 17. Jahrhundert.

Różyny ❺

Straßenkarte 3D.

NACH 1945 verschwanden aus der Werderlanschaft Hunderte von Windmühlen. Die ebenso typischen Laubenhäuser, von denen manche stattliche Ausmaße besitzen, blieben dagegen erhalten. Es sind überwiegend ein- oder zweigeschossige Fachwerkhäuser mit einem Vorbau, der so genannten Laube, auf der Frontseite. Einige von ihnen sind reich mit barocken Möbeln ausgestattet, so auch das Haus an der viel befahrenen Straße von Danzig (Gdańsk) nach Dirschau (Tczew). Es entstand im Jahre 1784 und trägt über dem Eingang eine schöne Inschrift mit dem Baujahr und den Initialen der Besitzer.

Die schönsten Laubenhäuser der Region befinden sich in den benachbarten Dörfern Trutnowy (Trutenau) (1720) und Miłocin (Herzberg) (1731). In einigen Teilen des Werders trifft man noch heute auf die Höfe der holländischen Siedler. Die eingeschossigen Wohnhäuser waren unmittelbar mit den Ställen und Scheunen verbunden. Die Bauernhöfe in Bogatka (Reichenberg), Wiślina (Hochzeit) und Wiślinka (Wesslinken) stammen aus dem 18. und frühen 19. Jahrhundert. Nachkommen der holländischen Siedler gibt es im Werder nicht mehr; viele Häuser sind stark verfallen.

Sztum ❻

Straßenkarte 4D. 9000.
aus Malbork und Grudziądz.
Linie 7 und 8 aus Malbork.

SZTUM (Stuhm) ist ein gepflegtes, malerisch zwischen zwei Seen gelegenes Örtchen. Einst befanden sich hier eine große Ordensburg aus dem 14. Jahrhundert und ein vom Deutschen Orden angelegter Tiergarten. Heute erinnern an die Burg nur wenige Überreste, darunter einige Gebäude, Fragmente der Stadtmauer und Tore. Die Handfeste verlieh der Hochmeister Michael Küchmeister der Stadt im Jahre 1416. Die ehemalige Bebauung wurde 1945 fast vollkommen zerstört. Nur wenige Häuser, eine evangelische Kirche aus dem Jahre 1818 und die gotische Kirche St. Anna mit einem kleinen Friedhof direkt am See, blieben bis heute erhalten.

In der Nähe der Stadt, in Sztumska Wieś (Stuhmsdorf), wurde 1635 der Frieden zwischen Polen und Schweden geschlossen. Die beiden Staaten kämpften seit Beginn des 17. Jahrhunderts um die Vorherrschaft an der Ostsee.

⚓ Ruinen der Ordensburg
Um 1300 begann der Bau der Burg an der Stelle einer ehemaligen pruzzischen Siedlerstelle, die der Deutsche Orden 1236 zerstört hatte. Die Lage des Burgtores verrät die ursprünglichen Dimensionen der Burg. In der Burg befanden sich der Sitz einer Vogtei des Deutschen Ordens und die Sommerresidenz der Ordens-Hochmeister.

Stadtansicht von Sztum

Malbork ❼

DIE STADT MALBORK (Marienburg) wurde im 13. Jahrhundert gegründet. 1309 wurde sie Hauptstadt des Ordensstaates. Zunächst errichtete man das später Hochschloss genannte Konvents-Schloss, 1310 folgte das Mittelschloss. Zwischen 1382 und 1399 entstand im Auftrag von Konrad Zöllner von Rotenstein der beeindruckende Palast der Hochmeister. Während des Dreizehnjährigen Krieges wurde die Burg 1457 von den Polen erworben und in eine königliche Festung umfunktioniert. Über drei Jahrhunderte lang diente sie als Sitz der polnischen Landräte von Marienburg (Malbork). 1577 war sie Stationsbasis für die Armee von König Stefan Bathory, der gegen das aufsässige Danzig kämpfte. Nach der Ersten Teilung Polens gehörte die Burg den Preußen, die erwogen, sie abreißen zu lassen. Ein 1799 veröffentlichter Bildband mit Burgzeichnungen von Friedrich Gilly weckte das Interesse an dem Bauwerk und schließlich beschloss man, es zu restaurieren. 1945 wurde die Burg zur Hälfte zerstört. Das gigantische Wiederaufbauwerk begann 1961 und ist mittlerweile abgeschlossen. Sie steht auf der Liste des Weltkulturerbes der UNESCO.

★ Der Sommer-Remter
Der mit dem Winter-Remter verbundene Repräsentationsraum besitzt ein prachtvolles spätgotisches Sterngewölbe, das auf einer einzigen Granitsäule in der Raummitte ruht.

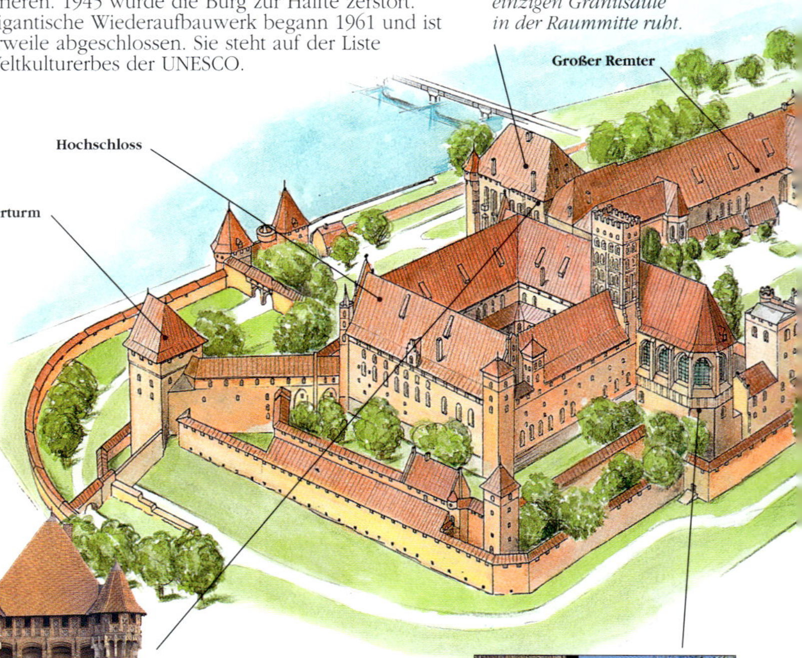

Großer Remter

Hochschloss

Danskerturm

★ Palast der Hochmeister
Der höfische Palast kann mit den vornehmsten europäischen Residenzen konkurrieren. Er erinnert eher an ein Schloss als an ein Kloster.

NICHT VERSÄUMEN

* ★ **Palast der Hochmeister**
* ★ **Sommer-Remter**

St.-Anna-Kapelle
In der Kapelle unterhalb der Burgkirche sind elf Hochmeister begraben.

Die Vorburg
In den restaurierten Wirtschaftsgebäuden der ehemaligen, auch Niederschloss genannten Vorburg befindet sich heute ein Hotel, das an die Laurentiuskirche grenzt.

In den alten Gästeräumen befindet sich eine Bernsteinsammlung.

Burgbefestigungen
Mächtige Basteien und Mauern umschließen das gesamte Burggelände.

Figur eines Hochmeisters
Das Werk (1872) des Bildhauers Rudolph Simering wurde 1876 in Bronze gegossen.

Mittelschloss

ZEITSKALA

1276 Einzug des Komturs

1280 Konvent aus Zantyr kommt in die Burg

1382 Baubeginn des Palastes der Hochmeister

1457 Übernahme der Burg durch den polnischen König Kasimir Jagiellone

1773 Die Burg wird preußische Kaserne

1945 Zerstörung von Stadt und Burg

1200	1400	1600	1800	2000

um 1274 Baubeginn nördlicher Burgflügel

1309 Ankunft des ersten Hochmeisters, Siegfried von Feuchtwangen

1410 Belagerung Marienburgs durch Polen nach der Schlacht bei Tannenberg

1817 Beginn der Restaurierung

1882 Beginn der Restaurierung unter der Leitung von Konrad Steinbrecht

1961 Beginn des Wiederaufbaus

Malbork: Das Hochschloss

Steinfigur eines Teufels

D AS HOCHSCHLOSS war Sitz des Konvents. Hier wohnten die Ordensritter und hier befand sich die legendäre Schatzkammer.
Die erste Bauphase dauerte von 1274 bis 1280 und begann mit der Errichtung des Nordflügels. Etwas später entstanden um den quadratischen Burghof drei weitere Flügel. Aus Verteidigungsgründen lagen die Repräsentationsräume der Burg, wie auch in anderen Ordensburgen, im ersten Stock. Die schönsten Innenräume befanden sich in der Marienkirche, dem wichtigsten Gotteshaus des Ordensstaates. Es wurde 1945 stark zerstört und wird bis heute restauriert. 1330 wurde vor dem Goldenen Tor, das zur Kirche führte, der Hochmeister Werner von Orseln erstochen. Im Kapitelsaal neben der Kirche wählte man die Hochmeister. Zurzeit legt man hier Wandbilder frei.

Fenstermaßwerk
Biblische Szenen und symbolische Figuren zieren das Maßwerk.

Zugbrücke

Wassergraben am Hochschloss

Die Kreuzgänge
Nach 1882 freigelegte Kreuzgänge säumen den Burghof.

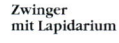

Zwinger mit Lapidarium

NICHT VERSÄUMEN

★ **Goldenes Tor**

★ **Danskerturm**

★ **Skulpturen- galerie**

★ **Danskerturm**
Der Turm war Wehrturm und Abort für die Ordensbrüder. Der Name sollte die verächtliche Beziehung des Ordens zu Danzig widerspiegeln.

Marienkirche

INFOBOX

Burgmuseum
82 200 Malbork, Starościńska 1.
☎ (055) 272 33 64.
🕐 ganzjährig Di–So 9–15 Uhr.
Burghof *länger.* 🅿 🚻 🔵
🎦 **Ton- und Lichtschau**
*Juni–Sep nach Einbruch
der Dunkelheit.*

★ Das Goldene Tor
*Das Portal (Ende 13. Jb.) zieren
Darstellungen von Christus
als Weltenrichter, törichten
und klugen Jungfrauen,
der Ekklesia und der Synagoge.*

★ Skulpturengalerie
*Schmuckstück der Sammlung ist ein
1504 errichteter gotischer Schrankaltar
aus der Kapelle in Tenkity bei Königsberg.*

Der Burgbrunnen
*Auf dem Brunnen füttert
ein Pelikan seine Brut
mit eigenem Blut.
Die Darstellung
symbolisiert
das Opfer Jesu
Christi.*

Saal der Sieben Säulen
*Der Saal diente als Speisesaal
der Ordensbrüder; ein Aufzug
verband ihn mit der Burgküche.*

RUND UM DAS FRISCHE HAFF

AS FRISCHE HAFF *(Zalew Wiślany) zeichnet sich durch abwechslungsreiche Landschaften aus. Im Südosten erstreckt sich die Elbinger Höhe (Wysoczyzna Elbląska). Im Westen von Elbing (Elbląg) liegt das Polderland des Werders. Die interessanteste Gegend ist die Frische Nehrung (Mierzeja Wiślana), ein langer schmaler Wall, der das Haff von der Ostsee trennt.*

Die größte Stadt der Region ist Elbing (Elbląg), eine Stadt mit einer langen Geschichte und einem eigenen Seehafen, der einst mit Danzig konkurrierte. Die malerische Altstadt von Elbing mit den manieristischen Häusern und den davor errichteten Beischlägen wurde leider 1945 fast vollständig zerstört. Erst in den letzten Jahren begann man, die Altstadt wieder aufzubauen. Es entstand eine interessante Mischung moderner und traditioneller Formen.

Die schönsten historischen Sehenswürdigkeiten der Region bietet Frauenburg (Frombork). Die gotische Wehrkathedrale der Diözese Ermland (Warmia) überragt die Stadt. An diesem Ort lebte und arbeitete mehrere Jahre lang der Astronom Nikolaus Kopernikus, der zugleich Domherr von Frauenburg war. Hier schrieb er seine richtungsweisende Arbeit *Über die Kreisbewegungen der Weltkörper* und hier starb er, just an dem Tag, an dem das erste gedruckte Exemplar seines Werkes aus Nürnberg geliefert wurde.

Die Gegend um das Frische Haff ist für Naturfreunde besonders reizvoll. Die Elbinger Höhe gehört zu einem Landschaftsschutzgebiet mit wunderschönen Mischwäldern, die im Herbst golden leuchten. Überall kann man stundenlang wandern oder auf einem der zahlreichen Gestüte, unter anderem in Kadyny (Cadinen), Pferde für einen gemütlichen Ausritt mieten. Die Frische Nehrung (Mierzeja Wiślana) ist ebenfalls ein Naturschutzgebiet. Hier gibt es Vogelreservate und Sandstrände, die im Sommer zu einem Bad, im Herbst zu Spaziergängen einladen. Im Frischen Haff (Zalew Wiślany) fahren Schiffe der Weißen Flotte, die in Elbing (Elbląg), Frauenburg (Frombork) und Krynica Morska (Kahlberg-Liep) anlegen.

Etwas ganz Besonderes ist ein Ausflug auf dem Oberländischen Kanal nach Ostróda. Dabei werden die Schiffe in der Gegend von Buczyniec (Buchwalde) auf speziellen Plattformwagen übers Land gezogen.

Das Domkapitel in Frauenburg, Sitz der Diözese Ermland

Das Frische Haff im Überblick

HISTORISCH interessierte Besucher sollten Frombork (Frauenburg) und Elbląg (Elbing) besichtigen. Auf dem Weg nach Frombork empfiehlt sich ein Abstecher in das idyllische Örtchen Kadyny (Cadinen) mit seinem barocken Schloss und einem für Kaiser Wilhelm II. gegründeten Pferdegestüt. Naturfreunde finden rund um das Haff ruhige Buchenwälder und entlang der Frischen Nehrung (Mierzeja Wiślana) weitläufige Strände.

Äcker bei Frombork

Die Marienkirche in Elbląg

0 Kilometer   10

MIERZEJA WIŚLANA **6**

Zalew Wiślany

KADYNY **2**

503

nach Gdańsk

Elbląg

ELBLĄG **1**

1 E77

Nogat

50

nach Malbork

515

LEGENDE

▬	Hauptstraße
▬	Landstraße
▬	Fluss

UNTERWEGS

Die Besichtigungstour sollte in Elbląg beginnen. Die Stadt verfügt über eine gute Zug- und Straßenanbindung, etwa die E 77, an Danzig (Gdańsk) und Warschau Warszawa). Nach Braniewo (Braunsberg) gelangt man über die N 508; nach Frombork führt die N 504. Die schönste Landstraße der Gegend ist die N 503, die am Haffufer entlang zuerst durch das flache Küstengebiet, dann auf die Höhen bei Suchacz (Succase) führt. Von dort aus hat man einen wunderbaren Ausblick auf Haff und Nehrung. Entlang der Frischen Nehrung (Mierzeja Wiślana) führt die N 501 von Nowy Dwór Gdański. Etwas schlechter ausgebaut ist der Busverkehr. Geduldige Fahrgäste werden jedoch am Bahnhof von Elbing (Elbląg) die entsprechenden Buslinien herausfinden. Eine Eisenbahnlinie verbindet Elbing und Braunsberg.

Jahrhunderteiche in Kadyny

AUF EINEN BLICK

Braniewo (Braunsberg) **5**
Elbląg (Elbing) **1**
Frombork (Frauenburg) **4**
Kadyny (Cadinen) **2**
Oberländischer Kanal
    (Kanał Elbląski) **7**
Frische Nehrung
    (Mierzeja Wiślana) **6**
Tolkmicko (Tolkemit) **3**

Die Frische Nehrung

Elbląg ❶

IN DER VERGANGENHEIT war Elbląg (Elbing) der zweitgrößte Hafen Ostpommerns. Heute ist die Stadt durch die Betriebe des ABB-Konzerns, die wieder aufgebaute Altstadt und das EB-Bier, das von der Hohen Tatra bis zur Ostsee getrunken wird, bekannt. Elbląg's Geschichte ist eng mit der des Deutschen Ordens verbunden. 1237 steuerten Kreuzritter und Ritter aus Meißen mit zwei Schiffen über den Drausen-See (Jezioro Druzno) die Stadt an. Sie errichteten eine Wehrsiedlung, und neun Jahre später verlieh der Hochmeister des Deutschen Ordens, Heinrich von Hohenlohe, der Stadt Elbląg die Stadtrechte. Die Stadt entwickelte sich zu einem wichtigen Seehafen und konkurrierte mit Danzig. 1466–1772 gehörte sie zu Polen. Nach der ersten Teilung Polens wurde sie Preußen einverleibt. Nach dem Krieg fiel Elbląg an Polen zurück. Anstelle der vertriebenen deutschen Bevölkerung zogen polnische Siedler ein.

🚪 Markttor
Blacharska.
Das Markttor (Brama Targowa) ist das letzte Überbleibsel der Stadtmauer. Der untere Abschnitt der Mauer (14. Jh.) wurde 100 Jahre später aufgestockt.

Im Innern der Marienkirche

⛪ Marienkirche
Galeria EL. Kuśnierska 6.
📞 (0 55) 232 53 86.
🕐 Mo–Sa 10–18 Uhr,
So 10–17 Uhr.
In der gotischen Marienkirche, die einst den Dominikanern gehörte, befindet sich heute die Kunstgalerie EL, die besonders in den Sechzigerjahren Furore machte.
    Den Bau der Kirche führten Dominikanermönche durch, denen bereits zwei Wochen nach Verleihung der Stadtrechte im Jahre 1246 ein entsprechendes Privileg erteilt worden war. Von der früheren gewaltigen Klosteranlage blieb lediglich der Flügel eines Südkreuzganges erhalten; er ist mit vielen Epitaphen geschmückt. Die meisten Mauern der zweischiffigen Kirche, die bis heute als Gotteshaus dient, stammen

aus dem 14. Jahrhundert. Die wunderbaren Netzgewölbe (16. Jh.) wurden 1945 leider völlig zerstört.

⛪ Nikolaikirche
Mostowa 18.
📞 (0 55) 232 64 00.
Im Mittelalter stand die riesige gotische Pfarrkirche exakt mitten in der Stadt. Sie gilt als größte Kirche der Diözese Ermland (Warmia). Den 96 Meter hohen Kirchturm sieht man bereits aus einiger Entfernung. Der Bau der Kirche begann im 13. Jahrhundert, dann wurde sie zur Basilika und von 1440 bis 1510 schließlich zur dreischiffigen Hallenkirche umgestaltet.
    Die Kunstobjekte im Inneren der Kirche stammen aus

Die Nikolaikirche in Elbląg

anderen Elbinger Gotteshäusern, die 1945 zerstört wurden. Sehenswert sind das bronzene Taufbecken von Meister Bernhuser (1387) mit Flachreliefs der Kirchenväter sowie eine Kreuzigungsplastik aus dem 15. Jahrhundert von Jan van der Matten. Zu den kostbarsten Exponaten gehört der Schrankaltar der Flößer, den eine Elbinger Werkstatt um 1510 anfertigte. Den Mittelteil ziert eine kunstvoll geschnitzte Szene der drei Weisen.

Der Kirchenpfad

🚪 Kirchenpfad
Der schmale Pfad (Ścieżka Kościelna) zwischen den durch Mauerbögen verbundenen Giebelhäusern führt von der ulica św. Ducha (Heiliggeiststraße) bis zur Nikolaikirche. Links und rechts davon stehen Giebelhäuser mit wunderschönen Ziegelfassaden (ulica Mostowa 18–19, Brückstraße).
    Im vollständig restaurierten Haus Nummer 19 befand sich einst die Adler-Apotheke.

🚪 Altstadt
Während der Belagerung der Stadt durch die Rote Armee wurde die Altstadt fast vollständig zerstört. Noch vor einigen Jahren erinnerte das Elbinger Stadtzentrum eher an eine verkommene Wiese, auf der vereinzelt Ruinen von Giebelhäusern und Kirchen standen. Heute ist die Altstadt wieder aufgebaut und Jahr für Jahr kommen neue Bauwerke hinzu. Nach dem Krieg wurden die Ruinen abgerissen, viele Elemente konservierte man

Giebelhäuser in der Altstadt

INFOBOX

Straßenkarte 3E. 🏛 *125 000*.
🚉 🚌 ℹ️ *1 Maja 30*.
📞 *(0 55) 232 73 73*.

(Heiliggeiststraße) befand sich noch vor kurzem der einzige erhaltene Abschnitt der Altstadt. In den Häusern Nummer 11 und 12 war seit der Restaurierung im Jahre 1954 das Elbinger Stadtmuseums (Muzeum Elbląskie) beheimatet. Haus Nummer 13 besitzt noch die authentische gotische Fassade; Nummer 18 ein manieristisches Portal von 1598.

Eine wertvolle, wenn auch eher unscheinbare Sehenswürdigkeit ist die Anlage des ehemaligen Heiliggeistspitals aus dem 13. Jahrhundert. Heute befindet sich hier die Stadtbibliothek. Viele Elbinger Giebelhäuser besitzen heute stilisierte moderne Fassaden.

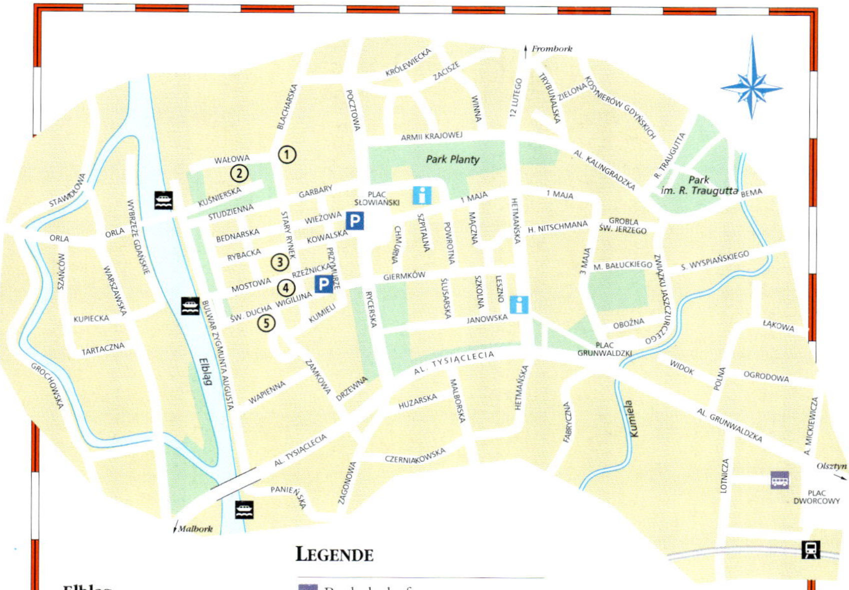

und verwendete sie für Restaurierungsarbeiten. Unverändert blieb das geometrische Straßennetz. Der Wiederaufbau der Altstadt begann erst 1983 nach den Entwürfen der Danziger Architekten Szczepan Baum und Ryszard Semka. Obwohl nur einige Bauten originalgetreu restauriert wurden, knüpfen sie alle an die alten Giebelhäuser an. Präzise beachtete man beim Wiederaufbau das alte Straßennetz, die Grundstückseinteilungen und Häuserhöhen.

Entlang der Straßen św. Ducha und Wigilijna

LEGENDE

Elbląg
Markttor ①
Marienkirche ②
Nikolaikirche ③
Kirchenpfad ④
Altstadt ⑤

🚌 Busbahnhof
🚢 Schiffsanlegestelle
ℹ️ Information
🅿️ Parken

0 Meter   300

Pferdegestüt in Kadyny

Kadyny ❷

Straßenkarte 3E. 🚶 480.
🚌 🚆 aus Elbląg.

DAS KLEINE DORF am Fuße der Elbinger Höhe im Landschaftsschutzgebiet entzückt nicht nur durch seine malerische Lage, sondern auch durch interessante Sehenswürdigkeiten. Bereits 1688 wurde hier das barocke Schloss der Familie Schlieben erbaut. 1898 ging Kadyny (Cadinen) in den Besitz von Kaiser Wilhelm II. über. Auf seinen Wunsch wurde das Schloss umgebaut und in der Umgebung ein Gestüt eingerichtet. Die Ställe aus dem frühen 20. Jahrhundert blieben bis heute erhalten. In einem Teil der Wirtschaftsgebäude wurden inzwischen ein Luxushotel, im ehemaligen Kesselhaus ein Restaurant eingerichtet. Das bis heute existierende Pferdegestüt bietet Gästen zahlreiche Attraktionen wie Droschken-fahrten und Ausritte. In der Nähe liegen die Ruinen einer Kirche aus dem 18. Jahrhundert und eines Franziskanerklosters. Im Süden des Dorfes wächst eine tausendjährige Eiche mit einem Umfang von elf Metern, die zum Naturdenkmal erklärt wurde. Südöstlich von Kadyny erstreckt sich das schöne Naturreservat Kadyński Las (Cadiner Wald).

Tolkmicko ❸

Straßenkarte 3E. 🚶 2700.
🚌 🚆 aus Elbląg.

DAS STÄDTCHEN liegt malerisch am Ufer des Frischen Haffs (Mierzeja Wiślana). Es wurde Ende des 13. Jahrhunderts gegründet. Im Mittelalter gehörte Tolkmicko (Tolkemit) zum Ordensstaat, später war die Stadt im Besitz der Diözese Ermland (Warmia). Seit 1772 lag sie in den Grenzen des Preußischen Staates. Direkt am Haff liegt ein kleiner Fischerhafen. Sehenswert ist das historische Gebäude der Eisenbahnstation. Der örtliche Betrieb, in dem Fisch-, Obst- und Gemüsekonserven hergestellt werden, ist in ganz Polen bekannt.

Die Jakobskirche in Tolkmicko

🔒 Jakobskirche
Kościelna 2. 📞 (0 55) 231 66 34. 🕐 täglich 8–17 Uhr.
Die dreischiffige gotische Basilika entstand in der zweiten Hälfte des 14. Jahrhunderts. Der hohe viereckige Kirchturm, der den Marktplatz von der Nordseite abschließt, ist von weitem sichtbar. Vor der Kirche sind Fischerboote aufgestellt, die einst beim Fischfang im Frischen Haff eingesetzt wurden.

Frombork ❹

Straßenkarte 3F. 🚶 2500. 🚌
🚌 ℹ️ Elbląska 2.
📞 (0 55) 2437354.
🗓️ 15. Aug.

FROMBORK (Frauenburg) ist allein wegen der historischen Anlage auf dem Kathedralenberg die interessanteste Stadt am Frischen Haff (Zalew Wiślany). Am Fuße des Berges liegt das schöne Städtchen mit Fischerhafen und einer Anlegestelle der Weißen Flotte.

🏛️ Domkapitel
Siehe S. 226f.

🔒 Nikolaikirche
Mickiewicza. *Kein Publikumsverkehr.*
Die dreischiffige gotische Hallenkirche wurde in der zweiten Hälfte des 14. Jahrhunderts errichtet, im Krieg zerstört und erst 1973 wieder aufgebaut. Sie dient heute als städtisches Kesselwerk.

🏛️ Wasserturm
Rybacka. 🕐 täglich 7 Uhr bis in die späten Abendstunden.
Der Turm wurde 1572 errichtet. Er ist Bestandteil des mittelalterlichen Mühlentores, das die Stadteinfahrt im Süden bildete. Der Turm gehörte zu einem der ältesten Wasserleitungssysteme in Europa. Heute befindet sich hier ein Aussichtspunkt mit wunderbarem Blick auf den Hafen und die Frische Haff.

Braniewo ❺

Straßenkarte 3F. 🚶 17 100.
🚌 🚆

DIE ALTE HAFENSTADT Braniewo (Braunsberg), die auf eine lange Tradition zurückblickt, hat den Verlust einer Reihe historischer Bauwerke während des Zweiten Weltkrieges zu beklagen.

Dennoch erinnert noch manches an die glanzvolle Vergangenheit. Seit 1250 war die Stadt Sitz der ermländischen Bischöfe; seit 1278 Hauptstadt der Diözese, die später nach Frauenburg verlegt wurde. Braniewo gehörte zur Hanse und verfügte über eine eigene Stadtbefestigung. Zur Zeit der Gegenreformation spielte die Stadt auf polnischem Gebiet eine große Rolle. 1565 wurde

Gotische Pfarrkirche in Braniewo

hier ein Jesuitenseminar gegründet; ab 1578 befand sich hier ein Päpstliches Seminar. Wegen der Lage der Stadt in der Nähe des Grenzübergangs zum russischen Kaliningrad (Königsberg) wurde Braniewo zu einer wichtigen Transitstadt.

🏛 Katharinenkirche
Katedralna 3. ☎ *(0 55) 243 48 25.*
🕐 *tägl. 7–19 Uhr.*
Die gotische Hallenkirche entstand 1343–1381. Ihre Gewölbe stammen aus dem 15. Jahrhundert. Der Wiederaufbau der im Zweiten Weltkrieg zerstörten Kirche wurde erst 1979-1986 durchgeführt.

🏛 Antoniuskirche
Królewiecka 24.
☎ *(0 55) 243 23 88.*
Heute ist die Kirche katholisch. Sie entstand 1830–1837 für die evangelische Gemeinde.. Den Entwurf lieferte der berühmte Berliner Architekt Karl Friedrich Schinkel.

🚪 Turm des Bischofspalasts
Gdańska. *Kein Publikumsverkehr.*
Das im 13. Jahrhundert errichtete Torhaus führte vom Schloss der ermländischen Bischöfe zur Vorburg und war mit der Stadtmauer verbunden.

Mierzeja Wiślana 🟠

Straßenkarte 3E, 2F. 🚌

DER POLNISCHE TEIL der Frischen Nehrung (Mierzeja Wiślana) bildet ein Landschaftsschutzgebiet (der nördliche Teil gehört zum Königsberger Distrikt). Die Nehrung entstand aus Sand, der von der Strömung der See und der Flüsse und durch Wellengang angespült wurde. Heute befindet sich hier ein schönes Erholungsgebiet mit zahlreichen Kurorten. Am bekanntesten sind Kąty Rybackie (Bodenwinkel) mit dem benachbarten Kranichreservat, Nowa Karczma (Neukrug) und vor allem Krynica Morska (Kahlberg-Liep). Vor dem Krieg war Krynica Morska eines der mondänsten deutschen Ostseebäder; im Nachkriegspolen dagegen der beliebteste Sommerort der arbeitenden Klasse. Nur langsam gewöhnt sich der Ort an die neuen wirtschaftspolitischen Gegebenheiten.

Leuchtturm in Krynica Morska

Oberländischer Kanal 🟠

DER KANAL gehört zu den bedeutendsten technischen Errungenschaften Polens. Er wurde 1848–1872 nach Entwürfen des Holländers Georg Jacob Steenke gebaut. Mit seinen zahlreichen Abzweigungen ist der Kanal insgesamt 212 Kilometer lang. Die Hauptstrecke zwischen Ostróda (Osterode) und Elbląg (Elbing) beträgt 83 Kilometer. Der Oberländische Kanal besteht in Wirklichkeit aus einem verschachtelten System von Kanälen und Schleusen, die einzelne Seen der Region miteinander verbinden. Die größte Attraktion innerhalb des Systems sind die geneigten Ebenen, die es ermöglichen, die Schiffe zwischen den Seen auf Schienen zu transportieren. Denn die Höhenunterschiede zwischen den Seen sind so groß, dass sie durch ein Schleusensystem nicht zu überwinden sind. Die fünf Ebenen befinden sich zwischen Buczyniec (Buchwalde) und Całuny auf einer Strecke von zehn Kilometern. Das gesamte Manöver der Schiffsbeförderung über Land kann man vom Ufer aus bestaunen. Einen tieferen Eindruck hinterlässt jedoch eine Fahrt mit dem Schiff, von dessen Deck man den Vorgang unmittelbar erleben kann.

Jez. Druzno

Jelonki

Buczyniec

Jez. Pniewo

Jez. Sambród

Der hydraulische Zugmechanismus setzt die großen Räder in Bewegung.

Die Überfahrt auf dem Wagen ist eine ganz besondere Attraktion.

Im Detail: Das Frauenburger Domkapitel

Grabplatte

D IE ANFÄNGE der Wehranlage reichen bis in die zweite Hälfte des 13. Jahrhunderts zurück, als in Frauenburg das Ermländische Domkapitel eingerichtet wurde. Die 1342–1388 erbaute Kathedrale beeindruckt durch ihre ungewöhnliche Form. Im Frontbereich gibt es keinen Turm, dadurch erinnert sie an Zisterzienserbauten. Acht Gewölbejoche untergliedern die Halle. Dies ermöglichte die Aufstellung einzelner Altäre für jedes Kapitelmitglied. Um die Kathedrale zieht sich ein Mauerring. Innerhalb der Mauern blieben der Bischofspalast, ein Remter und eine Kustode erhalten. Außerhalb liegen die Kurien der Domherren.

Die Innenausstattung stammt überwiegend aus dem 16. und 19. Jahrhundert. Sie wird ergänzt durch Grabmäler und Epitaphe ermländischer Bischöfe und Domherren.

Die hl. Anna
Das Hauptgemälde des Annenaltars schuf der Danziger Maler Bartholomäus Strobel. Es befindet sich in der Mitte des vor 1639 errichteten Seitenaltars.

★ Alter Hochaltar (1504)
Bischof Lukas Watzenrode, ein Onkel des Nikolaus Kopernikus, stiftete den Altar in Form eines spätgotischen Polyptychons. In der Mitte steht eine große Madonnenfigur, die als apokalyptische Jungfrau dargestellt ist.

Die Orgel (1683–1684)
schuf Daniel Nitrowski
aus Danzig

Das Westportal
Das Portal der Vorhalle (nach 1388) ist mit Heiligen- und Engelsfiguren geschmückt.

Kopernikus-Turm

★ Glockenturm (Radziejowski-Turm)
Zwar heißt der Turm auch Kopernikus-Turm, doch befand sich das Observatorium des Astronomen an anderer Stelle. Im ersten Stock des Glockenturms gibt es eine Sternwarte, auf der Terrasse unterhalb des Turmhelms liegt eine Aussichtsplattform, von der aus man über die Stadt und das Frische Haff blickt.

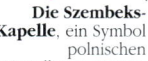

Die Szembeks-Kapelle, ein Symbol polnischen Nationalbewusstseins.

Chorgestühl
Das spätbarocke Gestühl schufen ermländische
Meister 1734–1738 nach Entwürfen
von Christoph Peucker.

Der
Bischofspalast
mit dem
Kopernikus-
Museum.

Hochaltar
Das Altarbild ist ein Werk
von Stefano Torelli (siehe S. 47).

NIKOLAUS KOPERNIKUS (1473–1543)

Der Astronom, Mathematiker, Ökonom, Arzt und Geistliche,
ein wahrer Vertreter der Renaissance, wurde in Thorn
(Toruń) geboren. Die meiste Zeit seines Lebens verbrachte
er im Ermland (Warmia). Hier arbeitete er als Arzt und
Privatsekretär des Bischofs Lukas Watzenrode. Später war er
selbst Domherr in Frauenburg. Er schrieb Abhandlungen zu
verschiedenen Themen der Ökonomie. Den größten Ruhm
erlangte er jedoch mit *De revolutionibus orbium coelestium*
(1543), dem Ergebnis seiner astronomischen Forschungen,
welche die Richtigkeit der heliozentrischen Theorie belegten.
Dieses Werk löste die »kopernikanische Wende« aus.

Kopie von Jan Matejkos *Kopernikus auf dem Turm*

Das Haupttor führt ins Innere
des Domkapitels. Davor befand
sich der Wassergraben.

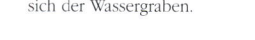

NICHT VERSÄUMEN

★ **Alter Hochaltar**

★ **Glockenturm**

Zu Gast
in Ostpommern

ÜBERNACHTEN

Danziger Hotelwappen

IM VERGLEICH zu Warschau (Warszawa) oder Krakau (Kraków) gibt es in Danzig (Gdańsk) und Ostpommern (Pomorze Wschodnie) immer noch nicht viele wirklich gute Hotels. Ihr Standard unterscheidet sich zwar nicht sehr von dem westeuropäischer Häuser, doch das Preis-Leistungs-Verhältnis lässt häufig zu wünschen übrig. Seit einigen Jahren werden viele neue Hotels gebaut und alte gründlich renoviert.

Das Angebot an Mittelklasse-Hotels ist zufriedenstellender. In der Dreistadt (Trójmiasto) warten auf die Gäste Dutzende von Übernachtungsmöglichkeiten und zwar sowohl im Stadtzentrum als auch entlang der Küste. Dieser Führer nennt eine Reihe überprüfter Hotels der verschiedenen Preisklassen an unterschiedlichen Orten Ostpommern. Das Hotelverzeichnis finden Sie auf den Seiten 236–241. Die Tabelle auf den Seiten 236–237 soll Ihnen bei der Wahl der geeigneten Unterkunft behilflich sein. Besucher mit bescheideneren Ansprüchen können auf die preisgünstigeren Privatunterkünfte oder auf Pensionen in den Ostseebädern zurückgreifen *(siehe S. 232)*. Billigere Übernachtungsmöglichkeiten bieten Jugendherbergen und Campingplätze.

Empfangshalle des Danziger Novotels *(siehe S. 238)*

HOTELSUCHE

DIE DREISTADT erstreckt sich über einen schmalen, einige Dutzend Kilometer langen Streifen. Am bequemsten ist ein Quartier im historischen Zentrum von Danzig (Gdańsk), nahe der Rechtstadt oder der Altstadt, bzw. in den Innenstädten von Gdingen (Gdynia) oder Zoppot (Sopot).

Wenn Sie Ausflüge im Bereich der gesamten Dreistadt planen, sollten Sie ein Hotel in der Nähe der Städtischen Schnellbahn (Szybka Kolej Miejska) wählen.

In Danzig überwiegen Hotels mittlerer Größe und mit unterschiedlichem Komfort, die besonders auf ausländische Reisegruppen eingestellt sind.

Viele private Pensionen und Hotels in Zoppot sind in alten Villen und historischen Bauwerken untergebracht. In der Großstadt Gdingen gibt es relativ wenige Hotels und die zentral gelegenen gehören nicht zu den preiswertesten Unterkünften.

Am einfachsten findet man Übernachtungsmöglichkeiten in den Ostseebädern. In den pommerschen Städten im Landesinneren ist das Hotelangebot dürftig, der Komfort lässt zuweilen etwas zu wünschen übrig.

RESERVIERUNG

WER DIE DREISTADT in der Hochsaison besuchen möchte, sollte rechtzeitig reservieren. Zum Glück ist die Hochsaison verhältnismäßig kurz; sie fällt in die Zeit von Ende Mai bis Anfang September. Wenn Sie in dieser Zeit reisen und unliebsamen Überraschungen aus dem Weg gehen möchten, buchen Sie am besten mehrere Wochen vor der Anreise. In der Nachsaison dagegen sind die meisten Hotels fast leer, sodass Sie in dieser Zeit problemlos ein Zimmer finden.

AUSSTATTUNG UND SERVICE

RENOVIERUNGEN und Modernisierungen der letzten Jahre ist es zu verdanken, dass die meisten Hotels ihren Gästen Zimmer mit Bad und WC anbieten können; zum Teil gibt es auch Zimmer mit TV, des Öfteren allerdings mit Schwarzweißfernseher.

Die Hotelzimmer sind in der Regel klein. Einige Hotels bieten einen relativ

Hotel Murat in Reda
(siehe S. 240)

Hotel Elzam in Elbląg *(siehe S. 241)*

preisgünstigen Wäscherei-
service an, in den besseren
Häusern sind 24-Stunden-
Zimmerservice und Minibar
selbstverständlich. Die meisten
Hotels liegen inmitten
gepflegter Parks oder Gärten,
in denen man im Sommer
wunderbar Tennis spielen oder
an ausgewiesenen Stellen
grillen kann.

In den Hotels müssen
die Gäste ihre Zimmer
am Abreisetag bis
Mittag geräumt haben.
Wer später abreisen
möchte, kann das
Gepäck an der
Rezeption lagern. In
einigen Hotels ist das
Mitbringen von
Haustieren gestattet.

Das Hotelpersonal
spricht in der Regel
deutsch und englisch,
seltener eine andere
westeuropäische Sprache.

PREISE

IN ALLEN BESSEREN HOTELS sind
die Zimmerpreise relativ
hoch und variieren je nach
Saison. Die höchsten Preise
werden natürlich im Sommer,
zur Zeit des größten Andrangs,
verlangt, die niedrigsten im
Herbst und Winter.

Die meisten Hotels bieten
am Wochenende (Freitag,
Samstag, Sonntag) Sonderpreise
und spezielle Tarife für Kinder
an; letztere werden sogar
manchmal kostenlos
untergebracht.

In Hotels in Danzig und
Pommern gibt es, ähnlich wie in
anderen Ländern auch, keine
Preisvergünstigungen für

Einzelreisende. Einzelzimmer
sind überhaupt rar. Einige
Hotels stellen allerdings bei
zwei Personen den Preis eines
Einzelzimmers in Rechnung,
sofern das Hotel nicht voll
belegt ist. In den Ostseebädern
ist es in Jurata und den Bädern
auf der Halbinsel Hela
(Półwysep Helski) am teuersten.

VERSTECKTE PREISAUFSCHLÄGE

**Wappen des
Hotels Zamek
in Malbork
(siehe S. 241)**

IN DEN MEISTEN
Hotels verstehen
sich die Zimmerpreise
inklusive
Mehrwertsteuer
(zurzeit 7 bis 22%)
und Service. Die
Telefongebühren bei
Auslandsgesprächen
sind verhältnismäßig
hoch, denn sie enthalten
eine zusätzliche
Provision. Billiger telefonieren
Sie von einem Kartentelefon
aus. Es gibt sie oft in den
Empfangshallen der Hotels.

Das Frühstück wird in den
Hotels meist extra berechnet.

Die Hotelküchen bieten die
allgemein bekannten kalten
Büfetts oder Frühstücks-
arrangements.

Trinkgelder sind nicht
üblich. Sie werden nur in den
teuersten Hotels gegeben.

BEHINDERTE REISENDE

DETAILLIERTE Informationen
zu Erleichterungen für
behinderte Hotelgäste
entnehmen Sie den
Beschreibungen auf Seite 266.

Es gibt nur wenige Hotels
mit behindertengerechten
Zimmern. Deshalb ist es ratsam,
im gewählten Hotel vor der
Reise nach entsprechende
Einrichtungen zu fragen. Gibt es
Zimmer, die mit dem Rollstuhl
zu erreichen sind, so gilt dies
nicht notwendig auch für
Restaurant oder Schwimmbad.

REISEN MIT KINDERN

DIE MEISTEN Hotels sind
kinderfreundlich. Für den
Fall, dass sie im Zimmer der
Eltern übernachten dürfen, wird
ein Kinderbett dazugestellt.
Die Hotelküchen sind in der
Regel flexibel und können
auf die Wünsche der Kleinsten
problemlos eingehen. Leider
gibt es in den Restaurants nur
selten Hochstühle. Ebenso
problematisch kann die Frage
der Kinderbetreuung sein.
Viele Hotels bieten spezielle
Kindertarife an, manche
erlauben sogar kostenlose
Übernachtung im Zimmer
der Eltern für Kinder bis zum
3. oder gar 14. Lebensjahr.
Fragen Sie bei der Reservierung
nach Preisermäßigungen bzw.
kostenlosen Übernachtungen
für Kinder.

Blick auf das Grand Hotel in Zoppot *(siehe S. 239)*

Hotel in Malbork *(siehe S. 242)*

unmittelbar vergleichen. Diese Aufgabe ist leichter als Sie denken, denn seit einigen Jahren gibt es in den Badeorten einen wahren Bauboom und es entstehen überall neue Häuser und Pensionen. Die Preise sind grundsätzlich niedriger als in den Hotels, allerdings können sie auch hier in den Zeiten des größten Touristenansturms hoch sein. Sollten Sie die Buchung einer Vermittlungsagentur anvertrauen, verlangen Sie auf jeden Fall Vergleichsangebote.

Dienstleistungen der Vermittlungsagenturen werden bar bezahlt. Sie erhalten eine Quittung mit beiliegender Adresse der Unterkunft. Nur bei längeren Aufenthalten werden Banküberweisungen akzeptiert.

JUGENDHERBERGEN

DIE DREISTADT verfügt über vier ganzjährig geöffnete Jugendherbergen und über einige, die nur in der Hochsaison in Betrieb sind. Im

PRIVATUNTERKÜNFTE

DAS ANGEBOT an Privatquartieren in der Hochsaison deckt zwar nicht vollständig die Nachfrage, dennoch dürften bei der Suche nach einer Unterkunft keine größeren Probleme entstehen.

Auskünfte über Übernachtungsmöglichkeiten in der Dreistadt und in den größeren Städten im Landesinneren können bei entsprechenden Vermittlungsagenturen eingeholt werden. In den Ostseebädern empfehlen wir einen kurzen Spaziergang durch den Ort Ihrer Wahl, bei dem Sie Häuser mit noch freien Zimmern persönlich in Augenschein nehmen. So können Sie die gewünschten Preise und den angebotenen Standard

ADRESSEN

CAMPINGPLÄTZE

Jelitkowska 23.
Gdańsk Jelitkowo.
☎ (0 58) 553 27 31.

Lazurowa 5.
Gdańsk.
☎ (0 58) 308 07 39.

Zamkowa Góra 25
Sopot.
Karte 5 C1.
☎ (058) 551 80 11 w. 252.

Omega
Nowy Świat 23
Puck.
Straßenkarte 1C.
☎ (058) 673 29 80.

Pod Cyprysami
Ogrodowa 172
Jastarnia.
Straßenkarte 2D.
☎ (0 58) 675 21 99.

ABC
Wdzydze Kiszewskie.
Straßenkarte 4B.
☎ (0 58) 551 80 11.

Na Skarpie
Rozewska 9
Jastrzębia Góra.
Straßenkarte 1C.
☎ (0 58) 674 90 95.

JUGENDHERBERGEN

Wałowa 21
Gdańsk.
Karte 12 E3 (13 D1).
☎ (0 58) 301 23 13.
(ganzjährig geöffnet).

Grunwaldzka 244
Gdańsk Wrzeszcz.
Karte 8 E4.
☎ (0 58) 341 16 60.
(ganzjährig geöffnet).

Smoluchowskiego 11
Gdańsk.
Karte 11 B1.
☎ (0 58) 302 38 20.
(ganzjährig geöffnet).

Sabata 12
Rumia.
☎ (0 58) 671 07 18.
(geöffnet Juni–Aug).

Morska 108 C
Gdynia.
Karte 1 A3.

☎ (0 58) 627 00 05.
(ganzjährig geöffnet).

Chmielno.
Strassenkarte 3B.
☎ (0 58) 684 23 22.
(ganzjährig geöffnet).

Wzgórze Wolności 1
Kartuzy.
Strassenkarte 3C.
☎ (0 58) 681 18 17.
(geöffnet Juni–Aug).

INTERNATE UND STUDENTENWOHNHEIME (in der Saison)

Dom Plastyka
Chlebnicka 13/16
Gdańsk.
Karte 12 D4 (13 C4).
☎ (0 58) 301 28 16.

Do Studzienki 32
Gdańsk.
Karte 11 A1.
☎ (0 58) 347 14 48.

Wyspiańskiego 5, 7, 9
Gdańsk.
Karte 9 B5.
☎ (0 58) 347 17 42.

Polska Ymca
Żeromskiego 26
Gdynia.
Karte 2 E5.
☎ (0 58) 620 31 15.
(geöffnet Juni–Aug).

VERMITTLUNGSAGENTUREN

Hinweis: Die Agenturen vermitteln Unterkunftsmöglichkeiten nur für mehrere Monate.

Nieruchomości – Barbara Pawlikowska
Św. Ducha 32/4
Gdańsk.
Karte 12 D4 (13 B3).
☎ (0 58) 301 60 52.

Pawlicki – Biuro nieruchmości
Grobla II 12/14
Gdańsk.
Karte 12 D3 (13 C3).
☎ (0 58) 305 70 40.

Agencja Micholach
ul. Chopina 26 Sopot.
Karte 6 D4.
☎ (0 58) 551 60 77.

Hotel Gdynia *(siehe S. 240)*

übrigen Ostpommern gibt es nur wenige ganzjährig geöffnete Jugendherbergen. Die meisten Jugendherbergen sind an Schulen angeschlossen.

Ganzjährig geöffnete Jugendherbergen sind in der Regel sehr sauber und bieten Mehrbettzimmer an. Zimmer sollten Sie zwei bis drei Tage vor der Anreise buchen. An Freitagen und Samstagen sowie im Frühjahr und Herbst sind die Herbergen wegen Schulausflügen oft ausgebucht. Gleiches gilt für die Wochenenden der Nachsaison.

Jugendherbergen sind tagsüber zwischen 10 und 16 Uhr geschlossen. Die Zimmer sollten vor 22 Uhr bezogen werden. Später kann es zu Problemen kommen. Der Preis beträgt pro Nacht in einem Mehrbettzimmer nicht mehr als zehn DM pro Bett. Besorgen Sie sich unbedingt rechtzeitig einen Ausweis des Internationalen Jugendherbergsverbandes (IYHF).

CAMPING

DIE MEISTEN Campingplätze gibt es in den Ostseebädern. Diese privaten Camping- und Zeltplätze sind allerdings überwiegend schlecht ausgestattet und nur in der Saison geöffnet, längstens von Mai bis Oktober. Manche von ihnen sind hoffnungslos überfüllt, sodass Sie mit Enge und Lärmbelästigung besonders durch lautstark feiernde Jugendgruppen rechnen müssen.

Alle Campingplätze haben fließendes Wasser, mobile Sanitäranlagen und

Hansa-Hotel an der Mottlau *(siehe S. 238)*

Duschkabinen. Komfortabler, aber auch deutlich teurer sind ganzjährig betriebene Plätze. Sie verfügen neben Zeltplätzen auch über Stellplätze für Campinganhänger und –wagen, über kleine Ferienhäuser, Kinderspiel- und Sportplätze sowie Gemeinschaftsräume.

ZEICHENERKLÄRUNG

Die Hotels auf den Seiten 238–241 sind nach Standort und Preiskategorie geordnet. Die Symbole hinter der Hoteladresse stehen für Ausstattung und angebotenen Service:

🛁 Zimmer mit Bad bzw. Dusche
1️⃣ Einzelzimmer
👫 Zimmer für mehr als zwei Personen (bzw. Extra-Bett erhältlich)
TV alle Zimmer mit TV
🗄 alle Zimmer mit Klimaanlage
🏊 Schwimmbad im Hotel
♿ Behindertengerecht
🛗 Lift
🅿 Hotelparkplatz vorhanden
🍴 Restaurant
💳 Kreditkarten akzeptiert
● außerhalb der Saison geschlossen

Preiskategorien für ein Doppelzimmer inklusive Steuer und Service pro Nacht (in Zloty):
Zl unter 110 Zl
ZlZl 110–160 Zl
ZlZlZl 160–270 Zl
ZlZlZlZl 270–380 Zl
ZlZlZlZlZl über 380 Zl

Grand Hotel in Zoppot *(siehe S. 239)*

Überblick: Hotels in Ostpommern

I N DEN LETZTEN Jahren ist das Hotelangebot in Danzig und Ostpommern beachtlich gestiegen. Neben den großen staatlich betriebenen Häusern haben sich private Hotels und Pensionen etabliert. Sie sind zwar kleiner, bieten jedoch oft mehr Komfort und Gemütlichkeit. Auch viele alte Hotels wurden restauriert, der Service wurde vielerorts verbessert. Auf den Seiten 236-241 finden Sie Informationen über Hotels mit gutem Preis-Leistungsverhältnis. Viele Häuser verbinden historisches Ambiente mit modernem Komfort.

Victor in Jastrzębia Góra
Die kleine Pension ist in einer schmucken Villa am steilen Küstenufer untergebracht (siehe S. 240).

Zamek in Krokowa
In dem restaurierten Adelssitz der Familie von Krockow befinden sich ein Hotel und die Europäische Begegnungsstätte der Kaschubei (siehe S. 240).

KASCHUBEI

Admirał in Puck
Das kleine Hotel im Zentrum von Puck besticht durch seine familiäre Atmosphäre (siehe S. 240).

Pension Helena in Brodnica
Das Hotel in märchenhafter Seelage bietet großzügige Apartments (siehe S. 240).

Hotel Murat in Reda
Das Hotel im amerikanischen Stil eignet sich gut für eine kurze Reiseunterbrechung (siehe S. 240).

Hotel Gdynia
Zum Hotelkomplex gehören Restaurants, Bars, ein Schwimmbad und eine Einkaufspassage (siehe S. 240).

Grand Hotel in Zoppot
Viel erinnert noch an das hier beheimatete berühmteste Spielkasino der Ostseeküste (siehe S. 239).

RUND UM DAS FRISCHE HAFF

WERDER

Hotel Kadyny
Das Hotel wurde auf einem ehemaligen Gestüt Kaiser Wilhelms II. eingerichtet (siehe S. 241).

KOCIEWIE

Hotel Hevelius in Danzig
Das bei Reisegruppen besonders beliebte Hotel befindet sich im höchsten Gebäude der Stadt (siehe S. 238).

0 Kilometer   16

Villa Hestia in Zoppot
Die Villa bietet ein ausgezeichnetes Restaurant und einige Suiten (siehe S. 239).

Hotelauswahl

DAS FOLGENDE Verzeichnis soll Ihnen helfen, die richtige Wahl zu treffen. Die Hotels sind alphabetisch innerhalb ihrer Preiskategorie aufgelistet. Weitere Informationen zu jedem Hotel finden Sie auf den Seiten 238–241.

Hotel	Preis	Anzahl der Zimmer	Angebote für Geschäftsleute	Kinderfreundlich	Empfehlenswertes Restaurant	Einkaufsmöglichkeiten in der Nähe	Strandnähe	Ruhige Lage	24-Stunden-Service
DANZIG *(siehe S. 238)*									
Piast	zł	70					●		
Wydmy	zł	10					●	■	
Jantar	zł zł	46				■			
Kleks	zł zł	50							
Posejdon	zł zł zł	148	●	■	●		●		⊗
Novotel	zł zł zł zł	152		■		■			⊗
Hanza	zł zł zł zł zł	60	●	■	●	■			⊗
Hevelius	zł zł zł zł zł	281	●	■	●	■			⊗
Holiday Inn	zł zł zł zł zł	143	●			■			⊗
Marina	zł zł zł zł zł	147	●	■	●		●		⊗
ZOPPOT *(siehe S. 238–240)*									
Eden	zł	24				■	●		
Magnolia	zł	22					●		
Złoty Kłos	zł	70					●		
Lucky	zł zł	114					●		
Maryla	zł zł	16					●		⊗
Miramar	zł zł	140	■				●		
Zatoka	zł zł	20			●		●	■	
Irena	zł zł zł	16						■	
Wanda	zł zł zł	24	■			■	●	■	
Zhong Hua	zł zł zł zł	46			●		●		
Europa	zł zł zł zł zł	63	●		●	■	●		⊗
Grand Orbis SA	zł zł zł zł zł	112	●	■	●	■	●		
Villa Hestia	zł zł zł zł zł	5	●	■	●			■	⊗
GDINGEN *(siehe S. 240)*									
Lark	zł	14				■			
Dom Marynarza	zł zł	66	●				●	■	
Nadmorski	zł zł	12					●		
Gdynia Hotel Orbis SA	zł zł zł zł	297	●	■	●	■	●		⊗
DIE KASCHUBEI *(siehe S. 240–241)*									
Admirał (Puck)	zł zł	6		■	●				
Helena (Brodnica Górna)	zł zł	5		■	●		●	■	
Victor (Jastrzębia Góra)	zł zł	9			●		●	■	
Krokowa	zł zł zł	21			●			■	⊗
Murat (Reda)	zł zł zł	42		■	●				
Jan III Sobieski (Rzucewo)	zł zł zł zł	27		■	●		●	■	⊗
Bryza (Jurata)	zł zł zł zł zł	64	●	■	●			■	⊗
DAS KOCIEWIE *(siehe S. 241)*									
Carina (Tczew)	zł zł	21							
Pod Jeleniem (Wirty)	zł zł	7						■	

Preiskategorien für ein Doppelzimmer mit Bad bzw. Dusche inkl. Frühstück, Service und 7 % MwSt (in polnischen Zloty):
ⓩ unter 110 Zl
ⓩⓩ 110–160 Zl
ⓩⓩⓩ 160–270 Zl
ⓩⓩⓩⓩ 270–380 Zl
ⓩⓩⓩⓩⓩ über 380 Zl

EMPFEHLENSWERTES RESTAURANT
Das Hotelrestaurant kann bedenkenlos empfohlen werden. Auch für Nicht-Hotelgäste geöffnet.

EINKAUFSMÖGLICHKEITEN IN DER NÄHE
In Laufweite gibt es Geschäfte, Bars, Cafés und Restaurants.

STRANDNÄHE
Strand und Bademöglichkeit in weniger als 500 Metern Entfernung vom Hotel.

KINDERFREUNDLICH
(siehe S. 231).

	ANZAHL DER ZIMMER	ANGEBOTE FÜR GESCHÄFTSLEUTE	KINDERFREUNDLICH	EMPFEHLENSWERTES RESTAURANT	EINKAUFSMÖGLICHKEITEN IN DER NÄHE	STRANDNÄHE	RUHIGE LAGE	24-STUNDEN-SERVICE
DER WERDER (siehe S. 241)								
Zamek (Malbork) ⓩⓩⓩⓩ	42			●			●	
RUND DAS FRISCHE HAFF (siehe S. 241)								
Wiatrak (Nowina k. Elbląga) ⓩ	16						▪	
Elzam (Elbląg) ⓩⓩⓩⓩ	112	●	▪	●	▪			
Kadyny ⓩⓩⓩⓩ	38	●	▪	●			●	▪

Zeichenerklärung *siehe S. 233*

DANZIG

Piast

Piastowska 199/201. (0 58) 553 75 63. FAX (0 58) 553 75 63. **Zimmer:** 67.

Das Hotel besticht durch wunderschöne Seelage unweit des Strandes von Jelitkowo (Glettkau). Auf den ersten Blick erinnert die Architektur an den Bahnhof von Koluszki bei Łódź. Der Haupteingang ist schwierig zu finden. Die Zimmer sind klein, das Mobiliar etwas abgenutzt.

Wydmy

Wydmy 1. (0 58) 308 31 11. FAX (0 58) 307 37 98. **Zimmer:** 10.

Das kleine Hotel liegt auf dem Gelände des Ferienzentrums von »Gdańsk-Tourist« im Stadtteil Stogi. An den Werktagen steht die Kantine der Ferienanlage zur Verfügung. Zu den Vorzügen dieses von weitläufigen Dünen umgebenen Ortes gehören Ruhe und unmittelbare Strandnähe. In dem Ort Stogi (Heubude) stand einst ein Panoptikum und der Naturgarten des Dänen Sören Björn, der Ende des 18. Jahrhunderts die Bepflanzung der Dünen um Danzig anregte. Später entstanden am Strand von Stogi ein Badehaus und ein Seesteg.

Jantar

Długi Targ 19. **Karte** 12 D4 (13 C4). (0 58) 301 27 16. FAX (0 58) 301 35 29. **Zimmer:** 46.

Die größte Attraktion des preisgünstigen und bei Reisegruppen beliebten Hotels ist die Lage im Herzen des historischen Danzig am Długi Targ (Langer Markt). Die Zeit ist hier in den 1960er Jahren stehen geblieben, was die Einrichtung der Zimmer unmissverständlich belegt. Ursprünglich befand sich hier das Hotel du Nord, in dem der polnische Maler Jan Matejko 1877 logierte.

Kleks

Uphagena 28. **Karte** 9 B5. (0 58) 341 91 16. FAX (058) 341 49 17. **Zimmer:** 50.

Das Danziger »Haus des Lehrers« liegt in einem lauschigen Gässchen, das zu Beginn des 20. Jahrhunderts mit Villen bebaut wurde. Das Backsteingebäude ist mit Giebeln im Stil des Neo-Manierismus geschmückt. Innen herrscht die Atmosphäre einer Jugendherberge: schmale Flurfluchten, an den Wänden orangefarbene Tapeten mit grellem Design. Einige der geräumigen Zimmer wurden vor kurzem mit Bädern ausgestattet.

Vorbeifahrende Züge könnten lärmempfindliche Besucher stören. Die Zimmerpreise sind niedrig.

Posejdon

Kapliczna 30. (0 58) 511 30 00. FAX (0 58) 511 33 62. **Zimmer:** 148.

Architektur, Standard und Preisniveau des niedrigen Gebäudes aus den 1970er Jahren entsprechen den Hotels der Novotel-Kette. Vom Hotel aus ist es nicht weit zu einem Park und zum Strand von Jelitkowo (Glettkau). Die Zimmer sind sauber und werden in regelmäßigen Abständen modernisiert. In der umgebauten Empfangshalle steht ein großes Aquarium. Ein gepflegter Garten umgibt die Anlage.

Novotel

Pszenna 1. **Karte** 12 E4 (14 D5). (0 58) 301 56 11. FAX (0 58) 300 29 50. **Zimmer:** 152.

Die französische Hotelkette ließ in den 1970er Jahren einige ihrer Häuser in Polen bauen. Die typische Novotelarchitektur wirkt auf der Speicherinsel etwas deplatziert, die ausgezeichnete Lage nahe beim historischen Zentrum der Stadt überzeugt dagegen. Das Hotel gehört zu den beliebtesten Unterkünften deutscher Pauschalreisegruppen.

Hanza

Tokarska 6. **Karte** 12 E3 (14 D3). (0 58) 305 34 27. FAX (058) 305 33 86. email:hotel@hanza-hotel.com.pl **Zimmer:** 60.

Am Ufer der Mottlau (Motława) steht in unmittelbarer Nähe zum Krantor am Langen Markt (Długie Pobrzeże) das modernste und luxuriöseste Hotel der Dreistadt. Entworfen von den Danziger Architekten Szczepan Baum und Andrzej Kwieciński, verbirgt sich das hochmoderne Gebäude hinter den stilisierten Fassaden einzelner Giebelhäuser. Alle Zimmer sind gleich ausgestattet und sehr komfortabel. Sauberkeit und Service lassen keine Wünsche offen. Das Mobiliar stammt aus einer Fabrik für Schiffsmöbel. In jedem Zimmer kann ein Computer an das Internet angeschlossen werden. Bei der Raumgestaltung legten die Planer, die Eheleute Iwona und Mirosław Kaczmarek, besonderen Wert auf die Verwendung von Naturmaterialien. Geschäftsleuten bietet das Hotel attraktive Konferenz- und Empfangsräume. Der Nachtklub steht ausschließlich Hotelgästen zur Verfügung. Das für

jedermann zugängliche Restaurant ist für die beste Küche der Dreistadt bekannt. Im Hotel befindet sich ein Spielkasino.

Hevelius

Heweliusza 22. **Karte** 12 D3 (13 C1). (0 58) 381 00 00. FAX (0 58) 301 00 20. email:hevelius@orbis.com.pl

Eines der besten Danziger Hotels liegt im Zentrum der Altstadt, einige Gehminuten vom Hauptbahnhof entfernt. Das Hochhaus aus den 1970er Jahren ist von außen nicht sehr einladend, bietet aber herrliche Ausblicke auf die ganze Altstadt und ausgezeichneten Service. Alle Zimmer ab dem 8. Stockwerk wurden aufwendig renoviert und sind deshalb teurer. In den unteren Etagen wurden lediglich die Bäder erneuert. Der Service ist freundlich und kompetent, die Küche solide. Alle Hoteltaxifahrer sprechen deutsch und bringen Sie überall hin, selbst längst vergessene Adressen der Vorkriegszeit sind für sie kein Geheimnis.

Holiday Inn

ul. Podwale Grodzkie 9. **Karte** 12 D3 (13 B2). (0 58) 300 60 00. FAX (0 58) 300 60 03. email:smm@ holidayinn.gdansk.pl **Zimmer:** 143.

Das Hotel ist leicht zu erreichen. Es liegt an einer Hauptverkehrsstraße im Zentrum von Danzig, in unmittelbarer Nähe zum Hauptbahnhof und nicht weit von der Altstadt entfernt. Das modernisierte Hotelgebäude entstand Ende des 1950er Jahre. Ein modernes Einkaufszentrum ist nur wenige Gehminuten entfernt. Das Holiday Inn war das erste Haus einer ausländischen Hotelkette in der Dreistadt. Die einheitlich ausgestatteten Zimmer bieten hohen Komfort. Mahlzeiten können 18 Stunden am Tag aufs Zimmer bestellt werden. In den Hotelrestaurants werden nur amerikanische Gerichte geboten, Grund genug, eines der in der Nähe gelegenen Restaurants mit traditioneller polnischer Küche aufzusuchen. Im Hotel gibt es Konferenzräume und ein erstklassig ausgerüstetes Businesszentrum.

Marina

Jelitkowska 20. (0 58) 553 20 79. FAX (0 58) 553 04 60. **Zimmer:** 147.

Kürzlich wurde in mehreren Zimmern des modernen Gebäudes

das Mobiliar ausgewechselt. Die Bäder werden ohnehin regelmäßig erneuert. Einige Zimmer verfügen über Minibar und Wasserkocher. Aus den Fenstern genießt man einen herrlichen Blick auf die Danziger Bucht (Zatoka Gdańska) und den Park von Jelitkowo (Glettkau). Der Service ist freundlich. Im Parterre gibt es ein großes Schwimmbad, eine Sauna, einen Billardsaal und eine Kegelbahn. Strand und Tennisplätze sind in der Nähe.

ZOPPOT

Eden

Księdza Kordeckiego 4/6. **Karte** 6 D4.
[FAX (0 58) 551 15 03. **Zimmer:** 24.
1 ⊞ TV ⌕

Die Pension zeichnet sich durch ihre familiäre Atmosphäre aus, die sehr schnell kleinere Unannehmlichkeiten vergessen lässt. Das Mobiliar ist schon älter; die Bäder befinden sich auf den Fluren und die Fernsehgeräte erinnern an die 1960er Jahre. 1991 erhielten die Erbinnen des ehemaligen Besitzers das Hotel. Den beiden Damen begegnen die Hotelgäste jeden Morgen im Frühstücksraum. Das Bauwerk steht am Rande des Zoppoter Seestegs in der Nähe des Nordparks. Das Haus in dieser Gegend ist zugleich Herz und Schmuckstück des Hauses. Die erschwinglichen Preise locken auch weniger betuchte Touristen.

Magnolia

Haffnera 100. **Karte** 5 C1.
[(0 58) 551 24 19. **Zimmer:** 22. 1
⊞ P ⌕

Das ehemalige Hotel des Grenzschutzes in der alten Villa sollte nur als Schlafstätte benutzt werden. Äußerst bescheiden ausgestattet, garantiert es die niedrigsten Preise in der Dreistadt.

Złoty Kłos

Bitwy pod Płowcami 62. [FAX (0 58) 551 55 33. **Zimmer:** 70. 1 ⊞ P ⌕

Das Innere des Hauses erinnert an eine Jugendherberge. Der ausgebaute Block mit langen Flurfluchten und zum Teil renovierungsbedürftigen Zimmern hat zwei wesentliche Vorzüge: die erschwinglichen Preise und die Seenähe. Es liegt am Ufer zwischen Jelitkowo (Glettkau) und Sopot (Zoppot).

Lucky Hotels Sopot

Haffnera 81/85. **Karte** 5 C1.
[(0 58) 551 42 04. FAX (0 58) 551 32 96. **Zimmer:** 114. ⌕ TV 1 ⊞
⌕ P ⌕ ⌕ 11 ⌕ ⌕⌕

Das aus drei zweistöckigen Pavillons bestehende Motel liegt in der Nähe einer Schnellstraße etwa 300 Meter vom Strand entfernt. Die Zimmer sind klein, hellhörig und von den äußeren Laufgängen der Gebäude zu betreten. In dem weitläufigen Garten wartet ein Tennisplatz auf die Gäste.

Maryla

Aleja Sępia 22. **Karte** 5 C1. [(0 58) 551 60 53. FAX (0 58) 551 00 35.
Zimmer: 16. ⌕ 1 ⊞ 24 ⌕ P
⌕ 11 ⌕ ⌕⌕

Die schöne Villa mit Hotelbetrieb liegt fast am Meer. Im Parterre befindet sich ein Restaurant. Alle Zimmer wurden vor kurzem renoviert und mit neuen Bädern ausgestattet. Im Sommer kann man auch eines der 20 Ferienhäuser inmitten des großen Gartens mieten.

Miramar

Zamkowa Góra 25. **Karte** 5 C1.
[(0 58) 551 51 64.
Zimmer: 140. 1 ⊞ ⌕ ⌕ P ⌕
11 ⌕ 1 ⌕ DC, MC, V, JCB. ⌕⌕

Der Name des Hotels verweist auf den neogotischen Habsburgersitz in Triest; doch handelt es sich hier um ein schlichtes Gebäude aus den 1960er Jahren mit sparsam eingerichteten Zimmern. Die Hauptattraktion ist die Nähe zum Strand, die Zimmer sind allerdings ohne Seeblick.

Zatoka

Emilii Plater 7/9/11. **Karte** 6 E5.
[(0 58) 551 23 67. FAX (0 58) 551 30 16. **Zimmer:** 20. ⌕ 1 ⊞ ⌕
⌕ ⌕ 11 TV ⌕⌕

Die heute allgemein zugängliche Ferienanlage des Bildungsressorts entstand zu Beginn des 20. Jahrhunderts und besteht aus einzelnen Villen. Sie liegt inmitten eines Parks am Meer. Das Personal an der Rezeption ist etwas reserviert; dagegen lockt die Nähe zur Strandbar Przystań (*siehe S. 253*). In der Nachsaison können Sie die Nähe zum Meer ungestört genießen.

Pension Irena

Chopina 36. **Karte** 6 D4. [(0 58) 551 20 73. FAX (0 58) 551 34 90.
Zimmer: 16. ⌕ 1 ⊞ TV ⌕ P
⌕ 11 ⌕ ⌕⌕

Die vor kurzem renovierte, attraktive Villa entstand zu Beginn des 20. Jahrhunderts und liegt im Zentrum von Zoppot (Sopot). Alte

Möbel schmücken das Restaurant im Parterre neben der großen Empfangshalle und einem offenen Treppenhaus. Die Zimmer sind sauber, leider etwas hellhörig.

Wanda

Poniatowskiego 7. **Karte** 6 E4.
[FAX (0 58) 551 57 25, 550 30 37.
Zimmer: 24. ⌕ 1 ⊞ TV P ⌕
⌕ ⌕ ⌕ 11 ⌕ ⌕⌕⌕

Das Hotel in der alten Pension direkt an der Strandpromenade ist nur durch eine Düne von Strand und Meer getrennt. Alle Zimmer und Bäder wurden vor kurzem renoviert, die Einrichtung trifft vielleicht nicht jeden Geschmack. Die Terrasse im dritten Stock bietet eine wunderbare Aussicht auf den Zoppoter Seesteg (Molo) und die Danziger Bucht (Zatoka Gdańska).

Zhong Hua

Al. Wojska Polskiego 1. **Karte** 6 E4.
[(0 58) 550 20 20. FAX (0 58) 551 72 75. **Zimmer:** 46. ⌕ 1 TV ⌕
⌕ ⌕ ⌕ ⌕ ⌕ 1 ⌕ ⌕
⌕⌕⌕⌕⌕

In der Empfangshalle des chinesischen Hotels im Holzbau des Südbades (*siehe S. 133*) verbreitet sich ein angenehmer Holzgeruch. Die fernöstliche Einrichtung wirkt etwas befremdlich, passt jedoch gut zur Architektur. Die Zimmer sind sauber, die Bäder mit Klimaanlage ausgerüstet. Die Zimmer im Parterre haben direkten Zugang zum Strand. Das Hotelrestaurant bietet fernöstliche Spezialitäten.

Europa

Al. Niepodległości 766. **Karte** 5 C4.
[(0 58) 551 44 90. FAX (0 58) 551 44 65. email:hotel@hotel-europa.com.pl
Zimmer: 63. ⌕ TV ⌕ 11 ⌕ ⌕
⌕ 24 ⌕ ⌕ ⌕ ⌕⌕⌕⌕

Das neueste Hotel von Zoppot liegt zentral an einer stark befahrenen Straße, dafür aber inmitten der Villengegend auf der Zoppoter Anhöhe und unweit eines weitläufigen Waldgebiets. Alle Zimmer sind gleich und durchschnittlich eingerichtet, bieten jedoch zufrieden stellenden Komfort. In dem gemütlichen Restaurant gibt es polnische und europäische Gerichte. Das Hotel mit Erholungszentrum ist auf Schlankheitskuren spezialisiert. Die Nutzung zahlreicher Anlagen und Dienstleistungen wie Trocken- und Dampfsauna, Solarium, Körpermassagen und Unterwassermassagen sowie ein Kraft- und ein Gymnastikraum gehören zum Service. Alles geschieht unter sorgfältiger Anleitung von Fachleuten, die auch ein Open Air-Programm anbieten.

Zeichenerklärung *siehe S. 233*

Grand Orbis SA

Powstańców Warszawy 12.
Karte 6 D3. ☎ *(0 58) 551 00 41,
551 61 24.* **Zimmer:** *112.* ▯▯▯▯
▯▯▯▯▯▯▯▯▯▯
▯▯▯▯▯▯

Das Hotel besticht durch seine
einmalige Lage. Der Seeblick, die
unmittelbare Nähe zum Seesteg
und die imposante Architektur sind
die Merkmale dieses Hauses, um
das sich viele Legenden ranken.
Vor dem Krieg stiegen unter dieser
Nobeladresse spielsüchtige
Kasinobesucher ab, Aristokraten
und bekannte Gäste. In der
Nachkriegszeit logierten hier Stars,
die am Festival in der Waldoper
teilnahmen. Das Hotelkasino hat
seinen Betrieb wieder aufgenommen und freut sich über
zahlungskräftige Gäste aus dem
Westen. Übernachtungsgäste
sollten keinen besonderen Luxus
erwarten. Das Haus ist in eher
schlechtem Zustand, Komfort und
Service könnten besser sein.

Villa Hestia

Władysława IV 3/5. **Karte** 6 D5.
☎ *(0 58) 551 21 00.* ☏ *(0 58) 550 32
53.* email:villa@hestia.pl **Zimmer:** *5.*
▯▯▯▯▯▯▯▯▯▯
▯▯▯▯▯▯

Neben der ausgezeichnet geführten
Pension beherbergt die restaurierte
Villa den Sitz des Danziger Business-
Klubs (Gdański Klub Biznesu). Im
Parterre finden Sie eines der besten
Restaurants in ganz Polen. Die
Pension ist nicht sehr groß, sie
verfügt über drei Luxusapartments
mit Minibar sowie über einige Einzel-
und Doppelzimmer. Antiquitäten
und zahlreiche architektonische
Details schmücken die Innenräume,
die Wände sind mit geschmackvollen
Stoffen bezogen. Jedes Einrichtung-
selement ist hier wohl durchdacht.

GDINGEN

Lark

Starowiejska 1. **Karte** 2 D5. ☎ *(0 58)
621 80 46.* ☏ *(0 58) 621 71 13.*
Zimmer: *14.* ▯▯▯▯▯

Das zentral gelegene Hotel stammt
aus den Gründerjahren der Stadt.
Die Zimmer sind teilweise von
Büros verschiedener Firmen
belegt. Es herrschen spartanische
Zustände, die Bäder befinden sich
auf den Fluren. Auch der Lärm
könnte ein Problem sein.

Dom Marynarza

Aleja Piłsudskiego 1. **Karte** 4 E1.
☎ *(0 58) 622 00 25.* ☏ *(0 58) 622
00 27.* **Zimmer:** *66.* ▯▯▯▯▯
▯▯▯▯▯▯

Das solide Haus im Stil des
sozialistischen Realismus steht
am Seeufer nicht weit vom
Stadtzentrum entfernt. Die
einheitliche Einrichtung stammt
aus der Zeit der Volksrepublik.
In der Empfangshalle stehen
zahlreiche Objekte, die sich auf
die Fischereiflotte beziehen.

Nadmorski

Ejsmonda 2. **Karte** 4 E2.
☎ ☏ *(0 58) 622 37 78.* **Zimmer:** *12.*
▯▯▯▯▯▯▯▯▯

Das Hotel in der Villa am
Meeresufer bietet durchschnittlichen
Komfort. Alle Zimmer sind mit
einfachen Holzmöbeln eingerichtet.
Die größte Attraktion des Hauses ist
die mit freistehendem Kamin
ausgestattete Restaurantterrasse mit
Blick auf die Danziger Bucht
(Zatoka Gdańska).

Gdynia Hotel Orbis SA

Armii Krajowej 22. **Karte** 2 E5.
☎ *(0 58) 620 66 61.*
☏ *(0 58) 620 85 51.* **Zimmer:** *297.*
▯▯▯▯▯▯▯▯▯
▯▯▯▯▯▯▯▯▯▯▯

Das große und leistungsfähige
Hotel bauten ausländische Firmen
in den 1980er Jahren im
Stadtzentrum von Gdingen. Die
Zimmer in den höheren Etagen
bieten einen schönen Blick auf die
Stadt und die Danziger Bucht. Das
Hotel ist sauber, passabel
eingerichtet und von großen
Rasenflächen umgeben. Neben der
Empfangshalle befindet sich eine
Einkaufspassage.

DIE KASCHUBEI

PUCK

Admirał

Straßenkarte 1C. Morska 5.
☎ *(0 58) 673 28 23.* ☏ *(0 58) 673
27 97.* **Zimmer:** *6.* ▯▯▯▯▯▯
▯▯▯▯▯▯

Das im Zentrum von Puck (Putzig)
in der Nähe der gotischen
Pfarrkirche gelegene Haus zeichnet
sich durch Sauberkeit und familiäre
Atmosphäre aus. Die reizenden
und komfortablen Zimmer liegen
im zweiten Stock und müssen über
eine steile Treppe bestiegen
werden. Obwohl alles hier neu ist,
geht von dem Haus ein altmodi-
scher Zauber aus. Wenn Sie nicht
übernachten möchten, sollten Sie
wenigstens das Pub aufsuchen. Es
befindet sich im Parterre, ist mit
Geweihen geschmückt und einem
Billardtisch ausgestattet. Im ersten
Stock dagegen liegt das beste
Restaurant der Gegend.

BRODNICA DOLNA

Pension Helena

Straßenkarte 3B. ☎ *(0 58) 684 16
82.* ▯▯▯▯▯▯▯▯▯
MC, V. ▯▯▯▯

Die kleine, aber luxuriöse Pension
bietet ihren Gästen große
Apartments in fünf freistehenden
Ferienhäusern, die sich gut für
einen Familienaufenthalt mit fünf
bis sechs Personen eignen. Sie liegt
malerisch am Ufer des Ostritz-Sees
(Jezioro Ostrzyckie) am Fuße des
Thurmberges (Wieżyca) inmitten
der bewaldeten Anhöhen der
Kaschubischen Schweiz (Szwajcaria
Kaszubska). In der Nähe befindet
sich ein Bootsanleger. Die Pension
unterhält ein elegantes Restaurant
mit guter kaschubischer Küche.

JASTRZĘBIA GÓRA

Pension Victor

Straßenkarte 1C. Bałtycka 33.
☎ ☏ *(0 58) 674 95 74.*
Zimmer: *9.* ▯▯▯▯▯▯▯
▯▯▯▯▯

Die wunderschöne weiße Villa aus
den 1920er Jahren, umgeben von
Kiefern am Rande des Steilufers,
erinnert mit ihrem Säulenvorbau an
ein klassizistisches Schloss. Im
Parterre steht den Gästen ein
Restaurant zur Verfügung, darüber
liegen die Zwei- und Dreibett-
zimmer mit Bädern und Seeblick.

KROKOWA

Krokowa

Straßenkarte 1C. Zamkowa 1. ☎ ☏
(0 58) 673 77 06. **Zimmer:** *37.* ▯▯
▯▯▯▯▯▯▯▯▯

In dem jüngst restaurierten
Gutsherrenschloss der Familie von
Krockow hat die Europäische
Begegnungsstätte der Kaschubei
(siehe S. 189) ihren Sitz. Die
Innenräume schmücken antike
Möbel aus Holland, alte Kachelöfen
und barocke Treppen. Alle Zimmer
sind bequem und mit modernen
Bädern ausgestattet. In den blauen
Apartments stehen französische
Betten. Das Restaurant verschönert
ein alter Kaminofen. Die Anlage ist
von einem gepflegten Park
umgeben. Im Sommer bieten sich
Ausritte, Ausflüge in die Umgebung
mit der Pferdekutsche oder dem
Zigeunerwagen an; im Winter gibt
es Schlittenfahrten. Den Tag kann
man am Lagerfeuer im Park
ausklingen lassen. Da das Hotel
wegen internationaler Konferenzen
oft ausgebucht ist, sollten Sie sehr
rechtzeitig reservieren.

REDA

Murat

Straßenkarte 2C. Wejherowska 33. (0 58) 678 41 54, 678 51 53, 678 61 52. FAX (0 58) 678 41 53. Zimmer: 42.

Das Luxushotel liegt an der Schnellstraße von Gdingen nach Wejherowo (Neustadt). Architektur und Einrichtung des Hauses bilden eine bunte Mischung aus Renaissance-Villa und Hollywood-Traumresidenz. Die Zimmer sind relativ groß, die Bäder sauber, die Küche ist besonders gut. Im Disco Night Club kann man bis in die Morgenstunden tanzen.

RZUCEWO

Zamek Jan III. Sobieski

Straßenkarte 2C. (0 58) 673 88 05. FAX (0 58) 673 60 20. Zimmer: 27.

Das Hotel, umgeben von einer wunderschönen alten Parkanlage, befindet sich direkt am Ufer der Putziger Wiek (Zatoka Pucka). Die vor kurzem an dem neogotischen Bauwerk durchgeführten und mittlerweile abgeschlossenen Renovierungsarbeiten haben das Schloss in einen Erholungsort verwandelt. Den Hotelgästen stehen Fahrräder und eine Sauna zur Verfügung. In ihrer Freizeit können sie ausreiten oder Billard spielen. Segelfreunde und Windsurfer können in benachbarten Puck (Putzig) und in Chałupy (Ceynowa) auf der Halbinsel Hela (Półwysep Helski) Boote und Bretter mieten. Die Wasserqualität in der Putziger Wiek hat sich deutlich verbessert, sodass Sie unbesorgt schwimmen können. Nach dem Bad sollten Sie auf der sonnigen Hotelterrasse frühstücken. Die Zimmer sind sehr gemütlich; aus drei Apartments blickt man auf die Wiek. Neben einem soliden Restaurant befinden sich in den Kellern des Hotels eine Weinstube und ein Nachtlokal.

JURATA

Bryza

Straßenkarte 2D. Świętopełka 1. (0 58) 675 23 43. (0 58) 675 24 44. Zimmer: 64.

Das Hotel gehört einem bekannten Warschauer Geschäftsmann und ist das luxuriöseste Haus an der gesamten Küste zwischen Łeba (Leba) und Hel (Hela). Der umgebaute Gebäudekomplex bietet zahlreiche Annehmlichkeiten; darunter ein Schwimmbad, Tennisplätze und eine großzügige Holzterrasse; von hier blicken Sie direkt auf den Strand. Allerdings ist das Hotel ein beliebter Anlaufpunkt von Vertretern der ersten polnischen YUPPI-Generation, die ihre neuesten Errungenschaften hier gerne zur Schau stellt.

KOCIEWIE

TCZEW

Carina

Al. Solidarności 19. **Straßenkarte** 4D. (0 58) 531 51 88. FAX (0 58) 532 02 40. Zimmer: 24.

Dieses unscheinbare Gebäude an der stark befahrenen Peripherie von Tczew (Dirschau) bietet wenig Service, ist aber das einzige Hotel in Tczew. Zurzeit wird ein Hotel mitten in der Stadt renoviert. Nach der Fertigstellung wird hoher Komfort mit origineller Inneneinrichtung im englischen Stil erwartet.

WIRTY

Pod Jeleniem

Straßenkarte 4D. (0 58) 588 49 33. Zimmer: 7.

Die kleine Pension in der Nachbarschaft des Baumgartens von Wirty (siehe S. 203) bietet wenig Komfort, eignet sich aber hervorragend als Ausgangspunkt für ausgiebige Spaziergänge in die umliegenden Wälder und für Autoausflüge in das Kociewie und die Tuchler Heide (Bory Tucholskie).

DER WERDER

MALBORK

Zamek

Straßenkarte 4D. Starościńska 14. (0 55) 272 84 00. FAX (055) 272 33 67. Zimmer: 42. AE, DC, MC, V, JCB.

Das Hotel befindet sich im ehemaligen Spitalgebäude innerhalb der alten Burganlage in Marienburg (Malbork). In der Hochsaison wird es von unzähligen Reisegruppen aus ganz Europa belagert. Die Zimmer sind mit Holzmöbeln eingerichtet, die kleinen Fenster vermitteln den für die Marienburg typischen Eindruck einer Klosterzelle. Das Hotel betreibt ein gutes Restaurant. Eine Übernachtung im Burghotel lohnt sich schon wegen der Ton- und Lichtschau bei Einbruch der Dämmerung.

RUND UM DAS FRISCHE HAFF

NOWINA

Wiatrak

Nowina 29. **Straßenkarte** 4E. (0 55) 225 35 25. Zimmer: 15.

Das Motel aus den 1970er Jahren steht an der Straße unweit von Elbląg (Elbing). Die Zimmer sind eher bescheiden, bieten dafür aber einen schönen Blick. Im Restaurant im Parterre legen Kraftfahrer auf der Fahrt von Südpolen nach Pommern gern eine Pause ein. Das Motel steht auf einer Anhöhe wenige hundert Meter vom flachen und stark zugewachsenen Drausen-See (Jezioro Druzno) entfernt. Ein Spaziergang zum See ist auf jeden Fall zu empfehlen.

ELBLĄG

Elzam

Straßenkarte 3E. Pl. Słowiański 2. (0 55) 234 81 11. FAX (0 55) 232 40 83. Zimmer: 112.

Das größte und eleganteste Hotel von Elbing befindet sich in einem Gebäude im Stil des sozialistischen Realismus der 1950er Jahre, das kürzlich gründlich saniert wurde. Die Zimmer sind modern eingerichtet, die Bäder sauber. Die Attraktion des Hauses ist ein Atrium im ersten Stock mit einer kleinen Einkaufspassage. Das Hotel liegt im Stadtzentrum. Von den Zimmern blickt man auf die Altstadt, die zurzeit ebenfalls saniert wird.

KADYNY

Kadyny

Poczta Tolkmicko. **Straßenkarte** 3E. (0 55) 231 61 20. FAX (0 55) 231 62 00. Zimmer: 38.

Das private Hotel in den Wirtschaftsgebäuden eines ehemaligen Pferdegestüts von Kaiser Wilhelm II. liegt malerisch am Fuße der Elbinger Höhe.

Zeichenerklärung *siehe S. 233*

RESTAURANTS, CAFÉS UND BARS

ZU JEDEM Aufenthalt in Danzig und Pommern gehört ein netter Abend in einem der vielen gemütlichen Restaurants. Die Auswahl ist jedoch sehr groß, sodass es oft schwer fällt, das Richtige zu finden. Zu jeder Jahreszeit gibt es auf den Speisekarten Fischgerichte. Empfehlenswert ist in jedem Fall ein Besuch in einem Restaurant mit kaschubischer Küche. Mittags sind die meisten Restaurants zwischen 13 und 14 Uhr am vollsten; das Abendessen wird in aller Regel bereits

Schild am Restaurant Gdańska

ab 18 Uhr serviert. Auch nach 21 Uhr erhalten Sie aber problemlos warme Mahlzeiten.

In der Hochsaison halten die meisten Restaurants keinen Ruhetag ein. In der Nachsaison sind aber viele Gaststätten wegen Urlaub geschlossen. Erkundigen Sie sich daher außerhalb der Saison unbedingt rechtzeitig telefonisch, ob das Restaurant Ihrer Wahl geöffnet ist. Auf den Seiten 250–257 finden Sie das Verzeichnis der besten Restaurants der Region mit Kurzbeschreibungen der angebotenen Speisen.

RESTAURANTS UND BARS

SATT WERDEN können Sie nicht nur in den Restaurants, die von zwölf Uhr mittags bis in die späten Abendstunden geöffnet haben und eine große Auswahl an Speisen anbieten, sondern auch in zahlreichen anderen Lokalen. Die meisten Cafés servieren in der Mittagszeit neben Kuchen und Eis auch Suppen, Salate und leichte Kost. In der Saison finden Sie besonders in den Ostseebädern kleinere Fischbratereien. Die frisch zubereiteten Speisen werden hier auf Papptellern serviert, dafür müssen Sie aber nicht tief in die Tasche greifen. Den Abend können Sie in geselliger Runde bei einem Glas Bier aus einer der Danziger bzw. Elbinger Brauereien verbringen.

Restaurant Pod Żurawiem

WISSENSWERTES

AN VERSCHIEDENEN Orten werden dieselben Speisen unter verschiedenen Bezeichnungen angeboten, was nicht selten für Verwirrung sorgt. Die kulinarischen Routiniers der Dreistadt beherrschen die Kunst der Namensgebung meisterhaft und verleihen auch den einfachsten Gerichten einen blumenreichen Namen. Lassen Sie sich nicht von »Altdanziger Bratkunst«, »Mönchssuppe« oder von »Kapitänen aus Schweinefleisch« verführen. Diese Begriffe sind nicht in der alten Danziger Küche zu finden. Die ortsansässigen Patrizier aßen Krebsklöße in Mandelsauce, Bier- und Veilchensuppen, Hähnchen auf Linsen, gesalzene Biberschwänze und Pasteten aus Schalentieren, aber all dies wird Ihnen heute auf der Speisekarte nicht begegnen. Wie in jeder Touristenmetropole gibt es auch in Danzig schwarze Schafe unter den Restaurantbesitzern. Damit Ihnen unangenehme Überraschungen erspart bleiben, sollten Sie zum Beispiel wissen, dass in der Zeit von Juni bis Ende August der Fang von Dorschen und Lachsen in der Ostsee verboten ist. Was immer man Ihnen erzählt – im Sommer kommen diese beiden Fischsorten niemals direkt aus der Ostsee.

Sommercafé in Hel

FISCHGERICHTE

ZU DEN SPEZIALITÄTEN der Dreistadt gehört natürlich Fisch in jeder Variation. In der Ostsee gibt es Heringe, Dorsche, Lachse, Aale und Flundern. Gerade Heringe können – kurz gebraten oder kalt serviert – ein kulinarischer Genuss sein. In Hel (Hela) findet alljährlich ein Wettbewerb statt, bei dem die interessantesten Heringsgerichte ausgezeichnet werden. Kosten Sie Spezialitäten der Region wie Heringe auf kaschubische Art (gewickelt und mit glasig angebratener Zwiebel gefüllt, in einer Sauce aus Öl und Tomatenmark) oder Sahnehering mit Pellkartoffeln.

Auch die Flunder mit ihrem schmackhaften, weißen und zarten Fleisch darf nicht

Konditorei Pellowski *(siehe S. 251)*

vergessen werden. Versuchen Sie nicht, den Flundergeschmack in einer einfachen Fischbraterei zu ergründen. Am besten schmeckt sie als Filet in einer delikaten weißen Sauce.

Eine weitere Kategorie von Fischspeisen sind Räucherfische. In den Räuchereien der Ostseebäder werden die Fische entweder warm (tief im Schornstein, direkt im warmen Rauch) oder kalt (am Ausgang des Schornsteins, im abgekühlten Rauch) geräuchert. Die Räucherart beeinflusst den Geschmack unmittelbar, wovon Sie sich am besten direkt vor Ort überzeugen. Probieren Sie Lachs, Makrele oder Forelle; sie alle werden nach beiden Methoden, Aale dagegen grundsätzlich nur warm geräuchert.

VEGETARISCH ESSEN

W ER FLEISCHLOSE Kost vorzieht, aber Fisch isst, wird mit der Speisekarte kein Problem haben. Vor einer

Eingang zum John Bull Pub

ungleich schwierigeren Aufgabe stehen strenge Vegetarier. Sie werden zwar bei jeder Speisekarte berücksichtigt, aber die Auswahl ist nicht sehr groß.

PREISE

D IE PREISE sind je nach Standort sehr unterschiedlich. Am meisten zahlt man in den vornehmen Restaurants der Dreistadt. Mit erschwinglicheren Preisen können Sie in den Lokalen der kleineren Ortschaften Pommerns rechnen. In den feinsten Restaurants in der Danziger Stadtmitte bezahlt man für ein Drei-Gang-Menü ohne alkoholische Getränke ca. 80–100 Zloty. Ohne große Anstrengung sind hier aber auch Lokale zu finden, in denen ein Mittagessen maximal 30–40 Zloty kostet. Satt werden für weniger Geld ist ebenfalls kein Problem. In einer Fischbraterei bekommen Sie eine satte Portion frisch zubereiteten Fischs inklusive Brot bzw. Brötchen und Salat für 10–15 Zloty.

Möchten Sie beim Essen auf alkoholische Getränke nicht verzichten, achten Sie rechtzeitig auf die Preise. Besonders Weine, unabhängig von der Qualität, können sehr teuer sein. Auch bei den importierten hochprozentigen Getränken können Sie unangenehme Überraschungen erleben. Oftmals sind sie teurer als in westeuropäischen Ländern.

Service und Bedienung sind in der Regel im Preis inbegriffen. In manchen Restaurants ist es mittlerweile Usus, dass die Speisen auf der Speisekarte ohne Mehrwertsteuer (VAT) angegeben werden, sie wird erst bei

Rechnungsstellung dazu berechnet. Einen entsprechenden Hinweis finden Sie unten auf der Karte. Üblich sind Trinkgelder in Höhe von zehn Prozent des Rechnungsbetrages, doch letztlich entscheidet darüber jeder Gast individuell.

Die Restaurantrechnungen werden bar bezahlt. Restaurants der gehobenen Klasse akzeptieren auch Kreditkarten, Sie sollten dies jedoch vorab klären und Ihre Rechnung im Übrigen stets eingehend prüfen.

RESERVIERUNG

R ESERVIEREN müssen Sie lediglich in den teuersten und beliebtesten Restaurants der Dreistadt, besonders während der Saison. In dieser Zeit ist es sogar mittags oft sehr voll. Ein Reservierung ist immer auch dann zu empfehlen, wenn Sie in einem größeren Kreis und an einem für mehrere Personen gedeckten Tisch speisen möchten.

SPEISEKARTE

D IE KARTE beginnt mit einem Verzeichnis der kalten (Hering, Räucherfisch, Wurstwaren) und warmen Vorspeisen (Bigos, Pilzgerichte, Meeresfrüchte). In manchen Restaurants werden die Salate extra aufgeführt, sofern sie auch als Beilage in Betracht kommen. Der nächste Abschnitt der Speisekarte gilt in der Regel Suppen. Bei den Hauptgerichten handelt es sich um Fleisch- und Fischgerichte inklusive mindestens zweier Beilagen.

ZEICHENERKLÄRUNG
Siehe S. 250ff.

🔓 geöffnet
🔒 geschlossen
🍴 Tagesmenü
Ⓥ vegetarisches Essen
🎵 Livemusik
🌳 Garten/Terrasse
🪟 Klimaanlage
🍷 Weinkarte
★ sehr empfehlenswert
💳 Kreditkarten

Preiskategorien für ein Drei-Gänge-Menü inklusive Getränke (in Zloty):
ⓩ unter 20 Zl
ⓩⓩ 20-40 Zl
ⓩⓩⓩ 40-75 Zl
ⓩⓩⓩⓩ über 75 Zl

Was isst man in Ostpommern?

IN DER DREISTADT wohnen Menschen aus den unterschiedlichsten Gegenden Polens. Das hat sich unmittelbar auf das Brauchtum und die kulinarischen Vorlieben ausgewirkt. Die Umsiedler aus dem Osten führten Spezialitäten aus der Gegend von Wilna ein (bis heute wird etwa Kartoffelwurst in einigen Familien zubereitet und in manchen Läden verkauft), die Kaschuben servieren Sülze, Heringe mit Pellkartoffeln oder eine Art Baumkuchen und auch die Einwohner von Gdingen, die vor dem Krieg in die Stadt kamen, pflegen ihre kulinarischen Traditionen. Der Einfluss der alten Danziger Küche ist nur schwach ausgeprägt.

Salatplatte

Apfel

Orangenfilets

Gedünstetes Gemüse

Bratente

Bratkartoffeln

Lachs vom Grill
Gegrillter Lachs wird gewöhnlich mit gedünstetem Gemüse und Kartoffeln oder Reis serviert.

Dorsch im Bierteig
Auf Hela serviert man Dorschfilet im Bierteigmantel.

Danziger Ente
Die gebratene Ente wird nach alter Art mit einem Schuss Orangenlikör, Gemüse und Orangenfilets serviert.

Kohlrouladen
Die Kohlblätter werden mit Hackfleisch und Reis gefüllt.

Räucheraal
Räucheraal eignet sich besonders gut als kalte Vorspeise.

Kaschubischer Hering
Dieser Hering wird kalt mit Zwiebeln aufgerollt oder mit Tomaten-Gemüsesoße und Pellkartoffeln serviert.

Danziger Salat
Gekochter Dorsch wird mit Zwiebeln und Gemüse gemischt.

Bratfisch
Paniertes Fischfilet bekommt man im Sommer in jeder Fischbraterei an der Küste.

Sülze
Die kaschubische Variante von Eisbein in Aspik schmeckt jedem Kenner.

Danziger Suppe
Feingehackte Gurken, Oliven und Kapern verleihen der gulaschähnlichen Suppe ihren spezifischen Geschmack.

Kaschubische Suppe
Der sättigende Eintopf, ein «kaschubisches Allerlei» enthält vor allem gedünsteten Kohl und passierte Tomaten.

Rybonka
Kaschubische Fischsuppe mit hausgemachten Klößchen.

Mürbekuchen
Diese mürbe Kuchensorte wird meistens mit Kirsch- oder Waldbeerenkonfitüre serviert.

Sękacz (Baumkuchen)
Die Schichten des dünnflüssigen Teiges werden auf eine rotierende Rolle gegossen und nacheinander gebacken.

Pfefferkuchen

Käsekuchen

Apfelkuchen

Krapfen

Hefekuchen

Mohnstollen

Polnischer Kuchen
Polnisches Gebäck – meist Hefeteig – ist relativ schwer und nicht allzu süß.

Was trinkt man in Ostpommern?

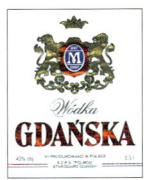

**Flaschenetikett
Wódka Gdańska**

D IE POLEN trinken zu fast allen
Mahlzeiten Bier, das in jedem
Restaurant und Pub in verschiedenen
Sorten angeboten wird. Zu den
beliebtesten Biersorten gehören die
Produkte der Brauereien von Danzig
(Gdańsk) und Elbing (Elbląg). Die
Lokale in der Dreistadt und in Pommern
bieten auch Biere aus anderen
polnischen Gegenden an, sodass Sie die
Erzeugnisse der polnischen Braukunst miteinander
vergleichen können. Zu kalten Vorspeisen bestellen die
Polen auch gerne Wodka. Zum Nachtisch und Kaffee
werden die lokalen Likörspezialitäten gereicht.

Rotbier der Elbinger Brauerei

TRADITION

**Kaper-
Bier**

Gdańskie-Bier

B RAUEN UND BRENNEN haben in Danzig
eine lange Tradition. Seit Jahrhunderten
wird in der Stadt das früher in ganz Europa
bekannte Bier gebraut. Das berühmteste
Bier war das starke, dunkele und zähflüssige
Jopenbier. Ende des 16. Jahrhunderts
begann die Stadt an der Mottlau mit
der Produktion von Likören. Besonders
renommiert war die Firma *Der Lachs*.
Zu den wohl bekanntesten Produkten
dieses Unternehmens gehörten das Danziger
Goldwasser, der feuerrote Kirschlikör
Krambambuli, der mit einer getrockneten
Pflaume servierte Wacholderschnaps
Machandel und exotische Sorten wie
Maiglöckchen-, Lavendel-, Majoran-
oder Kalmuslikör.

**Die Hevelius Brewing
Company Ltd.** braut
bereits seit 1690 Bier
in einem speziellen
Verfahren in ihren
unterirdischen Räumen.

BIERSORTEN

I N JEDEM Danziger Laden
können Sie Biere
aus verschiedensten
europäischen Ländern
kaufen. Dies war nicht
immer so, denn in
früheren Zeiten
haben die Danziger
ihre Produkte und
Marktanteile verbissen
verteidigt. 1378 brach
sogar ein Bierkrieg aus,
als der Großmeister des
Deutschen Ordens den
Verkauf eines in Wismar
gebrauten Bieres gestattete.
Unter den Bieren, die heute
in der Dreistadt und in
Pommern angeboten werden,
stehen die Erzeugnisse der
Hevelius Brewing Company an
erster Stelle. Sie erfreuen sich
einer langen Tradition und
erinnern mit ihrem Namen
an den Astronomen und
Brauereibesitzer Johannes

Hevelius. Zu den Bieren
dieser Brauerei gehören
das Hevelius-Bier
(Heweliusz) mit einer
edlen, ein wenig bitteren
Geschmacksnote und
vorzüglichem Aroma, das
Starkbier Kaper mit
leicht süßlicher Würze
und das pasteurisierte
Danziger Bier
(Gdańskie), das sein
volles Aroma nur
entfaltet, wenn es
besonders frisch ist.
Eine starke
Konkurrenz für
die Danziger Biersorten
sind die Elbinger Biere.
Neben dem auf Lizenz
gebrauten Grolsch-Bier
bietet die Elbinger
Brauerei das leichte
EB-Bier. Ebenfalls
empfehlenswert ist
das Martin Brok einer
Brauerei aus Köslin
(Koszalin).

EB-Bier

WODKA

V OR NICHT ALLZU LANGER Zeit
wurde der Wodka noch in
staatlichen Spirituosenfabriken
hergestellt. Die Produktpalette
war nicht sehr groß und es
entstand keine individuelle
oder regionale Note. Heute
überwiegen in Pommern
die Erzeugnisse der
leistungsstarken Firma
Polmos Starogard, die auf
eine 150-jährige Tradition
zurückblickt. Sie bietet
ein weitgefächertes
Angebot an klaren
Schnäpsen und
ausgefallenen
Wodkavarianten. Das
Standardprodukt der
Firma ist der klare
Wodka Dwór Artusa
(Artushof), der in
originellen Flaschen
mit einer Artushof-
Abbildung auf dem
Etikett vertrieben wird.

**Wodka
Dwór Artusa**

LIKÖRE

Z U DEN Spezialitäten der Firma Polmos Starogard gehört das Danziger Goldwasser, ein klarer nicht sehr süßer Kräuterlikör, der nach alter Danziger Tradition mit feinen

Danziger Goldwasser

Honigmet Trójniak

Goldplättchen angereichert wird. Auch der bittere Piołunówka (Wermutschnaps) und der Dzika Pszczoła (wilde Biene), ein Honigschnaps auf Kräuterbasis, lohnen einen Versuch.

WEITERE ALKOHOLIKA

D IE KLIMATISCHEN Verhältnisse in Polen bieten keine guten Bedingungen für die Weinherstellung. In den Restaurants und Bars werden deshalb teure Importweine serviert, bei denen das Preis-Leistungs-Verhältnis nicht immer stimmt. Ein weinähnliches Produkt aus Polen ist lediglich der Honigwein (Met).

Die oft überzogenen Preise beziehen sich auf alle importierten Alkoholika wie Aperitifs, Cognacs und Weinbrände.

ALKOHOLFREIE GETRÄNKE

B ESONDERE Beachtung verdient das Mineralwasser Nata aus Quellen des kaschubischen Landschaftsschutzgebietes. Auf jeden Fall sollten Sie auch die polnischen Obst- und Gemüsesäfte probieren. Sie werden in Flaschen und Kartons abgefüllt und verkauft. Besonders empfehlenswert sind die Säfte aus schwarzen Johannisbeeren, Äpfeln, Kirschen und Möhren.

Kräutertee

WEINKELLER

Im alten Danzig wurden die auf dem Seeweg importierten Weine in mehrstöckigen Kellern und Lagerräumen an der Küste gelagert. Zu den größten Danziger Weinvertrieben gehörte die Firma IHL Brandt, die der gleichnamige Kaufmann 1844 gründete. Der Hauptsitz der Firma befand sich zur damaligen Zeit in der Jopengasse (Piwna 65). Unter vielen Danziger Häusern lagen mit Weinfässern gefüllte Kellerräume. Den größten Weinkeller der Stadt mit sechs unterirdischen Stockwerken können Sie heute noch im Haus am Langen Markt (Długi Targ 16) besichtigen.

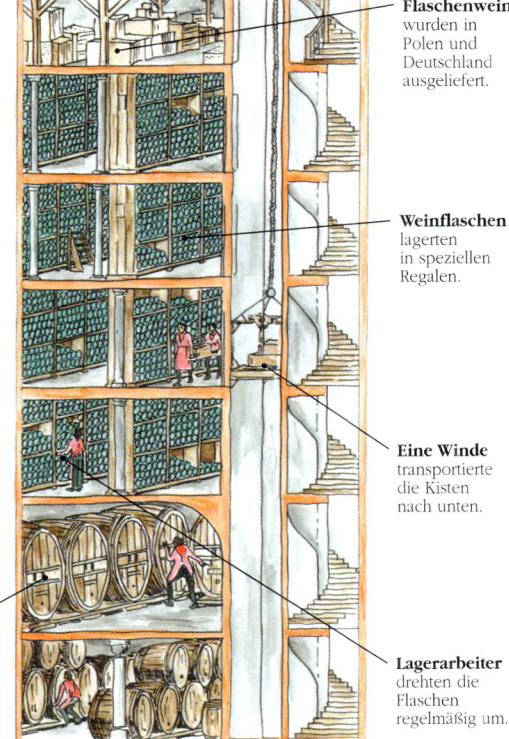

Flaschenweine wurden in Polen und Deutschland ausgeliefert.

Weinflaschen lagerten in speziellen Regalen.

Eine Winde transportierte die Kisten nach unten.

Weinfässer lagerten in den untersten, kühlsten und konstant temperierten Kellerräumen.

Lagerarbeiter drehten die Flaschen regelmäßig um.

Restaurantauswahl

IN DER LETZTEN Zeit haben in der Dreistadt viele neue Restaurants geöffnet. Leider sind sie zum größten Teil auf zahlungskräftige Touristen eingestellt, denen sie oftmals Standardgerichte zu astronomischen Preisen anbieten. Die in der Übersicht vorgestellten Restaurants gehören zum Kreis der besonders empfehlenswerten Lokale mit vernünftigem Preis-Leistungs-Verhältnis.

Cyganeria
Das legendäre Danziger Restaurant bietet gute Küche, niedrige Bierpreise und eine ausgezeichnete Dessertkarte (siehe S. 255).

Rozmaryn
Die reizende Fischerkate besticht durch ihre intime Atmosphäre und die köstliche italienische Küche (siehe S. 254).

GDINGEN

ZOPPOT

OLIVA

Villa Hestia
Schön eingerichtete Räume, hervorragende Gerichte und individuelle Kreationen auf Basis der polnischen Landküche garantieren Ihr Wohlbefinden (siehe S. 254).

Balzac
In diesem Gourmetrestaurant serviert der französische Küchenchef französische Kreationen (siehe S. 254).

Pod Łososiem
Die lange Tradition des Hauses Zum Lachs – einst eine Likörfabrik – und die Hausspezialität Lachs vom Grill ziehen viele Gäste an (siehe S. 87 und 251).

Tan-Viet
Hier treffen sich Geschäftsleute gern wegen der lässigen Atmosphäre und der guten vietnamesischen Küche (siehe S. 252).

Kubicki
Das Restaurant mit gemütlicher Atmosphäre und freundlich eingerichteten Räumen serviert hervorragende Beilagen und einen köstlichen Käsekuchen (siehe S. 251).

Kirkor
Gutbürgerliche Küche im besten Sinne ist die Spezialität dieses Restaurants (siehe S. 252).

Towarzystwo Gastronomiczne
Das Restaurant im Altstädtischen Rathaus serviert französische Küche (siehe S. 252).

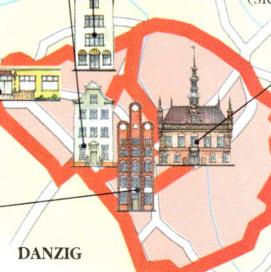

Tawerna
In dem im Stil einer alten Taverne eingerichteten Lokal isst man ausgezeichnete Fischspezialitäten und französische Küche (siehe S. 250).

DANZIG

DANZIG

SÜDLICHE RECHTSTADT

Bar Pod Złotym Kurem

Długa 4. **Karte** 12 D4 (13 B3).
(0 58) 301 61 63. tägl. 11–19 Uhr.

Die Bar ist besonders für eine rasche Mahlzeit zu empfehlen. Die Auswahl ist eher klein, aber das stört die eiligen Sommergäste nicht sonderlich. Graupenrouladen und Kohlrouladen schmecken besonders lecker.

Coctail Bar Capri

Długa 59/61. **Karte** 12 D4 (13 B4).
(0 58) 301 24 75.
tägl. 10–21 Uhr.

Hier gibt es die besten Näschereien der Dreistadt. Besonders empfehlenswert sind die Törtchen Roma (Biskuit in Sahne-Kaffee-Creme getunkt), die Charlotte aus Apfelhälften in Puddingcreme und die sehr guten Cocktails. Für Kenner der Cocktailbars aus der ehemaligen Firma Hortex kann ein Besuch in dieser stets vollen Bar zu einer nostalgischen Reise in die Vergangenheit werden.

U Plastyków

Chlebnicka 13/16.
Karte 12 D4 (13 C4).
(0 58) 301 28 16.
12–18 Uhr.

Der Speisesaal im Englischen Haus, nach dem Krieg ein Wohnheim für Kunststudenten der Dreistadt, dient heute in erster Linie als Mensa. Auswärtige Besucher sind ebenfalls gern gesehene Gäste. Für wenig Geld werden hier Pirogen, Pfannkuchen, Kohlrouladen und Fleischgerichte serviert. Die Portionen sind sehr mächtig.

Napoli

Długa 62/63. **Karte** 12 D4 (13 C4).
(0 58) 301 41 46.
tägl. 10.30–22.30 Uhr.

Das Napoli ist eine sympathische Pizzeria und Spaghetteria mitten in der Stadt. Die auf klassischem Sauerteigboden zubereiteten Pizzas sind die besten der Umgebung. Auch Fleischgerichte vom Grill und *Spaghetti carbonara*, mit einem frischen Ei serviert, sind sehr zu empfehlen.

Celtic Pub

Lektykarska 3. **Karte** 12 D3 (13 C3).
(0 58) 320 29 99.
So, Sa 16–1 Uhr; im Sommer auch Fr, Sa bis in die frühen Morgenstunden.

Das Lokal erinnert an ein irisches Pub. Die gemütliche Atmosphäre und die Lage direkt am Königsweg ziehen zahlreiche Besucher an. Große Auswahl an frischen Bieren.

Piwnica u Filipa

Długa 45. **Karte** 12 D4 (13 C4).
(0 58) 301 08 00.
tägl. 16–24 Uhr.

Das kleine und enge Lokal ist besonders bei Jugendlichen sehr beliebt und immer gut besucht. An Wochenenden finden hier Jazz- und Rockkonzerte statt. Auf der Karte stehen Salate und gegrillte Fleischgerichte.

Trattoria la Primavera

Grobla 1/13. **Karte** 12 D4 (13 C3).
(0 58) 301 47 18.
tägl. von 12 Uhr bis zum letzten Gast.

Eines der neuesten italienischen Restaurants in der Dreistadt. Es liegt in der Nähe der Marienkirche, ist klein, aber mit viel Sorgfalt eingerichtet. Zu den besonders beliebten Gerichten gehören die klassischen Antipasti, die in eher kleinen Mengen serviert werden.

Major

Długa 18. **Karte** 12 D4 (13 B4).
(0 58) 301 10 69.
tägl. 12–24 Uhr.

Die etwas protzige Einrichtung des Lokals hat schon so manchen Gast abgeschreckt. Drücken Sie ein Auge zu und bestellen Sie aus der umfangreichen Speisekarte. Das Essen entspricht europäischem Standard. Außerdem gehört das Restaurant zu den wenigen polnischen Lokalen, in denen man zum Abschluss einen echten Malt-Whisky bestellen kann.

Tawerna

Powroźnicza 19/20.
Karte 12 E4 (13 C4).
(0 58) 301 41 14.
tägl. von 11 Uhr bis zum letzten Gast.

Das Restaurant befindet sich im Nachbarhaus des Grünen Tores (Brama Zielona), zwischen dem Langen Markt (Długi Targ) und dem alten Hafen an der Mottlau (Motława). Das Angebot richtet sich nach den Wünschen und Bedürfnissen der Touristen. Der Innenraum ist im Stil alter Tavernen eingerichtet, an den Decken hängen Modelle alter Galeonen. Die Speisekarte bietet abwechslungsreiche und üppige Mahlzeiten, von Fischgerichten über Fischsuppe bis zur gebratenen Ente. Seit einigen Monaten ist die Tawerna auf französische Küche aus dem Limousin spezialisiert. Aus der französischen Speisekarte empfehlen wir den Salat aus Entenmägen, frittierten Barsch, Fischrouladen und warmen Schokoladenkuchen.

NÖRDLICHE RECHTSTADT

Green Way Vegetarische Bar

Garncarska 4/6.
Karte 12 D3 (13 B3).
(0 58) 301 41 21. tägl. 10–22 Uhr.

Das einzige vegetarische Restaurant in Danzig bietet überwiegend warme Gerichte der indischen Küche. Von den europäischen Spezialitäten empfehlen wir die Gemüsetorte und Pfannkuchen mit unterschiedlichen Füllungen. Auf der Karte finden Sie auch Pita in allen möglichen Varianten. Außerdem gibt es einen köstlichen Möhrenkuchen mit vielen süßen Zutaten. Guter Service und geschmackvolles Ambiente tragen zum Genuss bei.

La Pasta

Szeroka 32. **Karte** 12 D3 (13 C3).
(0 58) 301 51 91.
tägl. 11–22 Uhr.

Das italienische Restaurant spricht vor allem Schüler und Studenten an. Die Salate sind besonders köstlich, die Pizza kann jedoch mit dem italienischen Original nicht mithalten. Bei Jugendlichen ist dieses Lokal außerordentlich beliebt.

Pożegnanie z Afryką

Kołodziejska 4.
Karte 12 D4 (13 B3).
(0 58) 305 75 50.
10–22 Uhr.

Der Laden und das Café im Kolonialstil bieten viele, vor Ort auf traditionelle Weise gebrühte Kaffeesorten.

Rudy Kot-Internet Cafe

Garncarska 18/20. **Karte** 12 D3
(13 B3). ☎ (0 58) 301 86 49.
☎ FAX (0 58) 301 39 86.
⏱ tägl. 10–24 Uhr. 🔲 Ⓥ ⓩⓛ

Das Café in hervorragender Lage
ist mit vielen online-geschalteten
Computern ausgestattet. Für relativ
geringes Entgelt werden hier
Computerdienste angeboten, etwa
Schwarzweiß- und Farbausdrucke,
das Scannen von Unterlagen sowie
Dateispeicherungen auf Disketten
oder CD-ROMs (beides vor Ort zu
kaufen). Beim Surfen in der
virtuellen Welt und bei Musik
werden Sie mit Getränken und
einfachen Gerichten verköstigt.
An Freitagen und Samstagen bietet
das Café Tanzveranstaltungen
für Jugendliche. Echte
Computerfreaks fühlen sich hier
bestimmt wohl.

Starówka

Św. Ducha 8/10.
Karte 12 D3 (13 C3).
☎ (0 58) 301 03 13.
⏱ tägl. 10-19 Uhr. 🔲 ⓩⓛ

Zu den Stammgästen der kleinen
Bar zählen überwiegend die
Bewohner der umliegenden
Häuser. Fremde sind aber
ebenfalls gern gesehene Gäste.
Die angebotene Hausmannskost
ist empfehlenswert.

U Leona

pl. Dominikański 1.
Karte 12 D3 (13 C2).
☎ (0 58) 301 82 19.
⏱ tägl. 10 Uhr bis zum letzten Gast.
🔲

Das Familienunternehmen an
der alten Markthalle aus dem
19. Jahrhundert verdient
Beachtung. Leon ist der *maître
d'hôtel*, seine Ehefrau die
Küchenchefin und die Tochter
bedient die Gäste. Die einfachen,
aber sehr schmackhaften Gerichte
werden mit viel Fantasie zubereitet.

Arno

Tkacka 1. **Karte** 12 D4 (13 B3).
☎ (0 58) 301 14 41.
⏱ täg. von 10 Uhr bis zum letzten
Gast. Ⓥ 🔲 ⓩⓛ

Das Lokal in den Kellern des
»Hauses des Handwerks« ist etwas
in Vergessenheit geraten. Die
Gerichte sind gut, aber nicht
sonderlich fantasievoll. Für
die Atmosphäre des Hauses sorgt
die Besitzerin persönlich. Von
der Bar aus überwacht die
elegante Dame die Arbeit
der Küche und der Kellner.
Von den beiden Räumen
ist der Saal links vom Eingang
der gemütlichere.

Cotton Club

Złotników 25/29.
Karte 12 D3 (13 C3).
☎ (0 58) 301 88 13.
⏱ tägl. von 16 Uhr bis zum letzten
Gast. 🔲 🔲 Ⓥ ⓩⓛⓩⓛ

Seine Popularität verdankt
das Pub den Danziger Liberalen,
die Anfang der Neunzigerjahre
die polnische Politszene stark
beeinflussten. Viele Gäste kamen
damals hierher, um den neuen
Politikern Polens bei Bier
und Billardspiel zu begegnen.
Noch heute gehört das Pub
zu den beliebtesten der Dreistadt.
An Wochenenden finden
regelmäßig Jazzkonzerte statt. Im
Klub wird ein einfacher und
schmackhafter warmer Imbiss
serviert.

Big Johny

Targ Rybny 6.
Karte 12 E3 (14 D2).
☎ (0 58) 301 56 73.
⏱ tägl. 13–23 Uhr.
🔲 🔲 ⓩⓛ

Unter dem gleichen Namen gibt
es in der Dreistadt gleich zwei
Nachtklubs. Das Restaurant
am Fischmarkt (Targ Rybny)
hat einen ganz anderen Charakter,
auch wenn es demselben
Besitzer gehört. Die
Restauranteinrichtung spiegelt
das Ambiente ehemaliger
Danziger Lokale aus den
Zwanzigerjahren wieder.
Auf der Speisekarte finden
Sie viele gute Gerichte.
Besonders empfehlenswert
sind der Salat aus gekochtem
Dorsch und gedünstetem Gemüse
(*sałatka gdańska*) sowie die
Graupensuppe (*żurek*), serviert
mit Bratkartoffeln und Aal in
Dillsauce. Bei diskreter Musik
werden Sie schnell und
fachkundig bedient. Die Küche
hat in der gesamten Altstadt am
längsten geöffnet.

Pod Łososiem

Szeroka 52/54.
Karte 12 E3 (13 C3).
☎ (0 58) 301 76 52.
⏱ tägl. von 12 Uhr bis zum letzten
Gast. 🍴 🔲 Ⓥ 🔲 ★ 🔲
ⓩⓛⓩⓛ

Das Vorzeigelokal der Stadt wurde
in den 1970er Jahren im
ehemaligen Haus der Likörfabrik
Lachs eingerichtet, die Danziger
Goldwasser, Krambambuli und
andere weltbekannte Liköre
herstellte und ins Ausland
exportierte. Das Restaurant gehört
zum Pflichtprogramm vieler
deutscher Reisegruppen.
Die Küche ist gut, aber ohne
besondere Note.

Cafe Korzenna

Korzenna 33/35.
Karte 12 D3 (13 B2).
☎ (0 58) 301 10 51.
⏱ tägl. 10–20 Uhr. ⓩⓛⓩⓛ

Das einzige Stadtcafé im Wiener
Stil bietet Marmortische auf
gusseisernen Beinen, grazile
Stühle, starken Espresso, Kuchen
und Kanapees. Größter Stolz
des Cafés sind die altpolnischen
Branntweine und Schnäpse:
piołunówka (Wermut), *krupnik*
(Honig und Gewürze), *śliwowica*
(Pflaume), *książęca-pępkówka*
(Kräuter, exotische Früchte),
wiśniówka (Kirsche), *orzechówka*
(Nuss), *rosolis, jarzębiak, winiak,
soplica, starka* (alles Branntweine).
Das Café befindet sich im
wunderschönen Eingangsbereich
des Altstädtischen Rathauses
und wird schon deshalb
von vielen Gästen aufgesucht.
Neben dem Café haben sich
eine Kunstgalerie, eine
Buchhandlung und ein
Pressestand angesiedelt.

Irish Pub

Korzenna 33/35.
Karte 12 D3 (13 B2).
☎ (0 58) 320 24 74.
⏱ So–Do 12–1 Uhr; im Sommer
auch Fr, Sa bis in die frühen
Morgenstunden. 🔲 ★ 🔲 🔲
ⓩⓛⓩⓛ

Das Pub befindet sich im zweiten
Kellergeschoss des Altstädtischen
Rathauses, fast zehn Meter unter
der Erde, dort, wo einst der
Stadtrat und Bierbrauer Johann
Hevelius sein Bier lagerte. Es wird
wegen des preisgünstigen Biers
und der allabendlichen Konzerte
besonders gern von Jugendlichen
besucht. Im Sommer können
Sie im Garten zwischen dem
Rathaus und dem Radaunekanal
einen langen romantischen
Abend verbringen. Essen wird
hier allerdings nicht serviert.

Konditorei Pellowski

Podwale Staromiejskie 82.
Karte 12 D3 (13 C2).
☎ (0 58) 301 45 20. ⏱ Mo–Sa
10–19 Uhr; So 8–19 Uhr. ⓩⓛⓩⓛ

Das Café gehört zu den
berühmtesten Bäckerei und
Konditorei der Dreistadt. Es bietet
eine große Auswahl an Desserts,
Cremes, Fruchtsalaten, Kuchen,
Speiseeis und Kanapees. Wie alles,
was aus dem Hause Pellowski
kommt, ist auch das Café ein
elegantes und stilvolles Lokal.
Das Essen schmeckt
ausgezeichnet.

Zeichenerklärung *siehe S. 243*

Konditorei Pellowski

Rajska 5. **Karte** 12 D3 (13 B2).
C (0 58) 301 45 20.
○ tägl. 8–19 Uhr. **V** ▤ ⓩⓩ

Dieselbe Firma unterhält in der neuen Anlage an der Großen Mühle ein weiteres Café einschließlich Konditorei. Das Gebäude entstand 1999, passt aber hervorragend in die historische Umgebung.

Pod Kaprem

Heweliusza 25.
Karte 12 D3 (13 C1).
C (0 58) 301 39 57.
○ tägl. 9–21 Uhr. 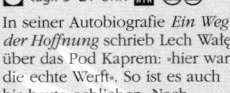 ⓩⓩ

In seiner Autobiografie *Ein Weg der Hoffnung* schrieb Lech Wałęsa über das Pod Kaprem: ›hier war die echte Werft‹. So ist es auch bis heute geblieben. Nach Feierabend füllen die Arbeiter der benachbarten Danziger Werft das Lokal. Die Einrichtung entspricht dem Geschmack der heutigen Arbeiterklasse: Kacheln, Kunstblumen und glitzernd verputzte Wände. Hier stört das keinen, im Gegenteil, es unterstreicht die Authentizität des Ortes. Freitagnachmittags und vor allen kirchlichen und staatlichen Feiertagen wird spontan zum Volkstanz bei Akkordeonmusik aufgerufen. Wer sich hierher verirrt, sollte unbedingt die beste Schweinshaxe Nordpolens und das frische, unpasteurisierte Danziger Bier kosten. Das Bier wird in seltsamen Krügen, die im Volksmund Tschetschenen heißen, gereicht. Damen sollten diesen Ort besser nur in männlicher Begleitung betreten.

Tan-Viet

Podmłyńska 1/5.
Karte 12 D3 (13 C2).
C (0 58) 301 33 35.
○ tägl. von 12 Uhr bis zum letzten Gast. ▦ ▨ ▤ **V** ⓩⓩⓩ

In diesem Restaurant treffen sich Geschäftsleute gerne zu wichtigen Besprechungen. Die großen Entfernungen zwischen den einzelnen Tischen garantieren Diskretion. Die Auswahl der Gerichte ist zufriedenstellend.

Kubicki

Wartka 5. **Karte** 12 E3 (14 D2).
C (0 58) 301 00 50.
○ tägl. 11–22 Uhr. ▦ ▤ ▨ **V** ♫ ★ ▨ ⓩⓩⓩ

Eines der wenigen wirklich traditionellen Restaurants in Danzig, 1919 als Gaststätte der Danziger Polen eröffnet und seit über siebzig Jahren im Besitz ein

und derselben Familie. Ein Ort mit Atmosphäre, wie bereits die altmodische Vitrine im Eingangsbereich verrät. Die Speisekarte enthält köstliche Sülzen, Ente in Malagawein, Forelle, Zunge und Putenfilet. Dazu wird eisgekühlter Wodka in Karaffen und kleinen Schnapsgläsern serviert. Seien Sie bei den Hauptgerichten nicht zu experimentierfreudig, ihre Qualität ist sehr unterschiedlich. Zum Abschluss empfehlen wir Oma Kubickis köstlichen Käsekuchen.

Towarzystwo Gastronomiczne

Korzenna 33/35. **Karte** 12 D3 (13 B2). **C** (0 58) 305 29 64.
○ tägl. von 12 Uhr bis zum letzten Gast. **V** ▨ ★ ▨ ⓩⓩⓩ

Das stilvoll eingerichtete Lokal im ersten Kellergeschoss des Altstädtischen Rathauses gehört zu den neuesten Restaurants der Stadt. Die Speisekarte bietet ausgefallene Gerichte der leichten französischen und mediterranen Küche sowie solche der polnischen Landküche. Manche Spezialitäten verbinden die kulinarischen Traditionen beider Länder, etwa Kalbsbries oder Kohlrouladen. Das Lokal serviert als eines der wenigen täglich frischen Fisch direkt von den Fischkuttern im Hafen von Świbno (Schiewenhorst). Die Karte schließt mit herrlichen Desserts und einer großen Auswahl an Weinen und Wodkas. Bis 15 Uhr wird ein Zwei-Gänge-Mittagessen für etwa 15 Zloty serviert.

ALTE VORSTADT
MIT INSELN

Kameralna

Łąkowa 50. **Karte** 12 E4 (14 E5).
C (0 58) 305 49 67.
○ tägl. 12–20 Uhr. ▨ **V** ▤ ⓩⓩ

Dieses Restaurant liegt in einer stark heruntergekommenen Gegend von Danzig. Stil und Einrichtung des Restaurants wirken auf manchen Besucher befremdlich. Die riesigen Portionen von Piroggen mit zerlassenem Speck, von Bigos oder anderen traditionellen Gerichten werden auf Duralex-Geschirr serviert. Zur Ausstattung gehören Hochglanzmöbel, dicke Orientteppiche, Kristall-Lampen mit bunten Glühbirnen und ein Meer künstlicher Blumen. Der Besuch des Kameralna ist für jeden Exotikliebhaber ein Muss.

Mon Ami

Pszenna 1. Hotel Novotel.
Karte 12 E4 (14 D5).
C (0 58) 301 56 11. ○ tägl. 7–23 Uhr (Küche bis 22.30). **V** ▨ ⓩⓩⓩ

Dieses durchschnittliche Hotelrestaurant hat an Profil gewonnen, seit kaschubische Gerichte in die Speisekarte aufgenommen wurden. Eine derart repräsentative Auswahl kaschubischer Speisen wie Sülze *(zylc)*, Steckrübeneintopf, Fischsuppe *(rybonka)* mit hausgemachten Klößchen, Erbsensuppe mit Kohl und Quarkkrapfen *(kugle)* in bester Qualität findet man in der gesamten Region bestimmt kein zweites Mal.

UMGEBUNG

Bar Mleczny Akademicki (Milchbar)

Grunwaldzka 35. **Karte** 9 B5.
C (0 58) 341 15 19. ○ Mo–Fr 7–19 Uhr; Sa 9–17 Uhr. ⓩ

Bar Mleczny Biały Zdrfij (Milchbar)

Grunwaldzka 502. **Karte** 8 D2.
C (0 58) 552 03 87. ○ Mo–Fr 7.30–19 Uhr; Sa 9–17 Uhr. ⓩ

Die Danziger Milchbars haben die Wende problemlos überstanden. Einige von ihnen wurden sogar bei den alljährlichen Preisverleihungen des Danziger Gaststättenverbandes für das beste Lokal ausgezeichnet. Die Bezeichnung Milchbar bedeutet nicht, dass auf der Speisekarte nur Milchprodukte zu finden sind. Der Begriff steht eher für eine Vielzahl an Gerichten, für Hausmannskost und niedrige Preise. Ausländische Gäste, die die polnische Küche von heute kennen lernen möchten, sollten unbedingt eine Milchbar aufsuchen.

Bar Mleczny Syrenka (Milchbar)

Grunwaldzka 71/73. **Karte** 9 A5.
C (0 58) 341 01 53.
○ Mo–Sa 7.30–19 Uhr; So 10–17 Uhr. ⓩ

Konditorei Roma

Bohaterów Getta Warszawskiego 1/3. **Karte** 9 A5. **C** (0 58) 341 92 52. ○ tägl. 10–21.30 Uhr. ⓩ

In Wrzeszcz (Langfuhr) fällt zwischen verfallenen Häusern aus dem 19. Jahrhundert das postmoderne Gebäude der Konditorei und Bäckerei Roma auf. In modernen und geschmackvoll eingerichteten Räumen werden klassische Backwaren (etwa *bajaderki*) angeboten wie leckere Kohl-, Pilz- oder Fleischpasteten mit heißem Borschtsch (Rote-Bete-Suppe) serviert. Das Lokal ist ein guter Ersatz für die in Danzig ziemlich seltenen Cafés.

Kirkor

Słowackiego 48.

📞 (0 58) 557 50 36.

🕐 tägl. 9–21 Uhr.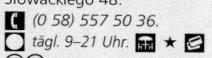

Das familiäre Restaurant füllt sich an jedem Wochenende mit ganzen Familien, die hier zum Mittagessen kommen. Es bietet gute Hausmannskost. Das einzige Manko ist die zu umfangreiche Speisekarte, aus der am Abend nicht mehr sehr viel bestellt werden kann. Das kann frustrieren, wird aber sehr schnell durch den ausgezeichneten Geschmack der Gerichte wettgemacht.

Cristal

Grunwaldzka 105. **Karte** 9 A5.

📞 (0 58) 341 34 35.

🕐 tägl. 11–4 Uhr; Mo bis 23 Uhr.

Das Lokal verdient Beachtung, allein wegen seiner gesellschaftspolitischen Bedeutung. In altmodisch im Stil der 1970er Jahre (aufleuchtende Lämpchen, Kunstblumengirlanden) eingerichteten Räumen trifft sich die erste Politikergarde der Dritten Polnischen Republik, unabhängig von der Parteizugehörigkeit. Dies ist den unbestrittenen Talenten des Chefs, Herrn Ryszard Kokoszko, zu verdanken. Zu Zeiten von Lech Wałęsa war das Cristal Hauptzulieferant für familiäre und halboffizielle Feierlichkeiten der Präsidentenfamilie. Heute versammeln sich hier nach wie vor Politiker, die Gerichte wie Hering à la Wałęsa (süß) oder Hering à la Kwaśniewski (scharf) genießen wollen.

Milano

Grunwaldzka 53.

Karte 9 A5.

📞 (0 58) 341 11 53.

🕐 tägl. 11–23 Uhr.

Das italienische Restaurant befand sich früher in der Danziger Altstadt. Der italienische Küchenchef bezieht seine italienischen Waren von deutschen Großhändlern, sodass manche

Gerichte einen bayerischen Einschlag haben. Empfehlenswert sind das wunderbare und preisgünstige Carpaccio, das mit ofenfrischen Brötchen serviert wird, sowie Rindersteaks in Gorgonzola oder in Pfeffersoße. Auch Nudelgerichte und Aufläufe schmecken lecker. Bestellen Sie unbedingt ein Zabaione oder ein Tiramisù zum Abschluss.

Newska

Grunwaldzka 99/101.

Karte 9 A5.

📞 (0 58) 341 46 46. 🕐 tägl. 10–22 Uhr.

An diesem Ort begegnen Sie dem Polen der 1970er Jahre. Das Restaurant entstand vor der Wende und sollte die brüderlichen Beziehungen zwischen Danzig und Leningrad betonen. Das Interieur blieb unangetastet. Die gute Küche bietet Gerichte auf der Basis russischer Küche.

ZOPPOT

Bar Przystań

Al. Wojska Polskiego 11.

Karte 6 D3.

📞 (0 58) 555 06 61.

🕐 tägl. 11–23 Uhr. ★ ⓩ

Das geschmackvolle Häuschen am Strand liegt genau dort, wo die Fischerboote ankern und die Fischer ihre Netze ausbreiten. Die Bedienung erinnert an das Personal einer Fastfoodkette, das Essen jedoch ist deutlich besser. Die Speisekarte bietet ausgezeichnetes Dorschfilet, Rollmops auf kaschubische Art (mit Gemüse) und Fischsalat. Im Sommer ist es hier sehr voll.

Belfer

Kościuszki 64. **Karte** 6 D5.

📞 (0 58) 551 28 87.

🕐 tägl. 12–22 Uhr. ⓩ

Auf der Veranda der alten Zoppoter Villa befindet sich dieses nur wenig bekannte Lokal. Sehr zu empfehlen ist der fabelhafte, würzige Borschtsch, zu dem kleine mit Fleisch gefüllte Brötchen (*belferki*) gereicht werden. Auch Leber auf jüdische Art (feingehackt mit Ei und Zwiebeln vermengt, länglich geformt und gebraten), Schweinsrücken mit Pflaumen und Schweinskamm schmecken köstlich. Zu den hochprozentigen Spezialitäten im Belfer gehört die so genannte *michałówka*, ein Aufguss aus Spiritus, Honig und Zitronensaft.

Elita

Podjazd 3. **Karte** 5 C4.

📞 (0 58) 551 06 20.

🕐 tägl. von 10 Uhr bis zum letzten Gast (Küche bis 23 Uhr). ⓩ

Das mit viel Chrom, Spiegeln und Halogenleuchten eingerichtete Lokal hat eine sehr treue Kundschaft, meistens Jugendliche aus dem Arbeitermilieu. Zu jeder Tageszeit ist es hier brechend voll. Wer wissen möchte, wie Jugendliche in Zoppot (Sopot) ihre Freizeit verbringen, sollte unbedingt im Elita einkehren. Auf der Speisekarte ist in erster Linie solide Hausmannskost zu finden, die in reichlichen Portionen serviert wird.

Kawiaret

Bohaterów Monte Cassino 54.

Karte 6 D3.

📞 (0 58) 551 53 31.

🕐 tägl. 10–24 Uhr. 🎵 ⓩ

Das mit Abstand beliebteste Lokal der Dreistadt-Jugend befindet sich im ehemaligen Lesesaal des Internationalen Presse- und Bücherklubs und wurde im Stil der Zoppoter Sezession eingerichtet. Im abendlichen Kerzenlicht feiern junge Pärchen ihre erste Liebe oder tränenreiche Trennungen. Zur Abwechslung finden Jazz- und Rockkonzerte statt, kleine Theaterstücke werden aufgeführt. Zu den Spezialitäten gehören Milch-Shakes, kleine Gerichte und diverse Nachspeisen.

Nr 5

Bohaterów Monte Cassino 5.

Karte 6 D4.

📞 (0 58) 550 16 86.

🕐 Mo–Fr ab 12 Uhr, Sa, So von 14 Uhr bis zum letzten Gast.

Das weiträumige, laute Pub erinnert an amerikanische Lokale. Im Inneren der Zoppoter Villa wurde ein Fragment einer alten Danziger Straße mit echtem Kopfsteinpflaster, Laternen, Beischlägen und Hausfassaden nachgebildet – auf den ersten Blick ein befremdlicher Eindruck. Aus den überdimensionalen Bratpfannen auf der Theke werden mexikanische Gerichte wie Salsa und Tacos serviert.

Błękitny Pudel

Bohaterów Monte Cassino 44.

Karte 6 D3.

📞 (0 58) 551 16 72.

🕐 tägl. 12–1 Uhr. ⓩⓩ

Das winzige Pub in den Räumen der Galerie Herman wurde mit größter Sorgfalt eingerichtet und versetzt den Besucher in

Zeichenerklärung *siehe S. 243*

eine Filmszenerie: der Boden ist mit authentischem Kopfsteinpflaster und alten gusseisernen Kanaldeckeln verlegt, die sechs Tische sind jeweils unterschiedlich gestaltet. An diesem Ort ist der alte Krakauer Geist spürbar, die Atmosphäre ist ein wenig snobistisch, das Lokal meist mit Szenepublikum ziemlich überfüllt. Zum Alkohol werden einfache Mittagsgerichte angeboten.

Grill

Powstańców Warszawy 7. **Karte** 6 D3.
📞 (0 58) 551 75 58.
🕐 tägl. 13–22 Uhr.
🎵 🍴 ㉈㉈

Das Lokal unter freiem Himmel befindet sich in der Nähe des Zoppoter Seestegs (Molo). Es ist nur in der Hochsaison während der Sommermonate geöffnet. Sie finden hier eine große Auswahl an guten Fleisch-, Fisch- und Gemüsegerichten. Der größte Nachteil des Restaurants ist die Vorliebe für Kunststoff aus, dem die Gedecke, das Besteck, die Tische, die Stühle und sogar die Tischdecken bestehen. Zum Trost spielt eine Zigeunerband aus Bulgarien feurige Weisen.

Inver House Club

Bohaterów Monte Cassino 9A. **Karte** 6 D4.
📞 (0 58) 550 47 81.
🕐 So–Do 11–22 Uhr; Fr, Sa 11–24 Uhr. 🍴 ㉈㉈

Die Atmosphäre des kleinen Cafés im Hof eines Zoppoter Mietshauses erinnert ein wenig an ein Lokal in der Gegend um die Pariser Bastille. Die Innenräume im Kolonialstil sind gemütlich und intim. Hier kann man sich gut einige Stunden aufhalten. Whisky und andere Alkoholika gibt es reichlich, dafür leider aber kein Essen.

Irena

Chopina 36. **Karte** 6 D4.
📞 (0 58) 551 20 73.
🕐 tägl. 8–22 Uhr. ★ ㉈㉈

Das vorzügliche Restaurant befindet sich in einer Pension im Stil der neuen Zoppoter Sezession. Der Zulauf hier hält sich erstaunlicherweise dennoch in Grenzen. Besonders empfehlenswert sind alle Kalbsgerichte (Kalbsrücken mit Nieren und gefüllter Kalbsbraten), die hervorragenden Kutteln (*flaki*) und der Gemüsepudding. Der Service ist freundlich, die Musik ausgezeichnet.

Sfinks

Powstańców Warszawy 18. **Karte** 6 D3.
📞 (0 58) 550 48 79.
🕐 tägl. von 16 Uhr bis in die frühen Morgenstunden.
V 🎵 🍴 🍷 ㉈㉈

Die ehemalige Zoppoter Kunsthalle, in Strandnähe und nicht weit vom Grand Hotel entfernt, ist heute einer der sonderbarsten Klubs der Dreistadt. In einem der seitlichen Trakte halten sich nachts örtliche Originale, exzentrische Künstler und Snobs auf, alle auf der Suche nach Kontakten zur Boheme. Das Lokal setzt die Tradition des Künstlerklubs SPATiF fort, der im Jahr 1998 wegen Baumängeln geschlossen wurde. Selbst die Einrichtung des Sfinks stammt aus dem SPATiF-Klub. Im großen Saal vergnügen sich die jüngeren Anhänger der Künstlerszene bei Tanz- und Techno-Musik. Sfinks ist für die Veranstaltung abgefahrener Bälle mit ausgezeichneten, wechselnden Kulissen bekannt. Die Küche ist hervorragend, sie bietet marokkanische und polnische Gerichte. Hier mixt der beste Barkeeper der Gegend, Herr Wojtek, einst der gute Geist des SPATiF-Klubs. Ein Tanz auf der sprudelnden Fontäne im Inneren des Klubs gehört hier zum guten Ton.

Siouxie

Al. Niepodległości 792. **Karte** 5 C4.
📞 (0 58) 550 23 59.
🕐 tägl. 9–2 Uhr. 🎵 V ㉈㉈

Das moderne Rock-Pub bebt im Rhythmus der lauten Musik und hat eine magische Anziehungskraft auf die junge Kundschaft. Zur Stärkung werden Toasts, Kanapees und Salate serviert. Morgens kann man hier ein Frühstück zu sich nehmen.

Balzac

3 Maja 7. **Karte** 6 D5.
📞 (0 58) 551 77 00.
🕐 Täglich von 12 Uhr bis zum letzten Gast. 🍷 🍽 V ★ 🍴 ㉈㉈㉈

Das beste französische Restaurant Ospommerns: Der junge französische Koch David kann es mit manchen Küchenchefs großer Häuser aufnehmen. Auf Ihren Wunsch holt der Koch David zum Tisch, dieser schlägt Ihnen ein Menü vor, das aus den besten Tageszutaten zubereitet wird, etwa Entenleber in Blätterteig mit Trüffelsauce oder Ziegenlendenbraten. Zum Nachtisch empfehlen wir Mango

mit Zabaionesoße überbacken. Die Einrichtung des Restaurants entspricht dem polnischen Geschmack.

Rozmaryn

Ogrodowa 8. **Karte** 6 D3.
📞 (0 58) 551 11 04. 🕐 tägl. 14–23 Uhr. 🍽 ★ 🍷 V ㉈㉈

Das beste italienische Restaurant der Dreistadt richtete die italienische Ehrenkonsulin, Claudia Filippi-Chodorowska, in einer kleinen Fischerkate mit Fensterläden und nur sieben Tischen ein. Die Speisekarte ist nicht sehr umfangreich und gibt dem Gast die Gelegenheit, auf die Vorschläge der Chefin zurückzugreifen, die jeden Tag für viele kulinarische Überraschungen sorgt. Diese machen den Reiz des Rozmaryn aus. Schauen Sie am besten gar nicht auf die Karte, fragen Sie den Kellner direkt nach den Spezialitäten des Tages. Aus der Speisekarte empfehlen wir Zitronensuppe, zartes Saltimbocca und Bratäpfel. Zu trinken gibt es Wein und Grappa, der in klassischen Grappa-Gläsern serviert wird.

Sai-Gon

Grunwaldzka 8. **Karte** 6 D4.
📞 (0 58) 551 33 74. 🕐 tägl. 12–21 Uhr. V 🍷 🍽 ㉈㉈

Villa Hestia

Władysława IV 3/5. **Karte** 6 D5.
📞 (0 58) 551 21 00.
🕐 tägl. von 12 Uhr bis zum letzten Gast. 🍷 🎵 🍴 ★ 🍽
㉈㉈㉈㉈

Der Familienbesitz der berühmten Gesslers, die auch das Warschauer Restaurant Fukier (siehe S. 239) betreiben, ist bekannt für die eleganten Empfänge, die in den besseren Zoppoter Kreisen gegeben werden. Das geschmackvoll eingerichtete Restaurant bietet viele köstliche und originale Gerichte, persönliche Kreationen der Besitzerin, Magda Gessler. Am Sonntag werden Familienmittagessen um 50 Zloty pro Person angeboten.

Zhong Hua

Nordbad. Wojska Polskiego 1. **Karte** 6 D2.
📞 (0 58) 551 17 66.
🕐 tägl. 13–23 Uhr. V 🍷 🍽 🎵 🍽 🍷 ㉈㉈㉈㉈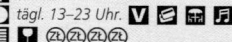

Das Lokal besteht aus zwei fernöstlichen Restaurants. Das Zhong Hua befindet sich in dem von einem chinesischen Investor wunderbar restaurierten Nordbad. Verblüffend, wie gut die Bäderarchitektur des 19. Jahrhunderts zum Geist der orientalischen Baukunst passt. Die Küche ist auf chinesische Gerichte spezialisiert, die gut schmecken, aber ziemlich teuer sind. Gelegentlich gibt es Probleme mit dem Service. Das Saigon dagegen ist ein vietnamesisches Restaurant: Die Einrichtung ist bescheidener, die Preise sind erschwinglich, die Portionen groß und die Gerichte sehr gut.

GDINGEN

BaxBar

Świętojańska 69. **Karte** 4 D1.
 (0 58) 620 64 32.
 tägl. 9.30–22 Uhr. 🖥 🖹 **V**
🈯 ㉿

Chata

Świętojańska 49. **Karte** 2 E5.
 (0 58) 620 51 61.
 Mo–Fr 11–22 Uhr; So 12–22 Uhr.
🈯 🖹 ㉿

Die gute polnische Küche wird in beiden Bars schnell und ohne Schnickschnack serviert. In der BaxBar schmecken Graupensuppe (*krupnik*), Rippchen auf Sauerkraut und leckere Piroggen. Im Chata dagegen sind die Fleischgerichte besonders zu empfehlen.

Cyganeria

3 Maja 27. **Karte** 2 D5.
 (0 58) 620 16 32.
 Mo–Do 10–24 Uhr, Fr–Sa 10–1 Uhr, So 13–24 Uhr. 🎵 🈯 ★ ㉿

In dem legendären Restaurant trifft sich vor allem Gdingens Oberschicht. Es liegt in einer seit dreißig Jahren unveränderten Straße. Das Gebäude ist nach dem kürzlich durchgeführten Umbau modern und ohne überflüssige Anbauten. Das Cyganeria ist ein geräumiges und trotzdem gemütliches Lokal. Es bietet sehr gute Desserts und preisgünstiges Bier. An den Wochenenden ist es hier immer sehr voll.

Pub 41

Świętojańska 41. **Karte** 2 E5.
 (0 58) 661 10 27.
 tägl. 14–2 Uhr. 🈯 🎵 🈯 ㉿

Das Pub, eines der wenigen in Gdingen, lockt mit niedrigen Bierpreisen besonders die Jugend an, die sich hier gerne verabredet. Ab und zu finden hier Rockkonzerte statt, Essen wird nicht serviert.

Żółty Melon

Abrahama 11. **Karte** 2 E5.
 (0 58) 621 97 11.
 tägl. 12–24 Uhr (Küche bis 21 Uhr). **V** 🈯 🖹 ㉿

Die einfachen Gerichte (Piroggen, Rippchen, Kohlrouladen) werden in einem länglichen, gelb-grün gehaltenen Raum serviert, der ein wenig an Pariser Bistros erinnert. Durch die großen Fenster können die Besucher das Straßengeschehen gut beobachten.

Gaucho Steak House

Świętojańska 75. **Karte** 4 D1.
 (0 58) 620 00 48.
 tägl. 13–1 Uhr. 🖹 🖥 ㉿

Das Restaurant bemüht sich sehr, ein Künstlerlokal zu sein. Es ist nach dem Geschmack des ausgehenden 20. Jahrhunderts in Pastellfarben (blassgrün, rosa, grün und chromgrün) eingerichtet. Sollten Sie in den Abendstunden, nach einem Kino- oder Theaterbesuch auf der Suche nach einem noch geöffneten Lokal sein, ist das Steak House zu empfehlen. Es gehört dem Besitzer des Polonia; die beiden Küchen sind daher fast identisch.

Panorama

Kamienna Góra. Mickiewicza 1/3.
Karte 4 E1. (0 58) 661 10 77.
 tägl. 13–22 Uhr. 🈯 **V** 🖥 🍷
🈯 ㉿

Die Lage auf dem Steinberg (Kamienna Góra) garantiert einen wunderbaren Blick auf die Danziger Bucht (Zatoka Gdańska). Die Raumeinrichtung stammt von einem gefragten Innenarchitekten der Dreistadt, Rafał Roskowiński. Das Lokal ist ein beliebter Treffpunkt für Geschäftsleute und junge Leute sowie ein geeigneter Ort für besondere Anlässe. Jeden Samstag werden Diskoabende veranstaltet. Das Restaurant bietet vor allem Fisch- und Geflügelgerichte. In letzter Zeit wurde das Angebot an Meeresfrüchten erweitert. Im Sommer wird das Essen auf der Terrasse serviert.

Polonia

Świętojańska 92/94. **Karte** 4 D1.
 (0 58) 620 58 48. tägl. 10–6 Uhr. 🖥 🍷 🈯 ㉿㉿

In diesem typischen Restaurant der postkommunistischen Ära Polens erwarten sie ein riesiger Raum, ein Heer von Kellnern und eine wenig einfallsreiche, aber wohlschmeckende Auswahl an Gerichten. Der Besitzer des Lokals, einst zum König aller Restaurants der Dreistadt gewählt, ist besonders stolz auf seine eigene

Kreation, das Schaschlik à la Kaukasus: drei Schaschlikspieße als Pyramide auf dem Teller angerichtet und von einem mit Spiritus getränkten und gezündeten Zuckerwürfel warm gehalten. Beachtung verdienen auch die Fertiggerichte der kalten Küche. Diese langsam aussterbende kulinarische Sparte steht im Polonia immer noch auf hohem Niveau.

La Gondola

Portowa 8. **Karte** 2 E4. tägl. 12–24 Uhr. 🈯 **V** 🈯 ㉿㉿㉿

Das ganz italienische Restaurant ist auf den Geldbeutel der polnischen Oberschicht und der zahlungskräftigen Touristen aus dem Westen zugeschnitten. Der Besitzer des Lokals bezieht seine Waren aus Deutschland, dadurch ist die italienische Küche hier ein wenig von germanischen Einflüssen geprägt. Die angebotenen Steaks sind gut.

Jack Fish

Restauracja rybna. Jana z Kolna 55. **Karte** 2 D4.
 (0 58) 661 75 34. tägl. 12–22 Uhr. 🈯 **V** 🖥 🍷 ★
㉿㉿㉿

Das Restaurant in der Nähe der beeindruckenden Fischhallen, die zu den Attraktionen in Gdingen (Gdynia) gehören, ist eines der wenigen Lokale der gesamten Dreistadt, in denen auf der Speisekarte nur Fisch und Meeresfrüchte stehen. Die Einrichtung ist schlicht, das Essen dafür beachtenswert. Auf der Karte finden Sie vier besonders feine Fischsuppen: Van Gogh, flämische Fischsuppe, Klostersuppe und Tintenfischsuppe. Als Hauptgerichte gibt es gegrillten Lachs in Maltersauce (holländische Soße mit Orangen) und Ritterdorsch in Meerrettichsauce. Sushi sollte man allerdings besser in einem japanischen Restaurant kosten.

KASCHUBEI

HELA

Maszoperia

Wiejska 110. **Straßenkarte** 2D.
 (0 58) 675 02 97. tägl. 10–22 Uhr (in der Hochsaison bis 24 Uhr). 🖥 🍷 ㉿

Das in zwei Fischerkaten mit typischen Halbtüren untergebrachte Restaurant ist zweifelsfrei das interessanteste

Zeichenerklärung *siehe S. 243*

Lokal in Hel (Hela). Die Einrichtung der Räume erinnert an die lange Fischereitradition der Region. Serviert werden köstliche Fischgerichte wie Dorsch auf Helaer Art (in Bierteig) und Heringe mit Pellkartoffeln.

Tawerna u Maćka

Wiejska 82. **Straßenkarte** 2D.
C (0 58) 675 06 40.
tägl. 10–24 Uhr. ZLZL

Nach dem Genuss der *maćkówka*, dem von Besitzer selbst hergestellten Met, erscheint das etwas düstere Innere mitsamt dem Schiffszubehör in einem ganz anderen Licht. Zum Essen empfehlen wir das Lendenstück nach Hausrezept. Das Fleisch wird halb gar in dünne Scheiben geschnitten und kalt serviert. Es duftet nach Knoblauch und Kräutern. Hervorragend! Andere Gerichte sind eher durchschnittlich.

Smażalnia Bałtyk

Polna 1. **Straßenkarte** 2D.
C (0 58) 675 23 72. tägl.
10–17 Uhr, So bis 16 Uhr. ZL

In der Fischbraterei direkt an der Hauptstraße ist alles, was serviert wird, sehr frisch und absolut schmackhaft. Die älteren Damen, die hier die Gäste bedienen, kennen die von Generation zu Generation weitergegebenen Geheimnisse der Fischverarbeitung. Am besten wenden Sie sich direkt an sie und verlassen sich auf ihre Vor- und Ratschläge. Immer richtig liegen Sie mit warmem Fisch auf griechische Art und warmen Aal-, Lachs- und Dorschgerichten.

Bar Tęcza

Kleszczewo 18. **Straßenkarte** 3C.
C (0 58) 682 83 81. tägl.
8–19 Uhr. ZLZL

Die Bar an den Fischteichen hat sich auf Forellengerichte spezialisiert. Die Innenräume und die Umgebung sind zwar nicht übermäßig attraktiv, aber das Essen ist empfehlenswert. Als Vorspeise empfiehlt sich eines der kalten Gerichte, besonders die kalt geräucherte Forelle, die aufgrund ihrer Zubereitung der norwegischen Forelle sehr nah ist. Köstlich ist auch die Fischsuppe nach Art des Hauses: Dickflüssig, mit Mehlschwitze und Kartoffeln zubereitet, süßlich

im Geschmack wird sie mit zwei Forellenfrikadellen und Reis serviert. Sehr lecker ist auch die gebratene Forelle direkt aus der Pfanne.

Zamkowa

Europäische Begegnungsstätte in der Kaschubei. **Straßenkarte** 1C.
C (0 58) 673 76 38. tägl.
10–20 Uhr. V ★
ZLZLZL

Im Parterre des wunderschön restaurierten Gutsherrenschlosses der Familie von Krockow befinden sich ein Restaurant und ein Café. Die Räume sind mit alten, stilvollen Möbeln eingerichtet. Man fühlt sich hier eher im Hause einer vornehmen Familie, denn als Gast eines Restaurants. Genießen Sie die Atmosphäre und wählen Sie aus der ansprechenden Speisekarte aus. Die Küche ist gut, eindeutig unter Einfluss der Nouvelle Cuisine. Räucheraal in Honigsauce, als Beilage serviert, ist die Spezialität des Hauses. Köstlich ebenfalls die in Gemüse gedünstete Forelle.

Wodnik

Nadmorska 10.
Straßenkarte 1A.
C (0 59) 866 19 60. tägl.
12–22 Uhr. ZLZL

Die ehemalige Ferienhalle aus der Zeit der Volksrepublik ist heute ein Mekka für alle Freunde des in Butter gebratenen Aals. Die Küchenchefin hütet ihr Geheimnis streng, deshalb findet man dieses Aalrezept so sonst nirgendwo. Die weiteren Gerichte sind eher durchschnittlich, aber durchaus empfehlenswert.

Hotel Neptun

Sosnowa 1. **Straßenkarte** 1A.
C (0 59) 866 23 31.
tägl. 12–22 Uhr.
ZLZLZL

Das Restaurant befindet sich im Parterre des ehemaligen Kurhauses von Łeba, das bereits im 19. Jahrhundert auf einer Düne gebaut wurde. Aus den Fenstern genießt man eine wunderbare Aussicht auf den Strand und das Meer, die nach dem Mahl zu einem ausgedehnten Spaziergang einladen. Das Essen ist schmackhaft, leicht und appetitlich, allerdings ohne besonderen individuellen Zuschnitt.

Admirał

Morska 5. **Straßenkarte** 1C.
C (0 58) 673 28 23.
tägl. 10–21 Uhr. ★
ZLZL

Der Besitzer der Pension, ein englischer Schiffskoch, heiratete eine Polin und ließ sich mit seiner Angetrauten zusammen hier nieder. Das Lokal gehört zu den wenigen der Region, die mit europäischem Niveau problemlos mithalten können. Dazu kommt ein wirklich guter Service, was den Aufenthalt angenehm abrundet. Die Küche ist international geprägt, besonders gut schmecken klassisch doppeltes Chateaubriand in Sauce béarnaise, Steak mit grünem Pfeffer und gebratene Forelle mit Mandeln.

Ewa

Sasino 13. **Straßenkarte** 1B.
C (0 58) 676 33 39.
tägl. 12–22 Uhr. ★ ZLZL

Durch puren Zufall kommt man hier nicht hin, denn nach Sasino führt ein wenig einladender, kurvenreicher und holpriger Weg. Dennoch ist der Restaurantparkplatz besonders im Sommer voll und die Tische müssen im Voraus reserviert werden. Auf einigen Ranglisten zählt das Ewa zu den besten polnischen Restaurants, die landestypische Küche anbieten. Das Lokal befindet sich in einem einfachen Dorfhaus mit privater Atmosphäre. Tatsächlich ist das Ewa ein Familienunternehmen und wenn im Winter die Wege zugeschneit sind, verwandelt sich der Restaurantraum in einen Speisesaal der großen Familie. Besonders empfehlenswert ist die Forelle (ein Fisch von der Größe eines kleinen Lachses) auf polnische Art in Kräutersud gekocht, in frischer Butter geschwenkt und mit gehacktem Ei serviert. Besonders lecker sind die Suppen und die gegrillte Schweinshaxe, zu der sechs verschiedene Soßen (darunter sogar Cumberlandsauce, eine besonder komplizierte Soße aus Johannisbeergelee, Portwein, Orangensaft und Gewürzen) gereicht werden. Im Sommer sollten Sie in dem hauseigenen Obstgarten beim Plätschern des Baches und Vogelgezwitscher eine große Portion warmen Apfelstrudel mit Schlagsahne kosten.

SMOŁDZINO

Gościniec pod Rowokołem

Bohaterów Warszawy 26. **Straßenkarte** 1A.
((0 59) 811 73 64.
🕐 tägl. 12–20 Uhr. 🏧 Ⓥ ⓏⓁⓏⓁ

Smoldzino liegt im Herzen des Slowinzischen Nationalparks, am Fuße der höchsten Erhebung der Gegend, des Rowoköł (Revekol). Weiden säumen die örtlichen Kopfsteinpflasterstraßen. Die Gaststätte ist hübsch eingerichtet, die Attraktion des Hauses ist der weiß getünchte kleine Innenhof mit dem knorrigen Birnenbaum. Alle Gerichte werden aus Produkten zubereitet, die auf dem Gelände des Naturparks geerntet wurden. Dazu gehören eine Pilzsuppe, ausgezeichnete Pirogen, gefüllt mit einer Mischung aus Fleisch, Kohl und Pilzen, sowie ein Bauernschweinebraten in Gurkensahnesauce. Zum Nachtisch empfehlen wir den leckeren Mürbekuchen mit säuerlicher Konfitüre.

KOCIEWIE

STAROGARD GDAŃSKI

Pałac Strzelnica

Mickiewicza 12. **Straßenkarte** 4C. ((0 58) 562 36 40.
🕐 tägl. 10–22 Uhr. ⓏⓁⓏⓁ

Der Ort verdient Beachtung ausschließlich wegen der ausgezeichneten Schweinshaxe. Er eignet sich hervorragend für einen Männerausflug.

W Ratuszu

Am Markt im Alten Rathaus. **Straßenkarte** 4C.
((0 58) 562 39 26.
🕐 tägl. 10–22. Ⓥ ⓏⓁⓏⓁ

Das Rathausrestaurant ist das einzige repräsentative Lokal der Stadt und das einzige, das man ohne Einschränkung empfehlen kann. Serviert werden klassische europäische Gerichte.

WIRTYI

Pension Pod Jeleniem

Wirty 4. **Straßenkarte** 4C.
((0 58) 588 42 09. ⓏⓁⓏⓁ

Das Essen ist hier eher durchschnittlich. Serviert wird nur nach der Tageskarte für Pensionsgäste, am häufigsten Bigos und Wildbraten. Der Weg lohnt sich schon wegen der wunderbaren Umgebung. Die Pension Pod Jeleniem ist in einem ehemaligen Forsthaus aus dem 19. Jahrhundert untergebracht, das dem preußischen Förster Adam Putrich gehörte. Putrich war der Begründer einer Baumschule mit Pflanzen aus der ganzen Welt. Nach hundert Jahren des Bestehens wirkt der Ort wie ein zauberhafter üppiger Wildgarten. Die Pension im Garten verfügt über einen großen Speisesaal.

WERDER

MALBORK

Zamkowa

Starościńska 14. **Straßenkarte** 4D. ((0 55) 232 27 38.
🕐 tägl. 7–24 Uhr. 🍴 Ⓨ 🈸 ⓏⓁⓏⓁ

Das Lokal im restaurierten Flügel der Vorburg innerhalb der Ordensburganlage besteht aus drei Restaurants, die vornehmlich auf Hotelgäste und Burgbesucher eingestellt sind. Küche und Service lassen nichts zu wünschen übrig. Lassen Sie sich nicht von den Touristenscharen abschrecken, die besonders in der Saison zwischen 12 und 14 Uhr die Tische belagern. Für Einzelgäste findet sich immer ein freies Plätzchen und bedient wird man hier genau so schnell wie in einem weniger besuchten Lokal. Kosten Sie die ausgezeichneten Rouladen mit Graupenfüllung und die saftigen Geflügelmedaillons. Die aromatische Pilzsuppe und die traditionelle Graupensuppe (*żurek*) verdienen ebenfalls Beachtung.

PRUSZCZ GDAŃSKI

Sjesta

Grunwaldzka 6a. **Straßenkarte** 3C.
((0 58) 683 06 65.
🕐 tägl. 13–22 Uhr.
🈸 🏧 ⓏⓁⓏⓁ

Das Lokal liegt sehr günstig an der E 75, ist gemütlich und stilgerecht mit Sofas eingerichtet. Serviert werden europäische Spezialitäten.

PRZEJAZDOWO

Złota Podkowa

Straßenkarte 3D.
((0 58) 682 84 60. 🕐 tägl. 13–21 Uhr. ⓏⓁⓏⓁⓏⓁ

Das Złota Podkowa gehörte in der Vergangenheit zu den beliebtesten Restaurants bei Reisenden von der Dreistadt nach Warschau. Leider hat es viel vom Charme vergangener Zeiten eingebüßt. Zwar sind einige Gerichte (besonders die berühmte Ente mit Äpfeln) nach wie vor empfehlenswert, aber die launische Bedienung, die Mängel der Speisekarte und auch die Unsicherheit, ob das Lokal zu den angegebenen Öffnungszeiten wirklich geöffnet hat oder nicht, mindern den Genuss erheblich.

RUND UM DAS FRISCHE HAFF

ELBLĄG

Słowiańska

Krótka 4. **Straßenkarte** 3E.
((0 55) 232 42 78. 🕐 Täglich von 10 Uhr bis zum letzten Gast. 🈸
Ⓥ 🎵 ⓏⓁⓏⓁ

Das Restaurant ist im Jägerstil eingerichtet: Geweihe und ausgestopfte Vögel an den Wänden und amüsante Tischdekorationen. Es ist auf altpolnische Küche spezialisiert, bietet in der Regel ein großes Angebot an Fleischgerichten und traditionellen polnischen Suppen. Auf Bestellung wird sogar ein ganzes Ferkel gebraten.

KADYNY

Kadyny

Straßenkarte 3E.
((0 55) 231 61 20. 🕐 tägl. 11.30–23 Uhr. 🏧 🈸 Ⓥ ⓏⓁⓏⓁⓏⓁ

Das ungewöhnliche Restaurant im alten Kesselhaus, zwischen den zum Hotel umgebauten Wirtschaftsgebäuden des Gestüts, bietet sehr gute Küche. Empfehlenswert sind Schaschlik und hervorragende Suppen, etwa Spargelsuppe. Stellen Sie sich auf längeres Warten ein und nutzen Sie die Zeit, um den Pferden auf der Koppel zuzusehen, die hier nach Ausritten auf dem nahe gelegenen Parcours ausruhen. In der gemütlichen Bar oder im Sommer auf der Terrasse können Sie einen Kaffee bestellen.

Zeichenerklärung *siehe S. 243*

LÄDEN UND MÄRKTE

Bernsteinschmuck

DAS EINKAUFEN in Danzig gehört nicht zu den einfachsten Dingen des Alltags. Die Mehrzahl der Geschäfte in der Altstadt hat sich auf die Wünsche und Bedürfnisse der Touristen eingestellt. Textilien oder Schuhe können Sie am besten in den neuen Einkaufszentren erstehen. In den Geschäften und den zahlreichen Antiquitätenläden der Altstadt dagegen werden Sie keine Schwierigkeiten haben, Reiseführer, Karten und Stadtpläne, Bücher, Kunsthandwerk und Kunstgegenstände zu bekommen. Reisende, die in der ersten Augusthälfte Danzig besuchen, sollten unbedingt die Gelegenheit nutzen, zwischen den Marktständen des Dominikanermarktes zu bummeln. In der letzten Zeit hat sich das Marktareal stark ausgedehnt.

ÖFFNUNGSZEITEN

DIE LÄDEN haben in der Regel von 10 oder 11 Uhr bis 18 oder 19 Uhr durchgehend geöffnet. Auch am Samstag stehen sie der Kundschaft zur Verfügung, allerdings kürzer. In der Sommersaison haben die meisten Souvenirläden sogar bis 21 Uhr und auch am Sonntag offen. Längere Öffnungszeiten haben Kaufhäuser und Einkaufszentren, gewöhnlich bis 20 Uhr. In der Nachsaison schließen einige kleinere Läden, insbesondere solche, in denen man Bernsteinschmuck kaufen kann.

BEZAHLEN

ALLE LÄDEN ziehen Barzahlung vor. In den besseren Geschäften werden auch Kreditkarten akzeptiert; Schilder an den Eingangstüren geben Auskunft darüber. Erkundigen Sie sich auf jeden Fall, ob bei Barzahlung eventuell Rabatte gewährt werden. Diese Praxis hat sich vor allem in den Bernsteinschmuckläden eingebürgert.

Schiffströdelladen

Das Einkaufszentrum Klif

KAUFHÄUSER UND EINKAUFSZENTREN

UNTER DEN Kaufhäusern in Danzig hat das **DT Centrum** in Wrzeszcz (Langfuhr) die größte Warenauswahl. In der Altstadt von Danzig finden Sie die Einkaufspassage **Sień Gdańska** und das sehr schön gestaltete Einkaufszentrum **Wielki Młyn** in der mittelalterlichen Großen Mühle (*siehe S. 95*). Die beiden riesigen Einkaufszentren **Klif** und **Batory** in Gdingen (Gdynia) versammeln unter einem Dach zahlreiche Geschäfte und Boutiquen.

TEXTILIEN UND ACCESSOIRES

VIELE GUTE Textil- und Schuhgeschäfte befinden sich in Wrzeszcz (Langfuhr) und im historischen Zentrum von Danzig. Dort finden Sie den Lederwarenladen von **Maciej Batycki** und das Geschäft **Juvena** mit einem Angebot an hochwertigen Textilien. Die Bewohner der Dreistadt tätigen ihre Einkäufe besonders gerne in Gdingen (Gdynia), wo an der Świętojańska besonders mondäne Läden zu finden sind. Diese Straße bietet die größte Ansammlung eleganter Geschäfte in ganz Polen.

Besonders anspruchsvolle Kunden werden hier am besten bedient. Der Laden **5-10-15** bietet die beste Kindermode, die Jugend besucht am liebsten die Geschäfte **Troll** und **Lee Cooper**. Freunde legerer Kleidung sollten das **House of Carli Gry** besuchen. Herrenmode bieten **A&M Karsi** und **Sunset Suits**. Ein großes Angebot an Herrenhemden führen auch zahlreiche kleinere Geschäfte in der Nähe. An der Świętojańska kommen auch die Damen auf ihre Kosten. Zu den beliebtesten Damenkonfektionsläden gehören das **Cztery Pory Roku**, das **Allegro** und das **Bell**. Das zuletzt genannte Geschäft betreibt auch ein Herrenmodegeschäft.

DROGERIEN UND APOTHEKEN

DROGERIEPRODUKTE des alltäglichen und gehobenen Bedarfs führen die Läden der **Rossmann**-Kette. In der Dreistadt gibt es mehrere davon. Einige Schwierigkeiten können sich auf der Suche nach einer Apotheke ergeben, denn an den Hauptreisewegen gibt es nicht sehr viele. Im historischen Zentrum von Danzig (Gdańsk) sind die Apotheken **Ratuszowa** oder **Pod Angielskim Herbem** am leichtesten zu finden, in Gdingen (Gdynia) die **Herbowa** an der Świętojańska und in Zoppot ist die **Pod Orłem** am besten bestückt.

BERNSTEIN

DANZIG ist ein wahres Mekka für Freunde der Bernsteinkunst. Die Produkte aus fossilem Harz können auch an

Die Galerie Majolika

zahlreichen Ständen am Straßenrand erworben werden. Wenn Sie vor Fälschungen sicher sein wollen, sollten Sie jedoch lieber einen renommierten Laden aufsuchen. Die meisten befinden sich in Danzig an der Langen Brücke (Długie Pobrzeże) und in der Frauengasse (Mariacka). In einigen Läden, etwa im **M&M**, können Sie während des Einkaufs dem Hersteller persönlich beim Schleifen und Polieren zusehen. Ein sehr attraktives Angebot an Schmuck und anderen Bernsteinprodukten bieten die **Nord Amber Gallery** und die **Wydra Gallery** in der Mariacka (Frauengasse). In Zoppot sollten Sie unbedingt die Galerie **Triada** besuchen. Hier finden Sie außer Bernsteinschmuck kunstvoll gefertigte Gegenstände aus Silber und moderne Kunst.

ANTIQUITÄTEN UND KUNSTHANDWERK

In den Einkaufszentren der Dreistadt gibt es sehr viele Antiquariate. Besonders interessant kann ein Besuch in einem typischen **Schiffströdelladen (nautykwariat)** sein. Diese Läden sind auf alte Schiffsausrüstung spezialisiert, hier finden Sie Bullaugen und

Klampen aus Messing, alte Barometer und Steuerräder sowie Buddelschiffe. Empfehlenswert ist auch ein Besuch der Galerie Majolika in der Podmłyńska. In den originell eingerichteten Ladenräumen finden Sie neben eleganten Porzellanwaren, Glas- und Keramikprodukten viele anspruchsvolle Andenken. Jedes hier erworbene Stück wird Liebhaber zufrieden stellen.

Kunsthandwerk und originelle Volkskunst, insbesondere die wunderschönen Kunstwerke kaschubischer Künstler, können Sie in den **Cepelia**-Läden oder im **Sklep Kaszubski** in Danzig kaufen. Liebhaber von Korbwaren und Strohprodukten werden den Danziger Laden **Strzecha** mit Sicherheit zufrieden verlassen.

ESSEN UND TRINKEN

Der Lebensmittelkauf bereitet selbst im historischen Zentrum von Danzig keine großen Schwierigkeiten. Großes Warenangebot bieten der Laden **Delikatesy Starogdańskie** und zahlreiche kleine Geschäfte in der Długa (Langgasse). Die besten Backwaren und die leckersten Kuchen, Pasteten sowie gefüllte Brötchen bietet

die Bäckerei **Pellowski**. Für gute Kuchen und Teilchen ist auch die Konditorei **Kaliszczak** an der Długa (Langgasse) bekannt.

BÜCHER UND ANDENKEN

Fast alle Buchhandlungen in der Danziger Innenstadt haben eine eigene Abteilung mit Reiseführern, Karten und Stadtplänen sowie Bildbänden über Stadt und Region. Empfehlenswert ist ein Besuch der Buchhandlungen **Światowid** und **Gdańska**. Eine große Auswahl an Danzigbüchern, -stichen und Andenken finden Sie bei **Gdański Bówka**, **Heweliusz** und **Ex-Libris**.

Das Geschäft Gdański Bówka

MÄRKTE UND MARKTHALLEN

Der beliebteste Einkaufsort für Touristen ist der Markt rund um die **Markthalle** am plac Dominikański. Er bietet das größte Angebot an frischem Obst und Gemüse. Hauptattraktion des Marktes im Sommer sind die kleinen Verkäufer von Pilzen und Waldfrüchten. Sie bieten ihre Waren, die sie am Morgen gesammelt haben, direkt aus den Körben an. Empfehlenswert ist auch ein Besuch der Markthalle in einem Gebäude aus dem 19. Jahrhundert. Hier werden nicht nur Lebensmittel angeboten, sondern auch viele Lederwaren und andere Accessoires. Kleinere Lokalmärkte werden in allen Stadtteilen abgehalten. Die **Markthalle** in Gdingen (Gdynia) ist in einem prächtigen Gebäude aus den Zwanzigerjahren des 20. Jahrhunderts im Radtkego untergebracht. Höhepunkt jeder Danzig-Reise ist der Dominikanermarkt *(siehe S. 36)*.

Marktstände am plac Dominikański

Die ulica Grobla während des Dominikanermarktes

EINKAUFEN IN POMMERN

DIE KLEINEN pommerschen Städte werden dem wachsenden Ansturm von Touristen noch immer nicht gerecht. Viele Läden bieten nur ein durchschnittliches Warenangebot. Dies bedeutet jedoch nicht, dass Sie von einer Reise auf die Halbinsel Hela (Półwysep Helski) oder in die Kaschubische Schweiz (Szwajcaria Kaszubska) mit leeren Händen nach Hause zurückkehren müssten.

SOUVENIRS

DER AUFENTHALT in der Kaschubei bietet eine gute Gelegenheit, interessante Volkskunst zu kaufen. Die Einwohner dieser malerischen Region sind für ihre Kunstfertigkeit bekannt. Die kleinen Lädchen in den Regionalmuseen bieten Stickereien und Keramikprodukte an. Viele Hersteller verkaufen ihre Waren höchstpersönlich an Ständen am Straßenrand

Korbwarenstand

und auf den Parkplätzen. In den Zentren des Kunsthandwerks, etwa in Chmielno (siehe S. 195), können Sie direkt in den Werkstätten einkaufen. Die handgedrehten kaschubischen Tonkrüge werden hier «direkt aus dem Ofen» angeboten. Bei dieser Gelegenheit können Sie dem Töpfer bei der Arbeit zusehen. Die Kunsthandwerker sorgen für ihre Werbung selbst, indem sie an Straßen und Wegen Hinweisschilder anbringen. Sie sind beim Vorbeifahren nicht zu übersehen.

An der Küste können Sie ohne Schwierigkeiten allerlei Bernsteinerzeugnisse kaufen. Die renommiertesten Geschäfte befinden sich zwar überwiegend in der Dreistadt, aber viele Leute verdienen ihren Lebensunterhalt mit dem Sammeln, Bearbeiten und Verkaufen von kleinen Bernsteinstücken, die von der See ans Ufer gespült werden. Sie bieten Ihnen relativ preiswerte Ketten aus unbearbeiteten Bernsteinstücken oder interessante Bernsteine mit Insekteneinschlüssen, so genannten Inklusionen, an.

Die Ostseebäder sind ein wahres Paradies für Muschelliebhaber. Die örtlichen Künstler stellen daraus regelrechte Kunstwerke her. Sie sollten sich jedoch im Klaren darüber sein, dass nicht alle Muscheln aus der Ostsee stammen.

SPEZIALITÄTEN

EINE REISE durch Pommern bietet eine gute Gelegenheit, Ihre Speisekammer mit regionalen Spezialitäten aufzufüllen. Auf den Märkten

in den kleinen Dörfern finden Sie ein großes Angebot an Honig. Er wird in verschiedenen Geschmacksvarianten und Farbnuancen verkauft, je nach den Blüten, aus denen die Bienen den Honig gesammelt haben. In den kaschubischen Wäldern sind viele Pilzsorten beheimatet. Im Spätsommer und Herbst können Sie auf den lokalen Märkten Pilze in verschiedenen Varianten kaufen, als frische Pilze «direkt aus dem Wald» oder in getrockneter und eingelegter Form. Außer Pilzen bieten die Marktverkäufer auch viele andere Waldfrüchte an. Wer keine Lust hat, selbst zu sammeln, kann am Wegesrand ein Körbchen frisch gepflückter Blaubeeren, Walderdbeeren oder Waldhimbeeren erstehen.

Der Werder ist bekannt für seine saftigen Wiesen und für die lange Rinderzuchttradition. Die Milchprodukte dieser Region haben eine hervorragende Qualität. Sie können Sie auf Märkten und in Lädchen kaufen.

Frischer Fisch direkt vom Fischkutter

MÄRKTE

IN VIELEN kleineren Ortschaften Pommerns hat sich bis heute noch die Tradition der Wochenmärkte erhalten. Sie finden ein- bis zweimal pro Woche an festgelegten Plätzen statt und bieten frische Milchprodukte, Obst und Gemüse direkt vom Wagen der örtlichen Landwirte. Anschließend sollten Sie noch einen kleinen Bummel zwischen den Marktständen einplanen. Denken Sie dabei an Taschendiebe und behalten Sie Ihr Hab und Gut im Auge. In einigen Ortschaften dauert der Markt den ganzen Tag.

WICHTIGE ADRESSEN

KAUFHÄUSER

DH Batory
10 lutego 11
Gdynia.
Karte 2 E5.
☎ 661 88 29.

DT Centrum
Grunwaldzka 107/109
Gdańsk.
Karte 9 A5.
☎ 341 00 65.

Klif
Al. Zwycięstwa 256
Gdynia.
☎ 664 93 45.

Sień Gdańska
Długi Targ 2 Gdańsk.
Karte 13 C4.
☎ 301 47 13.

Wielki Młyn
Podmłyńska 16
Gdańsk.
Karte 13 B2.
☎ 301 10 31.

TEXTILIEN UND ACCESOIRES

Allegro
Świętojańska 69 Gdynia.
Karte 4 D1.
☎ 620 98 00.

A&M Karsi
Świętojańska 104
Gdynia.
Karte 4 D1.
☎ 620 12 62.

Bell
Świętojańska 56 Gdynia.
Karte 2 E5.
☎ 620 90 17.

Cztery Pory Roku
Świętojańska 23 Gdynia.
Karte 2 E5.
☎ 621 64 90.

Juvena
Tkacka 22/26 Gdańsk.
Karte 13 B3.
☎ 301 60 80.

Lee Cooper
Świętojańska 97 Gdynia.
Karte 4 D1.
☎ 620 44 97.

Maciej Batycki
Tkacka 14/15
Gdańsk.
Karte 13 B3.
☎ 301 82 27.

Sunset Suits
Świętojańska 60
Gdynia.
Karte 2 E5.
☎ 620 22 51.

Troll
Świętojańska 38
Gdynia.
Karte 2 E5.
☎ 661 75 75.

5-10-15
Świętojańska 68
Gdynia.
Karte 2 E5.
☎ 620 97 11.

DROGERIEN UND APOTHEKEN

Herbowa
Świętojańska 14
Gdynia.
Karte 2 E5.
☎ 620 49 57.

Pod Angielskim Herbem
Piwna 9/11
Gdańsk.
Karte 13 B3.
☎ 301 48 91.

Pod Orłem
Bohaterów Monte
Cassino 37
Sopot.
Karte 6 D4.
☎ 551 10 18.

Ratuszowa
Długa 54/56
Gdańsk.
Karte 13 C4.
☎ 301 51 06.

Rossmann
Grobla I 13
Gdańsk.
Karte 13 C3.
☎ 301 21 02.

BERNSTEIN

M&M
Długie Pobrzeże 1
Gdańsk.
Karte 13 C4.
☎ 346 27 17.

Nord Amber Gallery
Mariacka 44
Gdańsk.
Karte 13 C3.
☎ 341 93 30.

Triada
Bohaterów Monte
Cassino 36
Sopot.
Karte 6 D4.
☎ 551 15 25.

Wydra Gallery
Mariacka 49
Gdańsk.
Karte 13 C3.
☎ 301 77 79.

ANTIQUITÄTEN UND KUNSTHANDWERK

Cepelia
Długa 47/49
Gdańsk.
Karte 13 C4.
☎ 301 27 08.

Galeria Majolika
Podmłyńska 1
Gdańsk.
Karte 12 D3, 13 C2.
☎ 301 23 60.

Nautykwariat
Piwna 7/8
Gdańsk.
Karte 13 C3.
☎ 301 30 17.

Sklep Kaszubski
Szewska 1/4
Gdańsk.
Karte 13 C3.
☎ 301 32 35.

Strzecha
Pańska 9/11
Gdańsk.
Karte 13 C3.
☎ 301 46 59.

BUCHHANDLUNGEN

Bówka
Długie
Pobrzeże 11
Gdańsk.
Karte 14 D3.
☎ 301 00 31.

Ex-Libris
Świętojańska 38
Gdynia.
Karte 2 E5.
☎ 621 68 08.

Gdańska
Długa 62/63
Gdańsk.
Karte 13 C4.
☎ 301 11 56.

Heweliusz
Heweliusza 19/21
Gdańsk.
Karte 13 C1.
☎ 301 20 52.

Księgarnia Językowa
Podmłyńska 10
Gdańsk.
Karte 13 B2.
☎ 301 33 73.

Światowid
Długi Targ 31/32
Gdańsk.
Karte 13 C4.
☎ 301 34 69.

ESSEN UND TRINKEN

Delikatesy Starogdańskie
Rajska 3a
Gdańsk.
Karte 13 B2.
☎ 301 13 40.

Kaliszczak
Długa 74
Gdańsk.
Karte 13 C4.
☎ 301 08 95.

Pellowski
Podwale Staromiejskie 82
Gdańsk.
Karte 13 C2.
☎ 301 45 20.

MARKTHALLEN

Hala targowa
pl. Dominikański
Gdańsk.
Karte 13 C2.
☎ 346 31 33.

Hala targowa
pl. Radtkego
Gdynia.
Karte 2 D5.

GRUND-
INFORMATIONEN

PRAKTISCHE HINWEISE

DANZIG und Ostpommern ziehen mit berühmten Architektur- und Kunstdenkmälern, wunderschönen Landschaften und Stränden sowie mit einer immer noch lebendigen Volkstradition viele Touristen an. Nach 1989 hat sich der Fremdenverkehr in dieser Region stark entwickelt. Es entstanden neue Hotels und Hunderte von Geschäften und Restaurants. Die Banken, die Fremdenver-

Logo der Verkehrsbüros

kehrsbüros und Postämter bemühen sich inzwischen um kundenfreundlichen Service. Die Verkehrssituation wurde wesentlich verbessert. Pommern bietet seinen Besuchern interessante Museen und Galerien. Zum Teil sind sie jedoch nur in der Hochsaison dem breiten Publikum zugänglich. Besonders voll und teuer ist es in Pommern in der Hochsaison.

Straßenkonzert beim Dominikanermarkt

MUSEEN

DIE ÖFFNUNGSZEITEN der pommerschen Museen und Galerien variieren je nach Jahreszeit und Wochentag. Genaue Angaben dazu finden Sie bei allen im Führer besprochenen Einrichtungen.

In der Regel sind sie bis 15 bzw. 17 Uhr geöffnet. Montag gilt allgemein als Ruhetag. Einige Einrichtungen bieten am Donnerstag bzw. Freitag kostenlosen Eintritt.

Am besten erkundigen Sie sich rechtzeitig nach den genauen Öffnungszeiten, bevor Sie zu einem Museumsbesuch aufbrechen.

KIRCHEN

KIRCHENBESUCHER sollten angemessen gekleidet sein. Die meisten Kirchen in Polen sind katholisch. In der Vergangenheit waren die Kirchen von den Morgenstunden bis spät in den Abend hinein geöffnet. Aufgrund wiederholter Diebstähle sind sie heute häufig

geschlossen. In kleinen Ortschaften wenden Sie sich am besten an den Pfarrer. Während der Gottesdienste sind Kirchenbesichtigungen verboten. Der Kirchenbesuch ist gratis; man freut sich über Spenden.

BRAMA Św. DUCHA
THE GATE OF THE HOLY GHOST
HEILIGEN GEIST — TOR
III CW. XIV.

Informationstafel an historischen Gebäuden

ALLGEMEINE HINWEISE

IN DANZIG und Pommern können Sie sich im Allgemeinen gut auf Englisch oder Deutsch verständigen. Deutsch sprechen in der Kaschubei oder im Kociewie noch viele ältere Menschen. Englisch können alle, die einen direkten Kontakt mit ausländischen Gästen haben. Auf der Straße kann es Ihnen allerdings passieren, dass erst die

dritte oder vierte angesprochene Person Ihnen in fremder Sprache weiterhelfen kann.

Die schönste Reisezeit für Pommern ist der Frühling oder der Herbstanfang, denn dann ist die Gegend nicht so sehr überlaufen. Nur in der relativ kurzen Hochsaison sind jedoch alle kleinen Gartencafés, aber auch Museen und andere Einrichtungen sicher geöffnet. In dieser Zeit finden in nahezu allen Städtchen Festivals oder Ritterturniere statt.

UNTERHALTUNG

DANZIG und Pommern bieten im Sommer ein abwechslungsreiches Kulturprogramm. Manche Theater haben zwar in dieser Zeit wegen Sommerpause geschlossen, aber in fast allen Ortschaften ist etwas los.

Die interessantesten Veranstaltungen werden in Danzig zur Zeit des Dominikanermarktes *(siehe S. 36)* angeboten.

Liederfestival in Zoppot

Straßenmusikanten in der Mariacka in Gdańsk

Das genaue Veranstaltungsprogramm finden Sie in der Freitagsausgabe der Tageszeitung Gazeta Wyborcza. An diesem Tag liegt dem Lokalteil *Gazeta Morska* die Beilage *Co jest grane (Was ist los)* bei. Wer nicht polnisch spricht, kann die beiden mehrsprachigen Broschüren *Gdańsk, Sopot, Gdynia – What, Where, When* und *Welcome to Gdańsk, Sopot, Gdynia* konsultieren, die Sie an jeder Hotelrezeption und im Fremdenverkehrsbüro der Stadt Danzig einsehen oder kaufen können. Die Veranstaltungsprogramme liegen in der Regel in Reisebüros, Fremdenverkehrsbüros und an Hotelrezeptionen aus. Nachtklubs gibt es in größeren Städten und in den bekannten Erholungsorten, hier sind sie nur in der Saison geöffnet.

AUSKUNFT

DAS BESTE Fremdenverkehrsbüro befindet sich in Danzig in der Długa 45. Hier werden Sie fachmännisch beraten, erhalten Informationsbroschüren und können Bücher über Danzig und Pommern sowie Karten, Stadtpläne und Reiseführer kaufen. Außerdem können Sie hier auch eine Stadtrundfahrt mit einem Reiseführer buchen oder Auskünfte zu Übernachtungsmöglichkeiten in Danzig und Umgebung einholen. Ein

weiteres Fremdenverkehrsbüro befindet sich am Danziger Hauptbahnhof. In anderen pommerschen Städten gibt es vergleichbare Einrichtungen. Die entsprechenden Adressen entnehmen dem nebenstehenden Kasten.

Fragen zu Unterkunft, Eisenbahnverbindungen und Fahrkarten beantworten Ihnen die freundlichen Mitarbeiter des Reisebüros Orbis gerne.

TOILETTEN

IN DANZIG und in Ostpommern gibt es nicht genügend öffentliche Toiletten. Sie finden sie, wenn überhaupt, in Bahnhöfen, Museen und Galerien sowie in Restaurants und Cafés. Saubere Toiletten bieten außerdem auch alle neu gebauten Tankstellen.

INTERNET

VIELE INFORMATIONEN über Danzig und Pommern finden Sie im Internet. Der Server der Firmen Fin Skog und Samba – http://www.fs-samba.com.pl/gdańsk/ und der Server der Firma All My Word – http://www.amw.net.pl bieten das Kulturprogramm der Stadt Danzig und die virtuelle Ausgabe der Beilage *Co jest grane (Was ist los)* der Tageszeitung *Gazeta Wyborcza* sowie die offiziellen Seiten der Stadtverwaltung von Danzig. Weitere interessante Internetadressen sind für Danzig http://www.gdansk.gda.pl. (auch in Deutsch), für Zoppot www.sopot.pl (ebenfalls in Deutsch) und für Gdingen www.gdynia.pl (auch in

Orbis-Logo

Englisch). Beim Surfen im Internet finden Sie wichtige Reiseinformationen wie Anreisemöglichkeiten, Hoteladressen sowie Adressen von Jugendherbergen, Campingplätzen, Bars und Restaurants.

Ausflugsschiff auf der Mottlau

Spaziergänger am Strand

BEHINDERTE REISENDE

DIE DREISTADT und die
pommerschen Städte sind
besser auf behinderte Reisende
vorbereitet als Warschau
(Warszawa) oder Krakau
(Kraków). Vor nahezu allen
Geschäften befinden sich
Rollstuhlrampen, der Danziger
Hauptbahnhof ist mit
behindertengerechten Fahrstühlen
ausgestattet. Die Innenstädte von
Danzig, Gdingen und Zoppot
sind für Rollstuhlfahrer keine
Hindernisstrecken, denn das
Parken von Autos auf Bürger-
steigen ist hier eingeschränkt
als in Warschau.

Auch bei der Gestaltung
mancher Hotels wurden
die Bedürfnisse behinderter
Hotelgäste berücksichtigt
(siehe S. 231).

Es gibt zahlreiche
Organisationen, die sich für
die Belange der Behinderten
einsetzen. Auskünfte darüber
können telefonisch eingeholt
werden *(siehe S. 267)*. Für
Stadtbesichtigungen bieten sich
der Nationale Behindertenrat
(Krajowa Rada Osób Niepełno-
sprawnych) und spezialisierte
Reiseunternehmen an.

EINREISE- UND ZOLLBESTIMMUNGEN

BEI EINREISE in die Republik
Polen ist ein Reisepass er-
forderlich. Besucher aus den
meisten europäischen Ländern
benötigen keine Einladung und
kein Visum. Die Einfuhr
persönlicher Gegenstände unter-
liegt keinen Einschränkungen,
die Alkohol- und Zigarettenmen-
gen sind festgelegt. Wer bei seiner Reise nach Polen eine Waffe
bei sich hat, braucht eine Ge-

nehmigung. Geschenke bis zum
Wert von 100 Dollar können zoll-
frei eingeführt werden. Für die
Ausfuhr von Antiquitäten wird
eine Genehmigung verlangt.

Internationaler Studentenausweis

INFORMATIONEN FÜR STUDENTEN

DEN INTERNATIONALEN
Studentenausweis (ISIC)
sollten Sie vor der Reise
nach Danzig und Pommern in
Ihrem Herkunftsland ausstellen
lassen. Studenten mit gültigem
Ausweis erhalten Ermäßigungen
beim Kauf von Eintrittskarten in
Museen sowie Preisnachlässe bei
Übernachtungen in den
Internationalen Studentenhotels,
die in den Semesterferien
geöffnet haben. Außerdem
können sie auf allen internationalen Linien preisgünstiger
reisen. In den öffentlichen
Verkehrsmitteln in Danzig
und Pommern wird der
internationale Studentenausweis
nicht anerkannt. Ausländische
Studenten müssen normale
Fahrkarten lösen. Wer einen

Ausweis des Internationalen
Jugendherbergsverbandes (IYHF)
besitzt, erhält Vergünstigungen
bei allen Jugendherbergen.

ELEKTRIZITÄT

IN DANZIG und Pommern wie
in ganz Polen beträgt die
Netzspannung 220 V. Die Stecker
sind identisch mit denen in den
meisten europäischen Ländern.

BOTSCHAFTEN UND KONSULATE

BEI VERLUST des Reispasses
oder anderen Problemem
wenden Sie sich an das
Konsulat Ihres Staates. Ein
Verzeichnis finden Sie im
Kasten auf der nächsten Seite.

PRESSE

DIE WICHTIGSTEN
ausländischen Zeitschriften
können Sie in den Hotelkiosken
der größeren Häuser, in einigen
Buchhandlungen und an den
Verkaufsstellen der polnischen
Presse- und Buchvertriebs-
gesellschaft RUCH kaufen.
Zu den meistgelesenen
Tageszeitungen der Dreistadt
gehören *Dziennik Bałtycki*
sowie die überregionale *Gazeta
Wyborcza* mit der Lokalbeilage
Gazeta Morska, die in der
Dreistadt und in anderen
Versionen auch in Elbing
(Elbląg) und Stolp (Słupsk)
erscheint. Sie enthält wichtige
Informationen aus der Region,
wie die Namen der Schiffe, die
in die Häfen der Dreistadt
einlaufen. Beliebt sind auch

Zeitungskiosk

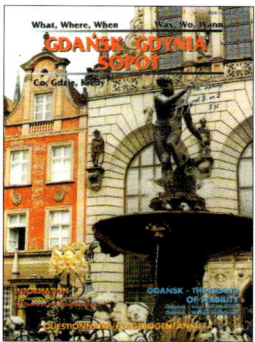

Mehrsprachige Info-Broschüre
Gdańsk, Gdynia, Sopot – What, Where, When

die kommerziellen Privatsender Polsat und TV Bryza. Über Kabel und Satellitenantennen werden europäische und weltweite Fernsehsender in mehreren Sprachen empfangen. Zu den beliebtesten Radiosendern in Pommern gehören Radio Gdańsk (103,7 MHz), Radio Plus (101,7 MHz), III. PR (99,9 MHz), Radio ZET (105 MHz), Radio RMF FM (98,4 MHz), I. PR (89,5 und 97,2 MHz) und Radio Eska Nord Gdynia (106,7 MHz). Alle Radiostationen werden im UKW-Wellenbereich empfangen.

Die meisten Radiostationen in Pommern bieten einen stündlichen Reise-Infoservice an und bei Radio Gdańsk werden die Touristen in einer einstündigen Sendung inklusive BBC-Nachrichten über das Wichtigste informiert.

Das Radio- und Fernsehprogramm können Sie der Tagespresse entnehmen.

die Zeitungen *Głos Elbląga* und *Wieczór Wybrzeża*. Den größten Anzeigenteil bieten die Tageszeitungen *Dziennik Bałtycki* und *Gazeta Wyborcza*. Das öffentlich-rechtliche Fernsehen ist in der Region mit drei Sendern vertreten: TV1, TV2 und einem Lokalsender. Großer Beliebtheit erfreuen sich

Mehrsprachige Info-Broschüre
Welcome to Gdańsk, Sopot, Gdynia

ZEIT

IN DANZIG und Pommern gilt die mitteleuropäische Zeit, wie in Deutschland, Österreich und der Schweiz. Anfang April werden die Uhren eine Stunde vor-, Ende Oktober dann wieder zurückgestellt.

ADRESSEN

BEHINDERTE REISENDE

Di–Fr 9–15 Uhr.
☎ (0 58) 346 56 70.

ZOLL UND EINFUHR

Gdańsk.
☎ (0 58) 343 99 42.

Gdynia.
☎ (0 58) 621 64 14.

KONSULATE

DANZIG

Dänemark
Piwna 36.
Karte 12 D4 (13 C3).
☎ (0 58) 301 13 39.

Holland
Jana Pawła II 20.
Karte 8 F4.
☎ (0 58) 346 63 52.

Deutschland
al. Zwycięstwa 23.
Karte 4 D2.
☎ (0 58) 341 43 65.

Russland
Stefana Batorego 15.
Karte 9 A5.
☎ (0 58) 341 10 88.

Ukraine
Jaśkowa Dolina 44.
Karte 9 A5.
☎ (0 58) 346 06 90.

GDINGEN

Österreich
Śląska 17.
Karte 2 D5.
☎ (0 58) 621 19 93.

Finnland
Jana z Kolna 25.
Karte 2 D4.
☎ (0 58) 621 68 52.

Norwegen
Jana z Kolna 25.
Karte 2 D4.
☎ (0 58) 621 62 16.

Schweden
Jana z Kolna 25.
Karte 2 D4.
☎ (0 58) 621 62 16.

Italien
Świętojańska 32.
Karte 2 E5.
☎ (0 58) 620 15 61.

ZOPPOT

Frankreich

Kościuszki 16.
Karte 6 D4.
☎ (0 58) 550 32 49.

GOTTESDIENSTE

Moschee
Gdańsk.
Abrahama 17a.
Karte 8 D4.
☎ (0 58) 556 07 14.

Evangelische Kirchen
Sopot.
Parkowa 5.
☎ (0 58) 551 13 35.

Tczew.
30 Stycznia 31.
Straßenkarte 4D.
☎ (0 58) 531 70 15.

Baptisten
Gdańsk.
Dąbrowskiego 11.
Karte 11 C3.
☎ (0 58) 302 41 23.

Gdynia.
Karpacka 3a.
Karte 2 D5.
☎ (0 58) 621 80 55.

Orthodoxe St. Nikolauskirche
Gdańsk.
Traugutta 45.
Karte 11 A1.
☎ (0 58) 341 95 30.

Polnische Altkatholische Kirche
Gdańsk.
3 maja 19a.
Karte 11 C4 (13 A1).
☎ (0 58) 302 34 54.

Gdynia.
Warszawska 7.
Karte 2 D5.
☎ (0 58) 621 00 84.

Pfingstgemeinden
Gdańsk.
Mennonitów 2.
Karte 12 D4 (13 A4).
☎ (0 58) 302 68 42.

Tczew.
Buczka 20.
Straßenkarte 4D.
☎ (0 58) 531 62 17.

Sicherheit und Notfälle

UNTER DEN EINWOHNERN von Danzig und Pommern wird der Ruf nach verstärkten Polizeieinsätzen immer lauter. In den letzten Jahren ist die Kriminalitätsrate erheblich gestiegen, regelrechte Verbrecherbanden haben sich organisiert. Mit Ausnahme einzelner Stadtbezirke in Danzig, Zoppot und Gdingen lauert in der Dreistadt allerdings keine große Gefahr. Nur PKW-Reisende müssen wissen, dass selbst in ruhigen Gegenden und kleineren Ortschaften ihr Fahrzeug gestohlen werden kann. Medizinische erste Hilfe ist kostenlos. In jedem, selbst dem kleinsten Ort gibt es Ambulanzen, Zahnärzte und medizinische Auskunftsstellen.

SICHERHEIT

DIE KLEINEN ORTE in Ostpommern sind grundsätzlich sehr ruhig. Eine gewisse Gefährdung geht lediglich von den Jugendlichen aus, die in der Hochsaison die Ostseebäder aufsuchen und beim Bier oder Wein nicht selten zu tief ins Glas schauen.

Schlimmer ist es in der Dreistadt, besonders im nächtlichen Danzig. Tagsüber können Sie unbehelligt durch die Stadt flanieren. In der Rechtstadt und der Altstadt sollten Sie dennoch vorsichtig sein, denn hin und wieder kommt es zu frechen Diebstählen. Mitglieder organisierter Diebesbanden hoffen straffrei davonzukommen, denn Urlauber zeigen Diebstähle selten an, weil sie bei einer möglichen Verhandlung erscheinen müssten. Handtaschen- und Schmuckdiebstähle kommen daher häufig vor.

Zu den gefährlichsten Stadtteilen Danzigs gehört das ehemalige Arbeiterviertel Orunia

Schild an der Polizeiwache

(Ohra). Nächtliche Spaziergänge in dieser Gegend sollten Sie dringend vermeiden. Verlassen Sie sich nicht darauf, dass Ihnen bei einem Überfall jemand zur Hilfe kommt. Stellen Sie auf keinen Fall Ihr Fahrzeug in dieser Gegend ab, es könnte ausgeraubt oder beschädigt werden.

Auf den Wochenmärkten der Dreistadt sollten Sie den Trickspielern aus dem Weg gehen, die mit ihren Karten-, Würfel- und Kugelspielen in der Regel nur betrügen.

Nehmen Sie vor allem nach Einbruch der Dunkelheit keine Anhalter mit. Nachts dürfen Fahrzeuge außerhalb geschlossener Ortschaften nur von Polizeibeamten angehalten werden, die in einer vorgeschriebenen Uniform neben einem Polizeiwagen mit einem weißen Streifen und Martinshorn stehen müssen.

Emblem der Feuerwehr

NOTRUF

Notarzt ☎ 999.

Zwycięstwa 49 Gdańsk.
Karte 11 B1.
☎ (0 58) 347 82 51.

Żwirki i Wigury 14 Gdynia.
Karte 2 D5.
☎ (0 58) 620 00 01.

Chrobrego 6/8 Sopot.
Karte 6 D4.
☎ (0 58) 551 24 55.

Feuerwehr ☎ 998.

Polizei ☎ 997.
Bezirkskommandantur der Polizei Gdansk, Diensthabender Offizier
☎ (0 58) 301 19 40.

Pannenhilfe
☎ (0 58) 96 34 Gdańsk.
☎ (0 58) 96 31 Gdynia.

Ordnungsamt
Gdańsk, Gdynia.
☎ 986.

DIEBSTAHL

IN DEN STÄDTEN sind zahlreiche Taschendiebe unterwegs. Sie tummeln sich auf Bahnhöfen, in Straßenbahnen, Bussen und in der Städtischen Schnellbahn (SKM). Achten Sie dort besonders auf Ihre Taschen. Stecken Sie keine Reisepässe, Geldbörsen und wertvolle Sachen in die hintere Hosentasche oder in offene Taschen und Beutel. Die Taschendiebe treten in den öffentlichen Verkehrsmitteln meistens in Grüppchen auf, täuschen ein künstliches Gedränge vor oder rempeln ganz zufällig das ausgesuchte Opfer an. Die beliebtesten Tatorte aller Taschendiebe sind alle größeren Feste und der Dominikanermarkt in Danzig.

Autoeinbrüche und Fahrzeugdiebstähle sind leider an der Tagesordnung. Lassen Sie keine wertvollen Sachen im Wagen liegen. Zum Schutz Ihrer Autoscheiben sollten Sie am besten das Autoradio aus dem Fahrzeug herausnehmen. Auch Alarmanlagen schrecken Diebe nicht ab. Am besten stellen Sie Ihr Fahrzeug auf

Polizeibeamter

Ordnungshüterin

Ordnungshüter

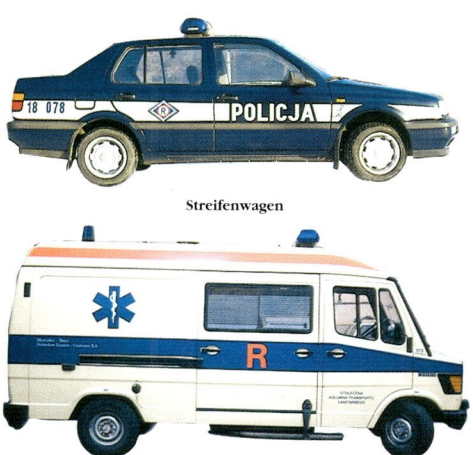

Streifenwagen

Krankenwagen

einem bewachten Parkplatz ab. Am häufigsten werden Autos mit ausländischen Kennzeichen gestohlen. Die bevorzugten Marken sind Mercedes, VW Golf, Audi und BMW.

POLIZEI UND ORDNUNGSHÜTER

IN DANZIG und Pommern gibt es Polizisten und Polizistinnen in verschiedenen Uniformen sowie städtische Ordnungshüter und Mitarbeiter von Sicherheitsagenturen. Alle Probleme sollten Sie uniformierten Polizisten auf der Wache melden. Die größeren Polizeiwachen sind auf den Karten eingezeichnet.

Die staatliche Polizei ist bewaffnet und kann jeden Verdächtigen festnehmen. Die Polizeistreifen sind entweder zu Fuß oder mit blau-weißen Polizeiwagen unterwegs. Neben der Polizei sind in der Stadt die Mitarbeiter des Ordnungsamtes aktiv, die allerdings in ihren Rechten und Pflichten eingeschränkt sind. Sie sind vor allem für das Parken von Fahrzeugen und für die allgemeine öffentliche Ordnung zuständig. Die Mitarbeiter des Ordnungsamtes tragen in jeder Stadt eine andere Uniform und sind nicht berechtigt, Schusswaffen bei sich zu haben. Den Verkehr regelt die

Apothekenschild

Verkehrspolizei. Sie achtet besonders auf die Einhaltung der vorgeschriebenen Geschwindigkeiten und darf alkoholisierte Fahrer fest halten. Für rechtswidriges Parken und Geschwindigkeitsüberschreitung wird man hart bestraft *(siehe S. 282f)*. Selbst nach geringstem Alkoholgenuss ist das Fahren verboten. Die zulässige Obergrenze beträgt 0,2 Promille. Die Polizei führt Verkehrskontrollen durch.

Nach einem schweren Verkehrsunfall müssen Sie einen Krankenwagen, die Feuerwehr und die Polizei an den Unfallort rufen.

In Danzig und Pommern sind auch Mitarbeiter diverser Sicherheitsagenturen im Einsatz. Sie bewachen vor allem öffentliche Gebäude, aber auch private Häuser und sorgen bei verschiedenen Festen für Sicherheit und Ordnung.

GESUNDHEIT

WENN SIE MEDIZINISCHE HILFE brauchen, rufen Sie am besten einen Notarzt (pogotowie) oder begeben sich in ein Krankenhaus, das an diesem Tag Notdienst hat. Den entsprechenden Plan finden Sie in der Tagespresse *(siehe S. 266)* abgedruckt.

In Danzig und Ostpommern gibt es staatliche und private Notärzte.

FUNDBÜROS

DIE CHANCEN, verlorene Gegenstände wieder zu finden, sind äußerst gering. Ein kleiner Hoffnungsschimmer können die Fundbüros *(Biuro Rzeczy Znalezionych)* in Danzig und Gdingen sein. Vielleicht finden Sie hier wenigstens Ihre Dokumente wieder.

BETTLER

SEIT ENDE 1990 sind in den polnischen Großstädten die Bettler zu einer wahren Plage geworden. In Danzig halten sie sich besonders im Zentrum, in der Nähe des Hautbahnhofs, in der Długa (Langgasse) und am Długi Targ (Langer Markt) auf. Die meisten von ihnen stammen aus Rumänien. Sie sind zwar nicht gefährlich, können aber sehr aufdringlich sein. Nur mit einem entschiedenen »Nein« können Sie sie loswerden.

Währung und Geldwechsel

Logo der Bank Gdański SA

D IE STADT DANZIG ist auf Grund des großen Touristenansturms seit einigen Jahren teuer geworden, die Preise liegen hier aber immer noch unter denen von Warschau und anderen westeuropäischen Städten. Der Geldwechsel bereitet in der Dreistadt keine Probleme. Immer mehr Läden, Restaurants und Hotels akzeptieren Kreditkarten. Reiseschecks sollten in den Banken eingelöst werden, sie werden nur in größeren Hotels angenommen.

Sitz der Polnischen Nationalbank

BANKEN UND WECHSELSTUBEN

A LLE GELDGESCHÄFTE können Sie in den Zentren der Dreistadt problemlos in den Banken erledigen. In der Mittagspause sollten Sie jedoch mit langen Schlangen rechnen; in dieser Zeit sind nicht alle Schalter besetzt. Die meisten Banken haben von 8 bis 18 Uhr durchgehend geöffnet. Ausländische Währungen können Sie auch in den zahlreichen Wechselstuben (Kantor) umtauschen. Sie bieten oftmals günstigere Kurse als die Banken und berechnen in der Regel keine Provisionen, mit denen Sie in einer Bank auf jeden Fall rechnen müssen. Ihr Geld können Sie außerdem in den Hotels wechseln. Der Umtauschkurs ist hier mit Sicherheit ungünstiger als in der Stadt. Nachts werden zusätzliche Gebühren erhoben.

Vielerorts, besonders dort, wo viele Touristen sich aufhalten, werden Ihnen direkt auf der Straße sehr günstige Geldwechselangebote gemacht. Seien Sie vorsichtig, fallen Sie nicht auf die Betrugsversuche

Wechselstubenschild

herein: Das Päckchen, das Sie bekommen, besteht oft aus Zeitungspapierschnipseln, Falschgeld oder aus Banknoten, die längst nicht mehr im Umlauf sind. Handeln Sie umsichtig, dann bleiben Ihnen Unannehmlichkeiten erspart.

Bankautomat

KREDITKARTEN

K REDITKARTEN werden in Polen immer beliebter; sie werden in vielen besseren Läden, Supermärkten, Hotels, Restaurants, bei Autovermietungen und an den Flughafenschaltern als vollgültiges Zahlungsmittel anerkannt. Jede Firma, die Kreditkarten annimmt, informiert darüber durch entsprechende Aushänge oder Logo-Aufkleber an der Eingangstür. Vor jeder Transaktion sollten Sie trotzdem fragen, ob bei Kreditkarten-Zahlung zusätzliche Auflagen gelten wie etwa ein Mindestkaufbetrag oder ob bei Barzahlung ein Rabatt gewährt wird. Mit einer Kreditkarte können Sie auch am Bankschalter oder im Bankautomaten Geld abheben.

BANKEN

Bank Gdański SA
Gdańsk
Targ Drzewny 1. **Karte** 13 B3.
307 92 22.

Gdynia
Skwer Kościuszki 14. **Karte** 2 E5.
620 41 25.

Sopot
Pl. Konstytucji 3 Maja 1.
Karte 5 4C. 551 32 32.

Bank PEKAO SA
Gdańsk
Garncarska 23. **Karte** 13 B3.
346 37 22.

Gdynia
10 lutego 8. **Karte** 2 D5.
621 70 31.

Sopot
Reja 13/15. 550 82 00.

Narodowy Bank Polski
Gdańsk
Okopowa 1. **Karte** 13 B4.
300 48 31.

WECHSELSTUBEN

Baxy
Gdańsk
Targ Węglowy (Theater „Wybrzeże").
Karte 13 B3.
305 87 79.

Petrus
Gdańsk
Piwna 67/68. **Karte** 13 B3, C3.
305 67 97.

Xamax
Gdańsk
Długa 81/83. **Karte** 13 B4, C4.
301 63 26.

Gold-Mix
Gdynia
Świętojańska 10. **Karte** 1 E5.
620 80 29.

Merkury
Gdynia
Świętojańska 122. **Karte** 4 D1.
620 69 38.

Monte
Sopot
Bohaterów Monte Cassino 10.
Karte 6 D4.
550 39 83.

Rawex
Sopot
Morska 4. **Karte** 6 D3.
550 28 16.

POLNISCHE WÄHRUNG

WÄHRUNGSEINHEIT in Polen ist der Zloty. Ein polnischer Zloty sind 100 Groschen.

Seit dem 1. Januar 1997 sind neue Banknoten im Umlauf. Der Wert der alten war vor der Währungsreform 10 000 mal niedriger als jener der heutigen. Alte Banknoten können Sie bis 2010 in jeder Bank umtauschen; bei direkten Geldtransaktionen werden sie nicht mehr akzeptiert.

200 Zloty

Banknoten

In Polen gibt es Banknoten zu 10, 20, 50, 100 und 200 Zloty. Die Scheine mit den Porträts polnischer Herrscher sind mit einem Erkennungszeichen für Blinde versehen. Banknoten im Wert von 100 und 200 Zloty haben neben den üblichen Sicherheitskennungen zusätzliche holographische Zeichen.

50 Zloty

100 Zloty

20 Zloty

10 Zloty

Münzen

Die polnischen Münzen, die gegenwärtig im Umlauf sind, gibt es zu 1, 2 und 5 Zloty sowie zu 1, 2, 5, 10, 20 und 50 Groschen. Auf der Rückseite jeder Münze ist der polnische Adler mit Krone abgebildet.

5 Zloty

2 Zloty

1 Zloty

5 Groschen

10 Groschen

20 Groschen

50 Groschen

1 Groschen

2 Groschen

ACHTUNG

Die alten Banknoten, die noch vor kurzem im Umlauf gewesen sind, und alte Münzen, die vor Jahren aus dem Verkehr gezogen wurden, werden heute von zahlreichen Betrügern benutzt. Es lohnt sich daher, einen Blick auf die abgebildeten Scheine zu werfen.

Telefon und Post

D IE TELEFONDIENSTE in Polen leistet das Fernmeldeunternehmen Telekomunikacja Polska; der Anbieter von Postdienstleistungen ist Poczta Polska. In allen größeren und kleineren Ortschaften sowie an den Tankstellen finden Sie öffentliche Fernsprecher, auf Dörfern kann man in der Regel nur auf dem Postamt telefonieren. Bei Ferngesprächen benutzen Sie am besten ein Kartentelefon.

Öffentliche Telefonzelle

TELEFONIEREN IN POLEN

D IE ÖFFENTLICHEN Fernsprecher sind in den Städten häufig beschädigt. Telefonieren Sie am besten von einem Telefon im Postamt, dort können Sie ein Gespräch auch bestellen. Bei bestellten Gesprächen wird die Gebühr für die ersten drei Minuten im Voraus bezahlt. Kommt das Gespräch nicht zustande, bekommen Sie Ihr Geld wieder; dauert es länger als drei Minuten, zahlen Sie den Restbetrag am Schalter.

In Polen gibt es keine Münztelefone, sondern nur Jeton- und Kartentelefone. Telefonkarten und Jetons können Sie auf den Postämtern und in Zeitungskiosken kaufen. Ein A-Jeton reicht lediglich für ein dreiminütiges Ortsgespräch. Für ein Ferngespräch benötigen Sie einen C-Jeton oder eine Telefonkarte. Die Tarife für Auslandsgespräche sind konstant. Die Gebühren für Ferngespräche im Inland sind preislich nach Entfernung und Tageszeit gestaffelt: Am teuersten sind die Gespräche an Werktagen zwischen 8 und 18 Uhr; billiger können Sie zwischen 18 und 22 Uhr sowie an Samstagen, Sonn- und Feiertagen telefonieren. Am billigsten ist es zwischen 22 und 8 Uhr. Die Kosten für R-Gespräche trägt Ihr Gesprächspartner. Für die Nummern der Telefonauskunft s. S. 273.

Nach dem Abheben des Hörers ertönt das Freizeichen. Wählen Sie die gewünschte Telefonnummer. Die Verbindung erfolgt meist nach einem kurzen schwingenden Tonsignal.

JETON-TELEFON

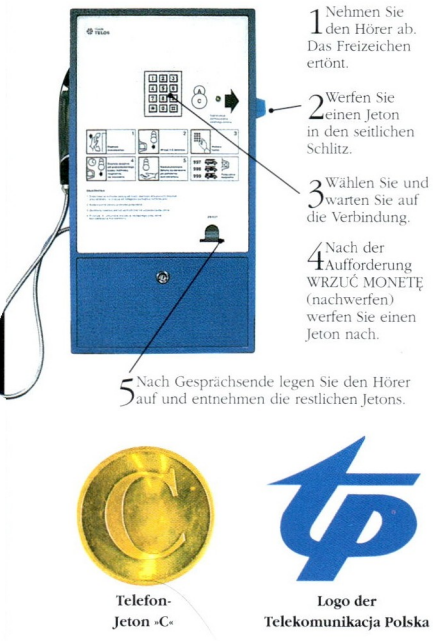

1 Nehmen Sie den Hörer ab. Das Freizeichen ertönt.

2 Werfen Sie einen Jeton in den seitlichen Schlitz.

3 Wählen Sie und warten Sie auf die Verbindung.

4 Nach der Aufforderung WRZUĆ MONETĘ (nachwerfen) werfen Sie einen Jeton nach.

5 Nach Gesprächsende legen Sie den Hörer auf und entnehmen die restlichen Jetons.

Telefon- Jeton »C«

Logo der Telekomunikacja Polska

KARTENTELEFON

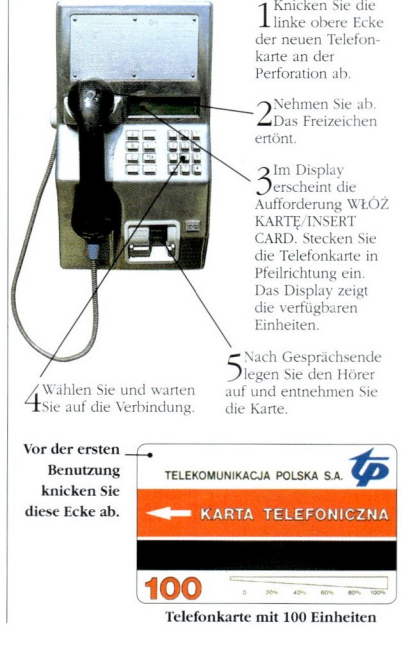

1 Knicken Sie die linke obere Ecke der neuen Telefon- karte an der Perforation ab.

2 Nehmen Sie ab. Das Freizeichen ertönt.

3 Im Display erscheint die Aufforderung WŁÓŻ KARTĘ/INSERT CARD. Stecken Sie die Telefonkarte in Pfeilrichtung ein. Das Display zeigt die verfügbaren Einheiten.

4 Wählen Sie und warten Sie auf die Verbindung.

5 Nach Gesprächsende legen Sie den Hörer auf und entnehmen Sie die Karte.

Vor der ersten Benutzung knicken Sie diese Ecke ab.

TELEKOMUNIKACJA POLSKA S.A.

KARTA TELEFONICZNA

100

Telefonkarte mit 100 Einheiten

Briefkästen: Briefe innerhalb einer Ortschaft (grün), außerhalb (rot)

NÜTZLICHE TELEFONNUMMERN

Auskunft Ortsgespräche und Vorwahlnummern ☎ 913.
Telefonauskunft für Ferngespräche ☎ 912.
Geänderte Telefonnummern ☎ 916.
Bestellung von Auslandsgesprächen ☎ 900.

Vorwahlen:
Gdańsk, Gdynia, Sopot 0 58
Starogard Gdański 0 58
Elbląg 0 55
Lębork 0 59

Wenn Sie von einem Jeton-Telefon aus anrufen, müssen Sie nach dem Freizeichen zunächst den Jeton einwerfen, dann wählen und anschließend auf die Verbindung warten. Beim Telefonieren mit einer Telefonkarte dürfen Sie nicht vergessen, vor dem Benutzen einer neuen Karte das linke obere Eck abzuknicken. Erst dann können Sie sie in den Schlitz einführen und die Verbindung herstellen.

Logo der polnischen Post

POST

POCZTA POLSKA hat ein breit gefächertes Dienstleistungsangebot. Das Unternehmen unterhält ein weites Netz an Postämtern, von denen viele in der letzten Zeit modernisiert wurden. Besucher der Stadt Danzig nutzen am häufigsten das Postamt Gdańsk 50. Es befindet sich in einem neu restaurierten Gebäude mit schmucken Buntglasfenstern. Das Postamt ist von 8 bis 20 Uhr durchgehend geöffnet, an Samstagen von 9 bis 13 Uhr. Hier können Sie Päckchen,

Briefe oder Telegramme aufgeben, Briefmarken kaufen und Inlandsüberweisungen in Auftrag geben. Die Telefonzentrale befindet sich in einem eigenen Raum und ist von 7 bis 21 Uhr geöffnet. Hier können Sie Gespräche bestellen, Faxe oder Fernschreiben aufgeben. In Gdingen liegt das Postamt Gdynia am günstigsten, in Zoppot das Postamt Sopot 1. Manche Postämter regeln ihren Kundenverkehr durch ein Nummernsystem: Am Automaten im Eingangsbereich ziehen sie ein Nummernkärtchen und warten, bis auf der Leuchtanzeige über einem Schalter Ihre Nummer erscheint.

BRIEFE UND POSTKARTEN

B RIEFMARKEN werden nicht nur auf den Postämtern verkauft. Auch an den Zeitungskiosken können Sie Briefmarken erwerben, oft aber nur mit Ansichtskarten. Wohnt der Empfänger außerhalb der Stadt, werfen Sie den Brief in einen roten Briefkasten. Grüne Briefkästen gelten nur für Postsendungen

Polnische Briefmarken

innerhalb der jeweiligen Ortschaft. Innerhalb von Polen sind Briefe zwei bis drei Tage unterwegs, Postsendungen innerhalb Europas erreichen den Empfänger nach etwa einer Woche. Möchten Sie, dass Ihre Postsendung den Empfänger möglichst schnell erreicht, schicken Sie einen Expressbrief, dazu müssen Sie ein Formular ausfüllen. Poczta Polska bietet auch einen leistungsfähigen Kurierdienst an, er ist aber relativ teuer.

Die moderne Hauptpost in Danzig (Entwurf Andrzej Sotkowski)

WICHTIGE ADRESSEN

Postämter:
Gdańsk 50
Długa 22/28.
Karte 12 D4 (13 BC)
☎ (058) 301 80 49

Gdynia 1
10 lutego 10
Karte 2 D5
☎ (058) 620 05 76.

Sopot 1
Kościuszki 2.
Karte 6 D4
☎ (058) 551 08 24.

DHL
Gdańsk
Słowackiego 200.
☎ (058) 346 14 19.

Gdynia
10 lutego 24.
Karte 2 D5
☎ (058) 627 83 99.

UPS
Gdynia
Partyzantów 35.
Karte 4 D1
☎ (058) 620 25 79.

REISEINFORMATIONEN

DANZIG hat eine direkte Flugverbindung mit Warschau (Warszawa) und einigen europäischen Flughäfen. Am einfachsten erreichen Sie die Dreistadt mit der Bahn oder mit den Bussen privater Unternehmen wie PKS oder Polski Express. Elbing (Elbląg) besitzt keinen Flughafen. In die Stadt kommen Sie am bequemsten per Bahn oder Bus.

Auch wenn es in Polen immer noch keine richtigen Autobahnen gibt, gelangen Sie ohne größere Schwierigkeiten mit Ihrem PKW auf internationalen Straßen nach Pommern. Ausländische Gäste, die eine Rundreise in Pommern planen, können mit dem Flugzeug nach Warschau reisen und bei einer Autovermietung direkt am Flughafen einen Leihwagen mieten.

Maschine der
Polnischen LOT

Das LOT-Gebäude in Danzig

ANREISE MIT DEM FLUGZEUG

DER EINZIGE Flughafen Pommerns befindet sich in Danzig. Von hier aus gibt es Direktverbindungen nach London, Kopenhagen und Hamburg. Flüge nach und aus Warschau gibt es vier- bis sechsmal täglich. Der Flug dauert ca. eine Stunde. Warschau hat Flugverbindungen mit 40 Städten in 28 Ländern; mit einer Zwischenlandung in Warschau können Sie sehr bequem in Danzig anreisen.

FLUGTICKETS

BILLIGTICKETS können Sie im Rahmen von Sondertarifen wie PEX, APEX oder SUPERAPEX kaufen, allerdings müssen Sie auch bestimmte Reservierungskonditionen, Buchungstermine und

Gültigkeitsdauern des Tickets beachten. Die polnische Fluggesellschaft LOT bietet zahlreiche Preisvergünstigungen für Kinder, Studenten, Senioren und Reisegruppen. Möchten Sie während Ihres Aufenthaltes in Pommern ein Flugticket buchen, wenden Sie sich an das LOT-Büro in Danzig.

FLUGHAFEN

DER DANZIGER Flughafen liegt im Westen der Stadt, im Stadtteil Rębiechowo. Er ist zwar nicht sehr groß, bietet aber eine zufrieden stellende Infrastruktur: Schalter der Fluggesellschaften, eine Wechselstube und Büros der Autovermietungsfirmen. Vom Flughafen aus können Sie mit der Buslinie 110 bis nach Wrzeszcz (Langfuhr) und mit der Buslinie B ins Stadtzentrum von Danzig

fahren. Vor dem Flughafen stehen Taxis, sie sollten jedoch mit hohen Fahrpreisen rechnen. Am günstigsten und sichersten fahren Sie mit den großen Taxigesellschaften (*siehe S. 278*).

WICHTIGE ADRESSEN

Flughafen
Gdańsk Rębiechowo
Słowackiego 200.
☎ 348 11 63 (8–19).
24-Stunden-Infoservice ☎ 952/953.

LOT SA
Gdańsk
Wały Jagiellońskie 2/4.
Karte 12 D4 (13 B3)
☎ 301 11 61

Gdynia Traugutta 2.
Karte 4 D1
☎ 620 85 79

SAS
Gdańsk .
Słowackiego 200.
☎ 341 31 11

Stewardess der LOT

AUTOVERMIETUNG

Hertz
Gdańsk
Heweliusza 22.
Karte 12 D3 (13 C1)
auch: Flughafen Rębiechowo
☎ *301 40 45*

Avis
Gdańsk
Długa 76.
Karte 12 D4 (13 B4)
auch: LOT-Gebäude
☎ *301 88 18*

Euro Prestige
Gdynia, ul. Batorego 22/1.
☎ *661 49 28*

ANREISE MIT DER BAHN

D ANZIG und Pommern verfügen über gute Eisenbahnverbindungen in die übrigen Regionen Polens und viele europäische Städte. Aus Südpolen und den europäischen Hauptstädten kommen Sie am schnellsten mit dem InterCity über Warschau nach Danzig, Gdingen und Zoppot. Die Züge fahren zwar auch über Malbork (Marienburg) und Tczew (Dirschau), halten hier jedoch nicht an. In beiden Städten halten dafür alle weiteren Express-, Eil- und Personenzüge.

Die Eisenbahn in Polen ist ein staatliches Unternehmen (Polskie Koleje Państwowe – PKP). Das Eisenbahnnetz ist sehr dicht. In der Regel ist die Anreise mit einem Fernzug schneller als die Auto- oder Busfahrt.

Leider sind die Abteile und Toiletten nicht sehr sauber.

Emblem der Bahn

TICKETS UND PLATZRESERVIERUNG

B AHNTICKETS sind in Polen immer noch viel billiger als in westeuropäischen Ländern. Fahrkarten erhalten Sie an Bahnhöfen, kleineren Bahnstationen und in den Verkaufsstellen des Reisebüros Orbis.

Falls Sie eine Zugfahrt in der Hochsaison oder am Wochenende planen, sollten Sie sich rechtzeitig um eine Platzreservierung bemühen. Wenn Sie das Bahnticket in der Saison direkt vor Ihrer Abreise kaufen möchten, sollten Sie eine halbe Stunde vor Abfahrt am Bahnhof sein, denn die Schlangen vor den Schaltern können sehr lang sein. Fahrkarten für Personen- und Eilzüge garantieren Ihnen keinen Sitzplatz.

Für alle Züge, die im Fahrplan mit dem Buchstaben R bezeichnet sind, benötigen Sie eine Platzkarte. In diesen Zügen müssen Passagiere ohne Platzkarte Aufschläge zahlen. Haben Sie es nicht geschafft, die Fahrkarte am Schalter zu kaufen, wenden Sie sich direkt beim Einsteigen an den Schaffner. Beim Kauf der Fahrkarte im Zug wird eine zusätzliche Bearbeitungsgebühr erhoben.

BAHNHÖFE

D IE GRÖSSTEN Bahnhöfe mit dem stärksten Zulauf in Ostpommern sind die Hauptbahnhöfe von Danzig und Gdingen: Gdańsk Główny *(siehe S. 99)* und Gdynia-Główna Osobowa. Beide Bahnhöfe liegen an derselben Eisenbahnlinie. Hier halten fast alle nationalen und internationalen Züge, die die Dreistadt zum Ziel haben. Am Danziger Hauptbahnhof halten die Züge nur ein paar Minuten. Um den Bahnhof zu verlassen, gehen Sie unterirdisch zur Rolltreppe. Diese führt zu dem großen Busbahnhof PKS. Im Danziger Hauptbahnhof befinden sich außer den Fahrkarten- und Auskunftsschaltern Reservierungsbüros, eine Wechselstube

Hauptbahnhof in Danzig

und ein großes Einkaufszentrum mit Läden, Bars und Imbiss-Ständen. Die Infrastruktur des Hauptbahnhofs in Gdingen ist ebenfalls zufrieden stellend.

Weitere wichtige Bahnhöfe in der Region sind Malbork (Marienburg), Tczew (Dirschau), Sopot (Zoppot), Elbląg (Elbing). Tczew und Malbork sind große Umsteigebahnhöfe.

TELEFONNUMMERN

Bahnauskunft
in der Dreistadt
☎ *94 36*
Gdańsk
☎ *308 52 60*
☎ *301 11 12*
Gdynia
☎ *621 67 01*
☎ *620 09 92*
Sopot
☎ *551 00 31*
☎ *551 54 11*

Platzreservierung
Gdańsk
☎ *308 59 68*

InterCity

Unterwegs in Pommern

MIT DER BAHN können Sie auf angenehme Art und Weise ganz Ostpommern bereisen und sehr viele Ortschaften der Region erreichen. Zahlreiche und relativ schnelle Expresszüge fahren aus verschiedenen polnischen Städten in die Dreistadt. Danzig, Zoppot, Gdingen und Wejherowo (Neustadt) verbindet die Städtische Schnellbahn (Szybka Kolej Miejska – SKM). Ein interessantes Erlebnis bietet eine Zugreise quer über die Halbinsel Hela (Półwysep Helski). Die Zugverbindungen zwischen den größeren pommerschen Städten sind gut. Wer kleine Ortschaften besuchen möchte, kommt oft schneller mit dem Bus ans Ziel.

Historische Überdachung am Hauptbahnhof von Danzig

MIT DEM ZUG UNTERWEGS

DAS EISENBAHNENNETZ in Pommern ist sehr dicht, dennoch werden Sie nicht jedes Ziel mit der Bahn am schnellsten erreichen. Von Danzig aus gelangen Sie bequem mit Nahverkehrszügen nach Tczew (Dirschau), Malbork (Marienburg), Kościerzyna (Berent) und Puck (Putzig). Bequem und schnell fahren sie auch nach Lębork (Lauenburg). Bevor Sie sich für eine Bahnfahrt entscheiden, sollten Sie jedoch die Zug- mit den Busfahrplänen vergleichen. Möchten Sie in der Saison aus der Dreistadt nach Hela fahren, sollten Sie auch nach den Schiffs- verbindungen fragen *(siehe S. 280).*

Wer ins Kociewie reisen möchte, sollte mit der Bahn von Bydgoszcz (Bromberg) oder Tczew (Dirschau) aus

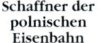

Schaffner der polnischen Eisenbahn

fahren. In Tczew, dem Eisenbahnknotenpunkt der Region, kreuzen sich die Eisenbahnlinien nach Starogard Gdański (Preußisch Stargard) und Chojnice (Konitz) sowie nach Pelplin und Gniew (Mewe).

Auf der Fahrt nach Elbing (Elbląg) müssen sie in der Regel in Malbork umsteigen, wenn Sie nicht in einem Direktzug zwischen Danzig und Warschau unterwegs sind. Von Elbing aus gelangen Sie mit der Bahn an das Frische Haff (Zalew Wiślany). Wir empfehlen Ihnen dennoch, dorthin mit dem Bus zu fahren, denn es gibt nicht sehr viele Züge zum Haff.

NAHVERKEHRSZÜGE

DIE DREISTADT ist mit allen größeren Ortschaften Pommerns durch Nahverkehrszüge verbunden. Sie sollten zuerst mit dem

Eilzug einen größeren Ort anfahren und dort in einen Nahverkehrszug umsteigen. Letztere halten an jeder Station, die Reise kann ziemlich lange dauern. Vor 8 Uhr morgens und nach 15 Uhr sind diese Züge mit Schülern stark überfüllt. Die Fahrkarten erhalten Sie am Bahnhof. Die größten Umsteigebahnhöfe der Nahverkehrsbahn sind Tczew (Dirschau) und Malbork (Marienburg). Einige Nahverkehrszüge haben zweistöckige Wagons.

SICHERHEIT

HOOLIGANS trifft man am häufigsten in den Abteilen der Städtischen Schnellbahn (SKM) und der Nahver- kehrszüge. Um Rempeleien aus dem Weg zu gehen, steigen Sie nicht in menschen- leere Wagons ein. In der Städtischen Schnellbahn sollten Sie abends die vorderen Waggons besteigen, dort treffen Sie immer auf weitere Reisegäste. In nächtlichen Fernzügen suchen Sie am besten nach einem Abteil, in dem vertrauens- würdige Gäste sitzen. Tragen Sie Ihr Geld immer bei sich und packen Sie es tief in eine Tasche ein. Möchten Sie das Abteil kurz verlassen, lassen Sie auf keinen Fall Geld oder Wertsachen zurück. Akzeptieren Sie keine Getränke von Mitreisenden, manche Diebe versuchen ihre Opfer auf diese Weise zu betäuben.

Der Hauptbahnhof in Danzig

Städtische Schnellbahn (SKM)

Hinweisschild zur Städtischen Schnellbahn

DIE SCHNELLSTE und einfachste Art, sich in der Dreistadt zu bewegen, ist eine Fahrt mit der Städtischen Schnellbahn (Szybka Kolejka Miejska). Sie verkehrt zwischen Danzig (Gdańsk Główny), Zoppot (Sopot), Gdingen (Gdynia) und Wejherowo (Neustadt) und verbindet Danzig mit dem Neuen Hafen (Nowy Port). Die Stationen sind wenige Kilometer voneinander entfernt.

Wagon der Städtischen Schnellbahn

DIE STÄDTISCHE SCHNELLBAHN

DIE ZÜGE fahren regelmäßig alle paar Minuten. Die Fahrtrichtung wird auf den Gleisen der Haltestellen angezeigt. An manchen Haltestellen befinden sich Uhren, an denen Sie die Abfahrtszeit der nächsten Bahn ablesen können. Leider funktionieren sie nicht immer einwandfrei. Ein Plan der Schnellbahnlinie befindet sich in jedem Wagon und auf der Fahrkartenrückseite.

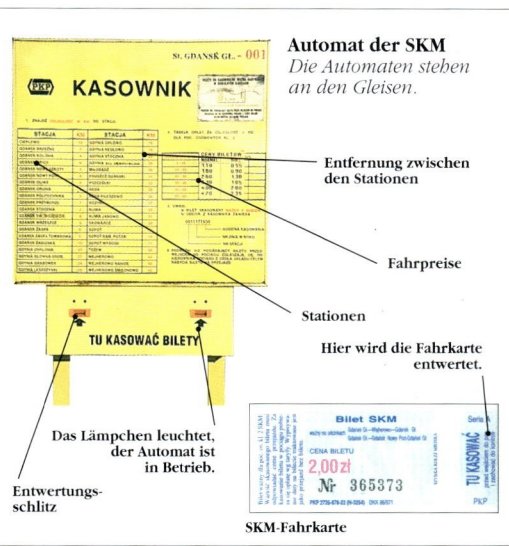

Automat der SKM
Die Automaten stehen an den Gleisen.

Entfernung zwischen den Stationen

Fahrpreise

Stationen

Hier wird die Fahrkarte entwertet.

Das Lämpchen leuchtet, der Automat ist in Betrieb.

Entwertungs-schlitz

SKM-Fahrkarte

Auskunftstafel mit Abfahrtzeit

FAHRKARTEN

FÜR DIE BAHNFAHRT benötigen Sie eine gültige Sonderfahrkarte der SKM, die Sie an den Schaltern der Bahnstationen oder in Zeitungskiosken kaufen können. Der Preis der Fahrkarte richtet sich nach der Distanz, die Sie zurücklegen wollen.

An manchen Haltestellen sind Fahrkartenautomaten aufgestellt. Die Fahrkarte müssen Sie am Gleis in dem dafür vorgesehenen Automaten entwerten. Das Aufleuchten eines Lämpchens bestätigt den Vorgang. Leider sind die Lämpchen häufig kaputt oder mit Farbe verschmiert.

SCHEMA DER SCHNELLBAHNLINIE

- Wejherowo
- Wejherowo Nanice
- Wejherowo Śmiechowo
- Reda Pieleszewo
- Reda
- Rumia
- Rumia Janowo
- Gdynia Chylonia
- Gdynia Leszczynki
- Gdynia Grabówek
- Gdynia Stocznia
- Gdynia Główna Osobowa
- Gdynia Wzgórze św. Maksymiliana
- Gdynia Redłowo
- Gdynia Orłowo
- Sopot Kamienny Potok
- Sopot
- Sopot Wyścigi
- Gdańsk Żabianka
- Gdańsk Oliwa
- Gdańsk Przymorze
- Gdańsk Zaspa
- Gdańsk Wrzeszcz
- Gdańsk Politechnika
- Gdańsk Stocznia
- Gdańsk Główny

Gdańsk Nowe Szkoty
Gdańsk Kolonia
Gdańsk Zaspa Tow.
Gdańsk Brzeźno
Gdańsk Nowy Port

Fahrplan

Unterwegs in der Dreistadt

DIE SEHENSWÜRDIGKEITEN der Dreistadt suchen Sie am besten zu Fuß auf, denn viele Straßen in den Innenstädten sind für den Verkehr gesperrt. Die Fahrpreise für öffentliche Verkehrsmittel sind nicht sehr hoch. Das System der Sondertickets ist ziemlich kompliziert. Holen Sie rechtzeitig entsprechende Auskünfte ein.

Bus der Linie 112 in Danzig

FUSSGÄNGER

BESICHTIGUNGEN in der Danziger Altstadt, dem Zentrum von Gdingen und in der Innenstadt von Zoppot gelingen am besten zu Fuß. Die gesamte Danziger Rechtstadt bildet eine große verkehrsberuhigte Zone, einige Straßen sind reine Fußgängerzonen. Viele Straßen sind nur für Taxis und Anlieger frei. Die wichtigsten Bauwerke der Stadt wie das Rechtstädtische Rathaus, der Artushof und die Marienkirche liegen nahe beieinander. In Zoppot laufen Sie vom Bahnhof an der Bohaterów Monte Cassino entlang bis zum Strand nicht länger als 15 Minuten.

Fußgänger- überweg

TAXIS

NUTZEN Sie am besten die Taxis, die einer größeren Gesellschaft angeschlossen sind. Deren Fahrzeuge erkennen Sie daran, dass neben der Aufschrift TAXI der Name der Firma und ihre Telefonnummer steht. Bei telefonischer Bestellung eines Taxis werden keine zusätzlichen Gebühren erhoben. Bei Fahrten nach 22 Uhr, an Sonn- und Feiertagen sowie in abgelegene Stadtteile wird dagegen eine höhere Kilometergebühr berechnet. Per Telefon können Sie Taxis rund um die Uhr bestellen.

TAXIRUF

(bei Telefonbestellung gewähren manche Taxigesellschaften Preisnachlässe von 20–30 Prozent)

Danzig
City Taxi ☎ 91 93.
Escort ☎ 96 24.
Hallo Taxi ☎ 91 97.
Milano ☎ 96 27.
Super Halo Taxi ☎ 91 91.
Taxi Plus ☎ 96 25.

Zoppot
Hallo Taxi ☎ 96 22.
Taxi Service ☎ 91 94.
Taxi Sopot ☎ 551 02 70.

Gdingen
Radio Taxi ☎ 91 99.
Taxi Plus ☎ 620 04 00.

BUSSE

IN DER DREISTADT fahren Busse der Linien 100 bis 200, sie halten an jeder Haltestelle. Außerdem verkehren Schnellbusse. Die Schnellbuslinien sind mit Buchstaben gekennzeichnet. In den Spitzenzeiten werden zusätzliche Fahrzeuge eingesetzt.

Von 23 bis 5 Uhr verkehren Nachtbusse mit Nummern über 400. Die Busfahrten in der Nacht sind teurer als am Tage. Sie müssen mehrere Fahrkarten entwerten. Die Fahrkarten können Sie beim Fahrer kaufen. In Gdingen fahren alle Nachtbusse zum plac Konstytucji, in Danzig zum Hauptbahnhof.

Die übrigen Ortschaften in Ostpommern sind meistens sehr klein und nur wenige

Seitliches Nummernschild eines Busses

Buslinien fahren dorthin. In der Regel halten die Busse in der Nähe der örtlichen Bahnstation. Dort können Sie umsteigen und mit einem lokalen Bus der PKS weiterfahren. Manche Stadtbusse fahren in die Nachbarorte der Städte; Sie können etwa mit einem Stadtbus aus Malbork (Marienburg) nach Sztum (Stuhm) fahren.

Straßenschilder

Danziger Taxi

Straßenbahn

STRASSENBAHNEN

S TRASSENBAHNEN sind ein bequemes Verkehrsmittel in Danzig und Elbing. In Elbing existiert die elektrische Straßenbahn seit 1895. Ein Jahr später wurden die ersten Straßenbahnen in Danzig eingeführt. In der Dreistadt fahren die Straßenbahnen nur bis zur nördlichen Stadtgrenze von Danzig. Wer nach Zoppot (Sopot) oder Gdingen (Gdynia) weiterfahren möchte, sollte in die Städtische Schnellbahn oder in einen Bus umsteigen. Die Fahrt der meisten Straßenbahnlinien in Danzig endet am Hauptbahnhof.

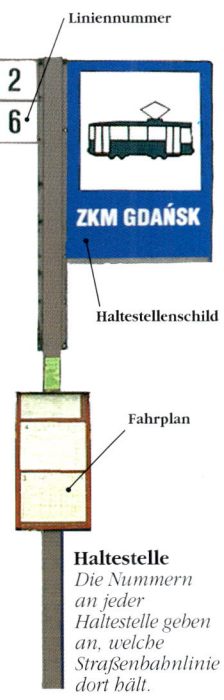

Liniennummer

Haltestellenschild

Fahrplan

Haltestelle
Die Nummern an jeder Haltestelle geben an, welche Straßenbahnlinie dort hält.

OBERLEITUNGSBUSSE

O -BUSSE gibt es in Gdingen und Zoppot. Die Fahrt mit einem O-Bus ist mit der Fahrt in einem Linienbus zu vergleichen. Die O-Buslinien tragen die Nummern von 20 bis 30.

O-Bus in der Dreistadt

SICHERHEIT

I N STRASSENBAHNEN und Bussen sollten Sie gut auf Wertgegenstände achten. Seien Sie vorsichtig, auf manchen Linien sind Taschendiebe aktiv. Bevor Sie in das Fahrzeug einsteigen, stecken Sie ihr Geld sicher weg, nicht in eine offene Tasche und nicht in eine äußere Manteltasche.

FAHRKARTEN

I N FAST jeder Stadt in Ostpommern sind die Fahrkarten anders, auch die Preise sind unterschiedlich. Besonders in Dreistadt kann der Kauf einer Fahrkarte Schwierigkeiten bereiten, denn in Danzig, Gdingen und Zoppot gelten unterschiedliche Fahrscheine.

Die einfachen Tickets in Gdingen und Zoppot haben einen Einheitspreis und gelten für Busse und O-Busse. In Danzig dagegen richtet sich der Fahrpreis nach der Fahrzeit. Für einen ortsunkundigen Touristen kann die Feststellung des Fahrkartenpreises zur höheren Mathematik werden. Am besten schauen Sie in den Fahrplan und stellen die Fahrzeit fest, es gelten verschiedene Preiskategorien für

bis zu 10, 30, 45 Minuten und bis zu einer Stunde Fahrdauer.

In größeren Städten können Sie eine Tageskarte oder an Feiertagen eine Gruppenkarte kaufen. Die Gruppenfahrkarte gilt an Samstagen und Sonntagen für Gruppen bis zu 5 Personen.

Kinder vom 4. bis zum 14. Lebensjahr erhalten auf ihre Fahrkarte eine Ermäßigung. Preisnachlässe stehen auch anderen Personen zu, sofern sie über einen entsprechenden Ausweis verfügen. Personen über 75 Jahre fahren kostenlos.

FAHRKARTENENTWERTUNG

F AHRKARTEN, die Sie im Kiosk gekauft haben, müssen Sie sofort nach dem Besteigen des Fahrzeugs entwerten.

Die Fahrkartenkontrollen werden stichprobenartig durchgeführt. Die Kontrolleure erscheinen in Zivilkleidung, müssen aber an ihrer Kleidung eine Erkennungsmarke tragen. Schwarzfahrer werden direkt vor Ort zur Kasse gebeten. Sie können aber auch eine Quittung verlangen und den Betrag beim Postamt später bezahlen. Diese Möglichkeit haben ausländische Passagiere nicht. Wer sich gegen die Bezahlung der Strafe zur Wehr setzt, muss aufs Revier.

Fahrkarten für öffentliche Verkehrsmittel müssen Sie sofort nach Fahrtantritt entwerten und aufbewahren.

Der Preis richtet sich nach der Fahrtzeit.

Entwertungsstreifen.

Fahrkarten
Die Fahrkarten in Danzig haben je nach Preis eine andere Farbe.

Unterwegs in Pommern mit Bus und Schiff

GDAŃSK

Logo der PKS

DANZIG hat sehr gute Busverbindungen zu anderen Städten in Polen. Der Busbahnhof in Danzig befindet sich am Hauptbahnhof, mit dem er durch einen unterirdischen Gang und eine Rolltreppe verbunden ist. Die meisten Fern- und Nahverkehrsbusse gehören zum großen staatlichen Busunternehmen Państwowa Komunikacja Samochodowa (PKS). Die Fahrzeuge im nationalen Busverkehr sind nicht sehr neu, dafür wurde in den letzten Jahren der Service wesentlich verbessert.

Bus der Firma PKS

BUSVERKEHR

DIE KLEINEN Orte in Pommern, auch die ans Bahnnetz angeschlossenen, erreichen Sie am schnellsten mit Bussen; sie fahren häufiger als die Nahverkehrszüge. Mit dem Bus kommen Sie in fast jeden Ort in Ostpommern. Die Fahrkarten erhalten Sie an den Fahrkartenschaltern der Bahnhöfe und Busstationen, in manchen Kiosken und direkt beim Fahrer. Die örtlichen Busse sind in der Regel sehr pünktlich. Seltene Verspätungen von einigen Minuten sollten Sie nicht abschrecken.

INTERNATIONALE BUSLINIEN

IN DER DREISTADT gibt es zahlreiche Busunternehmen, die internationale Buslinien betreiben. Sie halten an verschiedenen Standorten: in Danzig meistens am Haupt- und Busbahnhof sowie vor dem Sitz der NOT (Organisation für Technik) in der Rajska 6.

Nach den Fahrplänen der internationalen Buslinien erkundigen Sie sich am besten in den Reisebüros der Stadt;

Sie finden sie auch, einschließlich der Fahrpreise, in der Wochenendausgabe der Gazeta Morska *(siehe S. 276f).*

SCHIFFSVERKEHR

DIE LAGE der Dreistadt an der Putziger Wiek (Zatoka Pucka) eignet sich sehr gut für den Schiffsverkehr zu den anderen Häfen und Anlegestellen. Hier legen sowohl Schiffe der Weißen Flotte an, die zwischen den polnischen Ostseebädern verkehren, als auch größere Fährschiffe, mit denen Sie zu den anderen Ostseehäfen fahren können.

FÄHRVERKEHR

AUS SKANDINAVIEN kommen Sie bequem mit den großen Ostseefähren nach Danzig und Pommern. Fahrkartenreservierung und -verkauf bieten die polnische Ostseeschifffahrtsgesellschaft (Polska Żegluga Bałtycka SA) und einige Niederlassungen des Reisebüros Orbis. Der Fahrkartenschalter direkt im Fährhafen schließt 15 Minuten vor der planmäßigen Abfahrt des Schiffes. Bis dahin müssen auch alle Passagiere an Bord einchecken.

Danzig hat eine direkte Fährverbindung mit Oxelösend in Schweden. Mit einmaligen Umsteigen setzen Sie per Fähre von Danzig aus bis nach Helsinki und Turku in Finnland.

WEISSE FLOTTE

MIT DEN weiß gestrichenen Fahrzeugen der Küstenschifffahrt sollten Sie unbedingt einen Ausflug in die

Dworzec PKS

Informationsschild am Bahnhof

Katamaran auf der Mottlau

Putziger Wiek (Zatoka Pucka) oder eine Hafenrundfahrt unternehmen. Von Frühjahr bis in den Herbst hinein werden verschiedene Routen angeboten, etwa auf die Halbinsel Hela (Półwysep Helski), in die Häfen von Gingen und Danzig, zur Westerplatte oder eine Kurzfahrt über die Bucht. Auch das Frische Haff (Zalew Wiślany) können Sie auf diese Weise besichtigen. Die Abfahrtszeiten der Schiffe entnehmen Sie den Tafeln an den Anlegestellen oder erfragen sie bei der Schifffahrtsgesellschaft Żegluga Ltd.

BINNENSCHIFFFAHRT

VOR 1939 konnte man mit einem Ausflugsschiff von Krakau (Kraków) bis nach Adlershorst (Orłowo) fahren. Heute ist die Weichselschifffahrt stillgelegt. Wir empfehlen Ihnen einen Schiffsausflug von Elbing (Elbląg) nach Osterode (Ostróda) auf dem Oberländischen Kanal (Kanał Elbląski). Besondere Attraktion dieser Reise sind nicht nur die vielen Schleusen, sondern ganz besonders die Fahrt mit dem Schiff übers Land auf den geneigten Ebenen *(siehe S. 225).*

WICHTIGE ADRESSEN

Fährauskunft
☎ (0 58) 343 18 87.

Fähranlegestelle PŻB SA
Gdańsk
Przemysłowa 1.
Karte 10 E1.
Reservierung-Personen-
und Güterverkehr
☎ (0 58) 343 18 87, 551 23 86.
FAX (0 58) 343 65 74.

»Żegluga« Ltd.
Gdańsk
☎ (0 58) 301 49 26.

Gdynia
☎ (0 58) 620 26 42.

Elbląg
☎ (0 55) 232 73 19.

**Żegluga Ostródzko-
-Elbląska**
Elbląg
☎ (0 55) 233 43 07.

STRÄNDE UND BADEANSTALTEN IN OSTPOMMERN

DIE MEISTEN SOMMERGÄSTE kommen wegen der wunderbaren Kulturdenkmäler oder zur Erholung nach Ostpommern. Das größte Menschengedränge herrscht hier besonders dann, wenn die Sommer besonders warm und trocken sind. Die pommerschen Strände ziehen sich entlang der gesamten polnischen Ostseeküste. Die Karte zeigt die wichtigsten Badestellen an den bewachten Strandabschnitten. Wegen Umweltverschmutzung darf nicht überall gebadet werden. Informationen über die für Badegäste gesperrten Strände werden jeden Sommer in der Lokalpresse veröffentlicht. Die schmutzigsten Stellen liegen am südlichen Ufer des Frischen Haffs (Zalew Wiślany). Zum Glück wird die Anzahl der verschmutzten Strände von Jahr zu Jahr geringer. An den Stränden gibt es zahlreiche Bars und Fischbratereien. An manchen Stellen können Sie Motorboote oder Wasserski leihen. Es gibt auch zahlreiche Attraktionen für die jüngsten Strandbesucher. Wenn das Wetter schlecht ist, wird an den bewachten Stränden eine schwarze Fahne gehisst, dann ist das Baden verboten.

Mit dem Auto unterwegs in der Dreistadt und Pommern

EIN AUTOAUSFLUG in Pommern kann zur Erlebnistour geraten. Viele interessante Ortschaften sind mit öffentlichen Verkehrsmitteln leider noch nicht zu erreichen, obwohl die Verbindungen in den letzten Jahren deutlich besser geworden sind. Das Auto bringt Sie überall hin. Besonders nützlich ist es in der Kaschubei. Die Fahrt auf den malerischen und kurvenreichen Straßen hinterlässt unvergessliche Eindrücke. Von Fahrten im Stadtzentrum von Danzig ist entschieden abzuraten. Viele Straßen sind für den Verkehr gesperrt oder nur für Anlieger frei. Die Stadt erkunden Sie am besten zu Fuß.

Kaschubische Landstraße

ANREISE MIT DEM AUTO

AUTOFAHRER benötigen in Polen einen gültigen Führerschein; ausländische Führerscheine werden ohne weiteres akzeptiert. Außerdem sollten Sie den Fahrzeugschein mit sich führen; bei Leihwagen werden alle entsprechenden Dokumente und ein Haftpflichtversicherungsschein verlangt. Wer mit einem Fahrzeug mit ausländischem Kennzeichen reist, muss im Besitz der Grünen Versicherungskarte sein.

In ganz Polen herrscht Gurtpflicht. Kinder bis zum 10. Lebensjahr dürfen nur auf dem Rücksitz reisen; Babys und Kleinkinder dürfen nur in altersgerechten verkehrs-sicheren Kindersitzen

mitfahren. Vom 1. Oktober bis zum 1. März müssen die Autos auch tagsüber mit Abblendlicht fahren.

Über die in Polen zulässigen Höchstgeschwindigkeiten informieren Schilder an den Grenzübergängen. Radarkontrollen werden sehr oft durchgeführt; Raser müssen mit hohen Geldstrafen rechnen. In Polen gelten sehr strenge Vorschriften in Bezug auf Alkohol am Steuer (0,2 Promille). Rechnen Sie mit Alkotests, auch wenn Sie sicher sind, keine Ordnungswidrigkeit begangen zu haben.

MIETWAGEN

AUTOVERMIETUNG ist in Polen eine teure Angelegenheit. Mieten Sie Ihren Leihwagen rechtzeitig und am besten bei einer internationalen Firma mit Niederlassung in Pommern *(siehe S. 275)*. Bevor Sie den Wagen mieten, erkundigen Sie sich, ob er gegen Diebstahl versichert ist. Große Verleihfirmen sind in der Dreistadt vertreten.

STADTVERKEHR

DER AUTOVERKEHR in den polnischen Städten ist nicht so stark wie in den westeuropäischen Ländern. In den Hauptverkehrszeiten und überall dort, wo Bauarbeiten durchgeführt werden, sollten Sie dennoch mit Staus rechnen. Am schwierigsten gestaltet sich der Autoverkehr in der Danziger Innenstadt. Der größte Teil des historischen Zentrums liegt im Bereich einer verkehrsberuhigten Zone, nur Anlieger und Taxis dürfen hier

Straßenschild im Zentrum

durchfahren. Die Fahrt nach Oliva (Oliwa), Zoppot (Sopot) und Gdingen (Gdynia) ist selten mit Schwierigkeiten verbunden, denn die gesamte Dreistadt wird durch eine zweispurige Allee verbunden, die von Süden nach Norden verläuft.

Gebührenpflichtiger Parkplatz

PARKEN

IN DEN STADTZENTREN der Dreistadt kann die Parkplatzsuche ergebnislos verlaufen, obgleich in den meistbesuchten Stadtteilen von Danzig, Zoppot und Gdingen bezahlte Parkplätze existieren. Die Parksituation in den Stadtzentren wird durch Parkuhren geregelt *(siehe Kasten auf der nächsten Seite)*. Stellen Sie Ihr Fahrzeug am besten auf einem der bewachten Parkplätze ab; sie sind wesentlich preisgünstiger und problemlos zu finden. Mit einem teuren Fahrzeug sollten Sie auf jeden Fall auf einen bewachten Parkplatz fahren, selbst dann, wenn Sie das Fahrzeug nur für eine kurze Zeit abstellen möchten. Lassen Sie kein Gepäck im Fahrzeug liegen, auch dann nicht, wenn Sie nur einen kurzen Waldspaziergang machen möchten und weit und breit keine Seele zu sehen war.

Beginn des Halteverbots

Hinweisschild

PARKAUTOMATEN UND -UHREN

In Danzig und Zoppot werden zwei verschiedene Sorten von Parkuhren eingesetzt. In beide müssen Sie entweder Münzen oder Jetons einwerfen. Die Jetons können Sie am Kiosk kaufen.

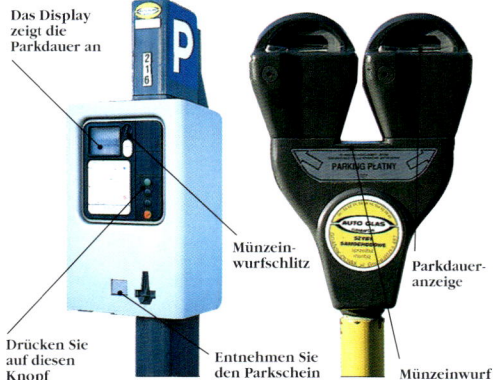

Das Display zeigt die Parkdauer an

Münzeinwurfschlitz

Parkdaueranzeige

Drücken Sie auf diesen Knopf

Entnehmen Sie den Parkschein

Münzeinwurf

Parkautomaten stehen in geringen Abständen. Nach dem Einparken entnehmen Sie den Parkzettel mit der gewählten Parkdauer und legen ihn hinter die Windschutzscheibe.

Parkuhren stehen direkt an dem jeweiligen Parkplatz. Nach dem Münzeinwurf erscheint – wie in anderen europäischen Ländern auch üblich – die Parkdauer, für die Sie das Fahrzeug dort abstellen können.

Jeder Autofahrer, der sein Fahrzeug widerrechtlich geparkt hat, muss mit einer hohen Geldstrafe rechnen. Die städtischen Ordnungshüter sind berechtigt, mit Hilfe von Radkrallen das Auto zu fixieren, bis Sie bezahlt haben. An wen Sie sich in einem solchen Fall wenden müssen, entnehmen Sie dem Strafzettel, der hinter dem Scheibenwischer klemmt. Haben Sie Ihr Auto in einem verkehrsgefährdenden Bereich geparkt, müssen Sie damit rechnen, dass es auf einen Polizeiparkplatz abgeschleppt wird. In diesem Fall wenden Sie

sich an die Polizei. Die Herausgabe des Fahrzeugs erfolgt nach Bezahlung der Strafe. Die Polizei unterhält meistens sehr abgelegene Parkplätze.

AUTOFAHREN AUSSERHALB DER STADT

DIE LANDSTRASSEN in Pommern sind nicht sehr überfüllt. Mit einem stärkeren Verkehrsaufkommen sollten Sie eigentlich nur auf den internationalen Straßen rechnen. Dort werden Sie oft von Lastkraftwagen behindert. Im Sommer sollten Sie in den landwirtschaftlichen Regionen

besonders vorsichtig fahren, jederzeit kann Ihnen dort ein Mähdrescher entgegenkommen, der die Straße vollkommen blockiert. Besonders schön sind Fahrten entlang der alten Alleen, die wie grüne Tunnel wirken. Die Fahrt erfordert allerdings höchste Aufmerksamkeit und Vorsicht, die ständigen Lichtbrechungen an sonnigen Tagen ermüden schnell die Augen. Schalten Sie herunter und fahren Sie langsamer.

TANKSTELLEN

AN DEN INTERNATIONALEN Straßen in Polen gibt es mittlerweile sehr viele moderne Tankstellen. Die meisten sind rund um die Uhr geöffnet und mit Laden, Bar und Café ausgestattet. In abgelegenen Gegenden kann das Tanken zum Problem werden, zumal Tankstellen hier an Sonntagen und nachts geschlossen sind. Polnische Tankstellen akzeptieren nur selten Kreditkarten. Autowerkstätten finden Sie in allen größeren Städten. Sie erkennen sie an einem speziellen Schild. Bei größeren Problemen können Sie den Pannendienst rufen.

Einfahrt auf eine Autofähre

Textregister

Danksagung/Bildnachweis

Der Verlag dankt allen Personen und Institutionen, die uns Abbildungen zum Abdruck in diesem Werk aus ihrem Archiv zur Verfügung gestellt oder uns die Wiedergabe von Bildern und Objekten aus ihrem Bestand gestattet haben. Der Dank geht an:

Biblioteka PAN in Gdańsk (Bibliothek der Polnischen Akademie der Wissenschaften in Danzig),
Dwór Artusa in Gdańsk (Artushof in Danzig),
Filmoteka Polska in Warszawa (Polnische Filmothek in Warschau; Jan Słodowski),
Instytut Historii i Kultury Materialnej PAN in Gdańsk (Institut für Geschichte und Kultur in Danzig),
Katedra in Oliwa (Kathedrale in Oliva; Prälat Brunon Kędziorski),
Katedra in Pelplin (Kathedrale in Pelplin),
Kościół św. Brygidy in Gdańsk (St. Brigitte in Danzig; Pfarrer Henryk Jankowski),
Kościół św. Elżbiety in Gdańsk (St. Elisabeth in Danzig),
Kościół św. Józefa in Gdańsk (St. Joseph in Danzig),
Kościół św. Katarzyny in Gdańsk (St. Katharina in Danzig),
Kościół Mariacki in Gdańsk (Marienkirche in Danzig; Pfarrer Bogdanowicz),
Kościół św. Mikołaja in Gdańsk (St. Nikolai in Danzig),
Kościół Świętych Piotra i Pawła in Gdańsk (St. Peter und Paul in Danzig),
Kościół św. Trójcy in Gdańsk (St. Trinitatis in Danzig),
Muzeum Archeologii in Gdańsk (Archäologisches Museum in Danzig),
Muzeum Historii Miasta Gdańska (Geschichtsmuseum der Stadt Danzig),
Muzeum Hymnu Narodowego in Będomin (Nationalhymne-Museum in Bendomin),
Muzeum Morskie in Gdańsk (Meeresmuseum in Danzig),
Muzeum Narodowe in Gdańsk (Nationalmuseum in Danzig),
Muzeum Narodowe in Poznań (Nationalmuseum in Posen),
Muzeum Okręgowe in Toruń (Bezirksmuseum in Thorn),

Muzeum Zamkowe in Malbork (Burgmuseum in Marienburg),
Ratusz Główny Miasta in Gdańsk (Rechtstädtisches Rathaus in Danzig),
Wojewódzkie Archiwum Państwowe in Gdańsk (Staatliches Archiv für die Woiwodschaft Danzig).

Der Verlag bedankt sich ebenfalls bei folgenden Personen, deren Bilder in diesem Führer abgedruckt wurden:

Beata Balcerzak und Alicja Firynowicz (für die Bilder der Danziger Diele, der Artushoffassade, der Gemälde *Der Zinsgroschen* und *Der Turmbau zu Babel*, der Wandverkleidungen im Uphagenhaus sowie der Grafik *Der Holzmarkt*),
Anna Biała (für das Bild der ulica Mariacka),
Tomasz Degórski (für das Bild des Musiktheaters in Gdynia),
Alfons Klejna (für das Bild der zweiköpfigen Götzenfigur),
Kazimierz Lelewicz (für das Bild der zerstörten Stadt Danzig),
Hanna und Maciej Musiał,
Małgorzata Omilanowska,
Rafał Redelbach (für das Bild des Uphagenhaus-Interieurs und des Restaurants Towarzystwo Gastronomiczne),
Andrzej Skowroński (für das Bild des Gemäldes *Thorner Frieden*),
Andrzej Tanewski (für das Bild vom Liederfestival in Sopot),
Jan Zych (für das Bild von Lech Wałęsa).

Ein besonderer Dank geht an:

Violetta Kmiecik, Kustos im Artushof, für ihre Hilfe bei der Fertigstellung der Zeichnung von Artushof,
Zuzanna Kotarska für die Bereitstellung der Stickereien aus der Kaschubei und dem Kociewie,
die Mitarbeiter des Arboretums in Wirty für ihre Hilfe bei der Fertigstellung des Baumgarten-Plans.

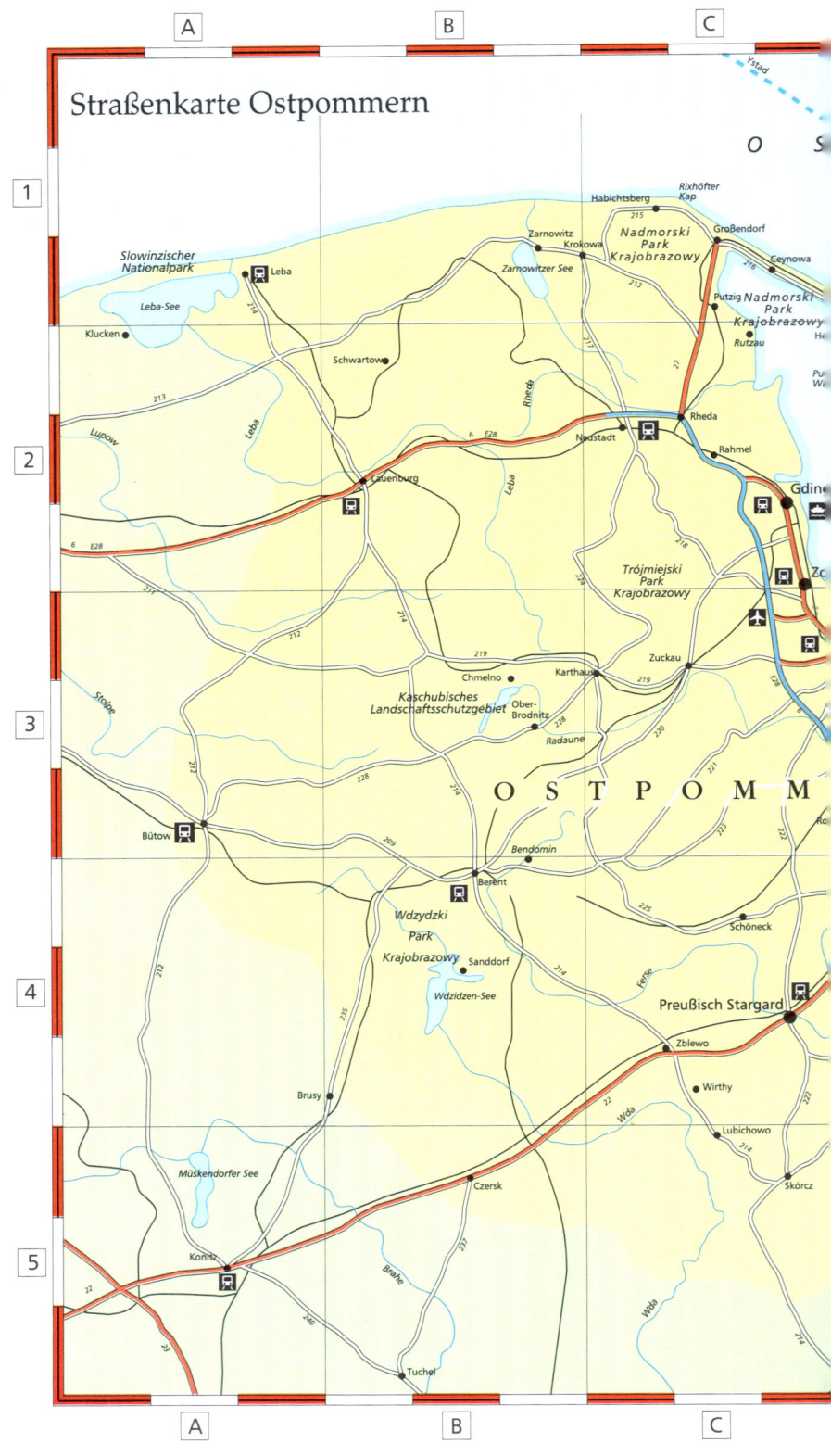

Straßenkarte Ostpommern